AF157190

Heiderose Kilper/Roland Lhotta
Föderalismus in der
Bundesrepublik Deutschland

Grundwissen Politik
Herausgegeben von Ulrich von Alemann,
Roland Czada und Georg Simonis

Band 15

Heiderose Kilper/Roland Lhotta

Föderalismus in der Bundesrepublik Deutschland

Eine Einführung

Springer Fachmedien Wiesbaden GmbH 1996

Die Autoren:

Dr. Heiderose Kilper, Institut Arbeit und Technik, Gelsenkirchen;
Lehrbeauftragte u. a. der Ruhr-Universität Bochum;
Dr. Roland Lhotta, Heinrich-Heine-Universität Düsseldorf

ISBN 978-3-8100-1405-4   ISBN 978-3-663-10076-8 (eBook)
DOI 10.1007/978-3-663-10076-8

© 1996 Springer Fachmedien Wiesbaden
Ursprünglich erschienen bei Leske + Budrich, Opladen 1996

Vorwort der Herausgeber

Zeitungsmeldungen zu Beginn der neunziger Jahre, als eine erste Version dieses Textes konzipiert wurde, nannten den Föderalismus einmal den „Königsweg" für osteuropäische Nationalitätenprobleme, z.B. in der ehemaligen Tschechoslowakei. Ein anderesmal wurde er als ein „Bazillus" in türkischen Zeitungen gegen kurdische Autonomie zitiert. Heute ist die Trennung der CSFR in zwei Staaten längst erfolgt, eine Lösung des Kurdenproblems keinen Schritt näher gekommen. Königsweg oder Bazillus? Ist der Föderalismus in Europa auf dem Vormarsch, wie es gerne die deutschen Bundesländer sehen, oder auf dem Rückzug, wie es nicht nur in Osteuropa zu beobachten ist, sondern wie auch die Dänen mit ihrem Votum gegen die Maastrichter Beschlüsse, die ein gutes Stück europäischen Föderalismus bedeuten, demonstriert haben? Auch außerhalb Europas, in Kanada, ist der bundesstaatliche Föderalismus in schwerem Wasser angesichts der Unabhängigkeitsbestrebungen des Bundeslandes Quebec. Ein klare Prognose ist heute gerade deshalb so schwierig, weil der Föderalismus offensichtlich mehr als in den letzten Jahrzehnten in die politische Kontroverse geraten ist.

In dieser Situation ist es um so erfreulicher, daß wir den Interessierten eine so ausführliche, historisch-vergleichende, faktengesättigte, staatsrechtlich abgesicherte Auseinandersetzung mit dem deutschen Föderalismus präsentieren können.

Das Buch verstärkt unser Angebot in dieser Schriftenreihe zum Bereich des Politischen Systems der Bundesrepublik und hier insbesondere zum klassischen Zugang zur Politik über Institutionen und Verfassungspolitik, also im Bereich der „polity".

Der Text ist aus dem Studienangebot der FernUniversität Hagen entstanden. Er wurde für diese Buchausgabe gründlich bearbeitet und aktualisiert. Das Institut für Politikwissenschaft dankt den beiden Autoren für ihre Kooperationsbereitschaft bei der Erstellung des Textes. Ralf Kleinfeld und Wolfgang Tönnesmann haben die Redaktion für den Ersteinsatz in der FernUniversität übernommen. Wir laden die LeserInnen zu kritischem Durcharbeiten und zur Rückmeldung ein.

Hagen, im November 1995

Ulrich von Alemann   *Roland Czada*   *Georg Simonis*

Vorwort

Die hier vorgelegte Einführung in den Föderalismus der Bundesrepublik Deutschland wurde zunächst als Studienbrief für den Fachbereich Politikwissenschaft der FernUniversität Hagen konzipiert und im Frühjahr 1992 abgeschlossen. Die seither eingetretene Entwicklung im bundesstaatlichen System der Bundesrepublik brachte die willkommene Gelegenheit, anläßlich der Buchpublikation eine Überarbeitung und Aktualisierung vorzunehmen, dabei aber den Charakter einer Einführung und Diskussionsanregung beizubehalten, die nunmehr einem breiteren Publikum vorgestellt werden kann.

Herrn Prof. Dr. Arthur Benz (Konstanz/Halle) haben die Verfasser für kritische Anmerkungen sowie wertvolle Anregungen für die Überarbeitung zu danken. Herr Jörg Walberg (IAT Gelsenkirchen) hat einen heroischen Kampf mit Druckformatvorlagen und unseren Manuskripten ausgefochten – auch ihm gilt ein herzliches Dankeschön. Der Fernuniversität Hagen und dem dortigen FB Politikwissenschaft, insbesondere Herrn Prof. Dr. Ulrich von Alemann, danken wir für die Gelegenheit, einen Studienbrief zum Föderalismus zu konzipieren, der im Lehrbetrieb erprobt wurde, und dem Verlag Leske + Budrich für seine Bereitschaft, unser Buch in die Reihe „Grundwissen Politik" aufzunehmen.

Heiderose Kilper   *Roland Lhotta*

Inhaltsverzeichnis

Abkürzungsverzeichnis

Abs.	Absatz
a.F.	alte Fassung
AöR	Archiv des öffentlichen Rechts
APuZ	Aus Politik und Zeitgeschichte. Beilage zur Wochenzeitung Das Parlament
Art.	Artikel
BGBl	Bundesgesetzblatt
BLK	Bund-Länder-Kommission für Bildungsplanung und Forschungsförderung
BR	Bundesrat
BR-Drs.	Bundesrats-Drucksache
BT.Sten.Ber.	Stenographische Berichte des Bundestages
BVerfG	Bundesverfassungsgericht
BVerfGE	Bundesverfassungsgerichtsentscheidung
CDU	Christlich-Demokratische Union
CSU	Christlich-Soziale Union
DDR	Deutsche Demokratische Republik
DP	Deutsche Partei
DÖV	Deutsches Öffentliches Verwaltungsblatt
DVP	Deutsche Volkspartei
EAG	Europäische Atomgemeinschaft
ed.	editor (= Herausgeber)
EEA	Einheitliche Europäische Akte
EG	Europäische Gemeinschaft(en)
EGKSt	Europäische Gemeinschaft für Kohle und Stahl
et al.	et alteri (= und andere)
EuKSt	Einkommen- und Körperschaftsteuer
EWG(V)	Europäische Wirtschaftsgemeinschaft (Vertrag)
FDP	Freie Demokratische Partei
FS	Festschrift
GO-BR	Geschäftsordnung des Bundesrats
GO-BT	Geschäftsordnung des Bundestags
GO-VermA	Geschäftsordnung des Vermittlungsausschusses
GG	Grundgesetz
GVK	Gemeinsame Verfassungskommission

i.d.F.v.	in der Fassung von
i.d.R.	in der Regel
KMK	Ständige Konferenz der Kultusminister
KPD	Kommunistische Partei Deutschlands
LT	Landtag
MPifG	Max-Planck-Institut für Gesellschaftsforschung
n.F.	neue Fassung
NJW	Neue Juristische Wochenzeitung
NRW	Nordrhein-Westfalen
NS	Nationalsozialismus/ nationalsozialistisch
PR	Parlamentarischer Rat
PVS	Politische Vierteljahresschrift
RSK	Reaktorsicherheits-Kommission
SBK	Schnelle-Brüter-Kraftwerksgesellschaft mbH Essen
SBZ	Sowjetische Besatzungszone
sc.	scilicet (= nämlich)
SFR	Sozialistische Föderative Republik
SMAD	Sowjetische Militäradministration in Deutschland
SPD	Sozialdemokratische Partei Deutschlands
StBauFG	Städtebauförderungsgesetz
Sten.Ber. BT	Stenographische Berichte des Bundestags
Sten.Ber.PR	Stenographische Berichte des Parlamentarischen Rats
USt	Umsatzsteuer
VfZ	Vierteljahreshefte für Zeitgeschichte
Vol.	volume (= Band)
VVDStRL	Veröffentlichungen der Vereinigung der Deutschen Staats-rechtslehrer
WRV	Weimarer Reichsverfassung
ZDF	Zweites Deutsches Fernsehen
ZParl	Zeitschrift für Parlamentsfragen
ZVS	Zentralstelle für die Vergabe von Studienplätzen

Verzeichnis der Tabellen und Schaubilder

Einleitung

Föderalismus – eigentlich ist das ein Begriff, von dem man oft gehört oder gelesen hat. Man braucht nur die Tageszeitungen durchzublättern, ganz zu schweigen von den politikwissenschaftlichen und juristischen Fachzeitschriften, um zu merken, daß der Begriff „zu den etablierten Standards im Bewußtsein der Nachrichtenkonsumenten" zählt (ZELLER 1994: 147).

Schaut man sich „in Sachen Föderalismus" weiter um, wird man zudem feststellen, daß seine vielfältigen Ausprägungen sich einer weltweiten Verbreitung erfreuen (vgl. ELAZAR 1987: 42ff.). Insbesondere der Bundesstaat als staatsrechtliche Organisationsform des Föderalismus ist seit seiner „Erfindung" und Niederlegung in der amerikanischen Verfassung von 1787 zu einem „rechtspolitischen Exportschlager" (BOTHE 1988) geworden. Neben den USA sind ihrer Verfassung nach so unterschiedliche politische Systeme wie Argentinien, Australien, Brasilien, die Bundesrepublik Deutschland, Indien, SFR Jugoslawien (bis zur völkerrechtlichen Anerkennung Sloweniens und Kroatiens Ende 1991), Kanada, Komoren, Malaysia, Mexiko, Nigeria, Österreich, Pakistan, die Schweiz, die Sowjetunion (bis zur Auflösung Ende 1991), Tansania, Venezuela sowie die Vereinigten Arabischen Emirate als Bundesstaaten zu bezeichnen.

Föderalismus – ein rechtspolitischer Exportschlager

Alle diese Staaten besitzen eine territoriale Unterteilung in Gliedstaaten – allerdings mit erheblichen Unterschieden, was Zahl, Größe und Kompetenzen der Gliedstaaten betrifft. Österreich ist aus neun Ländern zusammengesetzt, Kanada aus zehn Provinzen und zwei Territorien; Mexiko besteht aus 31 Staaten und einem Bundesdistrikt, die Bundesrepublik Deutschland aus 16 Bundesländern, die Schweiz aus 26 Kantonen, die USA aus 50 Staaten, drei Territorien und einem Bundesdistrikt. Nordrhein-Westfalen ist dreimal so groß wie die ganze Schweiz, aber selbst der kleinste Kanton der Schweiz hat mehr Spielraum für eigenständige Entwicklung als ein deutsches Bundesland. Andererseits haben die deutschen Länder mehr Einfluß auf Entscheidungen der Bundespolitik als die Gliedstaaten in irgendeinem anderen Bundesstaat.

Legt man nur die territoriale Gliederung und eine gewisse Aufgabenverteilung zwischen den staatlichen Ebenen als Maßstab an, kann man den Siegeszug des Föderalismus als noch umfassender interpretieren: Über die Bundesstaaten hinausgehend wären Staaten mit regionalen Gliederungen oder bestimmten föderativen Arrangements, Konföderationen, assoziierte Staaten, Kondominien, ja selbst supranationale Staatengemeinschaften als föderalistisch zu interpretieren, so daß zuletzt über 70% der gegenwärtig auf der Erde bestehenden Staaten als in irgendeiner Weise föderalistisch organisiert bezeichnet werden können (vgl. ELAZAR 1987).

Für Deutschland selbst hat der Föderalismus nicht nur in der Gegenwart, sondern seit jeher eine überragende Rolle gespielt. Wenn man so will, ist der Fö-

Deutsche Föderalismus-Tradition

deralismus gewissermaßen „deutsches Schicksal" (KIMMINICH 1985: 15), weil Deutschland in seiner Geschichte fast stets ein „föderalistisches Gebilde" (MAIER 1990: 223) gewesen ist. Föderalismus ist eines der tragenden Prinzipien unseres Staatsaufbaus und prägt seit Jahrhunderten den politischen Prozeß, das Zusammenspiel der politischen Institutionen und die Art und Weise, wie politische Entscheidungen zustandekommen und umgesetzt werden.Deshalb hat LOEWENSTEIN empfohlen, daß derjenige, der den „Föderalismus in seinem letzten Raffinement" studieren wolle, sich an Deutschland halten solle, das ihn seit Jahrhunderten praktiziere (LOEWENSTEIN 1959: 318). Und nicht nur in der fernen Vergangenheit, sondern erst recht in der staatlichen Entwicklung seit 1945/49 ist der Föderalismus als elementarer Grundsatz und Strukturentscheidung etabliert und dem Grundgesetz durch Art. 79 Abs. 3 „einzementiert" (HERZOG 1967: 194). Selbst der „Schleichweg in die dritte Republik" (CZADA 1994), auf den sich die Bundesrepublik Deutschland mit der deutschen Einheit begab, stand von Anfang an im Zeichen des Föderalismus. Ob Konföderation oder schnelle Erweiterung der „alten" Bundesrepublik um fünf neue Bundesländer – irgendeine Form von Föderalismus schien auf jeden Fall das richtige Rezept zu sein, „um die staatliche Symbiose der heterogen geprägten Teile Deutschlands zu fördern" (BADURA 1990: 321) – nicht zu reden von der im Maastrichter Vertragswerk anvisierten „immer engeren Union der Völker Europas" (Vertrag über die EU vom 7.2. 1992, Präambel), die zumindest von deutscher Seite unter föderativem Blickwinkel interpretiert wird.

Föderalismus im Meinungsstreit

Angesichts der vielen Lobeshymnen auf den Föderalismus mag man es wahrscheinlich gar nicht wahrhaben, daß es auch Stimmen gab und gibt, die von der „obsolence of federalism" (LASKI 1939: 367ff.), einem „lästigen Föderalismus" (FR 264, 12.11.1994) sprechen. Ineffizienz, Kleinstaaterei und Partikularismus, Kirchturmpolitik, hohe Kosten, Schwerfälligkeit des Entscheidungsprozesses, Komplizierung der Staatstätigkeit sind nur einige Vorwürfe, die den Föderalismus in Mißkredit gebracht haben. Oft wurde er auch schlicht als ein historisches Zwischenstadium in der Entwicklung des modernen Staates gesehen, die auf Einheit und Zentralisierung hinauslaufe (TRIEPEL 1907).

Die weite Verbreitung des Föderalismus und seine Präsenz in der öffentlichen Diskusssion bedeuten somit nicht, daß es sich hierbei um etwas handeln würde, worüber vollkommener Konsens, geschweige denn konzeptuelle Klarheit besteht. Gerade in der Bundesrepublik wird uns zwar immer wieder versichert, daß der Föderalismus hier eine überragende Akzeptanz und Wertschätzung erfahre, wobei die von Allensbach erstellten Umfragen, die seit den 50er Jahren einen kontinuierlichen Aufwärtstrend für die Akzeptanz des Föderalismus verzeichnen, sich besonderer Beliebtheit erfreuen. Aber ausgerechnet eine dieser Umfragen ergab auch, daß zwar über 70% der Bundesbürger den Föderalismus befürworten, aber gerade einmal 25% (ungefähr) wissen, was Föderalismus eigentlich ist (vgl. BR-Mitteilungen an die Presse 4/89 vom 30.1.89).

Föderalismus als historischer Begriff

Wer sich nun hilfesuchend an die Wissenschaft wendet, wird gleichermaßen enttäuscht werden: Föderalismus ist eine historische und somit höchst individuelle Organisationsstruktur politischer Systeme, d.h. „den" Föderalismus gibt es nicht, sondern es gibt zu verschiedenen Zeiten unter verschiedenen historischen Umständen verschiedene Ausprägungen des Föderalismus. Es handelt sich beim Föderalismus also insoweit um einen historischen Begriff, „als er in jeweils an-

16

deren Situationen, mit jeweils anderen Aufgaben und anderen Funktionen jeweils Unterschiedliches bedeutet" (NIPPERDEY 1986: 60).

Dies wird augenfällig illustriert durch die sog. „Bindestrich-Föderalismen". Ihr deskriptiver und/oder erklärender Gehalt ist am konkreten Einzelfall eines bestimmten Föderalismus entwickelt und oftmals mit einem beschreibenden Adjektiv verbunden, das auf die spezifische Eigenart der jeweiligen Föderalismus-Ausprägung verweist. Ein Föderalismus-Kenner wie Max FRENKEL hat sich deshalb bemüßigt gefühlt, ein Alphabet solcher Bindestrich-Föderalismus zusammenzustellen, das mit dem „A-la-carte-Föderalismus" beginnt und dem „zweispurigen Föderalismus" endet (FRENKEL 1984: 113ff.). Und William H. STEWART hat in seinem Buch über „Concepts of Federalism" 177 Seiten mit solchen Föderalismus-Varianten, ihrem Kontext und ihrer Bedeutung gefüllt (STEWART 1984).

Die Fülle von Bindestrich-Föderalismen oder „Concepts of Federalism" macht deutlich, daß es keine allgemeingültige Theorie oder Definition des Föderalismus geben kann (DEUERLEIN 1972: 9), sondern vielmehr eine „entlarvende Zweideutigkeit" dominiert (ELAZAR 1968: 361). Noch radikaler ist das Urteil von Max FRENKEL, der zu dem Schluß kommt, daß es „den" Begriff Föderalismus eigentlich gar nicht gibt (FRENKEL 1984: 76). Der Staatsrechtler AUBERT schlägt dementsprechend vor, auf eine ohnehin entweder zu weite oder zu enge Föderalismusdefinition zu verzichten und sich dafür auf eine Beschreibung der als föderalistisch bezeichneten Phänomene zu beschränken (AUBERT 1963: 414).

Die Tatsache, daß sich Föderalismus einer eindeutigen Definition entzieht, deutet aber auch auf ein beachtliches Wandlungspotential. Föderalistische Systeme unterliegen einem ständigen „Prozeß der Reproduktion institutioneller Struktur" (HESSE/BENZ 1988: 73, 77), weil z.B. „Leistungsgrenzen der Verfassung" und der auf ihr beruhenden föderalistischen Institutionen und Prozeduren deutlich werden (GRIMM 1978: 272f. sowie allgemein LEHMBRUCH 1985) und eine effiziente bzw. die politischen Machteliten befriedigende Form der Entscheidungsfindung und Lösung von Problemen nicht mehr gewährleistet ist. *Beachtliches Wandlungspotential föderalistischer Systeme*

Keines der heute als „klassische Föderationen" eingestuften politischen Systeme (USA, Kanada, Schweiz) sieht deshalb so aus wie vor 100 oder 200 Jahren. Die USA, die in der Regel als Musterbeispiel für den modernen neuzeitlichen Föderalismus genannt werden (vgl. WHEARE 1963), haben heute ein föderalistisches System, das zwar immer noch auf der gleichen Verfassung beruht, die vor mehr als 200 Jahren geschaffen wurde und so brilliant als auch apologetisch in den berühmten *Federalist Papers* von HAMILTON, MADISON und JAY verteidigt wurde (vgl. hierzu umfassend HEIDEKING 1988); aber der amerikanische Föderalismus des Jahres 1990 ist ein anderer als der von 1920, 1860 oder 1800. Er hat deutlich unterscheidbare Entwicklungsphasen durchlaufen (vgl. WASSER 1984: 232ff.).

Verschiedene Einflußfaktoren wie Kriege, ökonomische Probleme, Wandel sowie Zunahme der staatlichen Aufgaben, der Übergang zur modernen Industriegesellschaft sowie die Entwicklung des Wohlfahrtsstaates trugen und tragen dazu bei, daß föderative Systeme ihr institutionelles Erscheinungsbild häufiger wechseln. Diese Entwicklungsdynamik politischer Systeme und ihrer Institutionen ist ein zentrales Erkenntnisinteresse politikwissenschaftlicher Forschung (vgl. bereits ALMOND/POWELL 1966) – wann, wie und warum verändern sich *Politikwissenschaftliches Erkenntnisinteresse*

17

politische Systeme und föderalistische Systeme im besonderen? Wie werden unter wechselnden Bedingungen institutionelle Anpassungen erbracht (oder auch nicht), wie agieren die politischen Akteure im Föderalismus und welche Auswirkungen hat all dies auf Politikformulierung und Politikgestaltung in föderativen Systemen? Dies sind Fragen, die uns insbesondere auch im Hinblick auf den Föderalismus der Bundesrepublik Deutschland interessieren.

Föderalismus als dynamisches System

Föderalismus wird somit als ein dynamisches System (BENZ 1985) behandelt. Unabhängig davon, wie wir den Föderalismus als Strukturmerkmal eines politischen Systems definieren wollen, hat er zwar gewisse fixierbare Strukturmerkmale, aber auch ein dynamisches Wandlungspotential – er vereinigt Struktur und Prozeß in sich (ELAZAR 1987: 67ff. sowie allgemeiner SCHARPF 1985: 165).

Föderalismus als Modernisierungsleistung des politischen Systems

Föderalismus kann als eine Modernisierungsleistung des politischen Systems im Sinne einer immer weiteren Differenzierung und Spezialisierung politischer Strukturen verstanden werden. Allerdings geht es heute um einen nuancierteren Begriff der Differenzierung. War bis vor kurzem noch kaum bestritten, daß funktionale Differenzierung bei gleichzeitig weitgehender Zentralisierung das Kriterium moderner Staatlichkeit sei, so hat sich diese Einschätzung mittlerweile relativiert:

„Heute richtet sich der Prozeß staatlicher Modernisierung nicht mehr allein auf Zentralisierung und funktionale Differenzierung. In den Modernisierungspolitiken der 80er Jahre spielen vielmehr Regionalisierungs- und Dezentralisierungsforderungen eine entscheidende Rolle. Sie werden nicht mehr – wie noch vor einigen Jahren – ausschließlich durch politische Kräfte in der Peripherie getragen, sondern sind wesentlicher Bestandteil des staatlichen Versuchs, institutionelle Arrangements neu zu ordnen. So wird erwartet, daß der Staat durch die Erweiterung von Zuständigkeiten, Handlungsspielräumen und Ressourcen für regionale wie lokale Gebietskörperschaften in die Lage versetzt wird, besser auf differenzierte Probleme zu reagieren, zusätzliche Potentiale zur Aufgabenerfüllung aktivieren, die Effizienz staatlicher Leistungserbringung steigern und den Partizipationsansprüchen gesellschaftlicher Gruppen gerecht werden zu können. Daher stehen die Beziehungen zwischen zentralen und dezentralen Institutionen im Mittelpunkt der gegenwärtig praktizierten Modernisierungspolitik" (HESSE/BENZ 1990: 14).

Diese Beziehungen zwischen zentralen und dezentralen Institutionen sind auch der Dreh- und Angelpunkt eines jeden föderalistischen Systems – ihre Modernisierung und Anpassung sind sozusagen ein „Dauerauftrag". Ist ein föderatives System – wie jedes andere politische System auch – nicht in der Lage, sich an wechselnde Problemsituationen anzupassen, wird es zu einem Problemstau sowie einem wachsenden Legitimationsdruck kommen (vgl. SCHULTZE 1990).

Worum es uns also geht, ist die in föderalistischen Systemen anzutreffende „institutionelle Anpassungsfähigkeit" (LEHMBRUCH 1991: 587). Weil Institutionen „auf den Bereich der Herstellung allgemeinverbindlicher Entscheidungen und ihre Durchsetzbarkeit" (WASCHKUHN 1987: 71) bezogen sind und nicht nur als Beharrungselemente und Restriktionen politischen Handelns fungieren, bedeuten ihre Anpassung und ihr Wandel auch den Wandel des politischen Prozesses, z.B. beim Zustandekommen politischer Entscheidungen und ihrer Durchsetzbarkeit. Weil eine Institution wie der Föderalismus, die wiederum auf einem vernetzten Zusammenspiel von Teilinstitutionen beruht, aber gerade für die Bundesrepublik von prägender Bedeutung für Formen und Ergebnisse der Politik ist,

18

scheit ein institutioneller Ansatz, der sich für das Problem der institutionellen Dynamik interessiert, durchaus gerechtfertigt zu sein.

Einmal mehr wird damit nicht nur die Frage der Wandelbarkeit sondern auch der Reform des deutschen Föderalismus interessant, die die Entwicklung des deutschen Staates seit 1949 wie ein roter Faden durchzieht und sich u.a. darin niederschlägt, daß es die bundesstaatlichen Normen des Grundgesetzes sind, die offensichtlich die „Schwachstelle des Grundgesetzes" (GRIMM) bilden und bislang die meisten Grundgesetzänderungen erfahren haben; dabei ist es allerdings bemerkenswert, daß Bundesstaatsreformen in der Bundesrepublik, „ob realisiert oder (vorerst) nur geplant, bisher ganz überwiegend einheitsstaatlich motiviert und konzipiert" waren (ABROMEIT 1992: 79f.).

Dies ist erklärungsbedürftig, denn gerade in der Bundesrepublik werden dem Föderalismus, wie schon erwähnt, „geradezu überschwengliche Lobesbekundungen" (HUHN/WITT 1992: 11) zuteil, die sich in „Tugendkatalogen" (KISKER 1985) niederschlagen, wobei aber schon Werner WEBER monierte, daß der föderalistische Charakter der Bundesrepublik in staatsamtlichen und politischen Äußerungen „mit etwas forcierter Nachdrücklichkeit" betont werde, was offenbar nötig sei, „um etwas zur Anerkennung zu bringen, was nicht schon aus sich selbst überzeugend wirkt" (WEBER 1966: 3). Und in der Tat zeigt sich bei näherem Hinsehen, daß in der Bundesrepublik ein „symbolischer Föderalismus" (LHOTTA 1993: 126ff.) gepflegt wird, der eher als „Schutzschild für politische Zwecke" (KOELLREUTTER 1962: 82) dient, während der Föderalismus als „politischer Handlungsstil" (SCHRECKENBERGER 1978) in der durch die Institutionen abgesicherten Praxis in durchaus anderen Bahnen verläuft, die es vom Idealbild des Föderalismus zu unterscheiden gilt.

Diskrepanz zwischen Ideal und Realität

Das hier vorgelegte Buch, das sich als Einführung und Anregung zur weiteren Auseinandersetzung versteht, wird diesen Föderalismus, das „ungeliebte Kind" (ABROMEIT 1992: 80) des neuen (und alten) Deutschlands, in folgenden Schritten analysieren:

Im ersten Teil werden wir uns dem Phänomen Föderalismus aus verschiedenen Richtungen nähern. Wir werden Merkmale föderalistischer Systeme wie etwa „das bündische Prinzip", „Balanceakt zwischen Homogenität und Heterogenität" oder „Pluralität der politischen Leitungsgewalt" kennenlernen, die generell, d.h. unabhängig von der jeweils spezifischen Ausprägung und Individualität, konstitutiv für föderalistische Systeme sind. Das Phänomen des bündischen Zusammenschlusses läßt sich weit in die Geschichte zurückverfolgen und hat insbesondere in der deutschen Verfassungsgeschichte eine lange Tradition. Deshalb werden wir uns in Grundzügen auch mit den ideengeschichtlichen Wurzeln des Föderalismus beschäftigen. Einen Schwerpunkt werden wir dabei auf die berühmten „Federalist Papers" legen, die in den Jahren 1787 und 1788 von den Politikern Alexander HAMILTON, James MADISON und John JAY, leidenschaftliche Verfechter eines (nord-)amerikanischen Bundesstaates, publiziert worden sind. Mit ihrer für die damalige Zeit gerade genialen Verbindung der Idee der Volkssouveränität mit dem Nationalstaatskonzept zum Zwecke eines „federal government" sind sie auch heute noch, rund 200 Jahre später, die klassische Rechtfertigung des Föderalismus. Im Vergleich hierzu werden wir uns anschließend mit den deutschen Ausprägungen des Föderalismus am Beispiel der Verfassungen von 1849, 1871 und 1918/19 beschäftigen.

Inhalt von Teil 1

Nach diesem Ausflug in die Geschichte werden wir uns wieder der Gegenwart zuwenden und uns mit Phänomenen wie konsoziationale Demokratie, Unitarisierung, Bundesstaat versus Staatenbund etc. auseinandersetzen. In einer Art „Zwischenbilanz" werden wir die gängigen Rechtfertigungen, den sog. „Tugendkatalog" des Föderalismus vorstellen, um dann zum Abschluß von Teil 1 die zentralen Entwicklungsbrennpunkte moderner Bundesstaaten, wie z.B. Kompetenzverteilung zwischen Bund und Gliedstaaten, die Finanzverfassung oder das Verhältnis von Homogenität und Heterogenität skizzieren.

Während wir uns in Teil 1 also eher generell mit grundlegenden Begriffen aus der Föderalismus-Diskussion, mit Bedeutungsvarianten, Bestimmungsmerkmalen, mit der Herkunft und Geschichte des Begriffes „Föderalismus" sowie mit immer wieder auftauchenden Problemen föderalistischer Systeme beschäftigen, werden wir uns in Teil 2 und 3 ganz auf den Föderalismus der Bundesrepublik Deutschland konzentrieren und uns mit dessen Strukturen, institutionellen Funktionsweisen und Wandel auseinandersetzen.

Inhalt von Teil 2   In Teil 2 werden wir uns dem „föderalistischen Sonderfall Bundesrepublik Deutschland" von drei Seiten her nähern: Zunächst werden wir uns mit den besonderen Bedingungen seiner Genese nach 1945 beschäftigen. Wir werden den Föderierungsprozeß im Nachkriegsdeutschland sowohl unter der Fragestellung untersuchen, welche (externen) Bedingungen von Seiten der Westalliierten gestellt waren, als auch welche (internen) Verfassungsvorstellungen die politischen Parteien entwickelt haben und welche Kontroversen ausgetragen worden sind. Einen breiteren Raum werden dabei die Auseinandersetzungen im Parlamentarischen Rat über die Zusammensetzung, Legitimation und Kompetenzen der Zweiten Kammer einnehmen, die sich in Senats- oder Bundesratsprinzip polarisiert hatten. Mit der Entscheidung für die Bundesratslösung haben die Verfassungsgeber des Parlamentarischen Rats den bundesdeutschen Föderalismus 1949 in die spezifisch deutsche Verfassungstradition gestellt, „die seit der Bismarck-Verfassung den Bundesstaat als eine Angelegenheit der Exekutiven verstanden hatte" (SCHARPF 1991: 146). Gleichzeitig soll verdeutlicht werden, daß der deutsche Föderalismus von Anfang an nicht dem Idealbild eines „dualen" Föderalismus entsprochen hat, sondern bereits qua Verfassung auf ein unitarisches Gleis gestellt wurde. Spätere Entwicklungen im Rahmen des kooperativen Föderalismus sind so nur als konsequente Fortentwicklung eines für die politischen Eliten im Grundgesetz angelegten Handlungspotentials, nicht aber als Pervertierung des deutschen Föderalismus zu verstehen. Da wir von der Verfassung als einem durchaus bedeutsamen Rahmen für den „federal process" ausgehen, werden wir uns dann der Ausgestaltung des Bundesstaats im Grundgesetz zuwenden. Wir werden uns mit drei Strukturmerkmalen, die für den intrastaatlichen Föderalismus der Bundesrepublik Deutschland typisch sind, intensiver beschäftigen:

1) Mit der Kompetenzverteilung zwischen Bund und Gliedstaaten sowie mit der Finanzverfassung im Bundesstaat. 2) Mit der Beteiligung der Gliedstaaten an Gesetzgebung und Verwaltung des Bundes über den Bundesrat. Wir werden uns dabei einen Überblick über die Aufgabenbereiche des Bundesrats verschaffen, uns mit seiner personellen Zusammensetzung und Legitimation, mit seiner Organisationsstruktur und Arbeitsweise beschäftigen. 3) Mit Institutionen und Verfahren der Kooperation und Koordination im Bundesstaat. Am Beispiel der Auseinandersetzungen um die Große Finanzreform von 1969 wollen wir ver-

20

deutlichen, wie Konflikt und Konsens den politischen Prozeß im föderativen System prägen.

Sind Genese, verfassungsrechtliche Strukturen und institutionelle Funktionsweisen des Föderalismus der Bundesrepublik Deutschland das Thema von Teil 2, so wird sich Teil 3 mit Problemen und Brennpunkten der institutionellen Entwicklung im Bundesstaat seit 1949 beschäftigen. Am Beispiel der Gesetzgebung, der Verwaltung und der Aufwertung des Bundesrats wird mit der Unitarisierung ein Generaltrend im Wandel des bundesdeutschen Föderalismus analysiert. Als Weichenstellung zum kooperativen Bundesstaat bzw. zur kooperativen Politikverflechtung werden wir dann die Große Finanzreform von 1969 mit ihren Folgen kennenlernen. Zwei weitere Entwicklungen, die den bundesdeutschen Föderalismus gegenwärtig nachhaltig herausfordern und verändern, werden uns ebenfalls in Teil 3 beschäftigen: Die Gestaltung des Bund-Länder-Verhältnisses im Rahmen der europäischen Integration sowie die Veränderung des bundesstaatlichen Gleichgewichts durch die Vereinigung der beiden deutschen Staaten – zwei Prozesse, die SCHARPF (1991: 156) als „doppelte Krise" wertet, und die nach seiner Einschätzung den Niedergang des bundesdeutschen Föderalismus nur aufhalten könnten, wenn sie zum Auslöser für dessen (institutionelle) Totalrevision würden – eine Revision, die inzwischen im Gefolge der Arbeit der Gemeinsamen Verfassungskommission von Bundesrat und Bundestag ihren Niederschlag in der 42. Änderung des Grundgesetzes und im Gesetz zur Umsetzung des Föderalen Konsolidierungsprogramms vom 27./28.5.1993 gefunden hat, ganz sicher aber nicht als „Totalrevision" gelten kann und auch in ihrer Bedeutung als „Re-Föderalisierung" eher vorsichtig bewertet werden sollte (anders KLATT 1994).

Inhalt von Teil 3

Teil 1
Föderalismus als dynamisches System: Herkunft, Bestimmungsfaktoren und Brennpunkte der Entwicklung eines Strukturmerkmals politischer Systeme

1. Was ist Föderalismus? – Eine Frage und tausend Antworten

Wir haben bereits in der Einleitung darauf hingewiesen, daß Föderalismus gegenwärtig ein Thema von besonderer Aktualität ist, die meisten aber, wenn vom Föderalismus die Rede ist, bestenfalls ein „ahnungsschwangeres Gefühl" haben (KIRSCH 1977: 4), worum es sich hierbei handeln könnte. Es ist deshalb zunächst sinnvoll, sich überblicksartig darüber zu orientieren, was Föderalismus eigentlich bedeutet.

Wir gehen, trotz der Vielfalt, die dem Föderalismus in Definition und Erscheinungsform eigen ist, davon aus, daß es zwar nicht eine allgemeingültige Definition für den Föderalismus gibt, wohl aber bestimmte gemeinsame Merkmale, die für die meisten föderalistischen Systeme zutreffend sind. Diese typischen Merkmale föderalistischer Systeme sollen herausgearbeitet werden, so daß man einen Eigenschaftskatalog erhält, der später am Beispiel der Bundesrepublik exemplifiziert werden kann. Welche dieser Eigenschaften bevorzugt zur Beschreibung und Analyse eines föderalen Systems wie etwa der Bundesrepublik verwendet werden, hängt davon ab, welchen der von REISSERT identifizierten Interpretationsansätze zum Föderalismus (REISSERT 1985: 238f.) man als Ausgangspunkt wählt: *(Interpretationsansätze zum Föderalismus)*

- einen institutionell-funktionalistischen, der Föderalismus als eine politische Organisationsform versteht, in der die Wahrnehmung der staatlichen Aufgaben so zwischen regionalen Gliedstaaten und Gesamtstaat aufgeteilt ist, daß jede staatliche Ebene in einer Reihe von Aufgabenbereichen bindende Entscheidungen treffen kann. Die Bezeichnung funktionalistisch ist hier allerdings ambivalent: Sie kann darauf zielen, daß bestimmten Institutionen auf den verschiedenen staatlichen Ebenen auch ganz bestimmte Funktionen zugewiesen sind; sie kann aber auch einen verborgenen normativen Impetus dergestalt haben, daß eine föderale Organisation bzw. deren institutionelle Ausgestaltung für die Existenz eines demokratischen Gesamtstaates als funktional eingeschätzt wird, Föderalismus somit z.B. als Instrument zur Sicherung der Funktionsfähigkeit des demokratischen Gesamtstaates interpretiert wird. *(– institutionell-funktionalistisch)*
- einen soziologischen, nach dem Gesellschaften mit territorial gegliederten ethnischen, religiösen, ökonomischen und historischen Differenzierungen unabhängig von ihrer politischen Organisation als föderal zu klassifizieren sind. *(– soziologisch)*
- einen sozialphilosophischen, nach dem Föderalismus ein über die Staatsorganisation hinausreichendes, dem Subsidiaritätsprinzip und der Genossen- *(– sozial-philosophisch)*

23

schaftsidee verwandtes gesellschaftliches Ordnungsmodell ist, das auf der weitgehenden Autonomie kleiner Gruppen und dezentraler Einheiten beruht.

- verfassungsrechtlich - Oder man geht von dem immer noch gängigsten, dem verfassungsrechtlichen oder konstitutionell-gewaltenteiligen Ansatz aus, nach dem politische Systeme dann föderal organisiert sind, wenn die entscheidenden Strukturelemente des Staates (Legislative, Exekutive, Gerichtsbarkeit) sowohl im Gesamtstaat als auch in den Gliedstaaten vorhanden sind, ihre Existenz verfassungsrechtlich geschützt ist und durch Eingriffe der jeweils anderen Ebene nicht beseitigt werden kann.

Haken wir beim zuletzt genannten Ansatz ein: Daniel J. ELAZAR (1987: 157f.) hat nachdrücklich darauf hingewiesen, daß föderative Beziehungen in jedem Staatsgebilde erst einmal durch einen „Vertrag" konstituiert oder zumindest bestätigt werden müssen, in dem das Mit- und Gegeneinander der staatlichen Ebenen fixiert wird. Dieser „Vertrag" ist in aller Regel in einer geschriebenen Verfassung zu finden, die u.a. die Art und Weise der Machtverteilung in einem politischen System regelt und – zum Schutze der am Vertrag Beteiligten – nur unter erschwerten Bedingungen abgeändert werden kann. Die von der Verfassung konstituierten und in ihrem Beziehungsgeflecht normierten föderativen Institutionen geben insoweit die „Handlungskorridore" (LEHMBRUCH 1991) für die politischen Eliten im politischen Prozeß vor. Andersherum fungieren diese Institutionen aber nicht nur rahmensetzend und restriktiv, sondern werden von den politischen Akteuren auch gezielt eingesetzt und nach Bedarf geändert und angepaßt.

Alle existierenden föderativen Systeme haben eine schriftliche Verfassung, genauso wie die meisten politischen Systeme, die zumindest partiell föderative Elemente in ihre Grundstruktur aufgenommen haben. Herausragendes Merkmal föderativer Verfassungen ist, daß sie nicht nur einen simplen „Vertrag" zwischen Herrschenden und Beherrschten darstellen, sondern das Volk, die zentralen (nationalen) und die subnationalen (dezentralen) politischen Entscheidungsebenen zueinander in Beziehung setzen, wobei die konstituierenden Mitglieder der jeweiligen föderativen Vertragsgemeinschaft ihr Recht zur Verfassungsschöpfung behalten. Der Vertragscharakter setzt aber bei allen beteiligten konstituierenden Mitgliedern eines föderativen Staatsgebildes die Möglichkeit der freien Wahl voraus, sich in ein solches Staatsgebilde zu integrieren. Der umgekehrte Weg allerdings, nämlich das Recht, auch wieder „auszusteigen" – das sog. „Sezessionsrecht" – wird in Bundesstaaten nicht konzediert. Wohl aber sind Änderungen der „Vertragsgrundlage" sowohl formeller als auch informeller Art durchaus möglich.

Verfassungsumgehungen sind typisch im Föderalismus
Wir haben weiterhin zu unterscheiden zwischen der Verfassung, die einen rechtlichen Rahmen vorgibt, in dem der politische Prozeß ablaufen soll, und der Verfassungswirklichkeit, in der der politische Prozeß auch einmal außerhalb dieses Rahmens ablaufen kann. Verfassungsumgehungen und gelegentlich auch offene Verfassungsbrüche, v.a. aber der „stille Verfassungswandel" sind gerade im Föderalismus nicht ungewöhnlich. William H. RIKER (1964: 51) hat deshalb schon früh darauf aufmerksam gemacht, daß die ausschließliche Fixierung auf das verfassungsrechtliche Normgefüge zu verzerrten Perspektiven führen kann.

Die Komplexität des Phänomens Föderalismus macht es somit erforderlich, die oben angeführten verschiedenen Interpretationsansätze nicht exklusiv, sondern kombiniert zu verwenden. Die Beschränkung auf eine Interpretationsrich-

24

tung führt schnell zur Vernachlässigung wichtiger Variablen und gravierenden Fehleinschätzungen. Wenn wir uns – um RIKERS gerade angeführte Kritik noch einmal aufzugreifen – z.B. ausschließlich nach der Verfassung eines politischen Systems richten – eine Sichtweise, die lange Zeit die Föderalismusforschung beherrscht hat (vgl. nur WHEARE 1963) –, kann es zwar sein, daß wir dort „Yardsticks" (DUCHACEK) finden, die eine Einstufung des entsprechenden Staates als föderalistisch nahelegen. Oft ist es aber gerade in föderalistischen Systemen so, daß Verfassung und Verfassungswirklichkeit weit auseinanderklaffen, oder daß die Verfassung eine „semantische" (LÖWENSTEIN 1959: 153ff.) ist – sie verwendet eine föderalistische Staffage, ohne daß je beabsichtigt war und ist, ein föderalistisches System einzurichten – ein Vorwurf, der in moderaterer Form auch dem Grundgesetz gemacht wurde (vgl. KREUTZER 1959) und wird (vgl. ABROMEIT 1992).

Andererseits kann eine Verfassung quasi-föderalistisch oder nicht-föderalistisch aufgebaut sein und der politische Prozeß, die Verfassungswirklichkeit, trotzdem föderalistische Charakteristika aufweisen. Die Verfassung für den kanadischen Bundesstaat, der 1867 vom britischen Parlament für das Dominion erlassene British North America Act, der 1982 „heimgeholt" und damit zum „Constitution Act" gemacht wurde, weist eine prima facie stark zentralistisch-unitarische Schlagseite auf, die aber sowohl durch das starke Föderalisierungs- und Regionalisierungspotential der kanadischen Gesellschaft als auch durch die imperiale Verfassungsgerichtsbarkeit des Judicial Comittee of the Privy Council (LHOTTA 1995) kompensiert und langfristig in das Gegenteil gekehrt wurde, so daß Kanada „heute die am weitesten dezentralisierte Industrienation" ist (THUNERT 1990: 243). Und auch Staaten wie Frankreich oder Italien, die zwar keine genuin föderalistische Verfassung haben, weisen Elemente der Dezentralisierung bzw. des Regionalismus auf, die im weiteren Sinne dem Föderalismus zuzuordnen sind (vgl. hierzu OSSENBÜHL 1989a).

Oftmals sucht sich der politische Prozeß im Föderalismus auch Wege, die in der Verfassung gar nicht vorgesehen und legalisiert sind. So hat sich in Kanada der Prozeß der föderativen Willensbildung zu einem großen Teil in die Institution der Konferenz der Premierminister der Provinzen verlagert, die erst in den 80er Jahren eine verfassungsrechtliche Anerkennung erfahren hat. Auch im „fiscal federalism", den Finanzbeziehungen zwischen der Zentrale und den territorialen Subeinheiten eines politischen Systems, die für das Erscheinungsbild und das Funktionieren eines föderalistischen Systems von entscheidender Bedeutung sind, werden oft Wege gegangen, die in der Verfassung explizit gar nicht vorgesehen sind. So hat sich der Bund in den USA „implied powers" aus der Verfassung abgeleitet oder etwa über die „welfare"-Klausel der amerikanischen Verfassung eine umfangreiche Mitfinanzierung und damit Mitregierung in den Gliedstaaten bei wohlfahrtsstaatlichen Maßnahmen erreicht (vgl. EHRINGHAUS 1971). Und auch in der Bundesrepublik Deutschland gab es in den 50er und 60er Jahren eine sog. „Fondswirtschaft", die auf Dotationen des Bundes an die Länder basierte und Aufgaben der Länder aus dem Bundesetat mitfinanzierte – wodurch sich eine Einflußnahme des Bundes auf die Bundesländer über den „goldenen Zügel" des Geldes ergab, die verfassungsrechtlich eigentlich nicht gedeckt war, trotzdem aber munter weiterbetrieben und erst durch die Finanzverfassungsreform Ende der 60er Jahre verfassungsrechtlich festgeschrieben wurde (vgl. Teil 3).

Auseinanderfallen von Verfassung und Verfassungswirklichkeit

25

Verfassung sollte man deshalb einmal als rechtlichen Rahmen für ein föderatives Staatswesen betrachten, andererseits aber berücksichtigen, daß der Begriff „Verfassung" auch weiter gedeutet werden kann als „politische Ordnung"
oder „politische Struktur", d.h. als ein „Komplex mehr oder weniger zahlreicher
und mehr oder weniger stark aus einem gesellschaftlichen Kontext ausdifferen-
zierten Institutionen (Handlungseinheiten oder Gremien), die die Funktion einer
Integrierung und Steuerung größerer Gesellschaften haben und die in bestimmten Beziehungen (institutionalisierten Vorgehensweisen) zueinander und zu ihrer
Umwelt stehen" (BOLDT 1984a: 18). Ein solcher Verfassungsbegriff kommt der
von uns anvisierten institutionellen Betrachtungsweise eher entgegen und liegt
überhaupt der politikwissenschaftlichen Disziplin näher (vgl. BOLDT 1984a:
20ff.).

Wir haben zu unterscheiden zwischen der „constitution" und der „working
constitution" bzw. dem „constitutional process". In diesen „constitutional process" sind verschiedene Institutionen und Akteure involviert, die maßgeblichen
Einfluß auf das Erscheinungsbild eines föderalistischen Systems haben. Dazu
zählen Regierungen, Parlamente, (Verfassungs-)Gerichte und nicht zuletzt die
Parteien. Zu berücksichtigen sind gleichfalls soziologische Variablen sowie die
politische Kultur eines Landes, die entscheidend zur Charakteristik eines föderalistischen Systems beitragen. Um eine wirklichkeitsnahe Analyse des Föderalismus vornehmen zu können, müssen wir „über die bloße Deskription organisatori-
scher Arrangements und juristischer Verfahrensregeln hinauskommen" (SCHARPF
1985: 7), und genau hierbei können die genannten Interpretationsansätze hilf-
reich sein.

Diese wenigen Hinweise sollten genügen, um zu zeigen, daß man sich dem
Phänomen des Föderalismus zunächst also auf möglichst breiter Grundlage nähern sollte, um von dort aus dann – je nach konkretem Einzelfall, lies: föderativem System – die Elemente besonders zu berücksichtigen, die in diesem spezifischen Einzelfall eine herausgehobene Rolle spielen.

1.1 Föderalismus: Versuch einer Annäherung

„Andreas Schmidt wohnte in Schwabing, in München, an der Isar, in Oberbayern, in der Bundesrepublik. Er hat sich wohl als Münchner, vielleicht als Deutscher und als Europäer, gewiß
aber als Bayer gefühlt.

Fritz Müller wohnte in Nohra bei Weimar, im Tale der Ilm, in Thüringen, in der DDR. Er hat
sich gern als Weimarer, manchmal als Deutscher, immer jedoch als Thüringer gesehen"
(LEONHARDT 1990: 98).

Wozu diese Sätze am Anfang einer Annäherung an den Föderalismus? Sie weisen auf etwas hin, das sehr viel mit Föderalismus zu tun hat – die territoriale Dimension politisch-gesellschaftlichen Lebens (DUCHACEK 1970), die uns oft nicht
bewußt ist. Denn wer denkt schon mal darüber nach, daß man eigentlich über
„divided loyalties" (BLACK 1985) verfügt, daß man Europäer, Deutscher, Bürger
Nordrhein-Westfalens, Rheinländer und Düsseldorfer gleichzeitig sein kann, Objekt mehrerer Rechtssphären ist und dies mit dem föderativen Aufbau des politischen Systems bzw. des Staates, in dem man lebt, zusammenhängt? Ein Blick

auf das naheliegendste Beispiel, die Bundesrepublik Deutschland, macht dies deutlich.

Die Bundesrepublik Deutschland setzt sich aus 16 Bundesländern zusammen, die zusammen den Bund bilden, der im Namen des Staatswesens Bundesrepublik auftaucht. Diese Bundesrepublik ist ein Staat und tritt als solcher nach außen auf, z.B. im Völkerrecht und in der internationalen Politik. Trotz dieser Einheit nach außen ist der Bund, was den inneren Aufbau anlangt, deutlich ausdifferenziert. Die gerade erwähnten 16 Bundesländer weisen nämlich einige bemerkenswerte Eigenschaften auf: Sie sind selbst wiederum Staaten, gewissermaßen Staaten im Staat (wobei es durchaus Stimmen gibt, die ihnen die Staatsqualität bestreiten). Ein solcher aus Staaten zusammengesetzter Staat – wir werden uns noch ausführlicher mit ihm beschäftigen – wird als Bundesstaat bezeichnet, und so bezeichnet auch das Grundgesetz in seinem Artikel 20 die Bundesrepublik Deutschland als Bundesstaat.

Die Staaten im Staat, die deutschen Bundesländer, haben aus ihrer Staatsqualität resultierend eigene Landesverfassungen neben der Bundesverfassung, dem Grundgesetz. Zudem gibt es einen großen Teil der Institutionen auf Bundesebene noch einmal auf Landesebene. So kommt es, daß wir alle 4 oder 5 Jahre zur Landtagswahl gehen, um ein Landesparlament für das Bundesland zu wählen, in dem wir leben. Dieses Parlament wiederum wählt einen Ministerpräsidenten – einen „Bundeskanzler im kleinen" sozusagen, nur für den Bereich des Bundeslandes zuständig –, der wiederum eine Landesregierung ernennt (anders in den Stadtstaaten), zum Teil mit Ressort-Ministern, wie wir sie in Bonn kennen, z.B. einem Innenminister, einem Wirtschaftsminister, einem Umweltminister oder einem Finanzminister.

Und so gibt es auch in den einzelnen Ländern jeweils spezifische Arten der Politikgestaltung: Es gibt eine nordrhein-westfälische Stadtentwicklungspolitik, eine schleswig-holsteinische Umweltpolitik, eine bayerische Schulpolitik – aber eine Außenpolitik oder eine Verteidigungspolitik wiederum nicht. Es gibt in den Bundesländern keinen Außenminister und auch keinen Verteidigungsminister. Solche gibt es nur auf gesamtstaatlicher Ebene – als Bundesaußenminister oder Bundesverteidigungsminister. Es gibt also Bereiche, die nur dem Bund, lies: dem Gesamtstaat vorbehalten sind, genauso, wie es umgekehrt Kompetenzen gibt, die den Bundesländern reserviert bleiben. Auch ein Blick in die amerikanische Verfassung zeigt, daß es offensichtlich so etwas wie exklusiv reservierte Sphären für Bund und Gliedstaaten gibt: Article 1, Sec. 8 verleiht dem Kongreß eine 18 Punkte umfassende Enumeration von Kompetenzen, während nach dem 10. Amendment (1791) alle „powers not delegated to the United States by the Constitution, nor prohibited by it to the states, are reserved to the states respectively, or to the people."

Warum aber, so wird man fragen, wird einfach nicht alles zentral „von oben" geregelt, damit es überall einheitliche Verhältnisse gibt? Warum stattdessen die Vielfalt in einem Staat, der doch nach außen als Einheit, etwa als der Staat Bundesrepublik Deutschland, auftritt, diese Einheit aber im Inneren gar nicht aufweist? Warum gibt es neben der Bundesregierung auch gliedstaatliche Regierungen, die eine „Nebenpolitik" zum Bund betreiben können? Dies kann etwa dann der Fall sein, wenn z.B. in einem Bundesland wie Nordrhein-Westfalen oder Schleswig-Holstein die Mehrheit im Landtag und damit auch die

Differenzierung und territoriale Aufgabenteilung im Bundesstaat

Einheit oder Vielfalt?

Landesregierung von der SPD gestellt wird, die Bundesregierung aber von der CDU/CSU und der FDP. In solchen Bundesländern wird vielleicht eine ganz andere, nicht bundeskonforme oder -einheitliche Politik betrieben – es besteht vielmehr eine regelrechte Konkurrenz.

Aber nicht nur gegenüber dem Bund gäbe es potentielle Konkurrenz – auch die einzelnen Bundesländer könnten miteinander konkurrieren, z.B. wenn es um die Ansiedlung neuer zukunftsträchtiger Industriezweige geht oder, um ein aktuelles Beispiel zu nehmen, wenn es in den einzelnen Bundesländern unterschiedliche Praktiken bei der Finanzierung der Pflegeversicherung gibt, so daß Sachsen z.B. keinen Feiertag, Baden-Württemberg den Pfingstmontag streicht und alle anderen Bundesländer den Buß- und Bettag. Dies könnte unangenehme Folgen haben. Man denke etwa an das Fahrverbot für LKWs an Feiertagen – müßte ein Transporter, der am Pfingstmontag als künftig normalem Arbeitstag in Baden-Württemberg losfährt, an der Landesgrenze zu Bayern gleich wieder einen Parkplatz anfahren, um dort den nächsten Morgen abzuwarten, weil in Bayern der Pfingstmontag noch Feiertag ist und LKWs dort deshalb nicht fahren dürfen? Würde eine solche Praxis nicht enorme volkswirtschaftliche Verluste mit sich bringen? Wäre es nicht besser, wenn der Bund alles einheitlich regeln würde oder zumindest durch Koordination und Abstimmung dafür Sorge getragen würde, daß die Länder nicht nach Belieben abweichende Regeln treffen können?

Damit kommen wir zur anderen Seite des Miteinanders in einem föderativen System: Eine föderative Staatsorganisation hat nicht den Sinn, daß alle miteinander konkurrieren und jeder (jedes Bundesland und der Bund) machen kann, was er will. Man schließt letztendlich keinen Bund, um miteinander zu konkurrieren, sondern zunächst, um in bestimmten Bereichen ein gewisses Maß an Gemeinsamkeit und Einheitlichkeit zu erreichen. Hierfür wiederum stehen (qua Verfassung) grundsätzlich zwei Wege zur Verfügung: Entweder wird eine bundesweite Einheitlichkeit auf bestimmten Gebieten durch den Bund selbst über Bundesgesetzgebung erreicht, wobei in der Regel die Bundesglieder ein Mitspracherecht haben. Oder aber die bundesstaatlichen Ebenen kooperieren, indem sie Aufgaben von Anfang an gemeinsam in Angriff nehmen – ein Phänomen, das sich in allen föderativen Systemen schnell verbreitet hat.

Kooperation im Föderalismus

Die bundesstaatlichen Ebenen müssen oftmals aus spezifischen Eigeninteressen und aufgrund verfassungsrechtlich-institutioneller Vorgaben neben einem gewissen Konkurrenzverhältnis auf einen grundsätzlichen Ausgleich – ein bundesfreundliches Verhalten – bedacht sein. In vielen Bereichen müssen die verschiedenen Entscheidungsebenen aufgrund der Komplexität der zu lösenden Aufgaben ohnehin verhandeln und kooperieren, damit überhaupt Politik, damit Gesetze und Verwaltung zustandekommen. Damit kommt konsensuellen Strategien der Problemlösung im Verhältnis Bund-Länder als auch der Länder untereinander gesteigerte Bedeutung zu.

Kooperativer Föderalismus

Für die in allen föderalistischen Systemen beobachtbaren Arten der Zusammenarbeit hat man den aus der amerikanischen Diskussion kommenden Begriff des „kooperativen Föderalismus" geprägt, der folgendes besagt:

„‚Kooperativer Föderalismus' hat sich in unserem Jahrhundert mehr noch als aus verfassungstheoretischen Überlegungen aus der pragmatischen Bereitschaft von Bund und Ländern legitimiert, ohne eifersüchtige Kompetenzhuberei dort zusammenzuarbeiten, wo Sachgesetzlichkeiten dies erfordern. Deshalb beinhaltet der Begriff viel mehr als bloßen Machtzuwachs der Zentralinstanzen, nämlich ein neues Verhältnis beider Ebenen zueinander, das nicht mehr auf der säuberlichen Trennung von Souveränitätssphären basiert. Der ‚neue Föderalismus' hat sich in dem Maße entwickelt, wie die Fähigkeiten der Einzelstaaten nicht mehr ausreichen, die explosiven Probleme einer modernen Industriegesellschaft im Alleingang oder durch Selbstkoordination zu lösen" (WASSER 1984: 235).

Der kooperative Föderalismus gehört heute zu den wichtigsten und interessantesten Phänomenen für die Föderalismus-Forschung. Er hat in allen föderalistischen Systemen weite Verbreitung gefunden und auf deren institutionelle Entwicklung Einfluß genommen. Er dient nicht nur der gemeinsamen Bewältigung von Problemen, die einzelne Ebenen nicht zu lösen in der Lage sind, sondern auch der Vermeidung bzw. Dämpfung von Konflikten und der Vereinheitlichung der Lebensverhältnisse: Wenn die Gestaltungsspielräume der staatlichen Ebenen nicht mehr konkurrierend wahrgenommen, sondern koordiniert und vereinheitlicht werden, resultiert daraus eine Einebnung der für ein föderalistisches System charakteristischen Unterschiede im Inneren. Allerdings ist diese Modifikation bzw. Nivellierung des auf einer grundsätzlichen Konkurrenzkonstellation beruhenden „dualen Föderalismus" zunehmend auf Kritik gestoßen. Unter dem Stichwort der „Politikverflechtung" und des „interlocking federalism" haben policy-orientierte politikwissenschaftliche Ansätze zeigen können, daß kooperativer Föderalismus nicht immer nur positive Folgen hat (SCHARPF/REISSERT/SCHNABEL 1976). Vor allen Dingen die Tatsache, daß die entsprechenden Kooperationen meist nur auf der Exekutivebene stattfinden und somit einer demokratischen Kontrolle entzogen sind, hat dazu geführt, den kooperativen Föderalismus nicht mehr so umfassend positiv aufzufassen, wie dies etwa in der Bundesrepublik durch das TROEGER-Gutachten (1966: 20) geschah, mit dem diese Föderalismuspraxis in Deutschland publik gemacht und für die Verfassungspraxis empfohlen wurde. Auch die Tatsache, daß kooperativer Föderalismus oft nur eine Strategie ist, Kompetenzverlagerungen auf den Bund zugunsten einheitlicher Regelungen aufzufangen und stattdessen im Wege der Koordination und Kooperation zu erreichen, kann kritisch dahingehend beschrieben werden, daß der Föderalismus sich vor den Sachzwängen des modernen Wirtschafts- und Sozialstaates zu retten versucht, „indem er sich seines eigentlichen Reizes, der Möglichkeit zu unterschiedlichen Lösungen, selbst begibt" (RUDZIO 1991: 354).

Politikverflechtung

1.2 Merkmale föderalistischer Systeme

Bund, Bundesländer, Gliedstaaten, Ministerpräsidenten, Landesparlamente, Mitwirkung der Länder an der Willensbildung des Bundes, Konkurrenz, Kooperation, Konflikte, Kompetenzverteilung – damit haben wir ohne großen Aufwand bereits eine ganze Reihe von Merkmalen föderativer Systeme, nicht zuletzt der Bundesrepublik selbst, aufgezählt. Will man an dieser Stelle den Versuch machen, einen strukturierten und verallgemeinerbaren ersten Katalog von Merkmalen und Elementen föderativer Systeme zu formulieren, so kann man folgende Punkte festmachen:

Merkmale föderalistischer Systeme

Freiwilligkeit des Zusammenschlusses	– Föderalismus hat ganz allgemein mit dem Bedürfnis der Menschen zu tun, sich für gemeinsame Ziele zusammenzuschließen und trotzdem die eigene Identität zu bewahren. Es handelt sich um die Verbindung von Individuen, Gruppen und politischen Gemeinwesen zu einer dauerhaften, aber (sachlich) begrenzten Gemeinschaft mit der Möglichkeit, gemeinsame Ziele verstärkt (mit gemeinsamer Kraft) zu verfolgen, gleichzeitig aber die Individualität und Integrität der an der Verbindung Beteiligten zu erhalten (ELAZAR 1987: 5). Der Zusammenschluß zu einem Bund ist im Idealfall ein von allen Beteiligten gewollter und geschieht auf freiwilliger Basis. Aus diesem Grunde spielt auch das Konzept des Vertrages – gerade in der angelsächsischen Tradition der Föderalismustheorie – eine bedeutende Rolle. Der Vertrag der Herrschaftsunterworfenen war hier die notwendige Voraussetzung legitimer politischer Herrschaft, und dieses personalistische Element fand auch Eingang in den Bundesvertrag zwischen Staaten. Nach ELAZAR (1987: 5) wurzeln föderative Prinzipien in der Idee, daß freie Menschen aufgrund einer freien Willensentscheidung dauerhafte, aber gleichzeitig (sachlich) begrenzte politische Verbindungen (Gemeinschaften) eingehen können, um gemeinsame Ziele zu verfolgen und dabei doch ihre spezifischen Eigenheiten zu bewahren.
Bündisches Prinzip (Integration und Differenzierung)	– Für den Föderalismus spielt somit die Idee des Bundes oder des bündischen Prinzips eine bedeutsame Rolle. Der Zusammenschluß zu einem Bund gewährleistet Einheit in bestimmten Bereichen, die v.a. nach außen „stark" macht (nicht umsonst hat das bündische Prinzip in militärischen Allianzen eine seiner wichtigsten Wurzeln). Zum einen taucht die Idee des Bundes vielfach im Namen föderalistischer Staaten auf: Bundesrepublik Deutschland, United States of America oder Indien (Union of States). Zum anderen findet sich das bündische Prinzip bereits in Bedeutung und Herkunft des Begriffs „Föderalismus": Föderalismus leitet sich aus dem lateinischen „foedus" (= Bündnis) ab. Föderalismus hat also einerseits etwas mit Zusammenfassung, Vereinheitlichung und Integration zu einem übergeordneten Ganzen zu tun. Andererseits deutet aber das Merkmal des Bundes an, daß wir es auch mit Fragmentierung und Differenzierung innerhalb eines Ganzen zu tun haben. Neben der für bestimmte Bereiche gewünschten Einheit bleibt den Mitgliedern des Bundes auf vielen Gebieten ein Freiraum zur eigenen Gestaltung.
Balanceakt zwischen Homogenität und Heterogenität	– Somit beruht die Möglichkeit einer bündischen Vereinigung zum einen auf einer gewissen Unterschiedlichkeit, zum anderen auf einer gewissen Homogenität bzw. dem Willen zur Homogenität. Dies wird mit der Formel umschrieben, der Föderalismus ziele darauf, eine gewisse Einheit mit einer gewissen Vielfältigkeit zu verbinden. Es findet praktisch ein ständiger Balanceakt zwischen gewollter Homogenität und gewollter Heterogenität statt.
Pluralität der politischen Leitungsgewalt	– Der Föderalismus ist darüberhinaus ein Prinzip zur Organisation der politischen Willensbildung auf mehreren Ebenen (FRENKEL 1984: 78ff.), also institutionalisierter Ausdruck einer Pluralität der politischen Leitungsgewalt, die sich aus einem pluralistisch zusammengesetzten Bund (FRENKEL 1984: 140) ableitet und legitimiert.
Binnendifferenzierung und Nichtzentralisierung	– Die Pluralität der politischen Leitungsgewalt korreliert mit der föderalistischen Systemen eigenen Binnendifferenzierung und Nichtzentralisierung: Es

gibt eine funktionale und territoriale Differenzierung. Die Kompetenzen für bestimmte Aufgaben sind unterschiedlichen Ebenen zugeteilt. Jede dieser Ebenen kann für ihren Bereich unabhängig gültige Entscheidungen treffen. Gleichzeitig gibt es neben dieser Konkurrenzkonstellation eine Kooperation der Ebenen.

- Föderalismus hat somit zwar viel mit der Bewahrung von Vielfalt in einer Gesellschaft und deshalb mit Pluralismus zu tun, unterscheidet sich von ihm aber durch seine territoriale Komponente: Während der Pluralismus von einer Beteiligung beliebiger Gruppen an der politischen Willensbildung und der Verwirklichung des Gemeinwohls ausgeht, sind diese Gruppen im Föderalismus territorial verortbar – sie sind einer Region, einer Provinz, einem Landesteil zuzuordnen; es sind „territorial interest groups" (DUCHACEK 1970: 19), die an der im Föderalismus institutionalisierten Vielzahl der an der politischen Willensbildung beteiligten Akteure teilhaben. *Abgrenzung zwischen Föderalismus und Pluralismus*

- Konkurrenz und Kooperation laufen in einem vorgegebenen Rahmen ab, der in der Regel durch eine (Bundes-)Verfassung bestimmt wird, die nur unter erschwerten Bedingungen zu ändern ist. *Verfassungsstaatlichkeit*

- Es muß für Konfliktfälle eine Schlichtungsinstanz – in der Regel ein Verfassungsgericht – geben, die bei Streitfällen zwischen den Ebenen gemäß der Verfassung entscheidet. *Schlichtungsinstanz*

- Gleichzeitig müssen aber Vorkehrungen getroffen werden, daß der politische Prozeß nicht nur in Streit eskaliert, sondern Möglichkeiten der Interessenvermittlung und gemeinsamen Politikformulierung gegeben sind. Dazu gehört besonders, daß eine Mitwirkung der Bundesglieder an der Willensbildung des Bundes gewährleistet ist und generell ein Konsens über bestimmte Formen des bundesfreundlichen Verhaltens besteht. *Mitwirkung*

- Dem Bund muß die Möglichkeit der Kontrolle und Aufsicht über die subnationalen Ebenen eingeräumt sein; in Konfliktfällen muß er über ein Instrumentarium zur Durchsetzung von Maßnahmen verfügen. Im Kollisionsfall ist Bundesrecht in der Regel das höherrangige Recht. *Kontrolle und Aufsicht*

- Bundesstaatliche Verfassungen als auch die in ihrem Rahmen ablaufenden politischen Prozesse weisen demnach subordinationsrechtliche bzw. koordinationsrechtliche Spezifika auf und kombinieren majoritär-hierarchische Problemlösungsstrategien mit konsensuellen Verhandlungsstrategien. *Kombination von rechtlichen Regelungen und Problemlösungsstrategien*

Will man den Versuch einer funktionsgeleiteten Föderalismus-Definition unternehmen, die modernen föderativen Systemen gerecht wird, so scheint uns folgende Umschreibung am zutreffendsten:

- Unter Föderalismus versteht man heute fast ausschließlich ein Struktur- und Organisationsprinzip von politischen Systemen, in denen mehr oder weniger selbständige Glieder zu einem übergeordneten Ganzen zusammengeschlossen sind, in denen also das bündische Prinzip oder der Bund die Grundlage der Staatsorganisation sein soll (v. BEYME 1968; OBERREUTER 1986). In der Bundesrepublik wird Föderalismus zudem meist auf seine staatsrechtliche Komponente, den Bundesstaat, reduziert (VOGEL 1984: 810). *Struktur- und Organisationsprinzip politischer Systeme*

Wenn wir es auf eine bündige und komprimierte Formulierung bringen wollen, soll Föderalismus heute folgende Funktionen erfüllen: Zum einen spielt die Integration heterogener Gesellschaften eine wesentliche Rolle, wobei im Regelfall eine ökonomische, politische oder militärische Integration bei gleichzeitiger soziokultureller Eigenständigkeit und politischer Autonomie der Glieder erzielt werden soll. Zum anderen sind Machtaufgliederung mittels vertikaler Gewaltenteilung und Minoritätenschutz mittels territorialer Eigenständigkeit wesentliche Ziele (SCHULTZE 1983: 93).

1.3 Föderalismus, Dezentralismus, Regionalismus

Föderalismus und Dezentralisierung

In einem Atemzug mit Föderalismus werden in Diskussionen immer wieder auch einige Komplementärbegriffe genannt, die in der Realität zwar oft zusammenhängen, zumindest begrifflich aber vom Föderalismus geschieden werden sollten. Hierzu gehört einmal der Dezentralismus oder die Dezentralisierung. Dezentralismus bedeutet,

„daß staatliche Funktionen von obersten Staatsorganen nur prinzipiell entschieden werden und ihr Vollzug von nachgeordneten Organen und Körperschaften der Selbstverwaltung weitgehend eigenständig mit eigenem Gestaltungsspielraum ausgeübt wird (im Gegensatz zum Zentralismus, in dem die obersten Staatsorgane bis ins Detail entscheiden und die nachgeordneten Behörden ohne eigene Gestaltungsmöglichkeit nur noch vollziehen)" (LAUFER 1986: 146).

Daniel J. ELAZAR hat allerdings die Auffassung vertreten, daß Dezentralisierung „implies the existence of a central authority, a central government that can decentralize as it desires"; die Abgabe von Kompetenzen sei nicht mehr als eine „matter of grace" – ein Gnadenakt der Delegation durch die Zentrale, der auch wieder zurückgenommen werden kann. Eine genuine Eigenständigkeit der Körperschaften und Organe, ganz zu schweigen von einer Staatsqualität unterhalb der nationalstaatlichen Ebene, gibt es hier somit nicht. Als Beispiel für eine solche Form staatlicher Organisation mag Frankreich gelten.

Föderalismus und Regionalismus

Gleichfalls vom Föderalismus zu unterscheiden ist der sogenannte Regionalismus: Die Bezeichnung Region ist äußerst schillernd und kann z.B. für einen bestimmten wirtschaftlichen Planungsraum stehen, der sich durch bestimmte strukturelle Merkmale definiert. In der Regel steht aber der Begriff Region bzw. Regionalismus in der Politikwissenschaft für historisch gewachsene territoriale Einheiten unterhalb der Ebene des Nationalstaates, deren Hauptmerkmal das Zugehörigkeits- und Zusammengehörigkeitsgefühl ihrer Bewohner ist. Dieses Bewußtsein speist sich aus ethnischen, religiösen oder kulturellen Gemeinsamkeiten, die sie von anderen Bevölkerungsgruppen unterscheiden. Regionen können schließlich von allem etwas vereinen und in einem Staat einen politischen und sogar verfassungsrechtlich sanktionierten Status haben, wie etwa in Italien oder Spanien. Regionalismus steht vor allem aber auch für einen besonders in Europa zu beobachtenden Prozeß „der wachsenden Politisierung des subnationalen territorialen Bezugsrahmens" (KROSIGK 1980: 25). Regionalismus richtet sich gegen „big government" und betont die Eigenständigkeit und Berechtigung des „small is beautiful". Hier schwingen auch emotionale Momente der Identifikation, des Heimatgefühls mit, die sich gegen den überwölbenden Zusammenhalt des modernen Nationalstaats richten (zur Vertiefung vgl. OSSENBÜHL 1989a und REGIONEN UND REGIONALISIERUNG IN MITTELEUROPA 1987):

„Die Spannungen zwischen Heimat und Staat, um so stärker, je größer der Staat ist, sind kein deutsches, sondern mindestens ein europäisches Problem. Um die verschiedenartigen Verwaltungsstrukturen unter einen Hut zu bringen, benutzen wir ein Wort aus dem Lateinischen. „Cuius regio, eius religio" sollte man weiterfassend genauer übertragen, als es bezogen auf die Religionswirren des 16. und 17. Jahrhunderts, gern übersetzt wird. Es will nicht sagen: „Der Staat bestimmt die Religion", sondern: „Jeder hat (oder habe) in der Region seine Bindungen" – wobei „Region" sich ziemlich genau zur Deckung bringen läßt mit dem, was wir gefühlvoller vorher Heimat genannt haben. Regionen sind Katalonien, das Baskenland, Andalusien, die Balearen – nicht Spanien. Regionen sind Sizilien, Sardinien, Kalabrien, Apulien, Ligurien, Tirol – nicht Italien. Regionen sind die Bretagne, die Provence, Burgund, Korsika, das Elsaß – nicht Frankreich. Regionen sind Schottland, Yorkshire, Wales, Ulster – nicht Großbritannien" (LEONHARDT 1990: 98).

In all diesen Regionen gibt es ein Aufbegehren gegen den Staat, d.h. präziser noch: gegen den Zentral- und Nationalstaat. Ein gutes Beispiel bietet hier die als regionale Partei entstandene italienische Lega Nord, die sowohl den Einfluß des Staates in Wirtschaft, Kultur, Sozialem und Medien auf ein Minimum reduzieren will als auch den Föderalismus auf ihre Fahnen geschrieben hat. Ein wirklich föderalistisches Programm ist allerdings nicht zu erkennen. Vielmehr pendelt die Lega Nord zwischen einem schlichten Regionalismus und einem Konföderalismus, der auf eine Abtrennung des Nordens Italiens zielt, da dieser vom „parasitären" Rest des Landes ausgebeutet werde. Ähnliche Tendenzen hat es auch in der frankophonen kanadischen Provinz Quebec immer wieder gegeben. Zuletzt nach der Parlamentswahl vom 12.9.1994 lancierte der neue Premierminister von Quebec, Jacques Parizeau, eine „Aktion für die Souveränität" der Provinz und avisierte für 1995 ein Referendum hierzu. Selbstbestimmungsrechte, eigene Souveränität, Unabhängigkeit werden im Regionalismus immer wieder eingeklagt. Die ethnischen Konflikte in Jugoslawien, die zu einem Bürgerkrieg vor allem zwischen Serben, Kroaten und Muslimen eskalierten, der Zerfall der ehemaligen Sowjetunion in die Gemeinschaft Unabhängiger Staaten (GUS) und die Konflikte innerhalb der russischen Föderation (Tschetschenien) illustrieren aber augenfällig die Dynamik und Sprengkraft solcher im Regionalismus angelegten zentrifugalen Tendenzen. Das dem Föderalismus eigene Prinzip des Bundes droht hier in Extremfällen an separatistischen oder autonomistischen Ansprüchen zu zerbrechen, die sich als Prozesse der Re-Nationalisierung unterhalb der nationalstaatlichen Ebene artikulieren. Föderalismus ist zwar in vielen Fällen (vgl. Kanada, Belgien) die einzige Möglichkeit gewesen, ganz und gar heterogene (National-) Staaten zusammenzuhalten und zu integrieren. Regionalistische Tendenzen können einem Föderalismus aber einen eher staatenbündischen, konföderalen Charakter verleihen, dessen zentrifugale Dynamik Vereinheitlichungs- und Integrationsprozesse erschwert und bereits vorhandene Unterschiede innerhalb eines Staatswesens intensiviert. Regional verortbare Besonderheiten tragen andererseits aber auch dazu bei, daß Parteien, die die spezifischen Interessen einer Region repräsentieren, Bedeutung erlangen und auf Bundesebene als „territorial interest groups" agieren, ein zentralisiertes und hochintegriertes Parteiensystem mit den typischen unitarisierenden Auswirkungen also nur schwer entstehen kann.

Beim Regionalismus handelt es sich in der Regel auch um typische Zentrum-Peripherie-Konflikte, die sich nicht nur an kulturellen, sprachlichen oder sonstigen Unterscheidungsmerkmalen, sondern auch an deutlichen wirtschaftlichen Unterschieden entzünden. Dies ist insoweit auch eine zentrale Problematik

Aktualität regionalistischer Tendenzen

Regionalismus als Zentrum-Peripherie Konflikt

des Föderalismus. Schon in einem so auf „Einheitlichkeit der Lebensverhältnisse" orientierten föderalistischen System wie der Bundesrepublik war in den 80er Jahren die Rede von einem „Süd-Nord-Gefälle" – reiche, wirtschaftlich und industriell potente Staaten wie Baden-Württemberg und Bayern im Süden und arme, strukturschwache Länder wie Schleswig-Holstein oder Niedersachsen im Norden (FRIEDRICHS/HÄUSSERMANN/SIEBEL 1986). Diese Diskussion ist durch das im Zuge der deutschen Einheit entstandene Ost-West-Gefälle modifiziert worden. Die kleinen, strukturschwachen und armen Länder in Ostdeutschland drohten die vormals weitgehend homogene und konfliktarme Bundesrepublik zu einem „peripheralized federalism" (RIKER) zu machen, wodurch der bundesdeutsche Föderalismus mit der Problemdimension eines verschärften Konfliktes zwischen reichen und armen Ländern konfrontiert wurde, was nur durch erhöhte Steuerungseingriffe der Bundesebene (SCHARPF 1990) und/oder neue Formen der Kooperation (BENZ 1991) zu kompensieren war. Durchaus ähnliche Probleme hat auch Kanada aufzuweisen, wo z.B. die „maritimes", d.h. insbesondere die Provinzen Nova Scotia, Prince Edward Island und Newfoundland, notorisch hinter der gesamtwirtschaftlichen Entwicklung herhinken. Ähnliche Beispiele ließen sich etwa auch für die USA und Belgien sowie für Spanien, Italien und selbst für Einheitsstaaten wie Großbritannien und Frankreich anführen.

2. Der Bund als Grundlage föderalistischer Organisation: Probleme, Modelle und historische Beispiele

Inwieweit ein föderalistisches System die zuvor genannten Funktionen wahrnehmen kann, hängt nicht zuletzt von der Intensität des ihm zugrundeliegenden Bundes ab, d.h. dem Grad der Selbständigkeit und Balance der Bundesglieder sowie ihrer Institutionen. Die Ausgestaltung des für den Föderalismus konstitutiven bündischen Prinzips variiert von Fall zu Fall ganz beträchtlich und hängt von den konkreten historischen Umständen ab, in denen ein Bund zustandekommt, von den Problemen, die er lösen soll, sowie von den Interessen der am Bund beteiligten Glieder, die sich von einem Zusammenschluß bestimmte Vorteile erhoffen.

Begriffsgeschichte   Das Phänomen des bündischen Zusammenschlusses läßt sich weit in die Geschichte zurückverfolgen. Historische Beispiele für politisch motivierte Bündnisse kennen wir bereits aus der Antike. So kannten die Griechen nicht nur die Polis, sondern auch darüber hinausgreifende zwischenstaatliche und überstaatliche Organisationen in Form von Bündnissen, denen allerdings erst durch neuzeitliche Autoren föderalistische Attribute zuerkannt wurden (als Überblick hierzu besonders DAVIS 1978: 11ff. und DEUERLEIN 1972: 14ff.). Als bekannteste Beispiele mögen hier der Achäische und Aitolische Bund genannt sein.

Das lateinische Wort „foedus" bedeutet u.a. Bund oder Bündnis und deutet somit bereits das dem Föderalismus zugrundeliegende Organisationsmodell an. Eigentlich hat der Begriff Föderalismus aber „erst in der Neuzeit Karriere gemacht" (DEUERLEIN 1972; DAVIS 1978), wenngleich das Phänomen, das er umschreibt, viel früher dagewesen ist. Als Begriff setzte sich Föderalismus im Verlauf der Auseinandersetzungen über die Verfassungsstruktur der Vereinigten

34

Staaten von Amerika durch. „Federalism" wurde in den berühmten FEDERALIST PAPERS als das Mittel zur staatlichen Neugestaltung der nordamerikanischen Kolonien nach der Konföderationszeit betrachtet und zielte auf die Schaffung einer „more perfect union". Die Verbreitung des Begriffs in Europa erfolgte durch die Beschreibung der amerikanischen Verfassungsverhältnisse durch Alexis De TOCQUEVILLE (vgl. DE TOCQUEVILLE 1985).

Die politisch-staatsrechtliche Publizistik in Europa rezipierte das amerikanische Vorbild intensiv; die amerikanische Verfassung spielte z.B bei den Diskussionen um die Paulskirchen-Verfassung (1848/49) in Deutschland eine ganz wesentliche Rolle, die in einzelnen Fällen sogar bis zu wortwörtlichen Übernahmen gingen (BOLDT 1991a: 301); gleichwohl bewirkten die für Deutschland gänzlich anderen historischen Umstände, daß sowohl die Paulskirchen-Verfassung als auch die Reichsverfassungen von 1871 und 1918/19 sich in vielerlei Hinsicht vom amerikanischen Vorbild unterschieden. Wohl aber spielte der amerikanische Bundesstaat noch eine Rolle für die deutsche Bundesstaatstheorie (vgl. BRIE 1874: 92ff.), wobei gerade in Deutschland zahlreiche Autoren anstelle des Begriffs „Föderalismus" den des „Bundesstaats" bzw. „Staatenbundes" verwendeten und den Begriff damit auf seine staatsrechtliche Dimension verkürzten. Die im Gefolge HEGELS stattfindende konzeptuelle Trennung von Staat und Gesellschaft verwischte die republikanische Dimension des Föderalismus in Deutschland und machte ihn stattdessen zum „conservative weapon" (RYDON/ WOLFSOHN 1981: 7), wobei insbesondere der Bundesstaat von 1871 mit dem föderativen Aufbau eine deutlich anti-parlamentarische Tendenz verband.

Bundesstaat als Spezial form des Föderalismus

Föderative Vorstellungen, die über das Staatsrecht hinausgehen, haben somit gerade in Deutschland oft Verständnisschwierigkeiten mit sich gebracht, und vielleicht liegt hier ein Grund dafür, daß auch heute noch die demokratisch-republikanische Komponente des bundesdeutschen Föderalismus „völlig inferior" ist (ZELLER 1994: 150). Es ist aber wichtig darauf hinzuweisen, daß Föderalismus auch als ein gesellschaftliches Gestaltungsprinzip aufgefaßt werden kann, das sich gegen Egalisierung und Anonymität auf einen überschaubar gestalteten Gesellschafts- und Staatsaufbau richtet -- eine „ins Politische vordringende Soziallehre" (OBERREUTER 1986: 632) gewissermaßen, die „Ausdrucksform partnerschaftlicher Politik", somit aber auch konkrete Begrenzung von Macht und Herrschaft (RUMPLER 1977: 227) sein soll.

Es gibt eine lange (ältere) Tradition von Theorien, die Föderalismus nicht im staatlichen Bereich festmachen: Johannes ALTHUSIUS (1557-1638) z.B. machte die consociatio (Vereinigung) zum politischen Grundbegriff. Die Vereinigung sollte ihm zufolge auf allen Stufen aus Einheiten der nächstniederen Stufen gebildet werden, von der Familie bis zum Kaiserreich, so daß eine durchgängig aufgebaute Herrschaftspyramide entstehen konnte. Föderalismusvarianten, die von der staatsrechtlichen Dimension ablenken, findet man gleichfalls bei Pierre-Joseph PROUDHON (1809-1865), Karl Georg WINKELBLECH (1810-1865), Constantin FRANTZ (1817-1891) oder Julius FRÖBEL (1805-1893). Man kann hier einmal eine konservativ-ständische Richtung ausmachen, die sich oftmals mit der katholischen Soziallehre und dem Subsidiaritätsprinzip verbindet, zum anderen eine sozialistisch-syndikalistische Auffassung von Föderalismus. Letztere wurde von Pierre-Joseph PROUDHON und den Anarchisten geprägt.

Nichtstaatlicher Föderalismusbegriff

Das bündische Prinzip hatte ursprünglich auch einen stark theologisch inspirierten Inhalt. Es bezog sich auf die Beziehung zwischen Gott und den Menschen in Form eines Bundes, der wiederum Vorbild für das Verhältnis von Individuen und Familien und schließlich zum Modell für ein politisches Gemeinwesen wurde. Zu beobachten ist also eine Politisierung des ursprünglich theologisch begründeten Konzepts (ELAZAR 1987: 5, 115; DEUERLEIN 1972: 11). Eine Wiederbelebung seiner theologischen Fundierung erfuhr der Föderalismus ausgehend von der Reformation durch die sogenannte „Föderaltheologie" im 16./17. Jahrhundert, die auch entscheidend zur Verbreitung des Begriffes „foedus" beitrug (vgl. KOSELLECK 1972: 601ff.).

Der theologische Konnex wird auch bei dem zentralen Begriff der Subsidiarität (von lat. subsidium=Hilfe, Hilfestellung) deutlich. Dabei handelt es sich um ein Konzept, das aus der katholischen Soziallehre (Sozialenzyklika Quadrogesimo anno, 1931) stammt und einen Regelungsvorbehalt zugunsten der kleineren Einheiten postuliert. Auf den Föderalismus als politisches Strukturprinzip bezogen, bedeutet dies die Favorisierung einer Verteilung von Macht und eines Staatsaufbaus von „unten nach oben" – der Staat soll sich regelnder Eingriffe möglichst enthalten und als „Ersatzspieler" nur dort tätig werden, wo die „kleineren Einheiten" ein Problem nicht von selbst bewältigen können (vgl. HÄBERLE 1994).

Das Subsidiaritätsprinzip spielt auch in der aktuellen Föderalismusdiskussion eine bedeutende Rolle, insbesondere bei den Versuchen, die Europäische Union als ein föderalistisches Gebilde zu interpretieren und von daher zentralistische Übergriffe der Brüsseler „Eurokraten" abzuwehren. So gelang es auf Drängen der europäischen Regionen und insbesondere der deutschen Bundesländer, im Maastrichter Vertragswerk den Artikel 3b des EG-Vertrags so zu modifizieren, daß die Gemeinschaft in den Bereichen, die nicht in ihre ausschließliche Zuständigkeit fallen, nach dem Subsidiaritätsprinzip nur tätig wird, „sofern und soweit die Ziele der in Betracht gezogenen Maßnahmen auf Ebene der Mitgliedstaaten nicht ausreichend erreicht werden können".

Föderalismus wird damit offensichtlich auch als ein Organisationsprinzip für internationale Beziehungen aufgefaßt. Projekte der europäischen Einigung, wie sie etwa von Abbé de SAINT-PIERRE (1658-1743) oder Claude Henri de SAINT-SIMON (1760-1825) entworfen wurden, zählen hierzu ebenso wie Immanuel KANTS (1724-1804) berühmter philosophischer Entwurf „Zum ewigen Frieden", der in seinem 2. Definitivartikel fordert: „Das Völkerrecht soll auf einem Förderalism freier Staaten gegründet sein". Dieser beruht auf einem Friedensbund (foedus pacificum), „der sich allmählich über alle Staaten erstrecken soll, und so zum ewigen Frieden hinführt". Von dieser Interpretationsrichtung sind Versuche geprägt, die Vereinten Nationen, die NATO, den (ehemaligen) Warschauer Pakt, die Arabische Liga oder eben die EU als föderalistische Gebilde zu verstehen (vgl. DUCHACEK 1970). Insbesondere von deutscher Seite besteht eine starke Neigung, die künftige Ausgestaltung der Europäischen Union als föderativ zu interpretieren. So schlug zuletzt auch das, vordergündig v.a. wegen seiner Thesen zu einem „Kerneuropa" umstrittene, Thesenpapier der CDU/CSU-Fraktion im Deutschen Bundestag vom 1. September 1994 vor, die institutionelle Weiterentwicklung der EU „am Modell eines föderativen Staatsaufbaus und am Subsidiaritätsprinzip" auszurichten. Der Gedanke einer „echten Föderation der Nationalstaaten" (DELORS) trifft jedoch im zentralistisch regierten Frankreich auf wenig Verständnis und wirkt dort – wie übrigens auch in Großbritannien – eher als „rotes Tuch" („Mariannes Zaudern", FR 277 vom 29.11.1994) – ein deutlicher Hinweis darauf, daß Föderalismus mitnichten überall einhellig akzpetiert und interpretiert wird.

2.1 Deutschland – „Monster" oder „föderalistisches Gebilde"?

Die föderative Tradition in Deutschland ist immer wieder betont worden, schließlich haben „wir" ihn ja seit Jahrhunderten praktiziert und das auch noch mit gehörigem Raffinement (LÖWENSTEIN 1959: 318). So läßt sich das bündische Element z.B. in der Entwicklung des deutschen Städtewesens verfolgen (Hanse) und begegnet uns im spätmittelalterlichen Deutschland im Verhältnis von Kaiser und Ständen sowie in Bünden, Einungen und Föderationen der Stände und Herrschaften untereinander (BOLDT 1984b: 149ff.; NIPPERDEY 1986: 60ff.). Im Mittelalter waren die Begriffe „foedus" oder auch „confoederatio" z.B. in Verträgen gebräuchlich. In dieser Zeit nahm der Begriff „foedus" gleichfalls seine auf das Innere der Staaten bezogene „bündische" Bedeutung an, wie wir sie heute noch kennen (zur Begriffsgeschichte vgl. KOSELLECK 1972 und DAVIS 1978: 35ff.).

Zunächst hatten im Mittelalter Personenverbände die Funktionen wahrgenommen, die in der Neuzeit als staatlich bezeichnet werden. Es gab eigentlich keine staatliche Herrschaft, sondern gegenseitige Treueverhältnisse, aus denen wiederum Befehlsrechte und Gehorsamspflichten erwuchsen. Eine Übertragung der Terminologie des modernen Staates und somit des auf ihn bezogenen Föderalismusbegriffs auf den Personenverband des Mittelalters hat daher wenig Sinn. Gleichwohl brachte das Mittelalter eine Vielzahl von vorübergehenden und beschränkten Allianzen, aber auch einige engere und dauerhafte Verbindungen wie das Deutsche Reich und die schweizerische Eidgenossenschaft.

Da staatliche Aufgaben im Mittelalter zunächst von Personenverbänden wahrgenommen wurden, mußten erst einmal moderne neuzeitliche Staaten geschaffen werden, damit Föderalismus als Prinzip der Staatsorganisation überhaupt denkbar werden konnte. Das Deutsche Reich erreichte dieses Stadium nicht (BOLDT 1990a: 272), wohl aber seine territorialen Subeinheiten. Seit dem Westfälischen Frieden von 1648 hatte sich der Begriff der Souveränität nicht auf der Ebene des Reiches, sondern auf der Ebene der vielen Territorien, die zu modernen Staaten wurden, durchgesetzt:

Föderalismus und Souveränität als Grundprobleme deutscher Föderalismustheorie

„Ausdruck der territorialen Souveränität war die fast unbegrenzte Bündnisfreiheit mit Reichs- wie Nichtreichsangehörigen, das ius foederis und damit verbunden das ius belli ac pacis (daß sich ein Bündnis nicht gegen Kaiser und Reich richten durfte, war nicht mehr als eine formale Einschränkung). Die Gliedstaaten wurden Völkerrechtssubjekte. Aus dem Einungsrecht der Tradition wurde das Bündnisrecht der Moderne, aus den institutionalisierten Bünden zur Erhaltung des Friedens und des Glaubens wurden wechselnde, außenpolitisch-militärische Allianzen zur Erhaltung oder Ausweitung der eigenen Macht" (NIPPERDEY 1986: 65).

Damit war in der Struktur des Reiches ein Problem angelegt, das die Föderalismusdiskussion in Deutschland lange beschäftigen sollte und zu der spezifisch deutschen Unterscheidung von Staatenbund und Bundesstaat führte, die eng mit den Schwierigkeiten verknüpft ist, die der von BODIN (1529-1596) geprägte Begriff der Souveränität für die Lehre von den Staatenverbindungen mit sich brachte. Das Verhältnis von Föderalismus und Souveränität ist der Focus deutscher staatsrechtlicher und philosophischer Entwürfe zum Föderalismus gewesen, die alle anderen Interpretationsmöglichkeiten des Föderalismus deutlich überlagert haben (RYDON/WOLFSOHN 1980: 2).

Dichotomie von Staaten-
bund und Bundesstaat

Die auf die Intensität eines staatlichen Bündnisses und die Konstruierbarkeit eines aus „Staaten zusammengesetzten Staates" (BRIE 1874: 28) abzielende Dichotomie von Staatenbund und Bundesstaat reflektierte das Problem, ob es in einem zusammengesetzten Staatswesen eine gespaltene Souveränität geben könne – eine dem Souveränitätsbegriff im Sinne BODINs gar nicht denkbare Frage.

Souveränitätstheorie
von BODIN

Jean BODIN, einer der einflußreichsten Staatstheoretiker des 16. Jahrhunderts, hat mit der Souveränität die für den modernen, neuzeitlichen Staat grundlegende Kategorie erarbeitet. Als „summa potestas" bzw. „maiestas" bezeichnet sie die dauernde und absolute Gewalt des Staates über seine Untertanen, die bei BODIN allerdings einem legitimen, durch Erbfolge ins Amt gekommenen Monarch zukommen sollte.

„Die Absolutheit der Souveränität eines solchen Herrschers ergibt sich aus der Tatsache, daß als einzige Quelle des Rechts nun der Wille des Souveräns gelten soll. (...) Souveränität liegt in der Machtvollkommenheit, Gesetze zu erlassen oder aufzuheben. (...) Die Ausstattung des Herrschers mit absoluter Gesetzgebungskompetenz soll die Gesellschaft nach innen und außen durch Vereinheitlichung und Zentralisierung politischer Herrschaft handlungsfähig machen. (...) Aus ihrer Absolutheit ergibt sich auch die Unteilbarkeit der höchsten Gewalt" (LENK 1980: 17f.).

Problematik der
Souveränitätsdoktrin
von BODIN

Die Unteilbarkeit dieser höchsten Gewalt wurde zum entscheidenden Problem, wenn es darum ging, ein Gebilde wie das Deutsche Reich (zumindest seit 1648) mit den damals gängigen Kategorien zu erfassen. Es paßte nicht in die aristotelische Staatsformenlehre und ließ sich auch nicht mit dem Begriff der Souveränität zur Deckung bringen. Die Souveränitätslehre im Gefolge BODINs insistierte darauf, daß Bündnisse entweder die Souveränität der Bundschließenden erhielten oder einer anderen höheren Gewalt unterordneten: entweder ein völkerrechtliches Bündnis oder ein neuer Staat, aber keine Zwischenformen. Ein Staat aus Staaten war hier einfach undenkbar.

Dieses Problem beschäftigte viele bekannte Staatslehrer und Philosophen in Deutschland. So meinte der deutsche Philosoph LEIBNIZ (1646-1716), daß, wenn man eine Union nicht als ein einziges Gemeinwesen und Einheit definieren dürfe, also an der Unteilbarkeit der Souveränität festhalte, man das Deutsche Reich als Anarchie bezeichnen müsse. Drastisch charakterisierte Samuel PUFENDORF (1632-1694) das Deutsche Reich als „irregulare aliquod corpus et monstro simile", das überhaupt keiner Definition zugänglich sei. Ein aus Staaten zusammengesetzter Staat sei überhaupt nicht denkbar. Damit war für lange Zeit das Verdikt über die Möglichkeit des Nebeneinanders zweier Reihen von Souveränität in einem Staatsgebilde – einem „duplex regimen", wie es Ludolf HUGO nannte – gesprochen.

Dennoch wurden auch Versuche unternommen, das Nebeneinander souveräner Staaten im Deutschen Reich mit einer föderalen Struktur zu erklären, so etwa von dem Juristen Christoph BESOLD (1577-1638) sowie von Ludolf HUGO, der zum Deutschen Reich 1661 meinte:

„Es liegt vor Augen, daß unser Reich durch eine zweifache Regierung gelenkt wird; denn das Reich als Gesamtheit bildet ein gemeinsames Staatswesen, und die einzelnen Gebiete, aus denen es zusammengesetzt ist, haben besondere Fürsten oder Magistrate, Gerichte und Ratsversammlungen und überhaupt ein besonderes jenem Höheren untergeordnetes Staatswesen" (zit. nach KIMMINICH 1984: 1130).

Erst im 18. Jahrhundert wurde diese Auffassung in Deutschland von dem Göttinger Staatsrechtler Johann Stephan PÜTTER (1725-1807) wiederbelebt, und zu Beginn des 19. Jahrhunderts kamen die Begriffe Staatenbund und Bundesstaat allgemein in Gebrauch (vgl. KOSELLECK 1972; BRIE 1874). Zwar hatte die Verfassung des Deutschen Reiches nach dem Westfälischen Frieden von 1648 den Theoretikern genügend Gelegenheit gegeben, sich mit den Fragen nach der Rechtsnatur des Deutschen Reiches und dem Wesen von Konföderation und Föderation auseinanderzusetzen, wobei es neben den erläuterten Vertretern der Staatslehre auch solche gab, die strikt am monarchischen Charakter des Reichs festhielten (Dietrich REINKINGK) oder das Reich als Aristokratie der im Reichstag versammelten Stände begriffen. Aber das Reich als „richtigen" Staat zu interpretieren, dazu reichten offensichtlich das dogmatische Instrumentarium der Staatslehre als auch die politische Wirklichkeit im Reich nicht aus.

De facto präsentierte sich das Deutsche Reich insbesondere in der frühen Neuzeit als ein überaus kompliziertes politisches Gebilde, in dem sich eine starke Zentralgewalt nicht zu etablieren vermochte, zumal es sich um eine beschränkte Monarchie handelte, in der der Kaiser rechtlich vielfältig gebunden und durch die ständischen Mitspracherechte in seiner Machtvollkommenheit restringiert war, ja, den Reichsständen gegenüber sogar den schwächeren Part spielte. Dies lag u.a. auch daran,

„daß die tonangebenden Reichsstände selbst eigenständige Staaten mit einem erheblichen politischen Gewicht waren, das Reich insofern mehr eine Staatenföderation als eine Ständemonarchie im klassischen Sinne darstellte. Zwar waren die Territorien als Reichslehen von Kaiser und Reich abhängig, doch handelte es sich bei praxi bei ihnen um Erbmonarchien, deren Gestalt und Herrschaft in der Regel nicht mehr willkürlich verändert werden konnte. Eine klare Zuständigkeitsteilung zwischen Reich und Territorien fehlte. Auch kaiserliche Reservatsrechte konnten zum Teil von Landesherren ausgeübt werden. Deutlich herrschte die Tendenz, in der obwaltenden Konkurrenzlage sich möglichst vor Eingriffen des Reiches, z.B. durch Eximierung von seiner Gerichtsbarkeit abzuschirmen" (BOLDT 1984b: 268).

Da es dem Reich auch an einem eigenen Verwaltungsunterbau fehlte, eine Reichsbeamtenschaft nicht vorhanden war und es unter dem Mangel an personellen und finanziellen Ressourcen litt, der Kaiser zudem selbst nur einer der reichsständischen Territorialherren war, fiel die Exekution der Reichsbeschlüsse an eigens dafür eingerichtete Reichskreise (seit 1512 insgesamt zehn), die „eine das Reich als Ganzes und seine Glieder zusätzlich zusammenhaltende Zwischenebene" (NEUHAUS 1991: 43) bildeten, zumal sie sich zeitweilig zu Assoziationen zusammenschließen konnten.

Die mit Gebietsveränderungen einhergehende Einflußnahme ausländischer Mächte, insbesondere Frankreichs, auf das Deutsche Reich sowie die ausgeprägte Formierung der Territorialstaaten im Deutschen Reich unter den Auspizien des preußisch-deutschen Dualismus führte letztendlich zu einem Zustand, der in der Auflösung des Deutschen Reiches kulminierte. Nach der Abtretung des linken Rheinufers an Frankreich infolge des ersten Koalitionskrieges sollten die hierdurch geschädigten Fürsten mit rechtsrheinischen Gebieten entschädigt werden – und zwar auf Kosten der geistlichen Fürstentümer, Reichsstädte und kleinerer Territorien. Die vom Reichsdeputationshauptschluß vorgeschlagene und 1803 von Kaiser und Reich angenommene Neugliederung des Reiches unter Auflösung der geistlichen Fürstentümer sowie vieler kleinerer Territorien und Reichsstädte beraubte das Reich seiner (mittelalterlichen) Existenzgrundlage. Der unter französischer Schutzherrschaft von 16 Reichsständen gegründete Rheinbund trieb den letzten Nagel in den Sarg des Deutschen Reiches.

Schon bald aber gaben die Pläne zur Reform des Deutschen Bundes, in dem sich im Jahre 1815 39 souveräne Fürstentümer und freie Städte zusammengeschlossen hatten, um die äußere und innere Sicherheit Deutschlands sowie die Unabhängigkeit und Unverletzlichkeit der deutschen Staaten zu erhalten, Anlaß, sich wieder konkret mit der Frage nach der Souveränität im Bundesstaat sowie der Möglichkeit eines Bundesstaates überhaupt zu befassen. Damit begann eine nicht gerade fruchtbare, dafür aber „most abstractly theoretical inquiry, fully in the German intellectual tradition" (ELAZAR 1987: 147), die eine Langzeitwirkung gehabt hat und mit zu dem noch heute gültigen Vorurteil beitrug, beim Föderalismus handele es sich um eine „abstrakte Sache der Staatslehre" (REUTER 1991: 11).

2.2 Ein „rechtspolitischer Exportschlager" wird geboren: Die Erfindung des Bundesstaats 1787

Definition des Staatenbundes

Eingangs des 19. Jahrhunderts konnte man in Deutschland und Europa allerdings schon an ein historisches Beispiel anknüpfen, das die Möglichkeit staatlicher Assoziation auf entscheidende Weise veränderte – den 1787 in den USA verwirklichten Bundesstaat. Aufgrund der herrschenden Lehre von der unteilbaren Souveränität eines Staates waren staatliche Verbindungen in Deutschland bis dahin – sieht man von den damals noch eher peripheren Lehren PÜTTERS und HUGOS ab – nur in der Form des Staatenbundes denkbar gewesen, den man folgendermaßen definieren kann:

„Mit dem Begriff des Staatenbundes bezeichnet man ein völkerrechtliches Vertragsverhältnis zwischen Staaten, die dadurch in ihrer Staatlichkeit, in der Ursprünglichkeit ihrer Herrschaftsgewalt und ihrer Entscheidungsfreiheit über innerstaatliche Angelegenheiten unberührt bleiben. Lediglich ein übertragener begrenzter Kreis von Aufgaben wird von gemeinsamen Organen der Verbindung wahrgenommen. Seine Hoheitsakte bedürfen in der Regel der Transformation durch die Mitgliedstaaten" (STERN 1984: 654).

Staatenbünde in diesem Sinne sind etwa die Schweizerische Eidgenossenschaft von 1803-1848, der Deutsche Bund von 1815-1866, die Vereinigten Niederlande von 1579-1795 und die USA in der Konföderationszeit von 1778 bis 1787 gewesen.

Alle genannten Beispiele weisen föderalistische Elemente auf, aber sie besitzen nicht die Charakteristika des modernen Föderalismus, wie er im Bundesstaat zum ersten Mal in den USA 1787 verwirklicht wurde und seitdem zum „rechtspolitischen Exportschlager" (BOTHE 1988: 117) geworden ist. Dieser Bundesstaat machte eigentlich genau das wahr, was vorher angesichts einer „unteilbaren" Souveränität nicht denkbar war, als 1787 durch die Umbildung des 1777 mit den „Articles of confederation" konstituierten Staatenbundes der Vereinigten

40

Staaten von Amerika eine „more perfect union" verwirklicht wurde. Der „Clou"
der amerikanischen Erfindung liegt dabei in der Lösung des Souveränitätspro-
blems auf demokratischem Wege. Herausgekommen ist der moderne Bundesstaat als Typus eines „centralist federalism" (KING 1982: 24ff.).

Grundsätzlich beinhaltet die Idee des Föderalismus drei wesentliche Aspek- Zentralisierung als wich-
te: Gleichgewicht, Dezentralisierung und Zentralisierung (KING 1982). Der letz- tiger Rechtfertigungs-
te, auf den ersten Blick durchaus widersprüchliche Punkt, wird zu einem ent- aspekt des Föderalismus
scheidenden Rechtfertigungsaspekt des modernen Föderalismus im Bundesstaat. im Bundesstaat
In der Neuzeit wird das Problem der wachsenden Aufgaben und Probleme für
die Regierung immer virulenter – es geht um das „problem of enlarging governments" und vor allem um das Problem eines „effective government" (RIKER
1964: 2) in Staatswesen, die in Krisenzeiten über ausreichende Kompetenzen
verfügen sollen. In einem balancierten und erst recht in einem dezentralisierten
Bündnis besteht die Tendenz, den Einfluß der Zentrale zu minimalisieren und
den Einfluß der den Bund konstituierenden Subeinheiten zu maximalisieren. Föderalistische Systeme, auf die eine solche Beschreibung zutrifft, tendieren in eine
staatenbündische (konföderale) Richtung. William R. RIKER (1964) hat diesen
Typus als „peripheralized federalism" bezeichnet und ihn als eher prämodern
eingestuft. Der Grund hierfür liegt v.a. in der mangelnden Gewährleistung eines
„effective government" in den Bereichen nationaler Bedeutung aufgrund domi-
nierender zentrifugaler Tendenzen.

An dieser Nahtstelle läßt sich die prekäre Mischung unitarischer und föder- Wichtige Definition:
listischer Elemente im Bundesstaat besonders deutlich aufzeigen: Der Bundes- Unterscheidung
staat impliziert eine nicht zu vernachlässigende unitarische Ausrichtung (LHOT- unitarischer und
TA 1993). Ein unitarischer Staat ist nicht der Gegensatz zum Bundesstaat, viel- föderalistischer Elemente
mehr sind Unitarismus und Föderalismus die beiden großen Kräfte, die innerhalb im Bundesstaat
eines Bundesstaates wirken und sein Erscheinungsbild prägen (TRIEPEL 1907).
Neben einem bündischen, auf die Sicherung der Eigenständigkeit der Glieder ge-
richteten Funktionssinn, bringt gerade der moderne Föderalismus in Form des
Bundesstaates auch eine umgekehrte Stoßrichtung mit sich, die ihn entscheidend
von lockeren Verbindungen und dem Staatenbund abgrenzt (VITZTHUM 1988:
15). Die bundesstaatliche Verfassung und mit ihr die Institutionalisierung eines
„federal government" ist hiernach sowohl ein „Programm der nationalen Integration" (KRÜGER 1973) als auch ein „Instrument der Einheitsstiftung im Staat"
(GRAWERT 1987: 2338).

Die FEDERALIST PAPERS, mit denen HAMILTON, MADISON und JAY eine Rechtfertigung in den
Rechtfertigung der neuen amerikanischen Bundesverfassung versuchten, machen FEDERALIST PAPERS
dies ganz deutlich. Sie knüpften bei der Rechtfertigung einer durch eine neue
Verfassung gewährleisteten „more perfect union" an den Mängeln der bisherigen
Konföderation an, favorisierten einen zentralisierend-unitarischen Ansatz und
hoben damit den modernen Bundesstaat aus der Taufe.

Zunächst ging es ihnen darum, die Mängel der bisherigen Konföderationsverfassung deutlich zu machen, wobei allerdings die Union der 13 Staaten als
das wertvollste Vermächtnis der Revolution betrachtet wurde, die Konföderation
aber angesichts der großen Fortschritte in der Wissenschaft von der Politik als
offenkundig rückständig erschien. Der Grund hierfür lag auch für sie in der mangelnden Gewährleistung von „effective government" in den Bereichen nationaler
Bedeutung:

„Die Konföderationsverfassung hatte zwei fundamentale Fehler: Zum einen beließ sie den Staaten die Souveränität, stellte sie also faktisch über die Union und machte den Kongreß vom guten Willen der Parlamente abhängig. Zum anderen übertrug sie dem Kongreß Verantwortung für wichtige nationale Belange, ohne ihm die Mittel an die Hand zu geben, dieser Verantwortung gerecht zu werden. Das Problem lag also in der Unfähigkeit, die papierenen Befugnisse in praktisches politisches Handeln umzusetzen. Der Kongreß konnte Kredite und Anleihen aufnehmen, war aber außerstande, seinen Gläubigern Zinsen zu zahlen, weil die Staaten mit ihren Beiträgen zur Unionskasse ungestraft im Rückstand blieben; er sollte das Land gegen Angriffe verteidigen, durfte die benötigten Truppen aber weder rekrutieren noch unterhalten; er konnte Verträge mit fremden Mächten schließen, die Staaten jedoch nicht daran hindern, einzelne Klauseln nach Belieben auszulegen und damit die gesamte Unionspolitik in Mißkredit zu bringen. Dieser Zustand mußte unweigerlich zur Zersplitterung der Union und zum Kampf jedes gegen jeden führen" (HEIDEKING 1988: 310).

Bezeichnend sind etwa die Ausführungen HAMILTONs im Federalist Nr. 15, in dem es um die Effektivität von Regierung und das altbekannte Souveränitätsproblem geht. Umfangreiche historische Studien, die in den Federalist-Papers 18-20 kondensiert sind, hatten auch MADISON zu der Überzeugung gebracht, daß die Existenzgefahr für föderative Staatssysteme weniger von einer starken Zentralgewalt ausgehe als vielmehr von zentrifugalen Tendenzen, von dem Bestreben der bündischen Subeinheiten, ihre Unabhängigkeit und Handlungsfreiheit – ihre Souveränität eben – zu bewahren. Angefangen bei den Föderationen der Antike, über das Deutsche Reich, die Schweiz, die Niederlande u.a. kommt er zu der unzweideutigen Schlußfolgerung:

„Die Erfahrung ist die unfehlbare Autorität für die Wahrheit einer Sache; und wo sie unzweideutige Antworten gibt, sollten diese als endgültig und heilig hingenommen werden. Die wichtige Wahrheit, die sie in dem Fall, der von uns betrachtet wurde, unzweideutig ausspricht, ist die, daß eine Souveränität über Souveräne, eine Regierung über Regierungen, eine Gesetzgebung für Gemeinschaften als Gegensatz zu Individuen ebenso in der Theorie einen Widerspruch bedeutet, wie in der Praxis mit der bürgerlichen politischen Ordnung und ihren Zielen unvereinbar ist, weil die Gewalt an die Stelle des Rechts oder der zerstörende Zwang des Schwertes an die Stelle des milden und heilsamen Zwangs der Obrigkeit gesetzt wird." (Der Föderalist, hrsg. von Felix ERMACORA, 1958: 128; vgl. auch die neue Übersetzung von ADAMS/ADAMS 1994).

Der entscheidende Fehler solcher Arrangements lag für die Federalists darin – erinnern wir uns an unsere Definition von Staatenbund –, daß eine „Zentralregierung" in einem Staatenbund niemals den einzelnen Bürger direkt erreichte, sondern immer nur mittelbar, über die Einschaltung der jeweiligen Staatenregierungen und -parlamente. Dies bedeutete eine entscheidende Schwächung, ja eine Verhinderung des so begehrten „energetic government" – in den Worten HAMILTONs:

„Wenn es überhaupt möglich sein soll, eine föderative Regierung aufzubauen, die fähig wäre, die gemeinsamen Angelegenheiten zu regeln und die allgemeine Ruhe und Ordnung aufrecht zu erhalten, so muß dieselbe in bezug auf die Objekte, die ihrer Obhut anvertraut sind, auf dem Gegenteil des Prinzips gegründet sein, für das die Gegner der vorgeschlagenen Verfassung eintreten. Die Wirksamkeit der Regierung muß sich auf die Person des einzelnen Bürgers erstrecken. Die Regierung darf von keiner zwischengeschalteten Gesetzgebung abhängen, sondern muß selbst ermächtigt sein, sich zur Durchführung ihrer Beschlüsse des normalen Apparates der Justiz zu bedienen. Die Hoheit der nationalen Regierung muß sich durch das Medium der Gerichtshöfe kundtun. Die Regierung der Union muß ebenso wie die Regierung der Staaten imstande sein, die Hoffnungen und Befürchtungen des einzelnen Bürgers direkt anzusprechen und jene Empfindungen, die den größten Einfluß auf die Herzen der Men-

42

schen haben, zu ihrer Unterstützung heranzuziehen. Kurz, sie muß, um die Machtbefugnisse, mit denen sie ausgestattet ist, auszuüben, alle jene Mittel besitzen und sich aller jener Methoden bedienen können, welche die Regierungen der Einzelstaaten besitzen und derer sie sich bedienen" (Der Föderalist, hrsg. von Felix ERMACORA, 1958: 108).

Wenn aber nun der Unionsregierung der Vorrang vor den Staatenregierungen eingeräumt werden sollte, drohte dann nicht die Neutralisierung der Einzelstaaten, mehr noch: War dieses Staatsgebilde dann überhaupt noch republikanisch (im Sinne des auch in Amerika intensiv rezipierten MONTESQUIEU)? Drohte dann nicht eine unglaubliche Machtakkumulation bei der Zentralregierung? Mitnichten: Erstens war diese Machtakkumulation von den FEDERALISTS durchaus erwünscht und zweitens konnte sie durch einen Kunstgriff nivelliert, kontrolliert und legitimiert werden. Nicht auf die Begrenzung der zum effektiven Regieren notwendigen Kompetenzen kam es ihnen an, sondern auf deren Einbau in ein System von checks and balances. Lesen wir, was MADISON hierzu sagt:

„Gemäß dem Plan, den ich mir für die Behandlung des Gegenstandes zurecht gelegt habe, folgt als nächster Punkt die Untersuchung über die „Untauglichkeit der gegenwärtigen Föderation zur Erhaltung der Union". (...) Man kann wohl mit Recht von uns sagen, daß wir das letzte Stadium nationaler Erniedrigung erreicht haben. Kaum irgend etwas, das den Stolz einer unabhängigen Nation verletzet oder ihrem Ruf abträglich sein kann, ist uns erspart geblieben. (...) Zwar haben, wie bereits bemerkt wurde, Tatsachen, die zu unerbittlich sind, um vernachlässigt werden zu können, zur allgemeinen Anerkennung der Theorie geführt, daß unser nationales System wesentliche Mängel aufweise. Doch wird der Wert der Zugeständnisse, zu denen sich die alten Gegner des föderativen Systems bequemt haben, durch ihren Widerstand gegen eine Abhilfe zunichte gemacht, die auf der einzigen erfolgversprechenden Grundlage beruht. Obwohl sie zugeben, daß die Regierung der Vereinigten Staaten kraftlos ist, sträuben sie sich dagegen, ihr jene Machtbefugnisse zu verleihen, die notwendig wären, um sie kraftvoll zu machen. Sie scheinen nach wie vor Ziele anzustreben, die miteinander in Widerspruch stehen und unvereinbar sind: Vermehrung der Autorität der Bundesregierung ohne Schmälerung der Autorität der Regierungen der Einzelstaaten; Souveränität der Union und völlige Unabhängigkeit ihrer Mitglieder. Sie beten letzten Endes immer noch mit blinder Verehrung das politische Monstrum eines imperium in imperio an. Das macht eine genaue Darstellung der wichtigsten Mängel der Föderation notwendig, um zu beweisen, daß die Übel, an denen wir leiden, nicht von belanglosen Unzulänglichkeiten oder Teilschäden herrühren, sondern von grundlegenden Fehlern in der Struktur des Gebäudes, die nicht anders behoben werden können als durch eine Änderung der Fundamente und Stützpfeiler.
Der große und wesentliche Fehler in der Struktur der Föderation liegt in dem Prinzip, daß die Gesetzgebung den Staaten oder Regierungen in ihrer Eigenschaft als korporative oder kollektive Körperschaften übertragen ist, im Gegensatz zu den Individuen, aus denen sie bestehen. Obwohl dieses Prinzip sich nicht auf alle der Union übertragenen Machtbefugnisse erstreckt, herrscht es doch bei jenen vor, von denen die Wirksamkeit der anderen abhängt. Mit Ausnahme der Bestimmungen über die Aufteilung haben die Vereinigten Staaten unbeschränkte Vollmacht, Truppen und Geld anzufordern; aber sie haben keine Vollmacht, diese beiden Maßnahmen durch Vorschriften zu verwirklichen, die sich auf die einzelnen Bürger Amerikas beziehen. Die Folge davon ist, daß ihre diesbezüglichen Beschlüsse in der Theorie zwar Gesetze darstellen, die auf Grund der Verfassung für die Union bindend sind, daß es sich dabei in der Praxis jedoch um bloße Empfehlungen handelt, welche die Staaten nach Gutdünken annehmen oder ablehnen können. (...) Verzichten wir auf alle Pläne für eine Bundesregierung, so würde uns das zu einer einfachen offensiven und defensiven Allianz führen und uns in eine Lage bringen, in der wir uns abwechselnd als Freunde oder Feinde gegenüber ständen, je nach dem, was unsere gegenseitige Rivalität – von den Intrigen fremder Mächte geschürt – gerade vorschriebe.
Wenn wir jedoch nicht gewillt sind, in diese gefährliche Lage zu geraten; wenn wir weiterhin dem Plan einer nationalen Regierung anhängen oder, was dasselbe ist, einer übergeord-

neten Macht unter der Leitung eines gemeinsamen Rates, so müssen wir uns entschließen, in unser Projekt jene Bestandteile einzugliedern, die als Träger der charakteristischen Differenz zwischen einer Liga und einer Regierung anzusehen sind; wir müssen die Autorität der Union auf den einzelnen Bürger selbst erstrecken, der das einzige wahre Objekt einer Regierung darstellt" (Der Föderalist, hrsg. von Felix ERMACORA, 1958: 108).

Verbindung von Volks-
souveränität und
Nationalstaat zur
Schaffung eines
„energetic government"

Anstatt die kontinentaleuropäische, von BODIN geprägte Sicht zu übernehmen, der Staat sei der Träger der Souveränität, machten sich die Amerikaner das Konzept der Volkssouveränität und den Gedanken des Nationalstaats zunutze. Alle Macht, alle Regierung wurde als vom Volk abgeleitet verstanden. Durch die Schaffung eines mit den wichtigsten Kompetenzen ausgestatteten „central government" konnten die vereinheitlichenden und integrierenden Ziele des Nationalstaats aufgenommen werden, durch die Übertragung der Souveränität auf das Volk war die Grundlage für eine Kontrolle der Regierung und für eine auf dem System der checks and balances beruhende Gewaltenteilung gegeben. Die republikanischen Elemente und Freiheiten sollten durch Anwendung des Repräsentationsprinzips, die komplexe Struktur der Bundesregierung und durch die territoriale Ausdehnung der Union gewährleistet sein (vgl. FEDERALIST Nr. 39 von MADISON).

Neben der Begründung eines „federal government" mußten die Federalists aber auch deutlich machen, daß es ihnen nicht darum ging, die Gliedstaaten abzuschaffen. Vielmehr sollten sie als notwendiges Element der Gewaltenteilung in die neue bundesstaatliche Ordnung eingebunden werden:

„Die Federalists legten großen Wert auf die Feststellung, daß die Bundesregierung und die Staatenregierungen in zwei getrennten politischen Sphären operieren würden. Die erste beinhaltete alle übergreifenden, das Wohl der Allgemeinheit tangierenden Belange, die zweite die internen Angelegenheiten der Staaten. Jede der beiden Gewalten konnte in ihrer Sphäre frei schalten und walten (...) Souveränität besaßen weder die Bundesregierung noch die Staaten; der alleinige Souverän war das Volk der dreizehn Staaten, in dessen Ermessen es lag, die eine Gruppe von Kompetenzen an die Union, die andere an die Staaten zu delegieren" (HEIDEKING 1988: 319).

Damit war in wesentlichen Grundzügen der „rechtspolitische Exportschlager" geboren, der von da an seinen Siegeszug um die Welt antreten sollte und definiert werden kann als

„eine Zusammenfassung mehrerer staatlicher Organisationen und Rechtsordnungen, derjenigen der Gliedstaaten und derjenigen des Gesamtstaates; (...) Durch das Nebeneinander mehrerer staatlicher Organisationen und Rechtsordnungen unterscheidet sich der Bundesstaat vom Einheitsstaat, in dem nur eine einheitliche staatliche Organisation und Rechtsordnung besteht; durch die Existenz eines Gesamtstaates mit eigener Legislative hebt er sich gegenüber dem Staatenbund ab, der seine Glieder miteinander verknüpft, ohne sie zur staatlichen Einheit zu verbinden und ohne über eigene Gesetzgebungsbefugnisse zu verfügen" (HESSE 1987: 317).

Die Definitionen des Bundesstaates gleichen sich im wesentlichen überall, wie man unschwer an den Formulierungen einiger Autoren aus dem anglo-amerikanischen Bereich feststellen kann. Ein entscheidender Unterschied besteht allerdings darin, daß anglo-amerikanische Definitionen im Unterschied zu deutschen (und französischen) das Problem der Souveränität nicht in den Mittelpunkt stellen (FRENKEL 1986; KIMMINICH 1987; BOTHE 1977; STERN 1984) und auch keinen Unterschied zwischen Föderalismus und Bundesstaat machen.

44

William R. RIKER identifiziert den Bundesstaat mit folgenden Merkmalen:

- zwei staatliche Ebenen herrschen über das gleiche Gebiet und das gleiche Volk;
- jede dieser Ebenen verfügt über mindestens einen Handlungsbereich, in dem sie vollkommen selbständig (d.h. unabhängig) von der anderen Ebene ist;
- es existiert eine (i.d.R. verfassungsrechtliche) Garantie für diese gegenseitige Unabhängigkeit.

Die immer wieder zitierte Definition von K.C. WHEARE (1963: 10) bezeichnet als „federal principle" die Methode der Machtverteilung, nach der die zentrale und die regionale(n) staatliche(n) Ebenen jeweils, in einem bestimmten Bereich, gleichgestellt und voneinander unabhängig sind. Ivo D. DUCHACEK (1970: 194) konstatiert:

„Unter einem föderativen System verstehen wir die verfassungsmäßige Machtverteilung zwischen einer zentralen staatlichen Ebene (die ihre Macht über das gesamte nationalstaatliche Territorium erstreckt) und einer Reihe von subnationalen staatlichen Ebenen (die jeweils über unabhängige Macht in ihren Territorien verfügen, die wiederum zusammengenommen das gesamte nationalstaatliche Territorium ergeben)" (Übersetzung d.V.).

Exkurs: Bundesstaatlichkeit in den Verfassungen von 1849, 1871 und 1918/1919

Es sollte sich zeigen, daß das amerikanische Vorbild in Deutschland mit großem Interesse rezipiert wurde (vgl. ELLWEIN 1950; FRANZ 1958), wenngleich die Gründung eines Nationalstaates (auf föderativer Basis) in Deutschland stärker noch mit dem Problem zu kämpfen hatte, bereits bestehende souveräne Staaten zu einem Ganzen zu integrieren. Die schwierige Aufgabe, zwischen unitarischen Tendenzen einerseits und partikularistischen Tendenzen andererseits einen probaten Mittelweg zu finden, blieb der Paulskirchen-Verfassung von 1849 damit nicht erspart, zumal der Dualismus von Preußen und Österreich jegliches Arrangement erschwerte und letztlich zum Scheitern der Verfassung führte. Gleichwohl ist dieses Verfassungswerk als erster Versuch zu werten, auf deutschem Territorium einen Bundesstaat zu begründen. Die typischen Probleme einer bundesstaatlichen Verfassung, so etwa die Kompetenzabgrenzung zwischen den bundesstaatlichen Ebenen insbesondere bei der Gesetzgebung und der Verwaltung oder die Regelung von Streitigkeiten zwischen den Bundesgliedern haben Eingang in die Verfassung gefunden und muten auch heute noch als ausgesprochen „modern" an.

Das Problem der Zuständigkeitsteilung zwischen Bund und Ländern wird gleich in § 5 der Verfassung aufgegriffen, wonach – parallel zur amerikanischen Verfassung (10. Amendment) – die deutschen Staaten grundsätzlich ihre Selbständigkeit behielten, soweit diese nicht durch die Reichsverfassung beschränkt war. Sie hatten alle staatlichen Hoheiten und Rechte inne, sofern diese nicht ausdrücklich der Reichsgewalt übertragen wurden. Der bundesstaatliche Charakter wird dadurch betont, daß das Reich über ein eigenes Staatsgebiet – das Gebiet des bisherigen Deutschen Bundes – verfügte und die Bürger der Einzelstaaten gleichzeitig Reichsbürger waren.

In der Kompetenzausstattung des Reiches, insbes. durch die §§ 6-67, geht die Verfassung weit über den Deutschen Bund hinaus. Hier kommt deutlich ein unitarisierender Grundzug ins Spiel, der sich z.B. auch darin bemerkbar macht, daß § 62 – in Parallele zur necessary and proper-Klausel der amerikanischen Verfassung (Art. 1, sect. 8 [18]) – dem Reich die Gesetzgebung überantwortet, „soweit es zur Ausführung der ihr verfassungsmäßig übertragenen Befugnisse und zum Schutz der ihr überlassenen Anstalten erforderlich ist". Desweiteren sorgte das Reich für Rechtseinheit (§ 64), verfügte über die Kompetenz-Kompetenz (§ 64) und setzte gegenüber den Gliedstaaten das höherrangige Recht (§ 66).

Andererseits mußte auf partikulare Interessen Rücksicht genommen werden, so daß viele Kompetenzen dem Reich nur fakultativ übertragen wurden und zum Bereich der ausschließlichen Kompetenzen v.a. die auswärtigen Beziehungen und die Entscheidung über Krieg und Frieden gehörten. Was die Streitkräfte anbelangt, gehörten nur die Seestreitkräfte zur ausschließlichen Kompetenz des Reiches (§ 19), wogegen das Reich bezüglich der Landstreitkräfte lediglich die ausschließliche Kompetenz zur Organisation erhielt und die Verfügung über die bewaffnete Macht – soweit diese nicht für den Dienst des Reiches in Anspruch genommen wurde – bei den Gliedstaaten blieb, d.h. vor allem: bei ihren Monarchen.

Wesenszug des deutschen Föderalismus

Besonders interessant ist die Reichsverfassung von 1849 aber deswegen, weil in ihr ein Wesenszug des deutschen Föderalismus angelegt ist, der bis heute prägend für ihn geblieben ist und ihn nachhaltig vom US-Vorbild abhebt: Nicht zuletzt um den monarchischen Charakter der Einzelstaaten nicht anzutasten (BOLDT 1991a: 308), sollte nämlich den Gliedstaaten die Ausführung der Bundesgesetze (und natürlich ihrer eigenen Gesetze) überlassen bleiben. Diese funktionale Teilung ist bis in die Gegenwart ein prägendes Charakteristikum deutscher Bundesstaatlichkeit geblieben. Da es eine eigene Reichsverwaltung nur für wenige Fälle gab (vgl. etwa § 18), mußte dem Reich aber zumindest ein Aufsichtsrecht (sog. „Oberaufsicht") über die Ausführung seiner Gesetze durch die Gliedstaaten konzediert werden.

Streitigkeiten zwischen Reich und Ländern sollten in Fortsetzung einer bereits im Deutschen Reich mit dem Reichshofrat bzw. dem Reichskammergericht und im Deutschen Bund mit der sog. „Austrägalgerichtsbarkeit" angelegten Tradition (vgl. SCHEUNER 1976; HOKE 1983) durch ein Reichsgericht entschieden werden. Einen direkten Eingriff in die gliedstaatlichen Sphären mit den abgestuften Mitteln des Erlasses, der Absendung von Kommissarien sowie der Anwendung bewaffneter Macht (§ 55) sah die Verfassung für Krisenfälle, insbesondere bei Gefährdung des Reichsfriedens (§ 54) vor. Ein bloßes Zuwiderhandeln eines Gliedstaates gegenüber Anordnungen des Reiches eröffnete jedoch nicht die Eingriffsmöglichkeit des Reiches, das in diesem Fall vor Gericht zu ziehen hatte, um dort seine Ansprüche durchzusetzen (vgl. § 126a).

Organe des Reichs waren der Kaiser, die aus den Ministern bestehende Reichsregierung, das Reichsgericht und der in ein Staatenhaus und ein Volkshaus geteilte Reichstag. Das Staatenhaus wurde aus Vertretern der Mitgliedstaaten gebildet, das Volkshaus aus gewählten Abgeordneten der gesamten Nation. Je nach Größe entsandten die Mitgliedstaaten bis zu 40 Vertreter in das Staatenhaus, die je zur Hälfte von der Regierung bestimmt bzw. von der Volksvertretung gewählt wurden.

46

Das letztendliche Scheitern der Reichsverfassung aufgrund des preußisch-österreichischen Dualismus, der sich weder in einer großdeutschen noch in einer kleindeutschen Lösung für beide Teile befriedigend lösen ließ, führte aber mitnichten zur künftigen Aufgabe bundesstaatlicher Pläne für die nationalstaatliche Einigung Deutschlands. Über die Stufe des freihändlerisch ausgelegten Deutschen Zollvereins, eröffnete sich Preußen die Chance, mehr Rechts- und Wirtschaftseinheit sowie eine demokratisch gewählte Volksvertretung auf Bundesebene zu fordern, so daß die deutsche Nationalbewegung und preußische Hegemonialavancen an einem Strang zogen und Österreich (und zunächst einige süddeutsche Staaten) in die Defensive gerieten. Schließlich zwang Preußen mit dem Krieg von 1866 Österreich eine Lösung auf militärischem Wege auf. Damit wurde der Weg frei für eine kleindeutsche Lösung, zunächst im Wege des Norddeutschen Bundes und 1870/71 durch den Beitritt der vier süddeutschen Staaten zum damit konstituierten Deutschen Reich.

Auch dieser Bundesstaat verfügte qua Verfassung über ein eigenes Bundesgebiet, eine Reichsbürgerschaft und eine Kompetenzteilung zwischen Bund und Ländern. Die Zuständigkeiten des Reiches wurden gleichfalls einzeln aufgeführt, wie überhaupt der Kompetenzkatalog für das Reich dem Vorbild von 1849 stark nachempfunden ist, v.a. aber im Bereich der Regulierung der Rechts- und Wirtschaftseinhheit noch an Umfang zulegte. Eine explizite Kompetenz-Kompetenz wurde in der Reichsverfassung von 1871 nicht mehr erwähnt, genausowenig die Existenz von „implied powers" (s.o.), jedoch wurde beides sowohl von der Praxis als auch der Staatsrechtslehre als gegeben akzeptiert, wie auch die Länder von der herrschenden Lehre als in einer untergeordneten Position gegenüber dem Reich befindlich interpretiert wurden (v.a. LABAND 1911-1914).

Beibehalten wurde auch die funktionale Aufgabenteilung, nach der zwischen der Gesetzgebungskompetenz und der Zuständigkeit für die Ausführung der Gesetze unterschieden wurde, wobei die Regelung des Art. 4 das Reich auf die Beaufsichtigung und die Gesetzgebung festlegte. Die Tatsache, daß damit erneut den Ländern die Verwaltung nebst dem dazugehörigen Verwaltungsapparat bewahrt blieb und es nur in ganz wenigen Fällen eine eigene Reichsverwaltung gab (z.B. Post und Kriegsmarine), führte bereits im Deutschen Reich zur Einsicht, daß ohne das Recht der Beaufsichtigung „das Recht der Gesetzgebung ein Messer ohne Klinge sein" würde (Triepel 1908: 303). Die Reichsaufsicht wurde somit als ein entscheidender Hebel zur Vereinheitlichung betrachtet und die Versuche, neben der sog. „abhängigen" auch eine „selbständige" Reichsaufsicht zu etablieren und normativ zu begründen (vgl. hierzu v.a. TRIEPEL 1917) bezeugen dies ebenso wie die in einigen Bereichen etablierten Vorstufen einer genuinen Auftragsverwaltung (vgl. MUßGNUG 1984: 194ff.).

Interessant ist, daß die Reichsverfassung von 1871 keine Vorgaben für eine föderative Streitschlichtung durch ein Reichsgericht machte. Die funktionale Verschränkung der bundesstaatlichen Ebenen über die Teilung von Gesetzgebung und Verwaltung bot aber erhebliches Konfliktpotential. Wenn das Reich im Wege der Reichsaufsicht Mängel bei der Ausführung seiner Gesetze durch die Länder feststellte, mußte ein solcher Konflikt „politisch" geklärt werden, genauso wie Streitigkeiten zwischen einzelnen Staaten oder die Verhängung der Bundesexekution. Damit kommen wir zu einem Gremium, das für die Ausprägung des deutschen Föderalismus bis in die Gegenwart von nachhaltigster Bedeutung

Reichsverfassung von 1871

ist: der Bundesrat. Er stand dem Kaiser zusammen mit dem Reichstag gegenüber und lehnte sich an die Bundesversammlung des Deutschen Bundes an – in ihm saßen instruierte Bevollmächtigte der Regierungen der Mitgliedstaaten. Zusammen mit dem Reichstag bildete er die gesetzgebende Instanz des Reiches, aber durch die funktionale Verflechtung zwischen Reich und Ländern – dort Gesetzgebung, hier Ausführung – erstreckten sich seine Kompetenzen auch auf den Erlaß der für die Ausführung der Bundesgesetze erforderlichen Verwaltungsvorschriften, die Mängelrüge bei unbefriedigender Gesetzesausführung durch die Länder und die Verhängung der Bundesexekution über widerborstige Mitgliedstaaten (vgl. Art. 7 und 19 RV). Die kompetenzielle Ausstattung des Bundesrates wie überhaupt seine Position im Gefüge des Bundesstaates sollten bei der Diskussion um die Etablierung einer Zweiten Kammer im Parlamentarischen Rat 1949 eine erhebliche Rolle spielen.

Die Substitution des 1849 noch vorgesehenen Reichsministeriums durch eine Kanzlerregierung sowie des Staatenhauses durch den Bundesrat statteten den Bundesstaat der Reichsverfassung sowohl mit partikularistisch-antiparlamentarischen als auch mit preußisch-hegemonialen Zügen aus – nicht umsonst wurden Parlamentarismus und Föderalismus in Deutschland als unvereinbar gesehen. Der Bundesrat war eben nicht nur eine Art „Zweiter Kammer" (BOLDT 1991: 178ff.). Leiter des Reichs waren nicht der Kaiser mit einem Ministerium, sondern die Gesamtheit der im Bundesrat versammelten Regierungen, die dort über ein abgestuftes Stimmrecht verfügten. Der Reichskanzler, der den Vorsitz im Bundesrat führte, wurde wiederum vom Kaiser ernannt und übernahm für die Anordnungen und Verfügungen des Kaisers die Verantwortlichkeit. Ein parlamentarisches System wurde jedoch dadurch blockiert, daß dem Reichstag nicht der Reichskanzler, sondern der Bundesrat als Regierung gegenübertrat, die Reichsregierung in Gestalt des Reichskanzlers und seiner Staatssekretäre (= preußische Bevollmächtigte für den Bundesrat) damit aber hinter dem Bundesrat versteckt wurde. Gleichzeitig verschaffte sich Preußen eine Hegemonie im sonach benannten „hegemonialen Bundesstaat" von 1871. Der Reichskanzler war in Personalunion preußischer Ministerpräsident und Vorsitzender des Bundesrats. Seine Staatssekretäre nahmen als Vorsitzende der Ausschüsse des Bundesrats ebenfalls leitende Stellungen ein. Zudem konnte Preußen mit seinen 17 Stimmen den Rat beherrschen, da die von ihm abhängigen Kleinstaaten und Städte kaum in der Lage waren, sich preußischen Wünschen zu widersetzen. Anders als 1849 sollte nicht der Kaiser mit seinen Ministern Leiter des Reichs sein, sondern das Kollektiv der im Bundesrat versammelten Regierungen. Dies hebt die staatenbündische Grundlage der Verfassungskonstruktion von 1871 hervor, was sich auch an der Nomenklatur zeigt: Es handelte sich eben um den Bundesrat, nicht um einen Reichsrat, wie die in ihrer Bedeutung ungleich geringer zu wertende Nachfolgeinstitution der Weimarer Republik.

Weimarer Republik

Der Sturz der Monarchie im Jahre 1918 brachte die Gelegenheit mit sich, die deutsche Staatsgewalt, die bis dahin weitgehend ein Produkt dynastischer Politik gewesen war, neu zu entwerfen (vgl. BOLDT 1990a: 224ff.). Die neue Verfassung bekannte sich zum Prinzip der Volkssouveränität, wie bereits die Präambel auswies, und betonte das Prinzip der nationalen Einheit. Allerdings war es nicht möglich, der neuen Verfassung einen so dezidiert unitarischen Charakter zu geben, wie es z.B. der erste Verfassungsentwurf des damals amtierenden Staatssekretärs des Inneren bzw. Reichsinnenministers Hugo PREUẞ noch intendierte. Die Landesregierungen, in der Revolution durchaus erstarkt, vermochten eine stärkere Berücksichtigung der Länderinteressen in der Verfassung durchzusetzen, weswegen auch die neue Verfassung, trotz Betonung der nationalen Einheit, den bundesstaatlichen Charakter des Reichs auswies. Ein wesentliches Problem für die Neugestaltung bildete jedoch nach wie vor die Existenz eines übermächtigen Staates in Gestalt von Preußen. In dem gegenüber dem Gebietsbestand des Deutschen Reichs vor dem 1. Weltkrieg deutlich kleineren Reichsgebiet der Weimarer Republik verfügte Preußen über drei Fünftel. Ebenso hoch war sein Anteil an der Gesamtbevölkerung. Eine erneute Verzahnung von preußischen und Reichsinstitutionen, wie im Deutschen Reich, barg die Gefahr einer neuen Hegemoniestellung Preußens nebst einer Degeneration des Föderalismus. Eine Gleichstellung Preußens mit den anderen Ländern schützte andererseits nicht davor, daß dieses Land stark genug blieb, um einen vom Reichswillen abweichenden Kurs zu verfolgen und hiermit die Reichspolitik zu konterkarieren.

Die Frage einer Neugliederung konnte in der Nationalversammlung nicht gelöst werden, sondern wurde in Art. 18 für die Zukunft vorgesehen. Art. 17 der Weimarer Reichsverfassung (WRV) schrieb lediglich vor, daß alle Länder eine freistaatliche Verfassung haben sollten. Weiterhin galten die Grundsätze des Reichswahlrechts als verbindlich und die Landesregierungen sollten vom Vertrauen der jeweiligen Volksvertretung abhängen.

Das Verhältnis von Reich und Ländern gestaltete sich nach der neuen Verfassung durchaus in bereits bekannten Mustern, wobei allerdings ein noch stärkerer Trend zur Unitarisierung zu verzeichnen ist, d.h. konkret: Dem Reich standen noch mehr Gesetzgebungskompetenzen als in den 1849er und 1871er Verfassungen zu. Nur wenige dieser Kompetenzen waren ausschließliche (vgl. Art. 6), während die Mehrzahl der Kompetenzen konkurrierend waren, das Reich somit über die in Art. 7 und 9 WRV aufgeführten Kompetenzen verfügen konnte, aber nicht mußte. Das Reich konnte auch Gesetzgebungsmaterien an sich ziehen, ohne daß hier zwingend ein Bedürfnis vorliegen mußte (sog. „Bedarfsgesetzgebung"), oder Richtlinien für die Gesetzgebung der Länder vorgeben (sog. „Grundsatzgesetzgebung"). Eine bedeutsame Ausweitung der Reichskompetenzen geschah allerdings im Wege der Gesetzgebungsbefugnis für Steuern und sonstige Abgaben, die das Reich für sich beanspruchen wollte (vgl. Art. 8 WRV). Die „Versorgung" des Reiches durch Matrikularbeiträge der Länder, die das Reich zum „Kostgänger der Länder" gemacht hatten, war in der Weimarer Reichsverfassung nicht mehr vorgesehen. Da das Reich zudem seine Zuständigkeit zur Finanzgesetzgebung über den von Art. 11 WRV gezogenen Rahmen ausdehnte und mit den so verfügbaren Geldmitteln begann, im Wege einer Fondswirtschaft die staatliche Tätigkeit in den Ländern zu alimentieren, und der Reichshaushalt wesentlich größer als der Gesamthaushalt der Länder war, wurden nunmehr die Länder zu Kostgängern des Reiches. Art. 14 WRV sah desweiteren eine Übernahme von Landeszuständigkeiten in die Regie des Reichs im Wege einfacher gesetzlicher Anordnung vor, wodurch die Verwaltung der Reichsfinanzen vom Reich selber übernommen werden konnten (ERZBERGERsche Finanzreform, 1919/1920).

Das überkommene Muster der funktionalen Teilung zwischen Reich und Ländern wurde beibehalten, d.h.: Auch in der Weimarer Republik war die Ausführung der Reichsgesetze grundsätzlich Sache der Länder, wobei allerdings Art. 78ff. eine erheblich ausgeweitete eigene Reichsverwaltung vorsahen, womit ein Trend intensiviert wurde, der sich mit dem Ausbau der obersten Reichsverwaltung im Deutschen Reich bereits angedeutet hatte (vgl. MORSEY 1971). Bei der Ausführung der Reichsgesetze standen die Länder unter der Aufsicht des Reiches (Art. 15), das mit Zustimmung des Reichsrates allgemeine Verwaltungsvorschriften erlassen konnte. Eine interessante und bedeutsame Neuerung, die gleichfalls ein deutliches Signal für die fortschreitende Unitarisierung war, ist in der Etablierung einer Reichsauftragsverwaltung zu sehen, bei der das Reich mit speziellen weitgehenden Weisungsbefugnissen ausgestattet wurde (vgl. LASSAR 1926; MEDICUS 1932).

Im Gegensatz zur „politischen" Lösung föderativer Streitigkeiten sah die WRV wieder eine gerichtliche Schlichtung von Bund-Länder-Differenzen sowie anderer bundesstaatlicher Verfassungsstreitigkeiten durch einen Staatsgerichtshof vor (Art. 19 und 108). Kam ein Land seinen Pflichten im Gefolge der Reichsverfassung oder von Reichsgesetzen nicht nach, konnte es vom Reichspräsidenten nach Art. 48 Abs. 1 WRV hierzu angehalten werden – ein Weg, der in der Weimarer Republik insgesamt viermal gegangen wurde, zuletzt 1932 im berühmt-berüchtigten „Preußenschlag".

Die abgeschwächte Position der Länder gegenüber der vom Reich gesteuerten Unitarisierung wird auch dadurch zum Ausdruck gebracht, daß die Restaurierung des vormaligen Bundesrates als „Reichsrat" (Art. 60ff.) nur eine unvollständige Kompensation für die Länder brachte. Zwar behielten die Länder über dieses Organ Einfluß auf Reichsentscheidungen in Gesetzgebung und Verwaltung, allerdings verfügte der Reichsrat gegenüber dem eigentlich starken Organ der Unitarisierung, dem Reichstag, in der Gesetzgebung nur über ein suspensives Veto (Art. 74). Immerhin aber war es gelungen, in dieser Institution die vormals so starke Stellung Preußens zu mindern. Durch die Vorschrift des Art. 61 WRV, wonach kein Land über mehr als zwei Fünftel der Stimmen verfügen durfte und die Vorkehrung, daß die Hälfte der preußischen Stimmen nicht von der preußischen Staatsregierung, sondern von den dortigen Provinzverwaltungen zu bestellen war (Art. 63 Abs. 1 Satz 1 WRV) und zudem gegen die Stimmen der preußischen Staatsregierung abgegeben werden konnten, wurde die vormalige Hegemonie Preußens doch stark relativiert.

Mit der Machtübernahme durch die Nationalsozialisten wurden dann jedoch bis 1945, insbesondere durch die Gleichschaltung der Länder, alle föderativen Wesenszüge des deutschen Staatsgefüges getilgt.

2.3 Föderierungsprozesse: „Von unten nach oben" oder „von oben nach unten"

Im Gefolge der amerikanischen Bundesstaatsgründung und der damit einhergehenden ganz neuen Auffassung von Föderalismus ist es bis in die Gegenwart zu einer Vielzahl von Föderierungsprozessen gekommen, die die Attraktivität des Föderalismus für ganz verschiedene historische Situationen und Staatengebilde belegen. Grundsätzlich lassen sich zwei Typen von Föderierungsprozessen unterscheiden: Der Zusammenschluß vormals selbständiger Staaten und die Transformation eines vormals einheitlichen Staatsgebildes.

Der Zusammenschluß vormals selbständiger Staaten ist der häufigere Weg zur Bildung eines föderativen Staatsgebildes. Er beruht in der Regel auf einer rationalen, freien Willensentscheidung der Bündnisschließenden. William H. RIKER (1964: 12) hat für diesen Fall zwei mögliche Szenarien benannt:

- Die Politiker, die die Einigung zu einem föderativen Staatsgebilde anbieten, möchten gerne ihre Machtausübung territorial ausdehnen, vor allem um militärischem und/oder diplomatischem Druck zu begegnen oder um gegen Aggressionshandlungen von außen gewappnet zu sein. Ihr Bedürfnis nach territorialer Ausdehnung ihrer Machtausübung kann nicht durch Eroberungen befriedigt werden, weil sie hierzu militärisch zu schwach sind oder weil Eroberungen nicht in ihr politisches Weltbild passen. Um nun trotzdem ihre Expansionsbedürfnisse zu befriedigen, müssen Konzessionen an die potentiellen konstituierenden Mitglieder eines föderativen Bündnisses gemacht werden, worin der Kern der föderativen Einigung zu sehen ist. Föderalismus ist in diesem Szenario die einzige Möglichkeit, eine territoriale (und sachliche) Machtexpansion ohne Gewaltanwendung zu erreichen.
- Die Politiker, die das Angebot zu föderativer Einigung annehmen und damit einen Teil ihrer ursprünglichen Unabhängigkeit aufgeben, handeln in dieser Weise, um einer Bedrohung von außen zu begegnen oder aber, um nach außen hin gestärkt in Aktion zu treten. Entweder sie suchen Schutz unter dem Mantel der Föderation oder sie möchten sich an einem potentiellen Machtgewinn der Föderation nach außen beteiligt sehen. Diese Bedürfnisse überlagern in ihrer Bedeutung die Wahrung ursprünglicher Unabhängigkeit. Treibende Kraft eines solchen föderativen Einigungsszenarios ist also der Drang nach größerer Macht nach außen und einer stärkeren einheitlichen Regierung, die alle wichtigen, für die Gemeinschaft bedeutsamen Belange mit den entsprechenden Machtbefugnissen in die Hand nimmt.

So richtig es ist, die Wichtigkeit dieser Einflußfaktoren zu betonen, so kann man sie dennoch nicht zur conditio sine qua non föderativer Staatsbildung erheben – dies führt um der Verallgemeinerung willen zu einer Problemverkürzung, die den individuellen Entstehungsbedingungen eines jeden föderalistischen Systems nicht gerecht wird. So ist zu beachten, daß für einen bündischen Zusammenschluß vormals selbständiger Staaten auch oft wirtschaftliche Motive eine wesentliche Rolle spielen, wie etwa die Schaffung eines größeren (Binnen-)Marktes, die Aufhebung von zwischenstaatlichen Zöllen oder die Verstärkung der Bedeutung im internationalen Wirtschaftsgefüge (vgl. nur die Argumente im FEDERALIST Nr. 11ff.). Genauso wichtig und berücksichtigenswert sind soziale sowie kulturelle Interessen und Voraussetzungen einer Föderation, wie etwa eine relativ mobile und homogene Gesellschaft, Kompromißbereitschaft, sozialer und ökonomischer Pluralismus u.ä. Der Politikwissenschaftler Karl W. DEUTSCH hat den Katalog solcher „essential conditions" oder „prerequisites" für einen Zusammenschluß erweitert und unter anderem noch folgende Bedingungen aufgelistet:

– Kongruenz wichtiger Wertüberzeugungen,
– erhöhte Mobilität der Bevölkerung,
– Möglichkeiten des Austauschs und der Kommunikation sowohl zwischen verschiedenen Territorien als auch zwischen unterschiedlichen gesellschaftlichen Gruppen usw. (DEUTSCH 1957: 58).

Die Bedingungen und Motivationen für die Entstehung eines föderalistischen Staates sind jedoch – man muß es noch einmal betonen – für jeden Einzelfall gesondert zu betrachten. Kataloge, wie sie von DEUTSCH oder RIKER entworfen wurden, haben zunächst nur einen heuristischen Wert: Sie geben uns einen Hinweis, wonach man schauen sollte, wenn man für einen konkreten historischen Einzelfall dessen Entstehungsbedingungen rekonstruieren will.

Föderierungsprozeß als Auflösung eines vormals einheitlichen Staates

Der andere Fall, die Auflösung eines vormals einheitlichen Staatsgebildes, ist in der Entstehungsgeschichte föderalistischer Systeme seltener gewesen. Brasilien, die ehemalige Sowjetunion und die ehemalige CSFR sind auf diese Weise entstanden. Wenn man so will, ist auch die Bundesrepublik Deutschland das Ergebnis des Zusammenbruchs eines Einheitsstaates. Allerdings ist zurecht betont worden, daß die Wiedereinrichtung föderaler Strukturen in Deutschland nach dem Zweiten Weltkrieg nicht ausschließlich ein Oktroi der Alliierten, d.h. vor allem der amerikanischen Besatzungsmacht, gewesen ist, sondern auf eine lange – wenn auch vom amerikanischen Vorbild abweichende – föderalistische Tradition zurückgreifen konnte (vgl. dazu Teil 2, Kapitel 1) und zudem von einer Renaissance föderalistischen Gedankenguts nach dem Zweiten Weltkrieg in Deutschland profitierte.

Auffallend ist ganz allgemein, daß eine Vielzahl föderalistischer Systeme sich im Zuge von Dekolonisierungsprozessen im 18. und 19. Jahrhundert entwickelt hat (USA, Kanada, Australien), wobei ein erneuter Schub nach Ende des Zweiten Weltkriegs zu verzeichnen war (vgl. die Übersicht bei BOTHE 1977: 12ff.). Die Auflösung von Kolonialreichen als Motor von Föderalisierungsprozessen erklärt z.B., warum so viele der heutigen föderalistischen Systeme eine „British connection" aufweisen – sie sind das Ergebnis einer Dezentralisierung des British Empire, in dem sich vormalige „royal colonies" entweder von der Krone emanzipierten und dann zusammenschlossen (USA) oder sich unter Beibehaltung der Beziehung zur britischen Krone zusammenschlossen, um über den Weg eines „imperial federalism" (vgl. LHOTTA 1995) als britisches Dominion im Commonwealth letztlich den Schritt zur Unabhängigkeit zu vollziehen (Kanada).

So sind heute Staaten mit explizit föderativem Staatsaufbau wie Australien, Kanada, Indien, Malaysia, Nigeria, Pakistan, Vereinte Arabische Emirate sowie Staaten mit partiell föderativen Elementen wie Burma, Ghana, Israel, Sudan, Tansania u.a. als Produkte dieses Dekolonisierungsprozesses anzusehen (vgl. ELAZAR 1987: 190).

Ivo D. DUCHACEK (1970: 128) hat die Vorgänge, die zu einer Föderalisierung bzw. einer „Decentralization of Empires" führen, einleuchtend so erklärt:

„Wo auch immer Ursprünge und Gründe für ihre Konstituierung liegen, sind imperiale Vereinigungen eroberter Territorien früher oder später dem Zerfall preisgegeben, manchmal abrupt, manchmal über einen längeren Transformationsprozeß. Schon allein aus Gründen administrativer Zweckmäßigkeit mußte die imperiale Macht Teile ihrer Befugnisse delegieren – an Statthalter und Gouverneure zunächst, später an die Einheimischen selbst. Nach dem 2. Weltkrieg, als die großen Imperien durch Krieg und wirtschaftliche Verluste geschwächt waren, versuchten Politiker eine totale Auflösung dadurch zu verhindern, daß sie den vormals eroberten Gebieten eine Teilautonomie im Rahmen einer überwölbenden Staatengemeinschaft (zunächst vielleicht unter Führung des imperialen/kolonialen Mutterlandes) anboten. Die Einung aufgrund imperialer Gewaltanwendung wurde abgelöst durch den freiwilligen Zusammenschluß. Allerdings bleibt zu beachten, daß Sachzwänge und weniger die Überzeugung für demokratischen Pluralismus und Dezentralisierung die Motivation dieser Prozesse gewesen sind, denn vorrangiges Ziel blieb, den vormaligen imperialen Machthabern die wirtschaftlichen und strategischen Vorteile zu erhalten, die aus dem ‚Besitz‘ großer, durch Eroberung vereinigter Staatsterritorien erwuchsen. Diese Dezentralisierungsprozesse großer ‚Empires‘ gleichen somit durchaus der Dezentralisierung in Einheitsstaaten, also der Dezentralisierung oder Föderalisierung ‚von oben‘,„ (Übersetzung d.V.).

Föderative Systeme, die auf die eben beschriebene Art entstehen, haben meist den Charakter des künstlich Gemachten und entbehren der historischen Grundlage und Tradition.

Wie auch immer der Föderalisierungsprozeß in einer konkreten historischen Situation verläuft – von „oben nach unten" oder „von unten nach oben" –, Ziel bleibt doch immer die Wahrung einer gewissen Einheit aus (außen-)politischen, ökonomischen, militärischen und soziokulturellen Gründen. Intendiert wird eine Integration unter Beibehaltung der jeweils eigenen Charakteristika der Subeinheiten, wie es etwa von dem deutsch-amerikanischen Politikwissenschaftler Carl Joachim FRIEDRICH formuliert wird: „In short, we can properly speak of federalism only if a set of political groupings coexist and interact as autonomous entities, united in a common order with an autonomy of its own" (FRIEDRICH 1974: 54). Diese Integrationsfunktion ist auch heute noch einer der wichtigsten Gründe für die Übernahme föderalistischer Arrangements – Föderalismus hilft in vielen Staaten mit ganz unterschiedlichen Ausgangslagen, Integrationsprobleme zu lösen (ELAZAR 1979).

So hat Belgien auf föderale Arrangements zurückgegriffen, um den Gegensatz von Flamen und Wallonen zu kompensieren und beide Bevölkerungsgruppen in einem Staatsgebilde zu integrieren. Nigeria wurde fast zwangsläufig auf einen föderativen Staatsaufbau „programmiert", um drei große und 250 kleinere ethnische Gruppen unter dem Dach eines gemeinsamen Nationalstaates vereinen zu können; ähnliche Probleme führten in Jugoslawien und der ehemaligen UdSSR zur Wahl föderalismusähnlicher Organisationsformen. Die Liste der Staaten, die Föderalismus oder föderalismusähnliche Formen somit als „Heilmittel" zur Bewältigung gerade integrativer Probleme gewählt haben, ließe sich noch lange fortsetzen (vgl. ELAZAR 1987: 236ff.). Die hier aufgeführten Beispiele machen aber deutlich, daß die genannten Staaten im Inneren eine starke ethnische, kulturelle, sprachliche oder religiöse Fragmentierung aufweisen und bestätigen die oben erwähnte Relevanz gesellschaftlicher Rahmenbedingungen des Föderalismus. Für LIVINGSTON würde dieser soziologische Tatbestand schon ausreichen, um ein politisches System als föderalistisch einzustufen, unter der Bedingung, daß diese Fragmentierung auch territorial verortbar ist. Ihm zufolge ist die mehr oder weniger intensive Integration in einem Nationalstaat durch jeweils spe-

Übergreifende Gemeinsamkeiten von Föderierungsprozessen

53

Tabelle 1: Gesellschaftliche Rahmenbedingungen des Föderalismus

Land	Wirtschaftsstruktur	Soziokulturelle Struktur
Australien 7 Einzelstaaten, 2 Bundesterritorien	stark ressourcen-orientiert; bedeutender Agrarsektor; regionale Ungleichgewichte und Subzentren; Zentrum-Peripherie-Strukturen ohne politische Konsequenzen; keine ethnisch-kulturelle Arbeitsteilung; starke Position einer britisch-reformistisch geprägten Arbeiterbewegung	Nationalstaatlichkeit und ausgeprägte, in britischer Tradition stehende nationale Identität; Anpassungsnotwendigkeit der multi-ethnischen, multi-konfessionellen Einwanderungsbevölkerung an die einsprachig/englische, protestantische, dem radikalen Fragment des 19. Jhr. entstammende Mehrheitskultur
Belgien 3 Regionen: Flandern : 5,6 Mio. E., Wallonien: 3,2 Mio. E., Brüssel: 1,0 Mio. E.	regionales Gefälle zwischen den Metropolen Brüssel und Antwerpen einerseits, dem wallonischen Kohle- und Stahlrevier sowie dem mittelständisch und agrarisch bestimmten Flandern	Die historische Identität Belgiens resultiert aus dem Unabhängigkeitskampf der Vereinigten Niederlanden gegen die spanische Herrschaft sowie der Trennung von den protestantischen Niederlanden 1830. Weitestgehende gesellschaftliche Segmentierung der 58% niederl.-sprachigen Flamen, der 32% franz.-sprachigen Wallonen bei Vermittlung und Vorherrschaft durch die Region Brüssel
Bundesrepublik Deutschland 16 Bundesländer Bundesländer teils Flächen-, teils Stadtstaaten, nach dem II. Weltkrieg überwiegend künstlich geschaffen, mit beträchtl.. Bev.- und Größenunterschieden	Ökonomische Entwicklungsunterschiede, Monostrukturen und Randgebiete sind zwar vorhanden, sind aber nicht der Metropole-Hinterland-Struktur vergleichbar; dt. Einheit ruft sozialstrukturelle Heterogenität hervor; Ansätze zu ethnisch-kultureller Arbeitsteilung aufgrund ausländischer Arbeitnehmer, die allerdings nur über eingeschränkte politische Rechte verfügen	funktionale Äquivalente für die bis 1990 fehlende Nationalstaatlichkeit in Form des Basiskonsens in dem Verfassungskompromiß Grundgesetz, im Anti-Kommunismus, in der wohlfahrtsstaatlichen Gleichheit der Lebensbedingungen; wg. dt. Einheit Integrationsprobleme, trotz bikonfessioneller Struktur keine territorial verfestigten ethnischen, konfessionellen, kulturellen Gegensätze
Kanada 10 Provinzen, 2 Bundesterritorien starke Bev.- und Größenunterschiede; aus geo-/klimatischen Gründen	doppelte Metropolen-Hinterland-Struktur; starke US-Abhängigkeit; Zentrum: industrieorientiert; Peripherie: rohstofforientiert; ökonomischer Nationalismus vs. ökonomischer Provinzialismus; schwache, zudem durch die ethnisch-kulturelle Arbeitsteilung fragmentierte Arbeiterbewegung	keine eindeutige nationale Identität; multi-ethnisch, multi-konfessionell, zweisprachig; territorial verfestigtes Spannungsverhältnis zwischen ethnisch-kultureller Pluralität (Canadian mosaic) und nationaler Dualismus zwischen anglo- und frankophoner Gesellschaft (deux nations)

Land	Wirtschaftsstruktur	Soziokulturelle Struktur
Österreich 9 Bundesländer Bev.-Konzentration in den Ländern Wien, Nieder-Ö., Ober.-Ö., Steiermark	Räumliche Strukturunterschiede zwischen Industrie und Dienstleistung (Tourismus) rufen keine dauerhaften sozio-politischen Konflikte hervor; hohes Maß an Verstaatlichung im Industriesektor; korporatistische Interessenvermittlung und Akkommodation zwischen Kapital und Arbeit unter staatlicher Beteiligung	Herausbildung einer österreichischen nationalen Identität nach dem II. Weltkrieg im Zusammenhang mit staatlicher Einheit, Staatsvertrag und Neutralität; abgesehen von kleinen kroatischen, slowenischen, ungarischen Minoritäten kein konfessionelles, ethnisches, sprachliches Konfliktpotential; soziale Integration innerhalb von zwei „Lagern" mit abnehmender Bedeutung
Schweiz 23 Kantone, davon 3 mit je 2 Halbkantonen	nur unbedeutende wirtschaftsstrukturelle Disparitäten, die nicht zu regional-ökonomischen Konflikten führen	nationale Identität definiert durch die historische Erfahrung der Eidgenossenschaft, früher bürgerlicher Freiheit, staatl. Unabhängigkeit u. lokaler Selbstregierung; bi-konfessionell (49% kath., 48% protest.) und mehrsprachig: 65% deutsch, 18% franz., 12% ital., 1% räto-roman.; die multi-kulturellen Strukturen werden integriert durch Föderalismus und konkordanzdemokratisches Aushandeln
USA 50 Staaten, District of Columbia und überseeische Gebiete von unterschiedl. Status; starke Bev.- und Größenunterschiede	starke regionale Entwicklungsdisparitäten; großes Wohlstandsgefälle und sozialstrukturelle Heterogenitäten; regionale Konzentrationen und Monostrukturen, z.B. Agrarsektor: Prärie und alter Süden; Industrie: Nordosten; Technologie: Kalifornien und Neuer Süden; ethnisch-kulturelle Arbeitsteilung mit vielfältiger und fragmentierter Differenzierung; schwache Arbeiterbewegung bei individualistisch-marktliberalem Grundkonsens	Nationalstaatlichkeit und ausgeprägter ideologischer Grundkonsens in den frühbürgerlichen Lockeschen Liberalismus; multiethnische/ multikulturelle Einwanderergesellschaft mit z.T. starken sozialen Disparitäten; ausgeprägter Minderheitenschutz in der Verfassung, der durch soziale Bewegungen immer wieder eingefordert werden muß

Nach: SCHULTZE 1983: 96/97 (und eigene Überarbeitung)

zifische historische, kulturelle, wirtschaftliche, politische und andere Determinanten bedingt. Jede Nation bzw. Gesellschaft setzt sich aus Gruppen zusammen, die sich voneinander unterscheiden und die dementsprechend auch auf Bewahrung dieser Unterschiede (d.h. ihrer jeweils spezifischen Eigenheiten) drängen. Diese Unterschiede können wirtschaftliche, religiöse, rassisch-ethnische, historische und viele andere Belange betreffen und in einer Gesellschaft so verteilt sein, daß sie territorial verortbar sind.

Diese Ansicht hat gerade in den 70er Jahren Widerspruch hervorgerufen. Insbesondere kanadische Autoren haben darauf hingewiesen, daß Föderalismus eben nicht nur ein ausschließliches Produkt der Gesellschaft sei, ein soziologisches Phänomen also, und die Notwendigkeit und Fruchtbarkeit eines „state-centred model" des Föderalismus betont. Danach sei Föderalismus vor allem auch über die Verfassung, ihre Institutionen sowie die hierin agierenden politischen Eliten zu definieren. Zu diesem Streit hat SCHULTZE zutreffend ausgeführt:

„Eine vergleichende empirische Betrachtung des Föderalismus wird heute beide Aspekte berücksichtigen müssen; sie wird zu fragen haben: (1) nach den gesellschaftlichen Voraussetzungen des Föderalismus wie nach der institutionellen Struktur und den Handlungsmustern der politischen Eliten; (2) nach der doppelten Funktion des Föderalismus und dem daraus resultierenden Spannungsverhältnis zwischen Einheit und Vielfalt, Integration und Autonomie; (3) nach dem Zusammenhang zwischen gesellschaftlicher und politischer Integration und dem Prozeßcharakter des Föderalismus, ohne damit allerdings einseitig Unitarisierungsannahmen zu verbinden. Gesellschaftliche Rahmenbedingungen, politische Kultur und Institutionengefüge können die Politik im Föderalismus nämlich auch in die entgegengesetzte Richtung lenken und die ursprünglich angelegte zentripetale oder zentrifugale Grundorientierung entweder verstärken oder ihr auch entgegenwirken" (SCHULTZE 1983: 95).

2.4 Rechtfertigungsgründe für den Föderalismus

Wenn wir nach Gründen fragen, warum der Föderalismus in vielen Regionen der Welt und speziell in der Bundesrepublik Deutschland eine solch hohe Wertschätzung genießt, finden wir auch heute noch in entsprechenden Lehrbüchern „keine systematische Funktionsanalyse, sondern Kataloge von Tugenden" (KISKER 1985: 24). Unabhängig hiervon kann Föderalismus zunächst historisch, geographisch oder ethnisch begründet werden, meistens tritt er als Folge einer zweckrationalen Willensentscheidung in einer bestimmten historischen Situation auf.

Historische Rechtfertigung

Von einer historischen Begründung kann man sprechen, wenn z.B. die föderative Organisation ein Instrument zur Bildung der nationalen politischen Einheit war, wie etwa in Deutschland 1871 oder auch, wenn die Staatsorganisation seit langer Zeit föderalistisch ist und somit als unantastbar und bewährt angesehen wird. Die historische Begründung war für Deutschland lange Zeit, insbesondere seit 1871 maßgeblich, hat aber mehr und mehr an Wichtigkeit verloren. Der Verfassungsrechtler Konrad HESSE, der bereits 1962 mit seiner Schrift über den „unitarischen Bundesstaat" das Verständnis des deutschen Bundesstaates korrigiert hatte, macht den Wandel des Rechtfertigungstrends deutlich und belegt, warum die historische Föderalismusrechtfertigung durch die Entwicklung der Bundesrepublik Deutschland an Bedeutung verloren hat:

„Die Voraussetzungen föderativer Einheitsbildung: eine gegebene Differenzierung der Gliedstaaten, deren Individualität durch den bundesmäßigen Aufbau erhalten, gesichert und zu gemeinschaftlichem Zusammenwirken in der Einheit des Gesamtstaates verbunden werden soll, sind in der Bundesrepublik Deutschland weitgehend entfallen. Deshalb läßt sich das auf ihnen beruhende – der Realität des Reiches von 1871 entsprechende Verständnis auf den durch das Grundgesetz konstituierten Bundesstaat nicht mehr übertragen. Die Individualität der deutschen Einzelstaaten und mit ihr die sachliche Differenzierung des Gesamtkörpers sind heute bis auf wenige Reste dahin; sie lassen sich nicht wiederherstellen.

Die Einzelstaaten der Zeit nach 1871 waren historisch gewachsene Staatswesen mit je eigener, durch Geschichte, Stammesbewußtsein und angestammtes Herrscherhaus geprägter Individualität. Deshalb setzte die Schaffung und Erhaltung der deutschen Einheit damals nicht eine Vernichtung und Nivellierung dieser Individualität, sondern ihre Bewahrung und Indienststellung für den Gesamtstaat voraus. Demgegenüber haben die nach 1945 gebildeten deutschen Länder – abgesehen von Bayern und den beiden Hansestädten – so gut wie nichts mehr mit den geschichtlichen deutschen Einzelstaaten gemein. Zum überwiegenden Teil sind sie mehr oder minder zufällige Schöpfungen der damaligen Besatzungsmächte; so fehlt ihnen die prägende Kraft der Tradition, und die Unterschiede der deutschen Stämme sind heute sowohl durch die Flüchtlingsbewegungen seit 1945 als auch durch die hohe Mobilität der Bevölkerung überdeckt und verwischt. Sind schon damit wesentliche Grundlagen konkret-geschichtlicher Eigenständigkeit der Länder entfallen, so hat die Entwicklung zum modernen Sozialstaat in die gleiche Richtung gewirkt: der Bereich der staatlichen Aufgaben, die sich ihrer Natur nach in der Beschränkung auf den jeweiligen Landesbereich bewältigen lassen, ist im Zeichen des steigenden Gewichts der Technik, der Wirtschaft und des Verkehrs, der gewachsenen Verflechtungen und Interdependenzen des wirtschaftlichen und sozialen Lebens, der gestiegenen Planungs-, Lenkungs- und Verteilungsaufgaben zusammengeschmolzen. Selbst angestammte Landesaufgaben wie diejenigen des Bildungswesens lassen sich heute nur noch bedingt in der Begrenztheit des Landesbereiches bewältigen. Die Einheitlichkeit und Gleichmäßigkeit, die der Sozialstaat verlangt, treten in Widerspruch zu der Aufgabe des überkommenen Bundesstaates, regionale Vielfalt zu bewahren" (HESSE 1982: 86).

Von dieser Warte aus werden auch Argumente, die von landsmannschaftlichen Besonderheiten und der Radizierung bzw. Bodenständigkeit des föderalistischen Prinzips ausgehen und Heimatgefühl und Identifikation an einer räumlichen Komponente festmachen, beiseite gewischt. Hatte diese Begründung für Deutschland zunächst noch eine bedeutende Rolle gespielt, so hat sie nach dem Zweiten Weltkrieg durch die Neuschaffung der deutschen Bundesländer ihre (historisch gewachsene) Bedeutung weitgehend verloren, weswegen sich in Deutschland der Modus der zweckrationalen Rechtfertigungsversuche durchgesetzt hat. Föderalismus wurde als „komplementäres Element der demokratischen und rechtsstaatlichen Ordnung" (HESSE 1982: 87ff.) aufgefaßt und bezog hieraus seine hauptsächliche Rechtfertigung. Vielfach wurde dem deutschen Föderalismus aber gerade deswegen eine gewisse Künstlichkeit vorgeworfen, und es gibt Stimmen, die behaupten, der Föderalismus habe als Verfassungsprinzip in der Bundesrepublik nur eine „abgeleitete Legitimation" (ISENSEE 1990b: 260).

Eine ethnische Begründung liegt vor, wenn die Bevölkerung eines Landes *Ethnische Rechtfertigung* aus unterschiedlichen ethnischen Gruppen besteht, die territorial verortbar sind und zur staatlichen Gemeinsamkeit und Integration nur bereit sind, wenn diesen ethnischen Spezifika durch einen föderalistischen Staatsaufbau entsprochen wird. Musterfälle für eine solche Begründung des Föderalismus sind Kanada, Belgien und die Schweiz.

Es ist unübersehbar, daß historische und ethnische Rechtfertigungsversuche des Föderalismus in Europa und auch in der BRD in jüngster Zeit wieder an Boden gewonnen haben. Mittlerweile attestiert man den deutschen Bundesländern nach mehr als 40jährigem Bestehen eine gewachsene Tradition und ein gewisses Identifikationspotential für ihre Bürger – der so erfolgreiche Wahlslogan „Wir in Nordrhein-Westfalen" mag hierfür ein Indiz sein.

Geographische
Rechtfertigung

Von einer geographischen Begründung kann man schließlich sprechen, wenn ein Staatsgebiet solche territorialen Ausmaße hat, daß Zentralinstanzen nicht in der Lage wären, alle Fragen und Probleme sachadäquat und rasch zu entscheiden, womit sich eine Aufteilung von Kompetenzen auf verschiedene staatliche Ebenen geradezu aufdrängt, die allerdings in Form einer Dezentralisierung oder Föderalisierung ablaufen kann. Diese Rechtfertigung des Föderalismus hat für die USA, Australien und Indien eine große Rolle gespielt.

Zweckrationale und
demokratietheoretische
Rechtfertigungen

Ein großer Teil der zur Zeit gängigen Rechtfertigungsversuche zum Föderalismus speist sich jedoch aus der Annahme, daß Föderalismus ein Instrument zur Sicherung und Optimierung der Funktionsfähigkeit eines demokratischen (Gesamt-)Staates ist und entspringt somit einer jüngeren Argumentationslinie, die mit dem Entstehen des demokratischen Parlamentarismus zusammenhängt. Sie hebt sich von der älteren Linie ab, die aus der Föderalismustheorie der Aufklärung und des 19. Jahrhunderts stammt und von der Existenz ursprünglich unabhängiger Regionen ausgeht, die sich durch kulturelle, wirtschaftliche, sprachliche, ethnische oder konfessionelle Eigenschaften unterscheiden, trotzdem aber aus militärischen, außenpolitischen oder ökonomischen Gründen zu einer gewissen Einheit integriert werden sollen.

Die meisten der heute vorgetragenen (rationalen) Rechtfertigungen des Föderalismus heben auf Funktionen (FRENKEL 1984: 140ff.) ab, die der Föderalismus angeblich in einem demokratischen Staat erfüllen kann – nicht von ungefähr werden sie meistens als Korrelate des Demokratie- und Rechtsstaatsprinzips aufgefaßt. Es ist aber nicht zu übersehen, daß diese rationalen Rechtfertigungen zu einem großen Teil apologetischen Charakter haben und sich vielfach einem normativen Ansatz verdanken. Zurecht weist deshalb Ernst DEUERLEIN darauf hin,

„daß unter dem Dach des Begriffes Föderalismus verschiedenartige, ja gegensätzliche Auffassungen und Vorstellungen Unterschlupf suchen und finden. Föderalismus ist heute weithin ein politisches Schlagwort, das nach Standort und Einstellung des Betrachters und Beobachters schillert. Die dadurch veranlaßte Unsicherheit trägt entscheidend zum Mißverständnis, zur Verdächtigung und vor allem zur Ideologisierung des Begriffes Föderalismus bei. Dessen Fehlbeurteilung wird gefördert sowohl durch Vertreter politischer Auffassungen, die sich zu Unrecht auf das föderative Prinzip beziehen, indem sie es zu einem politischen Glaubensbekenntnis machen, als auch durch Gegner des Föderalismus, die daran interessiert sind, diesen vorsätzlich oder fahrlässig in Mißkredit zu bringen" (DEUERLEIN 1972: 9).

Auflistung gängiger
Rechtfertigungsmuster

Wenn wir an dieser Stelle trotzdem eine Zusammenstellung der gängigsten Rechtfertigungen des Föderalismus vorlegen, so sei noch einmal daran erinnert, daß es sich um einen idealtypischen „Tugendkatalog" handelt. Ob diese „Tugenden" in jedem Fall nachweisbar sind, ist die eigentlich interessante Frage. Die positiven Eigenschaften, die dem Föderalismus attestiert werden, gehen von einem Föderalismus aus, wie er sein soll. Der gerade auch für die Bundesrepublik berechtigten Frage, ob hier nur geschickt der „taktische Gebrauchswert föderaler Gefühle" (LHOTTA 1991: 258) ausgenutzt und an einer föderativen Struktur festgehalten würde, deren Inhalt schon längst nicht mehr auf die vorgegebene Funktion überprüft wird (LAMBRECHT 1975: 143) wird dabei in Teil 2 und 3 noch nachzugehen sein (vgl. insbesondere Teil 2, Kapitel 6). Stellt man zunächst ganz unbefangen die Frage „Warum eigentlich Föderalismus?", so wird man in aller Regel die folgenden Antworten bekommen:

- Föderalismus ermöglicht sachgerechte, an den Bedürfnissen vor Ort orientierte Entscheidungen. Viele Probleme kann man einfach nicht adäquat „von oben" entscheiden, weil dort die Detailkenntnisse und die Vertrautheit mit den jeweiligen örtlichen oder regionalen Besonderheiten fehlen. Insofern fördert ein föderalistischer Staatsaufbau also auch die Rationalität und Effektivität von Politik und trägt damit zum Gemeinwohl bei. Ähnliche Argumente spielen im übrigen bei ökonomischen Ansätzen zum Föderalismus eine wichtige Rolle, die in diesem Zusammenhang danach fragen, welche Staatsform den größten Erfolg bei der Lösung von Allokations-, Distributions- und Stabilisierungsproblemen bringt. Dahinter steht die Frage nach der optimalen Größe von Kollektiven (TULLOCK 1977) im politischen Prozeß: Welche Größe für welche Aufgabe? Wie hoch sind Kosten und Nutzen? Bei welcher Aufgabenteilung ist Politik am rationalsten und effektivsten? *Rationalität und Effektivität*
- Die Wahrnehmung wichtiger Aufgaben durch dezentrale Einheiten entlastet die Zentrale von Aufgaben und Verantwortung; sie kann sich somit voll ihren „eigentlichen" Aufgaben zuwenden. Zum anderen wird Verantwortung für politische Leistungen (aber auch Fehlleistungen) geteilt oder gar „nach unten" abgeschoben. Das gleiche gilt in umgekehrter Richtung: Oft genug kann man erleben, daß Landespolitiker, insbesondere wenn sie einer anderen Partei als der Partei der Bundesregierung angehören, „die da oben" für landespolitische Fehlentwicklungen verantwortlich machen. Oftmals ist es auch so, daß kostenintensive, konfliktträchtige oder brisante Regelungsmaterien, wie z.B. die Gentechnologie, durch eine „föderale Bequemlichkeitsklausel" nach oben abgeschoben werden. Man muß stets berücksichtigen, daß stimmenorientierte Parteipolitiker den politischen Prozeß auf allen föderalen Ebenen beherrschen. Wenn Entscheidungen konfliktträchtig und kostenintensiv sind – dabei zählen zu Kosten nicht nur finanzielle Verluste, sondern auch Stimmenverluste, Prestigeverlust etc. –, dann wird in der Regel versucht, solche Kosten zu „externalisieren", d.h. jemand anders damit zu belasten oder zumindest dafür verantwortlich zu machen. Föderalismus bietet hier eine Vielfalt von Möglichkeiten. *Optimale Aufgabenwahrnehmung und Verantwortungsteilung*
- Es wird Demokratie vor Ort (territorial democracy) ermöglicht: Wir wählen z.B. nicht nur einen Bundestag, sondern auch Landesparlamente und Kommunalparlamente. Damit wird ein föderalistischer Staatsaufbau gewissermaßen zum demokratischen Multiplikator. Erleichtert wird damit auch die politische Partizipation des einzelnen Bürgers. Es fällt ihm leichter, sich für Angelegenheiten zu engagieren, die ihn selbst vor Ort betreffen. *Partizipation*
- Daran knüpft sich gleich das Argument, daß mit Föderalismus auch eine Form des Minderheitenschutzes gewährleistet sei. So kann es Minderheiten ethnischer, religiöser oder politischer Art geben, die im Gesamtsystem eine geringe Rolle spielen, auf einer unteren Ebene aber zu einem wichtigen Faktor werden oder aber mit ihren Belangen auf Gesamtstaatsebene zumindest eine ausreichende Berücksichtigung erfahren. Damit wird ein hohes Maß an Pluralismus sowie Freiheit (der Entfaltungsmöglichkeiten) gesichert. *Minderheitenschutz*
- Föderalismus fördert einen kreativen Wettbewerb um verschiedene Politikinhalte. Die institutionell garantierte Vielfältigkeit in einem föderalistischen *Wettbewerb und Polyzentrismus*

59

System wirkt einer innovationshemmenden Uniformität entgegen und fördert das „Experiment" im kleinen Rahmen und auf der unteren Ebene. Föderalismus bewirkt auf diese Weise einen wirtschaftlichen, kulturellen und politischen Polyzentrismus. Dies gilt auch für die Parteien: Wenn eine Partei auf der Ebene des Gesamtstaates nicht an die Regierung gelangt ist, kann sie sich auf einer unteren Ebene profilieren, dort einiges anders machen und neue Alternativen eröffnen.

Subsidiarität — Föderalismus verwirklicht in wirksamer Weise das Subsidiaritätsprinzip, wonach grundsätzlich der kleineren Einheit der Vorzug zu geben ist und die Zentrale bzw. eine übergeordnete Einheit sich nur einmischen sollte, wenn eine Problemlösung von den Subeinheiten nicht bewerkstelligt werden kann.

Integration heterogener Gesellschaften — Föderalismus wird als ein essentieller Beitrag zur Integration heterogener Gesellschaften gedeutet (ELAZAR 1979). Renate MAYNTZ hat darauf hingewiesen, warum ausgerechnet der Föderalismus für eine solche Integrationsleistung am besten geeignet ist:

„Wenn eine Gesellschaft auf dem Wege zur sozialen Vereinheitlichung nur langsam vorankommt, weil dieser Prozeß durch scharfe Strukturbrüche konfessioneller, sprachlich-kultureller und sozio-ökonomischer Art behindert wird, (...) dann kann der Föderalismus ein Hilfsmittel sein, um die staatliche Einheit trotz der notwendigen Konzessionen an das Selbstbestimmungsbestreben der heterogenen Teile überhaupt zu erhalten" (MAYNTZ 1990: 234).

Oft hat es in der Geschichte Situationen gegeben, in denen sich aus ökonomischen, außenpolitischen oder militärischen Gründen – z.T. selbständige – territoriale Subeinheiten, die sich durch kulturelle, wirtschaftliche, ethnische, sprachliche, konfessionelle oder andere Eigenschaften unterschieden, zu einer Einheit zusammengeschlossen haben. Genauso kann es passieren, daß ein vormals einheitliches Staatsgebilde aufgrund seiner faktischen Heterogenität zu zerbrechen droht, die Einheit praktisch oktroyiert ist und nicht der eigentlichen Binnendifferenzierung soziologischer und territorialer Art entspricht. In beiden Fällen stellt Föderalismus einen probaten „institutionellen Kompromiß zwischen Integration und Gleichheit der Lebensbedingungen einerseits und regionaler Eigenständigkeit und Vielfalt andererseits" (REISSERT 1985: 240) dar.

Antizentralismus — Eine wichtige Rolle kommt im Föderalismus dem Balanceverhältnis bei der Verteilung der staatlichen Aufgaben zu, wobei nicht nur wichtig ist, wieviel Aufgaben und Kompetenzen der jeweiligen Ebene zufallen, sondern auch, welche Qualität diese Aufgaben haben. Von entscheidender Bedeutung sind die Verteilung von Zuständigkeiten zur Gesetzgebung, zur Verwaltung und von Finanzkompetenzen. Ausschlaggebend ist in jedem Fall die Tatsache, daß es in diesen wesentlichen Bereichen nicht zu einer Zentralisierung von Macht kommt. Föderalismus bedeutet eine in wesentlichen Bereichen anzutreffende Abkehr vom Zentralismus. Ein Übermaß an Zentralisierung widerspricht dem föderalistischen Gedanken (BOTHE 1977: 2), wiewohl es zum Wesen des Föderalismus gehört, daß er einer ständigen Spannung (VOGEL 1984: 862) und einem ständigen Streit darüber unterliegt, ob einzelne zentralisierende oder dezentralisierende Maßnahmen sachlich gerechtfertigt und verfassungsrechtlich gedeckt sind.

Gewaltenteilung als herausragender Rechtfertigungsfaktor — Von besonderer Wichtigkeit ist der gewaltenteilende Aspekt im Föderalismus, der in der Bundesrepublik zum vielleicht wichtigsten Rechtfertigungsfaktor geworden ist. Die konstitutionell-gewaltenteilige Interpretation und Rechtfertigung des Föderalismus ist bis in die Gegenwart die dominierende Richtung in der wissenschaftlichen Auseinandersetzung mit Föderalismus gewesen (SCHODDER 1989; SCHENKE 1989). Die gewaltenteilende Funktion des Föderalismus wird mit folgenden Rechtfertigungsargumenten unterfüttert: Es gibt nicht nur eine Zentrale, die alles bestimmt. Die in modernen Demokratien übliche horizontale Gewaltentrennung zwischen Legislative, Exekutive und Judikative wird dadurch ergänzt, daß es eine zusätzliche vertikale Gewaltentrennung und -verschränkung zwischen einer Zentraleinheit und mehreren territorialen Subeinheiten in einem politischen System gibt. Damit wird auch eine effektive Kontrolle der Verfassungsorgane untereinander erreicht. Viele Entscheidungen wie Gesetze, Verordnungen oder gar Verfassungsänderungen kommen nur durch das Zusammenwirken der verschiedenen Entscheidungsebenen zustande.

2.5 Prinzip der Gewaltenteilung als Rechtfertigungsfaktor und als Ansatz für eine Typologie von Formen des Föderalismus

Die konstitutionell-gewaltenteilige Interpretation und Rechtfertigung des Föderalismus ist im wesentlichen am Beispiel des modernen Bundesstaates, wie er paradigmatisch in den USA verwirklicht wurde, orientiert (WHEARE 1963).

US-Bundesstaat als Maßstab und Vorbild

Die gewaltenteilende Rolle des Föderalismus als politischer Organisationsform läßt sich in zwei Modelle differenzieren, die aus einer unterschiedlichen Interpretation der Gewaltenteilungslehre von MONTESQUIEU herrühren, dabei aber zunächst folgende Gemeinsamkeiten aufweisen: 1.) Gliederung des Staates in territoriale Einheiten; 2.) eine Aufteilung exekutiver und legislativer Gewalt auf Bund und Gliedstaaten, wobei letztere ein bedeutendes Maß an Autonomie besitzen; 3.) eine Beteiligung der Gliedstaaten an der Willensbildung des Bundes; 4.) Konfliktlösungsregelungen, die auf dem Prinzip des Aushandelns basieren und zwecks Minderheitenschutz häufig qualifizierte Entscheidungsquoren erfordern; 5.) eine Verfassungsgerichtsbarkeit als Schiedsrichter bei föderativen Streitigkeiten (SCHULTZE 1993: 227f.).

Dennoch unterscheiden sich die Modelle hinsichtlich wichtiger Mechanismen der Gewalten- bzw. Aufgabenteilung. Zum einen gibt es die Gewaltenteilung im Sinne einer distribution des pouvoirs, zum anderen im Sinne einer séparation des pouvoirs:

„Der ersten, ständestaatlichen und organischen Interpretation von der distribution des pouvoirs geht es nicht um die Trennung, das Gegeneinander und die wechselseitige Kontrolle der staatlichen Institutionen; sie betont vielmehr die Funktions- und Arbeitsteilung der staatlichen Aufgaben und setzt damit auf Kooperation und letztlich auf die Gewaltenverschränkung zwischen den staatlichen Institutionen" (SCHULTZE 1990: 479).

Föderalismus erzwingt hiernach eine gegenseitige Abhängigkeit und somit Kooperation. Totale Konfrontation würde zur Auflösung des politischen Systems führen, deshalb gibt es Umgangsformen und Institutionen, in denen ein Interessenausgleich, eine Konfliktdämpfung, stattfindet. Insofern ist es berechtigt, Föderalismus als ein „Mittel permanenter Konfliktregelung" (ESTENBAUER/HE-

Konsensuale Konfliktregelung

RAUD/PERNTHALER 1977) zu bezeichnen. Föderalismus, insbesondere in seiner „kooperativen" Form, steigert (belastet aber auch) die Konfliktverarbeitungskapazität des Gesamtstaates. Alle am „federal bargain" Beteiligten haben ein Interesse daran, daß ein föderalistisches System funktioniert. Nur wenn es funktioniert, bringt es für die Beteiligten auch die Vorteile, die sie sich erhoffen. Föderalismus hat deshalb viel mit Konsensualismus zu tun.

Zwei Typen von Föderalismus:

Dieser kooperativen Interpretation steht die Auslegung des Föderalismus im Sinne einer séparation des pouvoirs gegenüber, die auf die Autonomie der verschiedenen staatlichen Einheiten setzt und das Konkurrenzprinzip betont. In der Regel ist der Zusammenhalt bzw. Integrationseffekt in einem nach diesem Prinzip organisierten Föderalismus wesentlich schwächer und tendiert in eine zentrifugale Richtung.

Es handelt sich also zum einen um ein Modell des intrastaatlichen Föderalismus mit funktionaler Aufgabenteilung und Gewaltenverschränkung, zum anderen um ein Modell des interstaatlichen Föderalismus, das auf einer strikten Gewaltentrennung aufbaut.

– Typ des intrastaatlichen Föderalismus

Als Beispiel für den Typ des intrastaatlichen Föderalismus gilt die Bundesrepublik Deutschland. Dieses Modell wird bestimmt von:

„(1) der funktionalen Differenzierung nach Kompetenzarten, mit der Gesetzgebung (ausgenommen Kultur/Bildung, Polizei/innere Sicherheit, Gemeindeordnung) weitgehend beim Bund (über ausschließliche, konkurrierende oder Rahmenkompetenz) und mit der Administration bei den Ländern (und Gemeinden). Dies gilt insbesondere auch für die Steuergesetzgebung und die Verteilung des Steueraufkommens, über die im wesentlichen auf der Bundesebene entschieden wird, während die Länder (und Gemeinden) wegen ihrer Verwaltungszuständigkeit die Kompetenz für den größeren Teil der Ausgaben besitzen;
(2) starker intrastaatlicher Beteiligung der Länder(regierungen) an der Bundespolitik über den Bundesrat und dessen Gesetzgebungskompetenz (Einspruchs- und Zustimmungsgesetze), wobei die Bestellungsweise der „Länderkammer" nach dem Bundesratsprinzip, das gebundene Mandat und die Bestimmung nach Maßgabe jeweils einheitlicher Stimmabgabe eines jeden Landes den etatistischen Charakter der politischen Kultur widerspiegeln;
(3) interstaatlicher Kooperation sowohl unter den Ländern und dem Bund (zum Beispiel in den Bund-Länder-Kommissionen, dem Finanzplanungsrat)" (SCHULTZE 1990: 480).

– Typ des interstaatlichen Föderalismus

Als typisches Beispiel des interstaatlichen Föderalismus gelten die USA, die charakterisiert sind durch:

„(1) Dualismus der staatlichen Strukturelemente, wie in den USA, in geringerem Ausmaß in Australien und Kanada, und der Unabhängigkeit wie Lebensfähigkeit beider politischer Systemebenen;
(2) Kompetenzverteilung nach Politikfeldern (und nicht nach Kompetenzarten) mit mehr oder minder klaren verfassungsrechtlichen Zuordnungen;
(3) Beteiligung der Gliedstaaten an der Bundespolitik, wenn überhaupt, durch die Volkswahl der Zweiten Kammer nach dem Senatsprinzip, wie in den USA, Australien oder der Schweiz" (SCHULTZE 1990: 480).

Diese beiden unterschiedlichen Modelle – Trennung und Konkurrenz auf der einen, Kooperation und Konsens auf der anderen – weisen eine idealtypisch grundsätzlich differierende Orientierung auf: Das intrastaatliche Modell ist normativ durch das Ziel der Einheitlichkeit der Lebensverhältnisse, gesellschaftlich durch weitgehende kulturelle und wirtschaftliche Homogenität sowie politisch-institutionell durch Gewaltenverschränkung und funktionale Aufgabenteilung charakterisiert. Das interstaatliche Föderalismusmodell dagegen ist normativ durch den Grundsatz der Vielfalt der Lebensbedingungen, gesellschaftlich durch Pluralität, Disparitäten sowie territorial verfestigte kulturelle und/oder ökonomische Konflikte und politisch-institutionell durch Gewalten- und Kompetenztrennung gekennzeichnet (SCHULTZE 1993: 229).

Diese unterschiedlichen, wenn auch idealtypischen Charakteristika führen uns zur Entwicklungsdynamik föderalistischer Systeme, denn neben die Frage nach Gewaltenteilung oder Aufgabenteilung bzw. Kooperation oder Konkurrenz tritt in diesem Zusammenhang die Frage nach dem Verhältnis von zentrifugalen und zentripetalen Kräften in einem Bund. Sie ist für das Erscheinungsbild eines föderalistischen Prinzips von vitalem Interesse. Es geht, kurz gesagt, in föderal verfaßten politischen Systemen

Unterschiedliche Entwicklungsdynamik

„um die Vermittlung gegensätzlicher gesellschaftlicher Zielvorstellungen, die man schematisch anhand eines bipolaren Kontinuums darstellen kann, das definiert ist durch eine auf Integration und die Gleichheit der Lebensbedingungen gerichtete zentripetale Zielvorstellung und durch eine auf Autonomie bzw. Eigenständigkeit und die Vielfalt der Lebensbedingungen gerichtete zentrifugale Zielvorstellung (SCHULTZE 1983: 93).“

Die hier angelegte Spannung ist entscheidend für die Entwicklungsdynamik im Föderalismus. Sie wird durch politische, gesellschaftliche, wirtschaftliche und verfassungsrechtliche Rahmenbedingungen beeinflußt, die je nach Situation und System von unterschiedlicher Wirkungskraft sein können.

Schaubild 1: Föderalismus im Spannungsverhältnis zentrifugaler und zentripetaler Kräfte

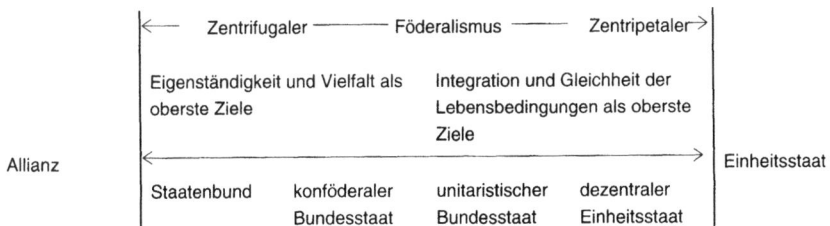

Nach: SCHULTZE 1983: 93

3. Der moderne Bundesstaat: Strukturmerkmale und Brennpunkte der Entwicklung

Das gerade angesprochene Verhältnis von zentrifugalen und zentripetalen Kräften in föderalistischen Systemen läßt sich beispielhaft an den institutionellen Charakteristika und den zentralen Entwicklungsbrennpunkten der modernen Bundesstaaten analysieren.

Die Wahrnehmung der staatlichen Aufgaben ist in einem Bundesstaat so zwischen den Gliedstaaten und dem Gesamtstaat aufgeteilt, daß jede staatliche Ebene in einer Reihe von Aufgabenbereichen endgültige Entscheidungen treffen darf, wobei allerdings bedeutsam ist, ob ein Bundesstaat eher dem Modell eines interstaatlichen oder eines intrastaatlichen Föderalismus entspricht, weil im interstaatlichen Föderalismus das Potential zu eigenständigen Entscheidungen wesentlich höher ist als im kooperativen intrastaatlichen Föderalismus.

Es kommt im übrigen nicht nur darauf an, wer für eine bestimmte Materie regelungsbefugt ist, sondern auch, wer anschließend für die Umsetzung der getroffenen Regelung zuständig ist. Man darf nicht außer Acht lassen, daß Verwaltung gerade im Bundesstaat ein wesentlicher Gestaltungs- und Machtfaktor ist. Gerade hier macht sich der Unterschied zwischen einem interstaatlichen und einem intrastaatlichen Föderalismusmodell bemerkbar: Während im ersten die Gesetzgebungskompetenz in der Regel auch von der Verwaltungszuständigkeit ergänzt wird, bringt das intrastaatliche Modell eine Aufgabenteilung dahingehend, daß Gesetzgebungs- und Verwaltungskompetenz für eine Materie auf Bund und Gliedstaaten verteilt werden, wie etwa in der Bundesrepublik.

Wie auch immer: Die Kompetenzverteilung zwischen Bund und Gliedstaaten in einem Bundesstaat darf man getrost als das Herzstück jeder bundesstaatlichen Staatsstruktur auffassen, weswegen sie auch *der* Zankapfel im Föderalismus ist (BOTHE 1977: 128ff. sowie FRENKEL 1986: 86ff.) und einer beständigen Entwicklungsdynamik unterliegt.

Immer wieder stellt sich die Frage: Wer hat welche Aufgaben? Wer darf wann und wie etwas machen? Es handelt sich um die möglichst optimale Allokation von Kompetenzen auf verschiedenen staatlichen Ebenen. Die Kompetenzverteilung erfolgt immer über die Bundesverfassung, wobei allerdings verschiedene Techniken idealtypisch zu unterscheiden sind.

– Trennsystem: Hier liegen Gesetzgebung und Gesetzesvollzug in einer Hand, d.h. die zur Regelung einer bestimmten Materie befugte Staatsebene stellt nach Regelerlaß auch die dafür notwendige Verwaltung zur Verfügung. Das Trennsystem ist vor allem typisch für die USA und überhaupt alle angloamerikanischen Bundesstaaten.

– Interdependenzsystem: Hier liegt die Gesetzgebung vorwiegend beim Bund, der Gesetzesvollzug dagegen bei den Gliedstaaten. Für dieses Modell ist die Bundesrepublik Deutschland ein typisches Beispiel. Neben den Gesetzen, die ohnehin in Landeszuständigkeit erlassen werden und dementsprechend durch die jeweiligen Landesverwaltungen ausgeführt werden, führen die Länder auch die Gesetze des Bundes aus. Sie tun dies in der Regel als eigene Angelegenheit, in einigen Fällen können dem Bund mit Zustimmung der Länder im Bundesrat Weisungsbefugnisse erteilt werden. Einige Gesetze, an deren Vollzug der Bund ein gesteigertes Interesse hat (z.B. Atomgesetze), werden im Auftrag des Bundes ausgeführt, wodurch ein umfassendes Weisungsrecht des Bundes entsteht.

Grundsätzlich ist aber zu beachten, daß reine Trennsysteme oder reine Interdependenzsysteme nicht anzutreffen sind. In allen Bundesstaaten haben sich im Laufe der Zeit Mischformen entwickelt, die auf eine Zusammenarbeit und einander ergänzende Aufgabenerfüllung durch die verschiedenen Staatsebenen bei gleichzeitiger Reservierung bestimmter Aufgaben zielen. Hierzu zählt die Möglichkeit einer Grundsatz- oder Rahmengesetzgebung, bei der der Bund, wie der Name schon sagt, für eine zu regelnde Materie einen Rahmen absteckt, den die Länder dann durch eigene Gesetze ausgestalten und konkretisieren können. Entscheidende Frage ist dabei natürlich, wie eng oder wie weit der Bund im Einzelfall den Rahmen absteckt und auf diese Weise den Gestaltungsraum der Gliedstaaten einschränkt. Aus dem anglo-amerikanischen Raum ist auch die sogenannte Parallelgesetzgebung bekannt. So werden in Kanada und den USA Subventionsgesetze für bestimmte Bereiche erlassen, bei denen die Auszahlung jedoch davon abhängig ist, daß die Gliedstaaten ihrerseits entsprechende Gesetze erlassen, und in Australien werden für Bereiche, in denen Kompetenzen auf beide Staatsebenen verteilt sind, auch von beiden Ebenen Gesetze erlassen, die erst zusammen eine wirkungsvolle Einheit bilden. Auch in Kanada ist verfassungsrechtlich die Möglichkeit sog. „ancillary legislation" gegeben, in der die bundesstaatliche Ebene Komplementärgesetze erläßt (vgl. LHOTTA 1995), solange es dabei nicht zu einer direkten Kollision kommt.

Wie bereits erwähnt, wird die Verteilung der Kompetenzen in Bundesstaaten über die Verfassung derart vorgenommen, daß nicht nur jeder staatlichen Ebene ein bestimmter Kompetenzbereich zugewiesen wird, sondern damit gleichzeitig klar gemacht wird, daß die jeweils andere Ebene hierauf in der Regel keinen Zugriff haben soll. Natürlich kann man aber einen solchen Kompetenzkatalog nicht für alle Ewigkeit festlegen. Es kann sich nämlich herausstellen, daß bestimmte Aufgaben unter bestimmten historischen Umständen verlagert werden können oder müssen. In solchen Fällen muß die Kompetenzverteilung in der Verfassung geändert oder im Falle ganz neuer Aufgaben ergänzt werden. Solche Änderungen sind, da sie die föderale Machtbalance zwischen den bundesstaatlichen Ebenen betreffen und in der Regel auch kostenwirksam sind, ganz besonders konsensbedürftig, weswegen Änderungen der Verfassung auch eines erhöhten Quorums bedürfen und unter Beteiligung der Gliedstaaten/Provinzen/Länder zustandekommen. Allerdings bieten bundesstaatliche Verfassungen wie die der USA, Kanadas oder der Bundesrepublik dem Bund auch die Möglichkeit, ohne Verfassungsänderungen neue Kompetenzen zu erlangen. Dies kann z.B. durch die Inanspruchnahme sog. „implied powers" oder sog. „Kompetenzen aus der Natur der Sache" geschehen, genauso wie durch die extensive Ausdeutung bereits bestehender Kompetenzen, wie es in den USA etwa über die „welfare"-Klausel und die „commerce-power" geschehen ist. Für den kanadischen Bundesstaat ist die sog. „emergency-power" des Bundes konstruiert worden, nach der er in besonderen Fällen Zugriff auf ansonsten exklusive Kompetenzen der Provinzen haben oder „neue" Aufgaben an sich ziehen darf, sofern sie eine „national dimension" aufweisen (hierzu LHOTTA 1995). In all diesen Fällen sind allerdings in besonderem Maße die Verfassungsgerichte involviert, weil sie letztendlich über die Verfassungsmäßigkeit solcher Aufgabenverschiebungen zu wachen haben.

Somit steht gerade die bundesstaatliche Kompetenzverteilung unter einem ständigen Anpassungsdruck, der abgefangen und umgesetzt werden muß. Föderalismus als dynamisches System kann gerade hier am besten verdeutlicht werden.

Eine „Standard-Kompetenzverteilung" gibt es, wie ein Vergleich der Bundesstaaten zeigt, nicht. Die Aufgaben des Bundes werden in den Verfassungen immer aufgezählt (Enumeration), die Aufgaben der Gliedstaaten werden eben-

klassische
Bundeskompetenzen

65

falls in vielen Verfassungen genannt, allerdings sind vollständige Auflistungen wie in Kanada, Indien und Malaysia selten. Historisch gehören die militärische Landesverteidigung, Außenpolitik, Zölle, Postwesen, Währung und Gewichte, Bundessymbole, Urheber- und Konkursrecht und das Verfassungsrecht des Gesamtstaats zu den Kompetenzen des Bundes. Im 20. Jahrhundert sind auch Kompetenzen der Wirtschaftslenkung und der Sozialfürsorge zu einem großen, aber nicht ausschließlichen Teil an die Bundesebene abgewandert.

Typische Länderkompetenzen

Typische, aber wiederum nicht ausschließliche Gliedstaatenzuständigkeiten sind dagegen das Schulwesen, Kultur, Polizei, Verkehr und Krankenhäuser.

Vorrangstellung des Bundesrechts

In allen Bundesstaaten (außer Kanada und Indien) normiert die Verfassung eine grundsätzliche Kompetenzvermutung zugunsten der Gliedstaaten, die allerdings erlischt, wenn der Bund tätig wird. Ein typisches Beispiel ist die sog. konkurrierende Gesetzgebung in der Bundesrepublik: Hier haben die Länder eine Regelungsbefugnis, solange der Bund nicht tätig geworden ist. Kennzeichnend für viele Bundesstaaten ist auch, daß das Bundesrecht das Landesrecht bricht, und daß Landesrecht nicht gegen das Bundesrecht verstoßen darf.

Überschneidende Machtzentren

Föderalismus zeichnet sich, wie wir schon gesehen haben, durch eine Abgrenzung zentraler und dezentraler Entscheidungsebenen auf territorialer Basis aus, die durch die Verfassung rechtlich abgesichert wird. Es kann in einem föderalen (Verfassungs-)Gefüge aber nicht nur gegeneinander abgeschottete Entscheidungsebenen geben, sondern auch einander überschneidende Machtsphären, die von dem amerikanischen Politikwissenschaftler Morton GRODZINS (1966: 3f.) in seinem berühmten Marmorkuchenvergleich „angeschnitten" werden: Das föderative System läßt sich demnach nur unzureichend mit einer Schichttorte vergleichen, die etwa drei verschiedene und dabei sorgfältig voneinander getrennte Schichten aufweist. Viel näher hingegen kommt man der Angelegenheit schon, wenn man das föderative System mit einem Marmorkuchen vergleicht. Da gibt es ineinander übergehende Schichten und eine nicht differenzierbare Mischung von Zutaten und Farben. Es gibt weder eine klare horizontale noch vertikale Gliederung bzw. Abgrenzung. Vielmehr tauchen überall Vermengungen und Überlagerungen auf, bei denen man nicht sagen kann, wo die eine Schicht beginnt und wo die andere aufhört.

Föderalistischer Staat als polyzentrisches Gebilde

In der Tat wäre es unangemessen, den Bundesstaat ausschließlich als eine Frage der Subordination bzw. der klar voneinander getrennten Entscheidungs- und Politikebenen zu betrachten. Der Realität eines modernen Staatswesens entspricht vielmehr das Zusammen-, Gegeneinander und Ineinanderwirken verschiedener Machtzentren wie in einem Netzwerk – der föderalistische Staat ist ein polyzentrisches Gebilde.

„Brennpunkt" Nr. 2: Finanzverfassung

Eine zentrale Rolle bei der Kompetenzverteilung zwischen den verschiedenen Ebenen eines Bundesstaates spielt die Finanzverfassung. In dem Moment, wo die Entscheidung für einen gegliederten Staatsaufbau gefallen ist, stellt sich die Aufgabe, den einzelnen Ebenen die notwendigen Mittel für die Aufgabenerfüllung zur Verfügung zu stellen, d.h. entsprechende Möglichkeiten der Einnahmenbeschaffung (v.a. Steuern) zu eröffnen. Der Bereich der Finanzverfassung gehört zum kompliziertesten, was man sich in einem Staatsgebilde vorstellen kann; jeder Bundesstaat weist hier eigene Spezialitäten auf (vgl. BOTHE 1977), die darüber hinaus einem ständigen Wandel unterworfen sind. Da bekanntlich spätestens beim Geld die Freundschaft aufhört, gehört die Verteilung der Finanzen in allen Bundesstaaten zu den bevorzugten Zankäpfeln, denn sie muß folgende Aufgaben bewältigen, was eigentlich einer Quadratur des Kreises gleichkommt:

„Ein Grundproblem bundesstaatlicher Finanzverfassung besteht darin, daß sie unterschiedlichen und teilweise sich widersprechenden Zielen dienen muß. Ihr grundlegendes Ziel besteht darin, daß eine sinnvolle Erfüllung der Aufgaben der verschiedenen Ebenen der Regierungsgewalt zu ermöglichen ist. Jede Ebene der Regierungsgewalt soll aus den insgesamt erzielten Einnahmen diejenigen Mittel erhalten, die sie zur Erfüllung der ihr durch Verfassung und Gesetz zugewiesenen Aufgaben benötigt. Da der Kostenanteil der einzelnen Ebenen nicht konstant sein kann, muß die Verteilung der Einnahmen eine gewisse Flexibilität besitzen. Zum zweiten ist aber bei der Verteilung auch das föderalistische Gleichgewicht zu berücksichtigen, je nach dem im Sinne einer Stärkung der Bundesgewalt oder der Autonomie der Gliedstaaten. Wichtig ist auch drittens die Wahrung des gesamtwirtschaftlichen Gleichgewichts. Dieses Ziel verlangt eine antizyklische Konjunkturpolitik im Bereich des Gesamtstaates, bei der sowohl die Steuerpolitik als auch die Ausgabenpolitik der öffentlichen Hand eine wesentliche Rolle spielt. Als viertes Ziel ist das Funktionieren der Wirtschaft zu nennen, das die Freiheit von Wettbewerbsverzerrungen durch ungleiche Steuerbelastungen und eine Begrenzung der Steuerbelastung verlangt. Schließlich gilt es fünftens soziale Gerechtigkeit zu verwirklichen, d.h., eine möglichst hohe Gleichheit aller Bürger in bezug auf Staatsleistungen und -lasten unter Berücksichtigung der Bedürfnisse und Mittel, d.h. mit einer Entlastung der finanziell Schwächeren" (LT KOMMISSION NRW I 1990: 179f.).

Es würde bei weitem den Rahmen unserer Darstellung sprengen, wenn wir auf alle existierenden Varianten bundesstaatlicher Finanzverfassung eingehen würden (Übersicht bei BOTHE 1977: 232ff.). Wir werden deshalb exemplarisch in den Teilen 2 und 3 am Beispiel der Bundesrepublik die Probleme der Finanzverfassung erörtern. Ein internationaler Vergleich belegt aber, daß sich mit der zunehmenden Ausdehnung der Staatstätigkeit (auf allen Ebenen) die Konflikte um die Finanzverfassung, die Verteilung des Steueraufkommens sowie den horizontalen und vertikalen Finanzausgleich intensiviert haben. Weil Kompetenzen auch immer Kosten nach sich ziehen, ist eine merkwürdige Diskrepanz zu beobachten zwischen Forderungen nach mehr Gestaltungsraum für die dezentralen Einheiten bzw. Gliedstaaten und dem Versuch, Kosten und somit auch die Aufgaben auf die jeweils andere Ebene zu verlagern und abzuschieben. Gerade die deutsche Einheit, die das bisherige System der bundesrepublikanischen Finanzverfassung zu sprengen droht, wird uns hier aufschlußreiches Anschauungsmaterial liefern können, genauso wie die seit Gründung der Bundesrepublik schwelenden Konflikte um Steueranteile, Ausgleichspflichten und Zuweisungen.

Die gerade erläuterte Finanzverfassung hängt mit einem weiteren Problembrennpunkt föderalistischer Systeme zusammen – dem Verhältnis von Homogenität und Heterogenität, das sich in Pendelschwüngen zwischen zentrifugalen und zentripetalen Entwicklungen niederschlägt. Die Zahl und Größe der Gliedstaaten in einem Bundesstaat kann sehr unterschiedlich sein, was zu erheblichen Problemen führt, wenn es neben den territorialen Größenunterschieden auch wesentliche Differenzen in Bevölkerungszahl, Bevölkerungshomogenität, Wirtschafts- und Finanzkraft gibt. Solche Asymmetrien sind ein zentrales Problem bei der Wahrung des bundesstaatlichen Gleichgewichts. Nicht selten kann es zu Hegemonialstellungen einzelner Gliedstaaten kommen, genauso, wie es zu starken Zentralisierungstendenzen kommen kann, wenn viele kleine und schwache Staaten gegenüber größeren und stärkeren Gliedstaaten nicht konkurrenzfähig sind und sich deshalb hilfesuchend an den Bund wenden. Wir kennen diese Möglichkeit auch in der Bundesrepublik Deutschland, insbesondere nach der

"Brennpunkt" Nr. 3: Homogenität und Heterogenität

deutschen Einheit: Wer sich die neuen ostdeutschen Bundesländer anschaut, wird schnell ein Mißverhältnis zu den meisten westdeutschen Ländern feststellen, denn die ostdeutschen Bundesländer sind allesamt klein, haben eine viel geringere Bevölkerung und waren zunächst wirtschaftlich, finanziell und administrativ im Vergleich zu den westdeutschen unterentwickelt. Aber auch in Westdeutschland selbst haben wir solche Mißverhältnisse, denn es gibt hier Stadtstaaten wie Bremen und Hamburg, die sich in Relation zu einem Bundesland wie Nordrhein-Westfalen schon merkwürdig klein ausnehmen.

Sezession von Gliedstaaten

Ein besonderes Problem entsteht, wenn die Homogenität innerhalb eines Bundesstaates so stark gelitten hat, daß Auflösungserscheinungen eintreten, z.B. in der Form, daß einzelne Gliedstaaten aus dem Bund wieder austreten wollen. Dieses Sezessionsrecht läßt sich mit dem Vertragscharakter eines jeden Bundes begründen. Wer den Gliedstaaten eines Bundesstaates eine Souveränität zuerkennt, wird gleichfalls ein Sezessionsrecht nicht verneinen können. Nach heute herrschender Lehre erlischt jedoch mit dem Beitritt zum Bundesstaat die Unabhängigkeit und Völkerrechtsunmittelbarkeit der Gliedstaaten. Wir können dies leicht daran erkennen, daß in der Regel die Außenvertretungskompetenz in einem Bundesstaat den Gliedstaaten entzogen oder nur in einem ganz kleinen Rahmen gestattet ist. Nichtsdestotrotz spielen Sezessionen von Gliedstaaten auch heute noch eine wichtige Rolle: In Kanada hat die frankophone Provinz Quebec einen solchen „Ausstieg" immer wieder erwogen und gegenwärtig zeigen die Entwicklungen im ehemaligen Jugoslawien und der Russischen Föderation (Tschetschenien), daß die zentrifugalen Tendenzen in einem Bundesstaat zu einem Auseinanderbrechen des Bundes führen können, wenn die Heterogenität zwischen den konstituierenden Einheiten zu groß wird. Im übrigen sei auch an ein wirkmächtiges historisches Beispiel erinnert, unter dem die USA zu leiden hatten: Es handelt sich um den amerikanischen Bürgerkrieg, der auch unter dem Namen „Sezessionskrieg" firmiert und sich an der Frage entzündete, ob es im Bundesstaat der USA sog. „states rights" gebe und schließlich zur Sezession der 13 Südstaaten führte. Ergebnis war zugleich, daß den Einzelstaaten das Recht zur Sezession genommen und die Heterogenität zwischen den Nord- und Südstaaten bis in das 20. Jahrhundert zementiert wurde.

„Brennpunkt" Nr. 4: Parteiensystem als Homogenitätsfaktor

Auf Homogenität bzw. Heterogenität in einem föderalistischen System hat neben der politischen Kultur vor allem auch das Parteiensystem einen nachhaltigen Einfluß. So existieren in Kanada Bundes- und Provinzparteien unabhängig voneinander, wodurch regionale Konflikte regelrecht institutionalisiert werden, wohingegen in der Bundesrepublik das Phänomen der als Bundesparteien organisierten Volksparteien zu beobachten ist, die auf Konfliktnivellierung sowie Glättung regionaler Unterschiede zielen. Parteien sind oftmals die großen Zentralisierer oder Dezentralisierer und damit auch verantwortlich dafür, wie unitarisch oder föderalistisch ein Bundesstaat ist. Auf den politischen Prozeß kommt es letztendlich im Föderalismus entscheidend an, und an diesem Prozeß sind die Parteien in nahezu allen Bereichen beteiligt.

Bezüglich der Parteiensysteme kann man unter dem Aspekt des Föderalismus idealtypisch zwischen integrierten oder dualistischen Parteiensystemen unterscheiden, wobei es aber wichtig ist, diese Differenzierung im Rahmen der politischen Kultur und der gängigen Konfliktlösungsmuster – vor allem im parlamentarischen System – eines Staates zu sehen. Damit ist folgendes gemeint:

68

Wenn man von integrierten Parteiensystemen spricht, so bezeichnet dies die Homogenität der Parteistrukturen sowohl auf Bundes- als auch auf regionaler Ebene. Hochintegrierte Parteiensysteme wird man oftmals in etatistischen, konfliktfeindlichen politischen Kulturen finden, die darüberhinaus auch über eine weitgehende gesellschaftliche Homogenität verfügen. Die enge organisatorische und personelle Verzahnung der Parteien auf Bundes- und Landesebene ermöglicht dann zwar die Einbindung und Einbringung der Länder(partei)interessen auf Bundesebene, aber meistens nur um den Preis der Dominanz der Bundespartei.

Ein dualistisches Parteiensystem wird sich dagegen vor allem dann entwickeln, wenn es in einer Gesellschaft territorial verortbare Konfliktlinien gibt, so daß Bundes- und Landesparteien durchaus unabhängig voneinander existieren und auch jeweils unabhängige Interessen vertreten. Ein solches Parteiensystem gibt die gesellschaftliche und regional festzumachende Fragmentierung eines politischen Systems wieder.

Entscheidend ist nun, wie diese Parteiensysteme und ihre Konfliktlösungsmuster mit den Konfliktlösungsmustern des parlamentarischen Systems und des Bundesstaats vermittelt werden. So gilt zwar im parlamentarischen System, vor allem bei Wahlen, das Konfliktregelungsmuster parteipolitischer Konkurrenz und der Entscheidung nach dem Mehrheitsprinzip. Diese Konkurrenzstrategie widerspricht aber offenbar den Konfliktlösungsmustern, wie wir sie für moderne Bundesstaaten in der Form des intrastaatlichen Föderalismus, also konsensorientierter Kooperations- und Aushandlungsmechanismen, kennengelernt haben. Welches der Handlungsmuster, Parteienwettbewerb oder kooperatives Aushandeln, nun dominiert, richtet sich jeweils nach den zur Entscheidung anstehenden Konflikt- und Entscheidungsfällen und wird letztendlich vom Parteiensystem mitdeterminiert.

Beim Föderalismus handelt es sich immer auch um ein Organisationsprinzip der politischen Willensbildung in pluralistischen, territorial gegliederten Staaten. In einem Bundesstaat wirken die Gliedstaaten an der Willensbildung des Bundes mit. Sie tun dies in der Regel über eine Zweite Kammer. Aber auch hier stellt sich das Homogenitätsproblem: Ist es gerecht, wenn ein großer und ein kleiner Gliedstaat genau die gleiche Stimmenanzahl in einer Zweiten Kammer haben oder ist es nicht angemessener, daß größere Staaten auch mehr Stimmen bekommen? Die Frage kann institutionell unterschiedlich beantwortet werden – durch das Senatsprinzip oder das (deutsche) Bundesratsprinzip (vgl. Teil 2, Kap. 1). In den meisten Bundesstaaten werden die Mitglieder der Zweiten Kammer vom Volk oder von den Parlamenten der Gliedstaaten gewählt. Bei diesem Senatsprinzip kann von einer Vertretung spezifisch gliedstaatlicher Interessen nur bedingt die Rede sein. Das deutsche Unikat des Bundesrats, das seine Herkunft im monarchischen Bundesstaat hat, eröffnet den Landesregierungen hier größere Möglichkeiten der Vertretung von Länderinteressen, allerdings hat sich hier deutlich das Parteiensystem der BRD ausgewirkt. Selten wird nach Länderinteressen, viel öfter nach Parteienzugehörigkeit und auf der Basis eines ausgeprägten Konsensualismus abgestimmt. Wie auch immer: Gerade der deutsche Föderalismus, dies wird uns insbesondere die Auseinandersetzung mit dem deutschen Bundesstaat nach 1949 zeigen, wird durch die spezifische Funktionsweise seiner Zweiten Kammer (ein Begriff, der durchaus kritisch gesehen wird, da er das Gesetzgebungsmonopol der volksgewählten Legislative, des Bundestags, relati-

"Brennpunkt" Nr. 5:
Zweite Kammer

70

Tabelle 2: Politische Kultur, Konfliktschlichtungsmuster und Parteiensysteme in föderalen Systemen

Land	Politische Kultur	Konfliktschlichtungsmuster	Repräsentationsprinzip/Wahlsystem	Parteiensystemtyp	Regierungsbildung
Australien	radikal-liberal, individualistisch, konfliktorientiert	Mehrheit/Wettbewerb, vertikales Aushandeln zwischen Bund-Einzelstaaten bei Präponderanz des Bundes	Repräsentantenhaus; Alternative vote (absolute Mehrheit), Senat: STV (Proporz)	gemäßigter Pluralismus	Ein-Parteien-Regierung und Koalition
Belgien	etatistisch, segmentiert	Kombination von Wettbewerb und Aushandeln, Akkommodation zwischen den flämischen und wallonischen Segmenten von Parteien und Interessengruppen, Koalitionsbildungen	Verhältniswahl	extremer Pluralismus	Koalitionsparlamentarismus auf allen Ebenen
Bundesrepublik Deutschland	etatistisch, konsensorientiert	Kombination von Wettbewerb und Aushandeln, vertikal wie horizontal, Koalitionsbildungen	Verhältniswahl in Bund und Ländern	gemäßigter Pluralismus	Koalitionsparlamentarismus auf allen Ebenen
Kanada	individualistisch, etatistisch, konfliktorientiert	Mehrheit/Wettbewerb, vertikales Aushandeln zwischen Bund-Provinzen, kein Zwang zum „All-Parteien-Kompromiß", opting out	relative Mehrheitswahl auf allen Systemebenen	gemäßigter Pluralismus	Ein-Parteien-Regierung, Abfolge von Mehrheits- und Minderheitsregierungen
Österreich	etatistisch, konsensorientiert	hohes Maß an horizontalem und vertikalem Aushandeln, Akkommodation der soziopolitischen Lager	Verhältniswahl in Bund und Ländern	gemäßigter Pluralismus	bis 1966: Große Koalition, bis 1983: Ein-Parteien-Regierung, ab 1983: Koalitionsbildung „All-Parteien-Koalition"
Schweiz	konsensorientiert	konkordanzdemokratisches Aushandeln zwischen den politischen Systemebenen, den Parteien und gesellschaftlichen Kräften verbunden mit der direktdemokratischen Rückbindung durch Referenda	Nationalrat: Verhältniswahl: Mehrheitswahl	extremer Pluralismus	
USA	individualistisch, frühliberal, konfliktorientiert	Mehrheit/Wettbewerb, Autonomie von Bund und Einzelstaat	relative Mehrheitswahl für alle Wahlämter	Zweiparteiensystem	Präsidentielles System; direkte Wahl der Exekutiven in Bund und Einzelstaaten

nach: SCHULTZE 1983: 100

viert) nachhaltig geprägt und unterscheidet sich auch gerade hierin stark von anderen Bundesstaaten.

Für Konflikte innerhalb des Bundes, also zwischen Bund und Gliedstaaten oder zwischen Gliedstaaten untereinander, existieren institutionalisierte Konfliktlösungsmechanismen, insbesondere für die gerichtliche Entscheidung solcher föderaler Streitigkeiten. Die Bedeutung der Verfassungsgerichtsbarkeit hat in den meisten Bundesstaaten eine überragende Bedeutung angenommen. Die aufgrund der Wandlungsdynamik föderativer Systeme oftmals notwendigen Verfassungsänderungen sind ohne die Mitwirkung der Gliedstaaten in der Regel nicht möglich und unterliegen darüberhinaus einem erschwerten Verfahren. Der Bestand der Gliedstaaten und des Gesamtstaates ist in der Regel verfassungsrechtlich gesichert; Brasilien, die Bundesrepublik Deutschland und die Komoren erklären die Bundesstaatlichkeit zur Schranke der Verfassungsrevision. Die Anpassung der Verfassung mit ihren wichtigen Normen über Kompetenzaufteilung, Finanzverfassung u.ä. gehört im Föderalismus zu den wichtigsten Konfliktfeldern. Aus diesem Grund kommt der „Fortschreibung" und der Interpretation der Bundesverfassungen durch Verfassungsgerichte in den meisten Bundesstaaten eine eminent wichtige Rolle zu (BRÜNNECK 1992: 58ff.).

In den USA, Kanada und zu einem geringeren Anteil in der Bundesrepublik haben Entscheidungen der Verfassungsgerichte nachhaltig das Erscheinungsbild des föderalistischen Systems geprägt. Gerade weil Verfassungsänderungen immer nur unter erschwerten Bedingungen wie erhöhten Quoren und Zustimmung der Zweiten Kammer durchsetzbar sind, verlagern sich Konflikte über die Verfassung oft auf die rechtliche Ebene, wobei die Verfassungsgerichte in aller Regel eher dazu neigen, die dezentralen Verfassunsginstitutionen nur in einem Kernbereich zu schützen und die Kompetenzen der Zentralinstanzen im ökonomischen Bereich auszuweiten (BRÜNNECK 1992: 60-62).

Die oben aufgeführte Tabelle veranschaulicht noch einmal die Varianten und Interdependenzen von politischer Kultur, Konfliktschlichtungsmustern, Repräsentationsprinzip und Wahlsystem, Parteiensystem und Regierungsbildung, die ausschlaggebend für das Erscheinungsbild eines föderativen Systems sind.

4. Zusammenfassung

1. Unter Föderalismus versteht man heute fast ausschließlich ein Struktur- und Organisationsprinzip von politischen Systemen, in denen mehr oder weniger selbständige Glieder zu einem übergeordneten Ganzen zusammengeschlossen sind, in denen also das bündische Prinzip oder der Bund die Grundlage der Staatsorganisation sein sollen.

2. Das dem Föderalismus zugrunde liegende bündische Prinzip beinhaltet einen permanenten Balanceakt zwischen gewollter Homogenität und Heterogenität und zielt somit darauf, eine gewisse Einheit mit einer gewissen Vielfältigkeit zu verbinden.

3. Die Bewahrung von Vielfalt rückt den Föderalismus in die Nähe des Pluralismus, von dem er sich jedoch durch seine territoriale Komponente unterscheidet. Föderalismus ist ein Prinzip zur Organisation der politischen Willensbildung auf mehreren Ebenen – kennzeichnend für föderalistische Systeme ist die Pluralität der politischen Leitungsgewalt.

4. In einem föderalen System finden sowohl Konkurrenz als auch Kooperation der verschiedenen (territorialen) Entscheidungsebenen statt. Sowohl Konkurrenz als auch Kooperation bedürfen einer rechtlichen Normierung, die in der Regel durch eine (Bundes-)Verfassung geleistet wird. Allerdings bewegen sich politische Prozesse im Föderalismus häufig außerhalb des Verfassungsrahmens; oftmals entsprechen verfassungsrechtliche Normierungen auch nicht mehr den tatsächlichen Anforderungen, so daß das Problem von Verfassungsanpassungen und Verfassungsänderungen auftaucht. Gerade Verfassungsänderungen unterliegen in föderalistischen Systemen jedoch erschwerten Prozeduren, so daß sich vielfach Konflikte um die „Verfassungsmodernisierung" auf die Ebene der Verfassungsgerichte verlagern.

5. Föderalistische Systeme besitzen in aller Regel eine Schlichtungsinstanz, die für die Beilegung von Streitfällen zwischen den verschiedenen Ebenen (vor allem um Kompetenzen) zuständig ist. Gleichzeitig gibt es aber zur Konfliktdämpfung institutionalisierte Prozeduren, die der Interessenvermittlung und Konsensfindung dienen. Hierzu zählen vor allem die Mitwirkung der Subeinheiten an der Willensbildung des Bundes in einer Zweiten Kammer, wobei deren Ausgestaltung zwischen dem Senatsprinzip und dem (deutschen) Bundesratsprinzip variiert. Auf konsensualistischen Mechanismen beruhen auch die zahlreichen (quasi-)korporatistischen bargaining-Prozesse zwischen den Akteuren des politischen Prozesses, wie sie sich besonders im überall verbreiteten „kooperativen Föderalismus" manifestieren.

6. In funktionaler Perspektive spielt bei föderativen Systemen die Integration heterogener Gesellschaften eine wesentliche Rolle, wobei eine ökonomische, politische oder militärische Integration bei gleichzeitiger soziokultureller Eigenständigkeit und politischer Autonomie der Glieder erzielt werden soll. Zum anderen sind Machtaufgliederung mittels vertikaler Gewaltenteilung und Minoritätenschutz mittels territorialer Eigenständigkeit wesentliche Funktionen des Föderalismus.

7. Die Komplexität des Phänomens Föderalismus macht es erforderlich, daß wir für die Analyse und das Verständnis föderalistischer Systeme nicht nur einen Interpretationsansatz exklusiv verwenden, sondern verschiedene Ansätze kombinieren. Diese differenzieren sich idealtypisch in einen institutionell-funktionalistischen, einen soziologischen, einen sozialphilosophischen und einen verfassungsrechtlichen bzw. konstitutionell-gewaltenteiligen Interpretationsansatz. Eine Kombination der verschiedenen Ansätze verspricht auch, der dem Föderalismus immanenten Dynamik und Komplexität besser gerecht zu werden. Neben verfassungsrechtlichen sind bei der Analyse föderalistischer Systeme also auch soziologische, kulturelle und wirtschaftliche Rahmenbedingungen zu beachten. Im Föderalismus geht es nicht nur um „intergovernmental relations", sondern um ein ganzes Netzwerk interdependenter Beziehungen zwischen Akteuren des

politischen Prozesses, zu denen neben Regierungen, Parlamenten und Gerichten auch Verbände und Parteien zu zählen sind.

8. Föderalismus besitzt zu jeder Zeit eine historische Individualität. Das heißt mit anderen Worten: Es gibt zu verschiedenen Zeiten unter verschiedenen historischen Umständen verschiedene Ausprägungen des Föderalismus. Föderalismus als Strukturmerkmal politischer Systeme ist ständig wechselnden Anforderungen und Problemen – einem latenten Anpassungs- und Modernisierungsdruck – ausgesetzt, weshalb sich in seinem Erscheinungsbild ständig Wandlungen und Entwicklungsschübe ergeben.

9. Für die politikwissenschaftliche Föderalismusforschung sind Beobachtung und Analyse dieser Entwicklungsprozesse, z.B., wie unter wechselnden Bedingungen die Akteure des „constitutional process" im Föderalismus handeln, wie sich ein föderalistisches System dadurch ändert, wie sich dies auf Politikformulierung und Politikgestaltung auswirkt, von ganz besonderem Interesse. Föderalismus als dynamisches System zu begreifen, bedeutet, neben der strukturellen Komponente des Föderalismus auch den hier ablaufenden Prozeß und die dadurch bedingte Entwicklungsdynamik politischer Strukturen zu berücksichtigen.

10. Die Charakteristika des modernen Föderalismus sind historisch zum erstenmal 1787 im Bundesstaat der USA verwirklicht und seitdem zu einem „rechtspolitischen Exportschlager" geworden. Ein Bundesstaat ist, vereinfacht gesagt, ein aus Staaten zusammengesetzter Staat. Ein Bundesstaat ist eine Zusammenfassung mehrerer staatlicher Organisationen und Rechtsordnungen, derjenigen der Gliedstaaten und derjenigen des Gesamtstaates. Durch das Nebeneinander mehrerer staatlicher Organisationen und Rechtsordnungen unterscheidet sich der Bundesstaat vom Einheitsstaat, in dem nur eine einheitliche Organisation und Rechtsordnung besteht; durch die Existenz eines Gesamtstaates mit eigener Legislative hebt er sich gegenüber dem Staatenbund ab, der seine Mitglieder miteinander verknüpft, ohne sie zur staatlichen Einheit zu verbinden und über eigene Gesetzgebungsbefugnisse zu verfügen.

11. Grundsätzlich beinhaltet die Idee des Föderalismus drei wesentliche Aspekte: Gleichgewicht, Dezentralisierung und Zentralisierung. Dabei bleibt zu beachten, daß gerade der moderne Bundesstaat einen nicht zu unterschätzenden zentralistischen und unitarischen Impetus hat. Somit sind Unitarismus und Föderalismus – ein integrativ-vereinheitlichendes und ein bündisch-differenzierendes Element – im Bundesstaat die beiden großen konkurrierenden Kräfte, die sein Erscheinungsbild prägen.

12. Es lassen sich zwei grundsätzliche Typen von Föderierungsprozessen unterscheiden: Der Zusammenschluß vormals selbständiger territorialer Einheiten und die Transformation eines vormals einheitlichen Staatsgebildes.

13. Trotz der Unterschiedlichkeit der Föderierungsprozesse und der Entwicklungsgeschichte der jeweiligen föderalistischen Systeme, bleibt in jedem Fall die Schaffung und Wahrung einer gewissen Einheit in substantiellen Bereichen ein wichtiges Ziel föderalistischer Staatsorganisation. Die Integrationsleistung des Föderalismus ist auch heute noch eine seiner wesentlichen Rechtfertigungen.

14. Folgende Rechtfertigungen – oftmals als unbefragte „Tugendkataloge" präsentiert – lassen sich heute für den Föderalismus finden:

a) Historische Rechtfertigung: Föderalismus als Instrument zur Bildung der nationalen politischen Einheit oder als historisch bewährte Form der Staatsorganisation.

b) Ethnische Rechtfertigung: Staatliche Gemeinsamkeit und Integration unterschiedlicher ethnischer Gruppen können nur durch einen föderalistischen Staatsaufbau gewährleistet werden.

c) Geographische Rechtfertigung: Territoriale Ausdehnung eines Staatsgebietes erfordert einen föderalistischen Staatsaufbau.

d) Zweckrationale (funktionale), demokratietheoretische Rechtfertigung: Föderalismus ist ein Instrument zur Sicherung und Optimierung der Funktionsfähigkeit des demokratischen (Gesamt-)Staates. Diese wird vor allem durch die folgenden Föderalismusfunktionen garantiert: höhere Rationalität und Effektivität von Politik durch problemorientierte und sachadäquate (an „örtlichen" Verhältnissen orientierte) Entscheidungen; Entlastung der Zentrale und Teilung von Verantwortung; Demokratie vor Ort; Sicherung von Pluralismus und Freiheit (der Entfaltungsmöglichkeiten); wirtschaftlicher, kultureller und politischer Polyzentrismus; Verwirklichung des Subsidiaritätsprinzips; Integration heterogener Gesellschaften; (vertikale) Gewaltenteilung; Konfliktregelung und -nivellierung im politischen System.

15. Jedes föderalistische System basiert auf dem Gegen- und Miteinander von intrastaatlichem Föderalismus mit funktionaler Aufgabenteilung und Gewaltenverschränkung sowie interstaatlichem Föderalismus, der auf einer strikten Gewalten- (und Aufgaben-) Trennung beruht. Die zwischen beiden Polen angelegte Spannung ist entscheidend für die Entwicklungsdynamik im Föderalismus. Sie impliziert die Frage nach dem Verhältnis von zentrifugalen und zentripetalen Kräften in einem föderalistischen System. Es geht in föderal verfaßten politischen Systemen um die Vermittlung gegensätzlicher gesellschaftlicher Zielvorstellungen, die man schematisch anhand eines bipolaren Kontinuums darstellen kann, das definiert ist durch eine auf Integration und Gleichheit der Lebensbedingungen gerichtete zentripetale Zielvorstellung und durch eine auf Autonomie bzw. Eigenständigkeit und die Vielfalt der Lebensbedingungen gerichtete zentrifugale Zielvorstellung.

16. Föderalismus als dynamisches System, das einem ständigen Anpassungsdruck unterworfen ist, weist folgende im internationalen Vergleich feststellbaren Entwicklungsbrennpunkte auf, die die wesentlichen Konfliktlinien moderner Bundesstaatlichkeit markieren: Kompetenzverteilung zwischen Bund und Gliedstaaten, bei der vor allem auch die Finanzverfassung eine äußerst wichtige Rolle spielt, weil sie die Handlungsspielräume der staatlichen Ebenen zu determinieren vermag, und das Verhältnis von Homogenität und Heterogenität. Die Kompetenzverteilung ist das Herzstück eines jeden föderalistischen Systems und insbesondere des modernen Bundesstaates, allerdings gibt es weder eine „Standardkompetenzverteilung" noch eine „saubere" Kompetenzverteilung. Vielmehr zeigt sich mehr und mehr, daß der Staat ein „polyzentrisches Gebilde" ist und der moderne Föderalismus durch das interdependente Zusammen-, Gegeneinander und Ineinanderwirken verschiedener staatlicher Ebenen und politischer Ak-

teure charakterisiert wird. Bei den politischen Akteuren vermögen insbesondere die Parteien und in zunehmenden Maße auch die für die föderale Streitschlichtung zuständigen Verfassungsgerichte eine für die Entwicklungsrichtung föderalistischer Systeme bedeutende Rolle zu spielen. Von ebenso großer Bedeutung ist die Mitwirkung der Gliedstaaten an der Willensbildung des Bundes über eine „Zweite Kammer".

17. Bei der Funktions- und Aufgabenteilung im Bundesstaat kann man idealtypisch zwischen Trenn- und Interdependenzsystemen unterscheiden. In allen Bundesstaaten haben sich jedoch im Laufe der Zeit Mischformen entwickelt, die auf eine kooperative Aufgabenerfüllung durch die verschiedenen Staatsebenen zwecks Vereinheitlichung der Lebensverhältnisse zielen. Obwohl in allen Bundesstaaten außer Kanada ein kontinuierlicher Trend zu Unitarisierung und Zentralisierung zu verzeichnen gewesen ist, mehren sich gegenwärtig die Anzeichen einer „territorialen Reorganisation politischer Herrschaft", die man unter den Stichworten Regionalisierung, Dezentralisierung und Reföderalisierung zusammenfassen kann.

Teil 2
Verfassungsrechtliche Grundlagen und institutionelle Funktionsweise des Föderalismus in der Bundesrepublik Deutschland

Einleitung

Die Herausforderungen an das föderale System, die sich aus dem doppelten Integrationsprozeß der deutschen und europäischen Einheit ergeben, haben in der politischen Öffentlichkeit eine intensive Diskussion über die Reformbedürftigkeit bundesstaatlicher Institutionen hervorgerufen, die zum Teil in Forderungen nach einer umfassenden Verfassungsreform münden. Diese geforderte staatliche Institutionen- und Verfassungspolitik zielt auf das, was bisher als deutscher Föderalismus bekannt gewesen ist und nunmehr als unzureichend empfunden wird. Offensichtlich sind „Leistungsgrenzen der Verfassung" spürbar geworden, weil verfassungsrechtliche Institutionen und Prozeduren im Bundesstaat nicht mehr funktionieren oder politische Phänomene und Probleme gar nicht mehr erfassen (vgl. LHOTTA 1991: 253ff.). Schon relativ früh haben die Ministerpräsidenten der Bundesländer in ihrer „Münchner Erklärung zum Föderalismus in Europa", die sie auf der ersten gesamtdeutschen Konferenz am 20./21. Dezember 1990 abgegeben haben, eine „Fortentwicklung der föderativen Grundentscheidungen des Grundgesetzes" gefordert, Diese Forderungen sind im Abschlußbericht der Bundesrats-Kommission zur Verfassungsreform (BR-Drs. 360/92), der Eingang in die Arbeit der Gemeinsamen Verfassungskommission gefunden hat, noch einmal präzisiert worden – aber um in diese Diskussion einsteigen zu können, die zentral mit der Entwicklungsdynamik des bundesdeutschen Föderalismus verknüpft ist und im Mittelpunkt von Teil 3 stehen wird, müssen wir uns über genau diese „föderativen Grundentscheidungen des Grundgesetzes" orientieren.

Wir haben in Teil 1 hervorgehoben, daß Föderalismus ein dynamisches System und als Struktur und Prozeß zu verstehen ist. Dies beinhaltet die Notwendigkeit einer gleichberechtigten Analyse von politischen Institutionen (Polity), politischen Prozessen (Politics) und Politik-Inhalten (Policy). Wir werden uns in Teil 2 vorrangig mit der Polity-Dimension, den Institutionen des bundesdeutschen Föderalismus und ihrem Zusammenwirken, befassen. Gerade der Föderalismus als dynamisches System legt es nahe, sich in Zeiten hoher Herausforderungen an seine institutionelle Anpassungs-, Problemverarbeitungs- und Steuerungskapazität wieder verstärkt mit „verfassungs- und verwaltungspolitischen Institutionen als spezifischen Problemlösungsversuchen" (FIJALKOWSKI 1989: 160) sowie der „nature of institutional change" (MIGDAL 1983: 322) zu befassen. Politische Institutionen, im Kontext von Struktur, Prozeß und Funktion verstanden, sind nicht nur Restriktionen politischen Handelns, sondern sie beeinflussen und steuern ihre Umwelt. Dies gilt auch für die Institutionen des Föderalismus.

Aus diesem Grunde ist es sinnvoll, sich zunächst den formalen Vorgaben des bundesdeutschen Föderalismus zuzuwenden, die wir im Grundgesetz finden.

Das Verfassungsrecht ist der Rahmen eines föderalistischen Systems, föderalistische Staaten sind notwendig Verfassungsstaaten. Die Bundesverfassung etabliert die föderalen Institutionen und kanalisiert die hier ablaufenden politischen Prozesse.

Um Verfassung und Verfassungswirklichkeit der Bundesrepublik Deutschland wirkungsvoll unterscheiden zu können, müssen wir uns mit der Verfassung, dem Grundgesetz, vertraut machen. Man muß diese „federal statics" kennen, um danach die Dynamik föderaler Prozesse beurteilen und das Ausmaß des tatsächlichen Einflusses von Verfassungsrecht und Institutionen abschätzen zu können, woraus sich dann auch fast zwangsläufig ein erweitertes Verfassungsverständnis ergibt, wie wir es in Teil 1 umrissen haben.

Wenn wir uns nun mit dem „föderalistischen Sonderfall Bundesrepublik Deutschland" in verfassungsrechtlicher und institutioneller Hinsicht beschäftigen, möchten wir zwei Ergebnisse unserer bisherigen Ausführungen in Erinnerung rufen:

– Föderalismus besitzt zu jeder Zeit für jedes politische System eine historische Individualität, die in den Verfassungen von Bund und Gliedstaaten ihren Niederschlag findet. Diese historische Individualität läßt sich aus der Verfassungstradition, aus der Art des Föderierungsprozesses und aus dem Zusammenwirken von territorialen, politischen, ökonomischen und soziokulturellen Faktoren ableiten.
– Genauso wie jedes föderalistische System eine historische Individualität besitzt, ist jedes föderalistische System einem ständigen Wandel unterworfen. Seine Dynamik liegt im gleichzeitigen Wirken von zentrifugalen und zentripetalen Kräften, im Streben nach Eigenständigkeit der Gliedstaaten und Vielfalt der Lebensbedingungen einerseits, nach Integration und Vereinheitlichung der Lebensbedingungen andererseits.

Wir werden uns dem „föderalistischen Sonderfall Bundesrepublik Deutschland" von drei Seiten her nähern:

– Zunächst werden wir uns mit den besonderen Bedingungen seiner Genese nach 1945 beschäftigen. Wir werden den Föderierungsprozeß im Nachkriegsdeutschland sowohl unter der Fragestellung untersuchen, welche (externen) Bedingungen von Seiten der Westalliierten gestellt waren, als auch welche (internen) Vorstellungen für das künftige föderalistische Verfassungssystem vorhanden waren und welche Kontroversen ausgetragen worden sind.
– Wir werden uns dann der Ausgestaltung des Bundesstaats im Grundgesetz und hier vor allem der Kompetenzverteilung und Fragen des Zusammenwirkens von Bund und Gliedstaaten zuwenden.
– Schließlich werden wir uns mit folgenden Strukturmerkmalen, die für den intrastaatlichen Föderalismus der Bundesrepublik Deutschland typisch sind, intensiver beschäftigen:
  – Mit der Kompetenzverteilung und Finanzverfassung im Bundesstaat.
  – Mit der Beteiligung der Gliedstaaten an der Gesetzgebung und Verwaltung des Bundes über den Bundesrat als Zweite Kammer.
  – Mit Institutionen und Verfahren der Kooperation und Koordination im Bundesstaat.

Damit wollen wir das Fundament für das Verständnis des bundesdeutschen „federalism at work" mit seinen spezifischen Brennpunkten und institutionellen Transformationsprozessen legen, dem sich Teil 3 widmen wird.

1. Die Schaffung föderativer Strukturen für die Bundesrepublik Deutschland

Mit der Verkündung des Grundgesetzes am 23. Mai 1949 hat sich die Bundesrepublik Deutschland als demokratischer und sozialer Bundesstaat konstituiert. Mit der sog. „Ewigkeitsgarantie" in Art. 79 Abs. 3 GG haben die Verfassungsgeber das bundesstaatliche Prinzip als unantastbar erklärt. Damit war eine Phase der deutschen Nachkriegsentwicklung abgeschlossen, an deren Beginn im Mai 1945 die bedingungslose militärische Kapitulation der deutschen Wehrmacht und die „Übernahme der obersten Regierungsgewalt in Deutschland" durch die Alliierten gestanden hatte. In den darauffolgenden vier Jahren war die innenpolitische Entwicklung Nachkriegsdeutschlands im wesentlichen vom Bruch der Anti-Hitler-Koalition und dem Beginn des Kalten Krieges bestimmt. Das Diktat der Systemauseinandersetzung, das ab 1946/47 die Entwicklung der internationalen Beziehungen prägte, hat schließlich 1949 zur Spaltung Deutschlands in zwei Staaten mit unterschiedlichen Wirtschafts- und Gesellschaftsordnungen geführt. Das föderalistische System der Bundesrepublik Deutschland ist nach 1945 auf den Trümmern des absolut zentralistisch ausgerichteten NS-Staats entstanden, und dies unter den Sonderbedingungen einer militärischen Besatzungsherrschaft.

> Ewigkeitsgarantie von Art. 79 Abs.3 GG für das Bundesstaatsprinzip

Beides spricht prima vista für die Vermutung, daß die Bundesrepublik Deutschland als Föderierungsprozeß „von oben nach unten" entstanden sei, sprich: als Diktat der Siegermächte. Würde der „föderalistische Sonderfall Bundesrepublik Deutschland" dann darin bestehen, daß der Föderalismus dem staatlichen System als ein „von außen" kommendes, künstliches Gebilde quasi „übergestülpt" worden wäre? Aus Teil 1 wissen wir, daß dies nicht der Fall war. Wir erinnern uns an den Rat von Karl LÖWENSTEIN: „Wer den Föderalismus in seinem letzten Raffinement studieren will, muß sich an Deutschland halten, das ihn seit Jahrhunderten praktiziert" (LÖWENSTEIN 1959: 318). Wir wissen, daß Deutschlands föderative Traditionen bis ins Mittelalter zurückreichen. Also doch eher ein Föderierungsprozeß „von unten nach oben"? Um zu einer differenzierteren Antwort zu finden, müssen wir uns mit der Genese des Föderalismus nach 1945 beschäftigen.

> Föderalismus nach 1945: Diktat der Siegermächte oder Fortsetzung deutscher Tradition?

Dafür spricht auch eine weitere Überlegung: Aktuelle Brennpunkte des deutschen Föderalismus haben ihre Wurzeln in Strukturentscheidungen der ersten Nachkriegsjahre (vgl. ABROMEIT 1992). Tatsächliche oder vermeintliche Defizite, die seit 1949 immer wieder Gegenstand von Reformüberlegungen waren bzw. sind, waren bereits im Vorfeld der Verabschiedung des Grundgesetzes Gegenstand von (partei)politischen Auseinandersetzungen und – im Falle der Länderneugliederung – von Revisionsversuchen. Zu diesen Defiziten gehört die ökonomische Ungleichheit der Länder, die gerade für die kleineren Länder den vertikalen (zwischen Bund und Ländern) und horizontalen (zwischen den Ländern un-

> „Chronischer" Brennpunkt des Föderalismus: Das Asymmetrie-Problem

tereinander) Finanzausgleich zur Existenzfrage hat werden lassen. Die Verankerung der Gemeinschaftsaufgaben im Grundgesetz im Jahre 1969 – Folge einer
extensiven Fondswirtschaft – und die Etablierung des Systems des kooperativen
Föderalismus bzw. der Politikverflechtung hat die Länder an den „goldenen Zügel" des finanzkräftigen Bundes gelegt, den Zentralstaat gestärkt und Tendenzen
zur Aushöhlung des föderativen Systems Vorschub geleistet. Ein weiteres Defizit wird innerhalb der Föderalismusforschung unter dem Schlagwort des „Exekutivföderalismus" diskutiert. Beklagt wird die nahezu völlige Ausschaltung der
Länderparlamente bei der Mitwirkung des Bundesrats an der Gesetzgebung und
Verwaltung des Bundes bzw. die mangelhafte parlamentarische Kontrolle des
Bundesrats. In diesem Zusammenhang wirft die „Einzigartigkeit" der Institution
Bundesrat (REUTER 1989: 1523) die Frage nach deren Entstehungsbedingungen
auf.

Wenn wir uns im folgenden mit den Prozessen beschäftigen, die in den Jahren 1948/49 zu den Strukturen geführt haben, die das heutige föderalistische System in der Bundesrepublik Deutschland kennzeichnen, sollten wir uns immer
vergegenwärtigen, daß wir damit einen Aspekt der deutschen Nachkriegsentwicklung und der deutschen Verfassungsdebatte herausgreifen, der in vielfältiger
Weise mit der deutschen Verfassungstradition, mit innen- und außenpolitischen
Machtverhältnissen, mit unterschiedlichen Neuordnungsvorstellungen der politischen Parteien und mit historisch-kulturellen Traditionen verwoben war (vgl.
dazu als Überblick und Ergänzung: BECKER/STAMMEN/WALDMANN 1987;
FOELZ-SCHROETER 1974; GREBING/POZARSKI/SCHULZE 1980; HUSTER et al.
1977; MERKL 1965).

1.1   Die „Frankfurter Dokumente"

Zäsur der
Nachkriegsgeschichte

Die „Dokumente zur künftigen politischen Entwicklung Deutschlands" – bekannt als „Frankfurter Dokumente" – markieren eine Zäsur in der deutschen
Nachkriegsentwicklung. Die Militärgouverneure der Westzonen übergaben sie
den Regierungschefs der westzonalen Länder am 1. Juli 1948 zu einem Zeitpunkt, als eine Verständigung der Westalliierten und der Sowjetunion über die
einheitliche Behandlung Deutschlands auf lange Sicht blockiert schien.

Die „Frankfurter Dokumente" (abgedruckt in: RUHL 1982: 469ff.) waren der
Beginn der Vereinigung der drei Westzonen zu einem neuen Staat und damit der
Beginn der Spaltung Deutschlands, dessen Teile nunmehr zwei unterschiedli-
chen machtpolitischen Einflußsphären und Gesellschaftssystemen angehören
sollten. Sie fassen die Empfehlungen zusammen, auf die sich die Vertreter der
USA, Großbritanniens, Frankreichs und der drei Beneluxstaaten auf der sog.
„Londoner Sechs-Mächte-Konferenz über Deutschland" im Frühjahr und Früh-
sommer 1948 geeinigt hatten. Mit ihrer Übergabe wurden die Ministerpräsidenten der drei Westzonen aufgefordert, eine Versammlung zur Ausarbeitung einer
Verfassung einzuberufen (Dokument I), die Ländergrenzen zu überprüfen (Dokument II) und die Grundzüge eines Besatzungsstatuts zur Kenntnis zu nehmen
(Dokument III).

Dokument I:
Verfassungsrechtliche
Bestimmungen

Wir wollen uns zunächst mit dem Dokument I (Verfassungsrechtliche Bestimmungen) näher beschäftigen. Flankiert von Hinweisen, die Verfahren nennen, wie die Mitglieder der Verfassunggebenden Versammlung bestimmt und

80

wie die künftige Verfassung genehmigt und demokratisch legitimiert werden sollten, legt dieses Dokument in seinem Kern folgende Grundsätze fest:

„Die Verfassunggebende Versammlung wird eine demokratische Verfassung ausarbeiten, die für die beteiligten Länder eine Regierungsform des föderalistischen Typs schafft, die am besten geeignet ist, die gegenwärtig zerrissene deutsche Einheit schließlich wiederherzustellen und die Rechte der beteiligten Länder schützt, eine angemessene Zentralinstanz schafft und die Garantien der individuellen Rechte und Freiheiten enthält".

Die Formel „Regierungsform des föderalistischen Typs" war eindeutig und ließ doch einen denkbar weiten Spielraum. Die unterschiedlichen Föderalismuskonzeptionen der Parteien in Deutschland sowie die unterschiedlichen Erfahrungen der Westalliierten mit föderativen Systemen – die USA verfügten damals über annähernd 170jährige Erfahrungen mit dem System des vertikalen Föderalismus; die Föderalismus-Erfahrungen der Zentralstaaten Frankreich und Großbritannien tendierten gegen Null – hatten zur Folge, daß die Beteiligten diesen Auftrag der „Frankfurter Dokumente" ganz im Sinne der eigenen Föderalismuskonzeption unterschiedlich interpretierten (LANGE 1974: 25f.; PFETSCH 1990: 159ff.).

Dokument II befaßt sich mit der Länderneugliederung in den Westzonen. Es „ersuchte" die Ministerpräsidenten,

Dokument II: Überprüfung der Ländergrenzen

„die Grenzen der einzelnen Länder zu überprüfen, um zu bestimmen, welche Änderungen sie etwa vorzuschlagen wünschten. Solche Änderungen sollten den überlieferten Formen Rechnung tragen und möglichst die Schaffung von Ländern vermeiden, die im Vergleich mit anderen Ländern zu groß oder zu klein sind".

Für die Durchführung der Länderneugliederung war ein denkbar enger Zeitrahmen gesteckt. Die Empfehlungen sollten – die Billigung der Militärgouverneure vorausgesetzt – der Bevölkerung der betroffenen Gebiete zur Annahme vorgelegt werden, und zwar bis spätestens 1. September 1948, dem Zeitpunkt der Konstituierung der Verfassunggebenden Versammlung. Dokument III – mit dem wir uns nicht näher beschäftigen wollen – definierte mit den Grundzügen eines Besatzungsstatuts die künftigen Beziehungen zwischen einer deutschen Regierung und den Alliierten Behörden.

Die „Frankfurter Dokumente" haben auf Seiten der Ministerpräsidenten der Westzonen keine uneingeschränkte Akzeptanz gefunden und ein ziemlich konfliktbesetztes Klima zwischen Militärgouverneuren und Ministerpräsidenten wie auch zwischen den westlichen Militärgouverneuren selbst geschaffen. In einer Reihe von Konferenzen, Beschlüssen, Pressekonferenzen, revidierten Beschlüssen und informellen Gesprächen auf unterschiedlichen Ebenen haben sich schließlich drei Punkte als strittig herauskristallisiert:

Drei zentrale Konflikte zwischen Militärgouverneuren und Ministerpräsidenten:

Die Ministerpräsidenten schreckten davor zurück, für die Westzonen eine Verfassunggebende Versammlung einzuberufen, da sie damit die Spaltung Deutschlands als besiegelt sahen. Sie waren lediglich bereit, der westzonalen Verfassung den Status eines Verfassungs-Provisoriums zuzugestehen. Die Namen „Parlamentarischer Rat" anstatt „Verfassunggebende Versammlung" und „Grundgesetz" anstatt „Verfassung" sind die Formelkompromisse, auf die man sich schließlich geeinigt hat.

– Verfassung oder Provisorium

Weiterhin fand die in den „Frankfurter Dokumenten" vorgesehene Methode der Ratifizierung der Verfassung durch Volksentscheid nicht die Zustimmung der Ministerpräsidenten. Sie setzten sich mit ihrer Meinung durch, „ein Volks-

– Methode der Verfassungsratifizierung

entscheid, wie ihn die Alliierten wünschten, berge die Gefahr in sich, die stetige Entwicklung in Westdeutschland zu erschweren oder zu verzögern, weil damit den Kommunisten und anderen radikalen Kräften eine billige Gelegenheit geboten werde, eine nationalistische Agitation gegen den ‚separaten Weststaat' zu entfachen" (SOERGEL 1985: 48).

– Zeitprobleme

Dritter Dissenspunkt war schließlich die knappe Zeitspanne für die Neuordnung der Ländergrenzen.

1.2 Die territoriale Situation in den Westzonen

Asymmetrie als „Achillesferse" des deutschen Föderalismus

Mit der Überreichung des Dokuments II zur Länderneugliederung haben die Militärgouverneure noch vor Gründung der Bundesrepublik Deutschland quasi die „Achillesferse" des bundesdeutschen Föderalismus getroffen. Kontinuierlich und bis in unsere Gegenwart hinein wird dieses Postulat immer wieder vorgetragen. Ebenfalls kontinuierlich und bis in die Gegenwart hinein ist die geradezu paradoxe Situation zu beobachten, daß einerseits im Interesse eines lebensfähigen Föderalismus unisono die Notwendigkeit gleich starker Länder gesehen wird, um den Tendenzen einer Aushöhlung der Länderkompetenzen durch den vertikalen Finanzausgleich entgegentreten zu können.

Andererseits aber verhinderten partei- und machtpolitische Interessen eine tatsächliche Länderneugliederung. Insofern trifft es die Sache im Kern, wenn zu Beginn der 90er Jahre im Zusammenhang mit der deutschen Einheit die Rede von der „Gnade der Stunde Null" war (Der Spiegel vom 16.4.1990). Horst GOBRECHT, damaliger Bevollmächtigter der Freien und Hansestadt Hamburg beim Bund, hatte seinerzeit vorgeschlagen, im Zuge der deutschen Einheit (vom Spiegel als „Stunde Null" bezeichnet) eine radikale „Flurbereinigung" vorzunehmen und die Zahl der 16 Bundesländer auf sieben zu reduzieren (GOBRECHT 1990; vgl. auch BENZ 1991).

Um den Hintergrund und die Tragweite des „Frankfurter Dokuments II" ermessen zu können, müssen wir uns zunächst die territoriale Situation, wie sie in den Westzonen im Sommer 1948 bestanden hat, vergegenwärtigen.

Alliierte Zielvorstellungen über die Länderneugliederung

Bis Mitte 1947 war die Länderbildung in den Westzonen abgeschlossen. Wenn wir versuchen, gemeinsame alliierte Zielvorstellungen über die Ländergliederung im Nachkriegsdeutschland zu bestimmen, lassen sich drei Prinzipien festmachen:

–   die politisch-administrativen Strukturen sollten getreu den Vereinbarungen des Potsdamer Abkommens dezentralisiert und strikt „von unten nach oben" aufgebaut werden;
–   Preußen als Inbegriff des deutschen Militarismus sollte nicht wiederhergestellt werden;
–   Enklaven und Exklaven sollten keinen Weiterbestand haben.

12 Länder in den Westzonen als Vorformen des künftigen Bundesstaates

Wie Tabelle 3 zeigt, waren in den Westzonen zwölf Länder gebildet worden. Während die amerikanische Militärregierung mit der Proklamation Nr. 2 bereits am 19. September 1945 die Bildung der Länder Bayern, Württemberg-Baden und Hessen verfügt hatte, erfolgte dieser Schritt in der britischen Besatzungszone erst am 23. August 1946. In der französischen Besatzungszone hatten Baden

Tabelle 3: Die Länderbildung in den Westzonen

Land	Vorläufer	Datum	Dokument
1. Amerikanische Besatzungszone			
Bayern	In seinen historischen Grenzen von 1933, ohne Pfalz und Lindau (bis 1956)	19.9.1945	Proklamation Nr. 2 der amerikanischen Militärregierung
Württemberg-Baden	Nördliche Hälften der ehemaligen Länder Württemberg und Baden	19.9.1945	Proklamation Nr. 2 der amerikanischen Militärregierung
Hessen	Freistaat Hessen-Darmstadt und Provinz Hessen-Nassau	19.9.1945	Proklamation Nr. 2 der amerikanischen Militärregierung
Hansestadt Bremen	Im wesentlichen in den historischen Grenzen von 1933 (ab 8.4.1945 Enklave der amerikanischen Besatzungszone; ab 1.7.1947 als Land zur amerikanischen Besatzungszone.)	23.1.1947	Proklamation der amerikanischen Militärregierung
2. Britische Besatzungszone			
Schleswig-Holstein	Preußische Provinz Schleswig-Holstein	23.8.1946	Verordnung Nr. 46 der britischen Militärregierung
Niedersachsen	Preußische Provinz Hannover; Freistaaten Oldenburg, Braunschweig und Schaumburg-Lippe; Teile des Landesgebietes der Hansestadt Bremen	23.8.1946	Verordnung Nr. 46 der britischen Militärregierung
Nordrhein-Westfalen	Preußische Provinz Westfalen; Regierungsbezirke Aachen, Köln und Düsseldorf der nördlichen Rheinprovinz; Freistaat Lippe-Detmold	23.8.1946	Verordnung Nr. 46 der britischen Militärregierung
Hansestadt Hamburg	Identisch mit historischem Vorbild	23.8.1946	Verordnung Nr. 46 der britischen Militärregierung
3. Französische Besatzungszone			
Rheinland-Pfalz	Regierungsbezirke Trier und Koblenz der südlichen Rheinprovinz; ehemals bayerische Pfalz; linksrheinische Gebiete des Freistaats Hessen; Kreis Westerwald der ehem. Provinz Hessen	30.8.1946	Verordnung Nr. 57 der französischen Militärregierung
Baden	Südlicher Teil des ehem. Baden	18.5.1947	Annahme der Verfassung durch Volksabstimmung
Württemberg-Hohenzollern	Preußischer Regierungsbezirk Hohenzollern-Sigmaringen; südlicher Teil des ehemaligen Württemberg	18.5.1947	Annahme der Verfassung durch Volksabstimmung
Saarland			Sonderstatus eines autonomen Landes mit wirtschaftlichem Anschluß an Frankreich

und Württemberg-Hohenzollern bis zur Annahme der Verfassungen durch Volksabstimmung gar nur den Status von „Verwaltungsbezirken".

Dieses unterschiedliche Tempo der Länderbildung in den Westzonen zeigt, daß sich der Prozeß der Übertragung von Verwaltungskompetenzen an deutsche Institutionen und Repräsentanten uneinheitlich gestaltet hat. Dessenungeachtet waren mit der Existenz von Ländern, Länderverfassungen und staatlichen Organen auf Länderebene in den drei Westzonen einheitliche Vorformen des künftigen Bundesstaates geschaffen worden.

Länder als „künstliche Gebilde"

Die Gründung der neuen Länder nach der militärischen Besetzung ist von der Bevölkerung und ihren politischen Exponenten als „ein wirklicher und willkürlicher Akt der Besatzungsmacht" bewertet worden, wie der Ministerpräsident von Schleswig-Holstein, Heinrich LÜDEMANN, auf der Koblenzer Konferenz der westdeutschen Ministerpräsidenten (8. bis 10. Juli 1948) betont hat.

Wir haben in Tabelle 3 gesehen, daß nur Bayern und die beiden Hansestädte Bremen und Hamburg im wesentlichen in den historischen Grenzen von 1933 als Länder entstanden sind. Alle anderen Länder sind künstliche Gebilde, in denen bisherige Freistaaten und preußische Provinzen bzw. Teile preußischer Provinzen zusammengefaßt oder – im Falle Schleswig-Holsteins – als ehemalige preußische Provinz zum Land erhoben worden sind. Insbesondere im Südwesten haben die Grenzziehungen der Besatzungsmächte historische, politische und wirtschaftliche Bindungen zunächst unterbrochen. Die ehemaligen Länder Württemberg und Baden sind durch die Grenze zwischen der amerikanischen und französischen Besatzungszone geradezu in zwei Hälften zerrissen worden. Die Länder Niedersachsen und Rheinland-Pfalz sind Konglomerate historischer Staatsgebilde und Verwaltungseinheiten (zu den einzelnen Ländern vgl. HARTMANN 1994).

Heterogenität der deutschen Bundesländer

Auch in ihrer Größenordnung und in ihrer Wirtschafts- und Finanzkraft waren und sind die Länder äußerst heterogen: Auf der einen Seite gibt es das Land Nordrhein-Westfalen mit der Schwerindustrie im Rhein-Ruhr-Revier, auf der anderen Seite das industriearme Schleswig-Holstein; es gibt große Flächenstaaten wie Bayern oder Niedersachsen und kleine Stadtstaaten wie Hamburg und Bremen oder auch das Saarland, das allerdings bis 1957 an Frankreich angeschlossen war und von daher 1948 nicht Gegenstand der Länderneugliederung sein konnte.

Das Angebot der westalliierten Militärgouverneure zur Länderneugliederung war also in politischer und wirtschaftlicher Hinsicht mehr als begründet. Und trotzdem sind die Ministerpräsidenten an dieser Aufgabe gescheitert. Erst am 9. Dezember 1951 ist in einer Volksabstimmung und nach einem heftigen Wahlkampf das Land Baden-Württemberg auf Grundlage des Artikels 118 GG gebildet worden.

Theodor ESCHENBURG, von 1947 bis 1952 Ministerial- und Staatsrat im Innenministerium des Landes Württemberg-Hohenzollern und von 1952 bis zu seiner Emeritierung Professor für wissenschaftliche Politik an der Universität Tübingen, hat bereits 1950 treffend die Ursachen dieses Scheiterns genannt:

„Daß kein Ministerpräsident bereit war, einen Teil seines Landes an ein anderes abzugeben, daß aber auch Hemmungen gegen einen Zusammenschluß bei dem einen oder anderen Regierungschef bestanden, lag auf der Hand. Man hatte hier eine falsche Konstruktion gewählt, indem man die Parteien gleichzeitig zu Richtern in eigener Sache gemacht hatte. (...) Die Chance wahrzunehmen, als provisorische Länderchefs zu fungieren, war diese Konferenz der elf deutschen Länderchefs nicht in der Lage. Gleich den Reichstagen des 16. und 17. Jahrhunderts waren ihre Beschlüsse ebenso kümmerlich wie ihre Veranstaltungen pomphaft" (ESCHENBURG 1950: 21).

1.3 Bundesstaat oder Staatenbund – Föderalismuskonzeptionen der Parteien nach 1945

Bisher haben wir die Genese des föderalistischen Systems der Bundesrepublik Deutschland als einen Prozeß kennengelernt, der im wesentlichen „von außen" bzw. „von oben" gesteuert und determiniert war. Es waren die Westalliierten, die mit dem Frankfurter Dokument I die Anordnung erlassen hatten, „eine Regierungsform des föderalistischen Typs" zu schaffen, und die mit der territorialen Gliederung der Westzonen Gliedstaaten geschaffen haben, die von der Bevölkerung und ihren politischen Repräsentanten als willkürlich geschnitten und künstliche Gebilde empfunden worden sind.

Um unserer Frage ein Stück näherzukommen, ob der Föderierungsprozeß nach 1945 nun eher ein Prozeß „von oben nach unten" – wofür bisher vieles spricht – oder eher „von unten nach oben" war, wollen wir uns in diesem Kapitel den Verfassungsvorstellungen der politischen Parteien nach 1945 zuwenden, den Motoren und Trägern innenpolitischer, demokratischer Meinungs- und Willensbildung sowie den wichtigsten Einflußfaktoren für die Entwicklung des Föderalismus im Nachkriegsdeutschland.

Wir werden uns im folgenden mit den Verfassungsentwürfen der KPD, der SPD, der FDP, der CDU und der CSU beschäftigen. Mit diesem Parteienspektrum waren die politischen Grundströmungen des Konservatismus, des Liberalismus, des (demokratischen) Sozialismus und des Kommunismus an der Entstehung des Grundgesetzes beteiligt und allesamt im Parlamentarischen Rat vertreten. Der Parlamentarische Rat, der fristgerecht am 1. September 1948 in Bonn seine Tätigkeit aufnahm, hatte 70 Mitglieder, davon fünf Vertreter des Berliner Abgeordnetenhauses ohne Stimmrecht. Der Parlamentarische Rat war keine vom Volk gewählte Verfassunggebende Versammlung; seine Mitglieder sind von den Länderparlamenten ohne vorhergehende Personaldebatte nach dem Vorschlag der Fraktionen, entsprechend dem Proporz der Mandate in den Länderparlamenten, benannt worden. Entsprechend repräsentierte er folgende Parteien: SPD (27), CDU (19), CSU (8), FDP (5), KPD (2), Deutsche Partei (2), Zentrum (2). Die nicht-stimmberechtigten Mitglieder aus Berlin gehörten der SPD (3), CDU (1) und der FDP (1) an. (Die Herkunft der Verfassunggeber und damit wichtige Einflußfaktoren auf die Verfassungsberatungen sind analysiert bei PFETSCH 1985: 148ff.; vgl. auch SOERGEL 1985.) Die folgende Synopse (Tab. 4) zeigt fünf Föderalismus-Varianten, die bereits die wesentlichen Dissens-Punkte enthielten, über die im Parlamentarischen Rat dann gestritten und verhandelt werden sollte.

Der Zeitpunkt der Verabschiedung der Parteidokumente zeigt, daß die Auflage der Westalliierten, „eine Regierungsform des föderalistischen Typs" zu schaffen (Frankfurter Dokument I) in den Verfassungsentwürfen der Parteien bereits antizipiert war. MERKL (1965: 78) spricht in diesem Zusammenhang vom

Parlamentarischer Rat

Antizipation der föderalistischen Regierungsform in den Verfassungsentwürfen der Parteien

Föderalismus als einer Komponente des „fruchtbaren Bodens Nachkriegsdeutschlands" und schreibt:

„Bis 1933 konnte Deutschland auf eine klar hervortretende föderalistische Tradition hinweisen, die bis ins Mittelalter zurückreichte. (...) Es bestand also für die Deutschen kein besonderer Grund, sich an die Besatzungsmächte zu halten, um die Richtlinien für die Rückkehr zu ihren föderalistischen Traditionen festzulegen".

Verschränkung der Föderierungsprozesse

Insofern muß unsere Fragestellung nach dem Föderierungsprozeß „von oben nach unten" bzw. „von unten nach oben" für das Nachkriegsdeutschland dahingehend modifziert werden, daß beide Prozesse miteinander verschränkt waren. Treffend beschreibt PFETSCH die Rolle der Westalliierten „zunächst und vor allem als Prozeßorganisator bzw. Prozeßinitiator und -katalysator" (PFETSCH 1985: 173).

Große Bandbreite der Föderalismusvorstellungen

Allerdings war die Bandbreite der Föderalismusvorstellungen beachtlich. Sie reichte vom „demokratischen Zentralismus" der KPD bis zur „extrem föderalistischen" Lösung der CSU. Insofern ist die Einschätzung plausibel, daß „die wichtigste Streitfrage, der sich die Verfassungsgeber im Parlamentarischen Rat gegenübersahen,... das alte deutsche Problem des Föderalismus (war)" (MERKL 1965: 78).

KPD-Entwurf: Dezentralisierter Einheitsstaat

Beginnen wir mit den beiden „extremen" Föderalismuskonzeptionen. Der Verfassungsentwurf der KPD war zentralistisch auf das Parlament des Gesamtstaats ausgerichtet. Beim Zentralparlament sollten sich nahezu alle staatlichen Kompetenzen, von der Gesetzgebung, über Legitimation und Kontrolle der Regierung, über die oberste Kontrolle der gesamten Verwaltung, d.h. auch die der Länder, und der Rechtsprechung, bis hin zur Rolle als oberste Entscheidungsinstanz bei Verfassungsstreitigkeiten konzentrieren. Die horizontale Gewaltenteilung zwischen Legislative, Exekutive und Judikative war in diesem Entwurf wenig ausgeprägt, eine vertikale Gewaltenteilung zwischen Bund und Gliedstaaten nicht vorgesehen. Der Verfassungsentwurf sah kein Organ vor, das die Repräsentation und Mitwirkung der Länder im Bundesstaat regelte. Angesichts der Fülle an Kompetenzen, die beim Zentralparlament konzentriert waren, waren die Länder eher vollziehende staatliche Gliederungen, mit einem Minimum an Eigenkompetenzen.

Die CSU Bayerns vertrat mit der Forderung nach Schaffung „einer deutschen Föderation" eine „extreme" Föderalismus-Variante. In ihrem Memorandum „Der Staatsaufbau im künftigen Deutschland" stellte sie einen direkten Zusammenhang zwischen NS-Diktatur und zentralstaatlichen Verwaltungsstrukturen her:

„In Deutschland mit seiner starken geistigen, stammesmäßigen, wirtschaftlichen und gesellschaftlichen Differenzierung sprechen zudem vielfache historische Erfahrungen gegen ein neues Erstarken einer Zentralgewalt, deren Übermächtigkeit zweimal die Voraussetzungen zu einer deutschen und europäischen Katastrophe gegeben hat. (...) Belastet mit dem allen zentralstaatlichen Bemühungen in Deutschland immanenten preußisch-deutschen Geschichtsbild würde ein solcher nach innen und außen machtstaatliche, d.h. absolutistische und imperialistische Tendenzen zeigen" (zit. nach SOERGEL 1985: 294).

Nach den Vorstellungen der CSU sollte sich staatliche Macht im künftigen Deutschland bei den Institutionen der Länder konzentrieren. Es war vorgesehen, die Kompetenzen der Zentralgewalt auf wenige Bereiche zu beschränken, zu deren Bewältigung auch nur die dafür notwendigen Ressourcen bereitgestellt wer-

Tabelle 4: Föderalismuskonzeptionen in den Verfassungsentwürfen von CDU,CSU, KPD, SPD und FDP in den Jahren 1946 bis 1948

	CDU	CSU	KPD	SPD	FDP
1. Dokument	Grundsätze für eine deutsche Bundesverfassung. Vorschläge für die CDU/CSU-Arbeitsgemeinschaft, besprochen auf der Tagung des Ellwanger Freundeskreises in Bad Brückenau am 13.4.1948 in: SOERGEL 1985: 297-303	Der Staatsaufbau im künftigen Deutschland. Memorandum der CSU („Hundhammer-Memorandum") in: SOERGEL 1985: 294-296	Entwurf einer Verfassung für die Deutsche Demokratische Republik vom 14.11.1946 in: PFETSCH 1985: 116-124	Richtlinien für den Aufbau der Deutschen Republik, beschlossen vom SPD-Parteitag 1947 in Nürnberg (29.6. bis 2.7.1947) in: SOERGEL 1985: 263-66	Verfassungspolitische Richtlinien der FDP vom 27.8.1947 in: PFETSCH 1985: 103-106
2. Bundesstaat oder Zentralstaat	Für die Schaffung eines Bundesstaates. Die Länder sind Gliedstaaten des Bundes. Doppelte Staatsangehörigkeit.	Für die Schaffung eines deutschen Staatenbundes (Föderation).	„Deutschland ist eine unteilbare demokratische Republik, gegliedert in Länder…"	Für die Schaffung eines Bundesstaates. Gegen die Umwandlung in einen Staatenbund, gegen offenen oder versteckten Separatismus und Partikularismus.	„Die Staatsgewalt wird durch die Organe des Reiches, insoweit wie die Verfassung bestimmt, im übrigen durch die Organe der Länder ausgeübt".

87

3. Zuständigkeitsverteilung zwischen Bund und Ländern

a) Bundeskompetenzen

CDU	CSU	KPD	SPD	FDP
Keine Kompetenz-Kompetenz des Bundes.	Keine Kompetenz-Kompetenz des Bundes.	Parlamentszentrierte Demokratie.	Ausübung aller Regierungsfunktionen mit Hoheitscharakter.	Gesetzgebung auf folgenden Gebieten:
Festlegung der ausschließlichen und konkurrierenden Gesetzgebung des Bundes in Anlehnung an die WRV.	Zuständig für: Auswärtige Angelegenheiten Zollwesen und Währung Verkehr und Post Oberste Wirtschaftsführung und Ernährung.	alleiniger Gesetzgeber; oberste Kontrolle über alle Regierungsmaßnahmen und Staatshandlungen; oberste Kontrolle über die gesamte Verwaltung; oberste Kontrolle über die gesamte Rechtsprechung; Wahl der Regierung; Parlamentspräsidium entscheidet bei Verfassungsstreitigkeiten zwischen der Republik und den Ländern oder bei Verfassungsstreitigkeiten zwischen den Ländern;	Finanz- und Steuerhoheit Gesetzesinitiative	Bürgerliches Recht; Straf- und Prozeßrecht; Arbeitsrecht; Sozialversicherung; Gestaltung der Wirtschaft; Agrarverfassung; Verkehrswesen; Geld- und Bankwesen; Maße und Gewichte;
Bundeseigene Verwaltungen nur für: Auswärtige Angelegenheiten Patentwesen und geistiges Eigentum Post- und Fernmeldewesen Eisenbahnen (allgemeiner Verkehr).	Erhält Finanzen, die zur Bewältigung dieser Aufgaben erforderlich sind.	nahezu alle Gesetzgebungskompetenzen liegen beim Parlament der Republik.	Reichsrecht bricht Landesrecht	Reichsbahn, Reichspost und Wasserstraßenverwaltung; Einheitliche Grundsätze für das Erziehungs- und Bildungswesen; Auswärtige Angelegenheiten.
Bundesfinanzen aus: Einnahmen aus Bundesbetrieben Zölle Verbrauchsabgaben Steuern, die dem Bund durch Verfassung zugewiesen sind.				

b) Länderkompetenzen

CDU	CSU	KPD	SPD	FDP
Grundsätzlich: Gesetzgebung, Verwaltung und Rechtsprechung.	"Nur Angelegenheiten, die einzelstaatlich nicht geregelt werden können, dürfen der Zentralgewalt übertragen werden".	"Soweit die Republik von ihrem Gesetzgebungsrecht keinen Gebrauch macht, behalten die Länder das Recht der Gesetzgebung."	Verwaltung	Verwaltung Rechtsprechung

88

4. Organe und deren Kompetenzen zur Mitwirkung der Länder im Bundesstaat

CDU	CSU	KPD	SPD	FDP
Bundesrat, der von je zwei instruktionengebundenen Mitgliedern der Länderregierungen gebildet wird.	Zentralinstanzen werden durch Organe der Länder gebildet:	Keine	Reichsrat, dessen Mitglieder von den Landtagen gewählt werden. Können nicht zugleich Mitglieder des Reichstages oder eines Landtages sein.	Reichsrat, der aus Vertretern der Länder besteht:
Kompetenzen:	Zentralparlament, bestehend aus Volkshaus (Vertreter der Landtage oder unmittelbar vom Volk gewählt) und Staatenhaus (Delegierte der Landesregierungen);		Kompetenzen:	z.T. von den Landesregierungen bestellt (je zwei pro Land); z.T. von den Landtagen gewählt (je 1 für 1 Mio. Einwohner);
Gleichberechtigte Beteiligung an der Bundesgesetzgebung			Beteiligung an der Gesetzgebung und an der Aufstellung eines Reichshaushaltes;	„Persönlichkeiten, die sich um das Volk besonders verdient gemacht haben" (Zahl darf die Zahl der von der Landesregierung zu Ernennenden nicht übersteigen).
Zustimmungspflicht gegenüber der Bundesregierung beim Erlaß von Ausführungsverordnungen, Bestimmungen über die Organisation von Bundesbehörden, allgemeinen Anweisungen an die Länder.	Zentralregierung, die kollegial organisiert sein soll und aus gewählten Vertretern der Länderregierungen besteht.		aufschiebendes Veto gegenüber Gesetzen des Reichstages.	Kompetenzen:
Unter bestimmten Umständen Antragsrecht gegenüber dem Bundespräsidenten zur Auflösung des Bundestages.				„Erster Durchgang" bei Gesetzesvorlagen der Reichsregierung
Mitwirkung als Verfassungsgebender Bundesrat in der künftigen verfassungsgebenden Körperschaft.				Suspensives Vetorecht bei Gesetzesbeschlüssen des Reichstages;
Mitwirkung bei der Wahl des Bundespräsidenten				Gesetzesinitiativrecht.

89

den sollten. Die Institutionen der Zentralgewalt sollten ihre Legitimation vorrangig aus den Regierungen der Länder herleiten.

Zwischen diesen beiden Polen von KPD und CSU standen die Verfassungskonzeptionen der drei anderen Parteien, die sich zum Teil inhaltlich entsprachen, zum Teil unterschiedliche Positionen aufwiesen. Die oben vorgestellten, „offiziellen" Verfassungskonzeptionen der CDU/CSU-Arbeitsgemeinschaft und der SPD verdecken, daß vor allem die CDU und die SPD in der Frage der künftigen föderalistischen Ordnung Deutschlands intern in unterschiedliche Lager gespalten waren.

Zwei Blöcke in den Unionsparteien

Innerhalb der Unionsparteien manifestierten sich die unterschiedlichen Positionen im wesentlichen in zwei Blöcken, der nordwestdeutschen CDU der britischen Besatzungszone unter Leitung Konrad ADENAUERS auf der einen Seite und den Parteiorganisationen der südwestdeutschen CDU und CSU in der amerikanischen und französischen Zone auf der anderen Seite. Innerhalb des Blocks der südwestdeutschen Unionsparteien nahm wiederum die CSU, wie wir gesehen haben, eine exponierte Position ein. Zentrale Streitfrage zwischen beiden Blöcken war, welcher Mindesteinfluß den Ländern in einem föderativen Staatsaufbau einzuräumen und wie dieser institutionell abzusichern sei (vgl. BENZ 1972).

Differenzen innerhalb der SPD

Innerhalb der SPD bestanden Differenzen im wesentlichen zwischen der Position der Parteizentrale bzw. des Parteivorsitzenden Kurt SCHUMACHER, der eher für einen zentralistischen Staatsaufbau plädierte, und führenden SPD-Politikern der Länder, die für eine vertikale Gewaltenteilung zwischen Bund und Ländern eintraten. Dies zeigt sich auch in den „Richtlinien für den Aufbau der deutschen Republik", in dem die SPD eine eher gemäßigte Föderalismus-Variante vertrat.

Die SPD plädierte für eine „gesunde Dezentralisation" und war prinzipiell gegen „jeden offenen oder versteckten Separatismus und Partikularismus" und lehnte

„die Umwandlung der Deutschen Republik in einen Staatenbund ab, weil ein Staatenbund nach außen die Entwicklung zu einer europäischen Einheit hemmen und nach innen eine unerwünschte Zersplitterung der zur Gesundung und zum Aufbau erforderlichen Kräfte bedeuten würde. Deutschland wäre bei einer Auflösung in selbständige Staaten nicht lebensfähig. Es liegt kein Grund vor, Deutschland auf längst überlebte Zustände zurückzubringen. Die Entwicklung zu größeren staatlichen Einheiten ist nicht nur eine deutsche oder europäische Erscheinung, sondern eine Tatsache, die in der allgemeinen Entwicklung zur Universalität und in der Natur der modernen Technik liegt und darum eine generelle Erscheinung des politischen und wirtschaftlichen Lebens aller Kontinente ist" (zit. nach SOERGEL 1985: 263).

War die Föderalismus-Konzeption der CSU geprägt von der Dominanz der Länder und der starken Stellung der Länderregierungen im Bund, zeichnete sich die Föderalismus-Konzeption der SPD durch die Hervorhebung des Prinzips der Volkssouveränität aus. Die demokratische Legitimation der Zentralgewalt sollte sich nicht von den staatlichen Institutionen der Länder, sondern vom ganzen deutschen Volk durch allgemeine, gleiche, unmittelbare und geheime Wahlen herleiten. Die Legislative der Zentralgewalt sollte – wie im CSU-Memorandum – aus zwei Kammern bestehen. Vorgesehen war allerdings kein „Staatenhaus", sondern ein von den Landtagen gewählter „Reichsrat" mit zwei Kompetenzen: Beteiligung an der Reichsgesetzgebung und an der Aufstellung des Reichshaushaltes.

Zwischen den Föderalismus-Konzeptionen von CSU und SPD standen die „Vorschläge für die CDU/CSU-Arbeitsgemeinschaft", die als „Grundsätze für eine deutsche Bundesverfassung" dem Parlamentarischen Rat als offizieller Grundgesetzentwurf der CDU/CSU vorgelegt worden sind. Mit dem Plädoyer für die Schaffung eines Bundesstaates neigte er eher zur Föderalismus-Variante der SPD. Mit der Erklärung von Gesetzgebung, Verwaltung und Rechtsprechung als originäre Länderkompetenzen und der Schaffung eines Bundesrats mit umfassenden Beteiligungs- und Interventionsrechten in Angelegenheiten der Zentralgewalt folgte er jedoch eher den Prinzipien der Föderalismus-Variante der CSU. Die Schaffung eines Bundesrats wurde im übrigen auch von der Zentrums-Partei und der Deutschen Partei (DP) befürwortet.

Als eine originelle Variante zur Besetzung der Zweiten Kammer müssen die Vorstellungen der FDP-Richtlinien gelten. Danach sollte der Reichsrat seine Legitimation nicht aus einer, sondern aus drei Quellen herleiten. Das demokratische Prinzip der Repräsentation des Staatsvolks sollte mit Sachverstand, der den Landesregierungen und ihren Ministerialverwaltungen unterstellt wurde, und Lebenserfahrung, für das bekannte Einzelpersönlichkeiten standen, kombiniert werden.

Mit der Autorisierung der Ministerpräsidenten der westzonalen Länder, eine Verfassunggebende Versammlung einzuberufen (vgl. Frankfurter Dokument I), endete eine Phase der deutschen Nachkriegsentwicklung, die auf deutscher Seite maßgeblich vom Handeln der Ministerpräsidenten geprägt war. Die Konstituierung und Tätigkeit einer Verfassunggebenden Versammlung mußte das politische Kräfteverhältnis zwischen dem eher gouvernementalen Element, wie es die Regierungschefs der Länder darstellten, und dem eher machtpolitischen Element, wie es die politischen Parteien repräsentierten, zugunsten des letzteren verschieben.

Daß die Ministerpräsidenten diese Weichenstellung so erkannten, zeigt die Einsetzung des Herrenchiemseer Verfassungskonvents wenige Wochen vor Beginn der Tätigkeit des Parlamentarischen Rats. Die 26 Konventsmitglieder sind mit dem offiziellen Auftrag zusammengetreten, als Sachverständige und unabhängig von parteipolitischen Positionen Beratungsgrundlagen für die Verfassunggebende Versammlung zu erarbeiten. Informell hegten die Ministerpräsidenten die Absicht, mit den Vorarbeiten des Verfassungskonvents Einfluß auf die Beratungen des Parlamentarischen Rats zu nehmen. Eine Meldung des SPD-Pressedienstes vom 18. August 1948 ließ denn auch an Deutlichkeit nichts zu wünschen übrig:

„Der Chiemsee-Ausschuß ist entstanden auf Grund einer privaten Vereinbarung der Ministerpräsidenten der deutschen Länder, die ihre Verfassungsspezialisten zu vertraulichen Beratungen zusammenkommen ließen. Sie sollen einen Entwurf für das kommende Grundgesetz ausarbeiten, wie es nach der Meinung der Ministerpräsidenten unter dem besonderen Aspekt der Länderinteressen aussehen sollte. Insofern handelt es sich bei diesem Ausschuß um die Vertretung einer bestimmten politischen Interessengruppe, wie sie auch sonst bestehen in den politischen Parteien, in Arbeitsgemeinschaften und dergleichen. Die Ausarbeitung eines offiziellen Entwurfes für das kommende Grundgesetz ist und bleibt allein dem Parlamentarischen Rat vorbehalten, der durch die Vorschläge des Chiemsee-Ausschusses in keiner Weise präjudiziert wird" (zit. nach: Der Parlamentarische Rat, Bd.2, 1981: CXX).

Faktisch jedoch hat der „Bericht" des Verfassungskonvents von Herrenchiemsee, in dem Mehrheits- und Minderheitsposition als Varianten nebeneinander gestellt

91

waren, als Verfassungsentwurf das spätere Grundgesetz entschieden vorgeformt und beeinflußt (vgl. VON GRONAU 1949).

Die Reaktion der SPD auf die Einsetzung des Herrenchiemseer Verfassungskonvents offenbart einen typischen Brennpunkt des bundesdeutschen Föderalismus: den permanenten Widerstreit zwischen bürokratischen und parteipolitischen Einflüssen auf Entscheidungen und Handlungsweisen des Staates. In den Beratungen des Parlamentarischen Staates sollte er in den Auseinandersetzungen um die Zweite Kammer kulminieren.

1.4   Die Hauptstreitfragen im Parlamentarischen Rat

Föderalismus-
Kontroversen
In den Beratungen des Parlamentarischen Rats kamen die unterschiedlichen Föderalismus-Konzeptionen der Parteien vor allem in den Kontroversen über

– die Zusammensetzung, Legitimation und Kompetenz der Zweiten Kammer,
– die Verteilung der Kompetenzen zwischen Bund und Gliedstaaten in der Finanzgesetzgebung und -verwaltung und über
– die Verteilung des Steueraufkommens zwischen Bund und Ländern

zum Tragen (vgl. OTTO 1971: 102ff.).

1.4.1 Bundesrats- versus Senatsmodell

Zweite Kammer:
Drei Funktionen
Entstanden mit dem englischen Konstitutionalismus, soll die Zweite Kammer vor allem drei Funktionen erfüllen:

– Mit ihren verfassungsgeschichtlichen Wurzeln in den ständestaatlichen Vertretungen frühkonstitutioneller Systeme soll sie unterschiedliche Klassen, Berufsgruppen oder Schichten repräsentieren. Nach 1945 ist nur in einem Bundesland, nämlich Bayern, eine Zweite Kammer (Senat) aus Vertretern „der sozialen, wirtschaftlichen, kulturellen und gemeindlichen Körperschaften des Landes" (Art. 34 der Bayerischen Landesverfassung) gebildet worden. Der Senat hat das Recht zur Gesetzesinitiative, zur Begutachtung von Gesetzesvorlagen und das Recht, Einwendungen gegen ein vom Landtag beschlossenes Gesetz zu erheben. Er hat jedoch kein Veto-Recht.
– Zum zweiten soll sie der „Mäßigung" im Gesetzgebungsprozeß dienen. Diese Idee kommt aus dem Konservativismus, dessen Wertvorstellungen sich u.a. gegen Parlamentarisierung und gegen sozialstaatliche Ausdehnung individueller und kollektiver Rechte richteten.
– Darüberhinaus soll die Zweite Kammer der gebietskörperschaftlichen Vertretung der Gliedstaaten im Gesamtstaat dienen, eine Idee, die originär mit dem Verfassungssystem der USA verbunden ist – im US-Senat sind alle Bundesstaaten gleichberechtigt mit zwei Stimmen vertreten.

Senat vs. Bundesrat
Wie wir im vorigen Kapitel gesehen haben, hatten die politischen Parteien in den Parlamentarischen Rat ganz unterschiedliche Vorstellungen über eine Zweite Kammer eingebracht, durch die die Länder an der Politik des Gesamtstaats be-

teilgt sein sollten. Die Kontroverse im Parlamentarischen Rat konzentrierte sich schließlich auf zwei Typen, den Bundesrat, der vor allem von Vertretern der konservativen Parteien gefordert wurde, und den Senat, für den vor allem die SPD Partei ergriffen hat.

Die politischen Kontrahenten waren sich einig in ihrem Streben, eine stabile demokratische Verfassungsordnung zu schaffen, die ein zweites „Ermächtigungsgesetz", eine erneute Transformation der parlamentarischen Demokratie in eine Diktatur auf der legalistischen Basis einer Parlamentsmehrheit verhindern sollte. Insbesondere der Abgeordnete DEHLER (FDP) hat dies durch Redewendungen von der „handlungsfähigen, starken, wetterfesten Demokratie" oder von der „gesunden Demokratie" im Parlamentarischen Rat beredt zum Ausdruck gebracht.

Gemeinsame
Ausgangspunkte

Das politische „Schattendasein" des Reichsrats der Weimarer Republik vor Augen, schwebte den Verfassungsgebern eine Zweite Kammer mit einem soliden gesellschaftlichen „Resonanzboden" vor, die die öffentlichen politischen Debatten prägen und von ihr Impulse aufnehmen und politisieren sollte. Man wollte nicht wieder eine „Dunkelkammer" (so der FDP-Abgeordnete DEHLER), in der Ministerialbeamte „abgeriegelt vom Volk in irgendwelchen Versammlungsräumen gesessen (haben, Erg. d.V.), und die teilweise sehr guten Bemerkungen und Reden, die dort zu einzelnen Gesetzgebungsproblemen gehalten worden sind, (...) niemals in das Volk hinausgedrungen (sind) ,, (so der SPD-Abgeordnete KATZ, vgl. Sten.Ber. PR: 90f.).

Mit anderen Worten: Unumstritten war die Institutionalisierung einer Zweiten Kammer in Form einer „ewigen Länderkammer" bzw. eines „ewigen Senats" aus Gründen der Kontinuität und der Machtbalance; umstritten war, wer in der Zweiten Kammer seinen Platz einnehmen und mit welchen Kompetenzen die Kammer ausgestattet sein sollte.

Streitpunkt: Besetzung
und Kompetenzen der
Zweiten Kammer

Im Senatsmodell sollte dies der Senator sein, ein neuer Politikertyp, der – so der SPD-Abgeordnete KATZ –

Senatsmodell

„natürlich erst allmählich kommen kann. Es soll der politisch reife, der freie, der innerlich unabhängige Bürger diese Funktion ausüben. Es soll ein Mann sein, der durch eigene Tätigkeit die parlamentarische Übung, das öffentliche Leben kennt, eine politische Persönlichkeit, die es gewohnt ist, von höherer Warte aus Probleme des öffentlichen Lebens selbst zu entscheiden. Dieser gewählte und nicht ernannte Mann soll die Stimme seines Landes nach freiem Wissen und Gewissen abgeben. Er soll nicht an irgendwelche Instruktionen gebunden sein. Er soll nicht an die Stimme seines eigenen Landesparlaments gebunden sein, nicht an den Auftrag einer Regierung. Er wird sie alle kennen und wird diese Tendenzen bei seiner eigenen Entscheidung berücksichtigen, aber er soll sie frei fällen können" (Sten.Ber. PR: 91).

Gewählt werden sollten die Senatoren nach den Vorstellungen der SPD durch die Landtage (Sten.Ber. PR: 90). Gegen dieses „reine Senatsprinzip" stand der Einwand der Reproduktion der politischen Machtverhältnisse der Landtage in der Zweiten Kammer. Genau dies lehnten die Gegner des Senats-Modells ab:

„Ein reiner Senat, der durch die Landesparlamente gewählt ist, ist notgedrungen eine Wiederholung der politischen Struktur der Landtage, ist der gleiche politische Querschnitt, führt am Ende zu einer politischen Gleichschaltung der beiden Kammern" (FDP-Abgeordneter DEHLER, Sten.Ber.PR: 89).

Insbesondere die Interpretation des Bundesrats als Länderorgan (vgl. hier auch NEUNREITHER 1959: 129ff.) wurde in den 50er Jahren vom Bundesrat selbst for-ciert vorgebracht (SCHÄFER 1955: 28f.), sodaß er sich als Hüter der Länderinteressen zu profilieren vermochte. Schon bald aber wurde diese Auffassung zugunsten einer Interpretation aufgegeben, die dem intrastaatlichen, auf allseitige Beteiligung und Kooperation angelegten Charakter des deutschen Bundesstaates besser entsprach. Nicht „gegen" das Ganze, den Bund, richtete sich der Bundesrat, sondern seine Funktion wurde eine der Integration, eines Beitrags zum Ganzen (vgl. SCHÄFER 1978: 176f.).

Bundesrats-Lösung
Waren mit dem Politikertyp des Senators Assoziationen wie persönliche Autonomie, Lebenserfahrung, Zivilcourage und Unbestechlichkeit verbunden, betonten die Vertreter der Bundesrats-Lösung Werte wie Kontinuität, Stabilität und Sachverstand als notwendige Elemente von Politik – und die sahen sie am ehesten bei Mitgliedern der Länderregierungen und bei hohen Beamten der Ministerialbürokratie verkörpert. Die Rede ist vom „gereiften und zielklaren Wollen der Vertreter der Länderregierungen" (FDP-Abgeordneter DEHLER, Sten.Ber. PR: 89).

Unterschiede zwischen Senats- und Bundesratsmodell:
Die Unterschiede zwischen Bundesrat und Senat haben die Befürworter des Senatsmodells im Bericht des Herrenchiemseer Verfassungskonvents auf die Formel gebracht:

Der Bundesrat ist „eine Repräsentation der Teile gegen das Ganze, (...) während der Senat eine Repräsentation des Ganzen vom Teile her, also eine Vertretung des Volkes auf der Stufe des Landes, des Elements ‚Land' und nicht der einzelnen Länder als Gegenspieler des Ganzen darstellt" (abgedruckt in: Der Parlamentarische Rat, Bd.2: 543).

Verfassungsrechtliche Traditionen
Bundesrat und Senat verkörpern unterschiedliche verfassungsrechtliche Traditionen. Der Bundesrat als Vertretungsorgan der Länderregierungen steht in der Tradition des Bundesrats des Norddeutschen Bundes bzw. des Deutschen Reiches (1867-1918), der seinerseits an den Bundestag des Deutschen Bundes (1815-1866) angeknüpft hat. Als verfassungsrechtlich oberstes Reichsorgan, de facto aber als „schwächlicher Gesandtenkongreß" (KIELMANSEGG 1989: 47), der den deutschen Staaten bzw. Fürsten einen Anschein von Autorität über die Entscheidungen des Reiches verlieh, wurde er hauptsächlich von BISMARCK – in seiner Funktion als Reichskanzler und damit als Vorsitzender des Bundesrats – als Instrument der preußischen Hegemonität benutzt. KIELMANSEGG betont, daß „die Institution des Bundesrats ihre Wurzeln in einer monarchischen, nicht in einer demokratischen Verfassung habe" (KIELMANSEGG 1989: 57), und schreibt:

„Der Bundesrat stand also nicht einfach für das föderale Prinzip, vielmehr war in der föderalen Komponente der Reichsverfassung dem demokratischen Prinzip das monarchische entgegengestellt – dies ist die Konfiguration, die dem Bundesrat seine wirkliche Bedeutung gab. (...) Im Bundesrat war gegen die gesetzgeberischen, vor allem aber auch gegen mögliche auf Verfassungsänderungen zielende Aspirationen des nach demokratischem Wahlrecht gewählten Reichstages Vetomacht des ancien regime institutionalisiert" (KIELMANSEGG 1989: 49).

Für das Senatsmodell stand der amerikanische Senat „Pate", dessen Mitglieder für eine bestimmte Zeit gewählt und der Regierung ihrer Staaten in keiner Weise verantwortlich sind. Aber auch in der deutschen Verfassungsgeschichte hat es seine Vorbilder. Die Frankfurter Nationalversammlung von 1848 hatte eine Art Senat vorgeschlagen, der „Staatenhaus" genannt wurde und sich zur Hälfte aus Vertretern zusammensetzen sollte, die die gesetzgebenden Körperschaften der Staaten wählten, während die andere Hälfte von den Staatsregierungen ernannt werden sollte. Im „Staatenhaus" der Paulskirchen-Verfassung erkennt man übrigens unschwer Parallelen zu den Vorstellungen über die Zusammensetzung des

Reichsrats, wie sie die FDP in ihren Verfassungspolitischen Richtlinien vom August 1947 entwickelt hat.

Wie MERKL (1965) in seiner Studie betont, beruhen Bundesrat und Senat auf zwei grundsätzlich verschiedenen Auffassungen über die Art und Weise, wie ein föderalistisches System aufzubauen ist und wie es funktionieren soll. Während der amerikanische Föderalismus auf im wesentlichen vollständigen und voneinander unabhängigen Regierungssystemen mit jeweils eigener Legislative, Exekutive, Rechtsprechungs- und Steuergewalt beruht, sieht Merkl in der deutschen Tradition eher eine dezentralisierte Form des Föderalismus:

„Dem Deutschen (...) Föderalismus (...) war immer eine Trennung der Regierungsfunktion eigen, die das Schwergewicht der Gesetzgebung bei der Bundesgewalt konzentriert, während die Länder (...) den größten Teil der Verwaltungslast zu tragen hatten. Wegen dieser gegenseitigen Abhängigkeit – bei der die Einzelstaaten die meisten Bundesgesetze durchführen – erfordert eine solche ‚dezentralisierte Verwaltung' eine Instanz, durch die sie ihre eigenen Verwaltungserfahrungen an die gesetzgebende Körperschaft des Bundes weitergeben kann. Der Bundesrat ist ein für diesen Zweck sehr geeignetes Instrument" (MERKL 1965: 79f.).

Bundesrat und Senat standen zunächst für unterschiedliche Optionen der Beteiligung der Länder als Gliedstaaten an der Gesetzgebung des Bundes. Befaßt man sich näher mit den Debatten im Parlamentarischen Rat, zeigt sich, daß diese eher verfassungsrechtliche Problematik überlagert war von der politischen Kontroverse, wie die gesamtstaatliche Macht in der künftigen Demokratie auf die unterschiedlichen Träger staatlicher und politischer Macht verteilt und wie diese Träger demokratisch legitimiert sein sollten. Sollte der Bundestag als Gesamtparlament mit seinen Fraktionen ausschließlich bzw. letztendlich den Volkswillen repräsentieren und sollten damit die politischen Parteien zu den originären Trägern staatlicher Macht werden? Oder sollte den Parlamentsfraktionen mit den hinter ihnen stehenden Parteiorganisationen ein Machtkorrektiv entgegengestellt werden, das nur bedingt parteipolitischem Machtkalkül unterworfen war?

Hinter dem Schlagabtausch des Pro und Kontra im Parlamentarischen Rat standen aber auch unterschiedliche Haltungen zum Parlamentarismus. Während die SPD im Bundesparlament die Volkssouveränität repräsentiert sah und deswegen der Zweiten Kammer auch nur ein suspensives Vetorecht zugestehen wollte, hatten CDU, FDP und insbesondere die DP ein weitaus distanzierteres und skeptischeres Verhältnis zum Parlament. Dies kam in Hinweisen vom „nicht für glücklich gehaltenen übermächtigen Parlamentarismus" zum Ausdruck oder in der Betonung der Notwendigkeit, eine Bremse einzuschalten „gegen eine Krankheit unserer Zeit, gegen die Hypertrophie der Gesetzgebung, gegen diesen Wahnglauben, daß man das Leben normieren könne, daß man durch die Normierung irgendwelche Wunder schaffe" (FDP-Abgeordneter DEHLER, Sten.Ber. PR: 89). Insbesondere der DP-Abgeordnete SEEBOHM stellte dem Abgeordneten schlechthin ein negatives Zeugnis aus und sah ihn ausschließlich am Gängelband der „Parteibürokratie" hängen:

„Wir werden notwendigerweise hier Fraktionsbildungen mit dem ausschließlichen Einfluß der Parteivorstände und der Parteibürokratie erleben. Wir erhalten mithin ein zweites Parlament und so eine Hypertrophie des parlamentarischen Systems, gleichgültig, ob man dieser Länderkammer ein Vetorecht oder volle gesetzgebende Kompetenz gibt. (...) Bei der Legislative haben wir in der Volkskammer immer einen sehr starken Einfluß der Parteibürokratie. Wir möchten deshalb unter allen Umständen in dem anderen Organ nicht auch den überwiegenden Einfluß dieser Parteibürokratie finden. Wenn schon eine Bürokratie in diesem Gremium einen

Einfluß haben soll, soll es die ausgewogene und erfahrene Bürokratie der obersten Verwaltung der Länder sein" (Sten.Ber. PR: 93).

– Demokratie-
theoretische
Unterschiede

In seiner Studie „Demokratie in Westdeutschland" stellt NICLAUSS diese kontroverse Haltung zum Parlamentarismus in den größeren Zusammenhang unterschiedlicher Demokratievorstellungen:

– das von sozialdemokratischen Repräsentanten favorisierte Modell der sozialen Mehrheitsdemokratie mit dem verfassungspolitischen Ziel, dem unmittelbar gewählten Parlament und seiner Mehrheit einen möglichst breiten Spielraum im Verfassungssystem zu sichern, und
– das von Vertretern des Neoliberalismus und der katholischen Soziallehre favorisierte Modell der konstitutionellen Demokratie mit dem verfassungspolitischen Ziel der Machtbegrenzung bzw. der Aufteilung und Ausbalancierung der politischen Machtausübung.

Entscheidung zugunsten
des Bundesrat-Modells

Waren die Beratungen im Parlamentarischen Rat noch von dem Pathos getragen, „aus beiden Gedankengängen das Wesentliche und Wertvolle" herauszukristallisieren (so der CDU-Abgeordnete LEHR, Sten.Ber. PR: 86), haben sich schließlich die Anhänger einer Bundesratslösung durchgesetzt und damit – wiederum, wie schon im Deutschen Reich von 1871 – „jene eigentümliche Institution einer zweiten Kammer (geschaffen, Erg.d.V.), in der Beauftragte der Regierungen der Gliedstaaten im Schatten von Parlament und Regierung, mit administrativem Sachverstand an der Gesetzgebung und Verwaltung des Reiches mitwirken" (KIELMANSEGG 1989: 50).

Zu dem „überraschenden Wechsel der sozialdemokratischen Fraktion vom Senats- zum Bundesratsprinzip" (NICLAUSS 1974a: 69) kam es schließlich, um die Gleichberechtigung der Zweiten Kammer zu verhindern. Diese zeichnete sich bei einem „Halbsenat" ab, der aus Senatoren und Regierungsvertretern bestehen sollte, und auf den eine Einigung zwischen CDU und FDP zielte (vgl. dazu NICLAUSS 1974b: 143ff. und MORSEY 1974: 64ff.).

1.4.2 Kompetenzverteilung in der Finanzgesetzgebung und -verwaltung

Finanzverfassung – Die
zweite große Streitfrage

Auch auf dem Gebiet der Finanzverfassung hatte der Parlamentarische Rat eine schwierige Aufgabe zu bewältigen. Er mußte die weit auseinandergehenden Positionen seiner Mitglieder, ihrer Parteien und der Länder in einem Kompromiß zusammenführen sowie sich auch den Vorstellungen der Besatzungsmächte anpassen. Die Verteilung der Kompetenzen in der Finanzgesetzgebung und -verwaltung sowie die Verteilung des Steueraufkommens zwischen Bund und Ländern hat „zu der vielleicht schwersten Auseinandersetzung unter den Parteien wie auch zwischen Parlamentarischem Rat und den Alliierten" (MERKL 1965: 90) geführt.

Zielkonflikte

Mit der Finanzverfassung des Bundes war eine Materie auf die Tagesordnung des Parlamentarischen Rats gesetzt, mit deren Regelung die entscheidenden Weichenstellungen der künftigen Entwicklung des deutschen Föderalismus gestellt waren, da die Verteilung der Finanzgewalten entscheidend für den Grad der Dezentralisierung des künftigen Regierungssystems war. Bei der Regelung der Finanzverfassung im Bundesstaat ging es um folgende Zielkonflikte:

96

- die Forderungen einer modernen Wirtschaft nach Einheitlichkeit im Bereich von Recht und Ökonomie;
- die Forderungen des Wohlfahrtsstaates, der die Erfüllung des Grundsatzes der „Einheitlichkeit der Lebensverhältnisse für alle" einforderte;
- die Forderung nach Finanzhoheit der Länder.

Rückblickend, auch im Zusammenhang mit der aktuellen Diskussion um den „verkappten Einheitsstaat" (ABROMEIT 1992), erstaunt, wie ausgeprägt im Parlamentarischen Rat die Position vertreten war, beim Thema „Finanzverfassung" Unitarisierungstendenzen Vorschub zu leisten – eine Position, die schließlich 1949 aufgrund unmißverständlicher Interventionen der Westalliierten revidiert bzw. stark modifiziert werden mußte (vgl. RENZSCH 1991: 54ff.). Dominanz der Unitarisierungsbestrebungen

Zu den Befürwortern einer einheitlichen Finanzverwaltung gehörten die SPD, die FDP/DVP, das Zentrum, Teile der CDU der britischen Besatzungszone sowie die KPD. Wie MERKL (1965: 87) betont, ist die Forderung, die Hauptsteuern durch den Bund zu regeln, zudem in ausgedehnten Expertenbefragungen vor dem Finanzausschuß des Parlamentarischen Rats einhellig bekräftigt worden. Vertreter v.a. der süddeutschen CDU/CSU und der DP plädierten hingegen für eine Länder-Finanzverwaltung.

Es waren vorwiegend zwei Argumentationsstränge, auf die sich die Befürworter einer bundeseinheitlichen Finanzverwaltung stützten:

1. Die historische Erfahrung, daß erst durch die Reform des damaligen Finanzministers Matthias Erzberger im Jahre 1919 das Problem des Steueraufkommens zwischen beiden Regierungsebenen einigermaßen sinnvoll geregelt war. Bis dahin bzw. seit der Entstehung des deutschen Nationalstaats 1871 waren die Steuerquellen starr getrennt in einige wenige Bereiche der Reichsbesteuerung und solche der Länderbesteuerung mit der Folge, daß das Reich auf die Matrikularbeiträge der Mitgliedstaaten angewiesen war – ein System, „das das Reich zu einem Bettler vor den Türen der Staaten machte" (MERKL 1965: 88). Mit der Erzbergerschen Finanzreform wurden die Hauptsteuern zwischen den beiden Regierungsebenen aufgeteilt, ein Ausgleichsverfahren zwischen den Ländern eingeführt und der Zentralgewalt die Wiederverteilung der Ländereinkünfte übertragen. Angesichts der chaotischen Finanz- und Wirtschaftsbedingungen der Weimarer Republik hatte die Finanzreform jedoch nicht die erwünschte Wirkung. Infolge von Inflation und Weltwirtschaftskrise sind – aus ganz unterschiedlichen Gründen – den Ländern in der Weimarer Verfassung immer neue Einbußen zugemutet worden. Historische Begründung

2. Die Erfordernisse einer modernen Wirtschaft, die ein interfraktioneller Ausschuß des Parlamentarischen Rats folgendermaßen auf den Punkt gebracht hat: Ökonomische Begründung

„1. Bei allen indirekten Steuern ist in einem einheitlichen Wirtschaftsgebiet eine einheitliche Gesetzgebung notwendig, weil diese Steuern Produktionskosten der Wirtschaft sind und eine verschiedene Regelung die einheitlichen Wettbewerbsbedingungen der Wirtschaft untergraben würde.

2. Überließe man diese indirekten Steuern der Gesetzgebung der Länder, so würde ihnen auch die Verwaltung zufallen und die Steuern würden den Ländern nach dem örtlichen Aufkommen zufließen, so wie sie in den Produktionsstätten und in den großen Wirtschafts- und Handelszentren anfallen, obwohl doch diese Steuern auf den letzten Verbraucher abgewälzt und von allen Verbrauchern, wo auch immer sie wohnen, getragen werden.

3. Auch bei den Steuern von Vermögen, Erbschaften und Schenkungen ist eine einheitliche Gesetzgebung notwendig, weil eine verschiedene Gesetzgebung kostspielige Standortsveränderungen der wirtschaftlichen Unternehmungen auslösen würde und weil eine Landesgesetzgebung nur die in den einzelnen Ländern gelegenen Vermögensobjekte ergreifen könnte und daher eine technisch undurchführbare Zerlegung der Vermögensobjekte erforderlich machen würde" (zit. nach MERKL 1965: 88).

CDU/CSU, SPD und FDP/DVP fanden schließlich zum „großen Kompromiß", d.h. zur Einigung auf die Bundesfinanzverwaltung – allerdings um den Preis eines künftig starken Bundesrats (vgl. RENZSCH 1991: 66ff.).

Intervention der
West-Alliierten

Daß dieser „große Kompromiß" nicht zum Tragen kam, erklärt sich nur im Zusammenhang mit den Interventionen der West-Alliierten. Schon im November 1948 hatten sie Einspruch gegen eine Bundesfinanzverwaltung erhoben. Im Alliierten Memorandum vom 2. März 1949 schließlich haben sie ultimativ die Dezentralisierung der Finanzhoheit verlangt und Bier-, Kraftfahrzeug-, Glücksspiel-, Vermögens-, Erbschafts- und Grundsteuern aus der Kompetenz des Bundes genommen. In dramatischen Verhandlungen und Kontakten innerhalb des Parlamentarischen Rats wie zwischen Parlamentarischem Rat und Alliierten kam es schließlich am 8. April 1949 zum „Washingtoner Plazet" der Außenminister der USA, Großbritanniens und Frankreichs, in dem der Parlamentarische Rat über die Militärgouverneure „‚die wohlwollende Würdigung‘ einer jeden Finanzregelung zusicherte, die den Ländern und dem Bund ‚finanzielle Unabhängigkeit und angemessene Finanzkraft‘ garantiert" (MUßGNUG 1987: 247, Rz. 82). Unter dem Druck von Besatzungsbehörden, CDU/CSU und DP gaben die CDU der britischen Zone, die FDP/DVP und schließlich auch die SPD nach und die geteilte Finanzverfassung fand ihren Eingang in das Grundgesetz. Man erhoffte sich, mit der Trennung zwischen steuerrechtlicher Gesetzgebungskompetenz und Steuer-Ertragshoheit sowohl den Bund als auch den Ländern eine ausreichende Finanzausstattung zu sichern.

Eine Nachbemerkung soll unsere Beschäftigung mit der Genese des deutschen Föderalismus nach 1945 beenden: Nach der Festlegung des Besatzungsstatuts erfolgte am 8. Mai 1949 im Parlamentarischen Rat die Schlußabstimmung über das Grundgesetz. 53 Abgeordnete votierten dafür, zwölf dagegen, darunter sechs CSU-Vertreter, weil ihnen das Grundgesetz zu wenig föderalistisch war. Als einziges Bundesland hat denn auch Bayern am 20. Mai 1949 nach einer siebzehnstündigen Debatte im Bayerischen Landtag das Grundgesetz mit 101 gegen 63 Stimmen abgelehnt, jedoch seine Rechtsverbindlichkeit anerkannt.

2. Die Ausgestaltung des Bundesstaats im Grundgesetz

„Provisorischer"
Charakter der
Verfassungsnormen zum
Föderalismus

Was ist nun eigentlich herausgekommen beim Akt der Verfassungsgebung? Nun, ohne auf Details einzugehen, kann man zunächst sagen, daß gerade die grundgesetzlichen Normen, die den Föderalismus betreffen, zu einem gewissen Grad „provisorischen" Charakter hatten. Die meisten Verfassungsänderungen nach 1949 betrafen das föderale System der Bundesrepublik – ein trefflicher Hinweis darauf, wie die Entwicklungsdynamik des föderalistischen Systems die

Verfassung unter einen Anpassungs- und Modernisierungsdruck setzt. Manche Fachleute meinen, daß vom „ursprünglichen" Konzept des Bundesstaates im Grundgesetz nicht mehr viel übriggeblieben sei: Unitarisierung, Kompetenzakkumulation beim Bund, Kooperation der föderalen Ebenen hätten die ursprünglich saubere Trennung der Kompetenzsphären verwischt und den föderativen Impetus des Grundgesetzes zuungunsten der Bundesländer ausgehöhlt (z.B. OSSENBÜHL 1989b: 1232; KLATT 1982: 4; GRIMM 1978: 402).

An dieser These mag vieles richtig sein, nur darf nicht übersehen werden, daß ein Großteil dieser Entwicklungen bereits im „ursprünglichen" Grundgesetz angelegt war: Die bundesstaatliche Tradition in Deutschland ist seit jeher eine unitarische und das Werk des Parlamentarischen Rates ist durch diese Tradition nachhaltig beeinflußt worden. Sie schlägt sich nieder in

Unitarismus als bundesstaatliche Tradition in Deutschland

- einer (von Anfang an) umfangreichen Zuständigkeit des Bundes zur Gesetzgebung;
- der Übertragung der Ausführung der Bundesgesetze und der übrigen Staatsverwaltung auf die Länder;
- der Mitwirkung der Länder bei der Bildung des Bundeswillens – und zwar getreu der etatistisch-gouvernementalistischen Tradition durch eine Vertretung der Landesregierungen beim Bund: dem Bundesrat, einer im bundesstaatlichen Vergleich durchaus einmaligen, spezifisch deutschen Institution.

Wir haben in Teil 1 erfahren, daß Föderalismus sich stets einem bestimmten „constitutional choice" in einer historischen Situation verdankt. Einige der historischen Hintergründe dieses „constitutional choice" haben wir bereits kennengelernt. Schauen wir uns nun überblicksartig seine wesentlichen Elemente an, die trotz mehr als 40jähriger Entwicklungsprozesse im wesentlichen gleich geblieben sind.

Wer nun im Grundgesetz ein bestimmtes Föderalismuskonzept oder eine Föderalismustheorie oder auch nur einen eigenen Abschnitt über den Föderalismus sucht, wird enttäuscht werden. Vielmehr trifft die Beschreibung THIEMES zu:

Ausführungen des GG zum Föderalismus

„Die föderalistische Problematik zieht sich durch alle Abschnitte des Grundgesetzes mit Ausnahme des Grundrechtteils hindurch, das föderalistische Ideengut durchtränkt die politische Ordnung des Grundgesetzes" (THIEME 1989: 500).

Dies läßt sich durch eine Auflistung der GG-Artikel untermauern, die eine Verbindung zu Föderalismus und Bundesstaat haben – sie sind quer durch das Grundgesetz verteilt: Art. 23 n.F., 28-31, 32 III, 33 I, 50-53, 54 III, 70-80, 81, 83-85, 91, 91 a+b, 99, 104 a-109, 115 a-115 l, 118, 123 II, 125, 126, 129, 130, 134, 135, 138, 141, 142, 144. Im Lichte all dieser Normen ist die auf den ersten Blick lapidare Feststellung vom „demokratischen und sozialen Bundesstaat" in Art. 20 I GG zu sehen.

Erinnern wir uns: Ein Bundesstaat ist ein aus Staaten zusammengesetzter Staat bzw.

Definition: Bundesstaat

„eine Zusammenfassung mehrerer staatlicher Organisationen und Rechtsordnungen, derjenigen der Gliedstaaten und derjenigen des Gesamtstaates; (...) Durch das Nebeneinander mehrerer staatlicher Organisationen und Rechtsordnungen unterscheidet sich der Bundesstaat vom Einheitsstaat, in dem nur eine einheitliche staatliche Organisation und Rechtsordnung besteht; durch die Existenz eines Gesamtstaates mit eigener Legislative hebt er sich gegenüber dem

Staatenbund ab, der seine Glieder miteinander verknüpft, ohne sie zur staatlichen Einheit zu verbinden und ohne über eigene Gesetzgebungsbefugnisse zu verfügen" (HESSE 1987: 317).

Bundesstaatliche Normierungen im GG

Wenden wir die „Checkliste", mit der wir in Teil 1 einen Bundesstaat charakterisiert haben, auf das Grundgesetz an, stellen wir fest, daß die bundesstaatlichen Normierungen des Grundgesetzes hier passen. Das bundesstaatliche Prinzip ist im Grundgesetz durch folgende Verfassungsnormen, Grundsätze und Institute ausgeformt (vgl. STERN 1980: 667):

– die jeweilige Staatlichkeit von Bund und Ländern,
– die Kompetenzverteilung zwischen Bund und Ländern,
– der Grundsatz des bundesfreundlichen Verhaltens (der Bundestreue),
– das Homogenitätsprinzip,
– die Einwirkungsmöglichkeit des Bundes auf die Länder,
– den Vorrang des Bundesrechts vor Landesrecht,
– die Mitwirkung der Länder bei der Bundeswillensbildung.

Da wir uns in Teil 2 vorrangig mit den verfassungsrechtlichen Strukturen und den institutionellen Funktionsweisen des Föderalismus der Bundesrepublik Deutschland beschäftigen wollen, werden wir uns in den folgenden Kapiteln mit der Kompetenzverteilung zwischen Bund und Ländern, den Finanzbeziehungen, der Mitwirkung der Länder bei der Willensbildung im Bund und mit den vielfältigen Institutionen der Kooperation und Koordination im Bundesstaat beschäftigen.

2.1   Kompetenzverteilung zwischen Bund und Ländern

Modell des Interdependenzsystems

Wie in jedem Bundesstaat ist die Kompetenzverteilung, d.h. die Frage, welche Aufgabe auf welcher Ebene wahrgenommen werden kann, auch in der Bundesrepublik von essentieller Bedeutung. Auch hier erfolgt die Kompetenzverteilung über die Bundesverfassung, wobei die Bundesrepublik dem Kompetenzverteilungsmodell des Interdependenzsystems zuzuordnen ist (vgl. Teil 1, Kapitel 6). Damit werden verschiedene Konstellationen im Bund-Länder-Verhältnis normiert, die entweder von einer Überordnung oder einer Gleichstellung ausgehen, so daß der Bund einmal als „Herrschaftsinstanz", einmal als „föderativer Partner" der Länder erscheint (vgl. ISENSEE 1990a: Rz. 83ff.)

Kompetenzvermutung zugunsten der Bundesländer

Die für einen Bundesstaat grundlegende Verteilung der Kompetenzen auf Bund und Länder hat das Grundgesetz in Art. 30 geregelt: „Die Ausübung der staatlichen Befugnisse und die Erfüllung der staatlichen Aufgaben ist Sache der Länder, soweit dieses Grundgesetz keine andere Regelung trifft oder zuläßt". Inwieweit hieraus allerdings eine Vermutung für die Länderzuständigkeit abzuleiten ist, bleibt unklar (vgl. BOTHE AK, Art.30, Rz.10/11). Mit Sicherheit handelt es sich bei Art. 30 GG nicht um eine Kompetenznorm (LERCHE 1964: 77f.), sondern um eine Auslegungshilfe bei Zweifeln über die Interpretation der eigentlichen Kompetenznormen aus Art. 70ff. bzw. Art. 83ff. GG. Im übrigen konzediert die Formel „oder zuläßt" dem Bund bestimmte Kompetenzen kraft Sachzusammenhangs bzw. aus der Natur der Sache, die sich aus der Auslegung der Verfassung ergeben (vgl. BULLINGER 1971; BLECKMANN 1990; HARMS 1994).

100

Als Kennzeichen der Staatsqualität der Bundesländer haben zu gelten

Staatsqualität der Bundesländer

- ein unentziehbares „Hausgut" an eigenen Kompetenzen im legislativen, exekutiven und judikativen Bereich,
- die Verfassungsautonomie, d.h. „die freie Bestimmung (der Länder) über (ihre) Organisation einschließlich der in den Landesverfassungen enthaltenen organisatorischen Grundentscheidungen"; BVerfGE 34,9 (20); 36,342 (361); 60,275 (207); 64,301 (317);
- die Finanzautonomie, d.h. besonders die verfassungsrechtliche Garantie einer angemessenen Beteiligung am Gesamtsteueraufkommen.

Demnach darf der Bund nur tätig werden, wenn ihm das Grundgesetz eine entsprechende Kompetenz ausdrücklich oder implizit zuweist. Art. 30 GG ist damit Ausdruck des Prinzips der begrenzten Ermächtigung, d.h. Bund und Länder verfügen nur über die ihnen zugewiesenen Kompetenzen.

Prinzip der begrenzten Ermächtigung

Die Aufgabenverteilung zwischen Bund und Ländern findet im Grundgesetz nicht so sehr nach Sachgebieten, sondern nach Staatsfunktionen – Gesetzgebung, Verwaltung, Rechtsprechung – statt, wobei die Gesetzgebung im Schwergewicht eindeutig beim Bund liegt. Im Rahmen der unterschiedlichen Zuständigkeiten und Kompetenzen von Bund und Ländern für Gesetzgebung, Verwaltung und Rechtsprechung trifft das Grundgesetz folgende normative Festlegungen:

Funktionale Aufgabenverteilung zwischen Bund und Ländern

Entsprechend der Grundsatzregelung des Art. 30 GG haben die Länder auf dem Gebiet der Gesetzgebung das Recht, legislativ tätig zu werden, soweit das Grundgesetz nicht dem Bund Gesetzgebungsbefugnisse verleiht (Art. 70 Abs. 1 GG). Solche Befugnisse stehen dem Bund nach dem Grundgesetz zum Teil ausschließlich, zum Teil „konkurrierend" oder in Form der Rahmen- bzw. Grundsatzgesetzgebung zu.

Für die Gesetzgebung sind sowohl Bund als auch Länder zuständig

Nach Art. 73 GG zählen zum ausschließlichen Gesetzgebungsbereich des Bundes z.B. das Staatsangehörigkeitsrecht im Bunde, auswärtige Angelegenheiten, das Währungs- und Geldwesen, die Bundeseisenbahnen und der Luftverkehr, das Post- und Fernmeldewesen. Daneben sind dem Bund auch an anderen Stellen des Grundgesetzes ausschließliche Gesetzgebungsbefugnisse zugeschrieben worden.

Ausschließliche Gesetzgebung des Bundes

In den meisten Fällen, angefangen beim Bürgerlichen Recht über das Straf- und Prozeßrecht bis hin zum Arbeits- und Wirtschaftsrecht, ist die Zuständigkeit des Bundes jedoch „konkurrierend" (vgl. Art. 74f. GG). Die Länder haben hier eine Gesetzgebungsbefugnis, „solange und soweit der Bund von seinem Gesetzgebungsrecht keinen Gebrauch macht" (Art. 72 Abs. 1 GG a.F.). Ihre Kompetenz erlischt dagegen, und bestehendes Landesrecht tritt gemäß Art. 31 GG außer Kraft, wenn und soweit der Bund tätig wird („Bundesrecht bricht Landesrecht"). Dies konnte der Bund, wenn nach der bis zum 15. November 1994 gültigen Fassung des Art. 72 Abs. 2 GG „ein Bedürfnis nach bundesgesetzlicher Regelung besteht, weil

Konkurrierende Gesetzgebung

- eine Angelegenheit durch die Gesetzgebung einzelner Länder nicht wirksam geregelt werden kann oder
- die Regelung einer Angelegenheit durch ein Landesgesetz die Interessen anderer Länder oder der Gesamtheit beeinträchtigen könnte oder
- die Wahrung der Rechts- oder Wirtschaftseinheit, insbesondere die Wahrung der Einheitlichkeit der Lebensverhältnisse über das Gebiet eines Landes hinaus sie erfordert".

Unterlaufen der Bedürfnisklausel durch das Postulat „Einheitlichkeit der Lebensverhältnisse"

Die als Schutz für den Landesgesetzgeber gedachte Bedürfnisklausel erwies sich in der politischen Praxis als wirkungslos. Denn die Bundespolitiker konnten stets argumentieren, daß die „Einheitlichkeit der Lebensverhältnisse" eine bundesgesetzliche Regelung erfordere. Unterstützt wurden sie dabei vom Bundesverfassungsgericht, das in ständiger Rechtsprechung entschieden hat, daß die Bedürfnisfrage im pflichtgemäßen Ermessen des Bundesgesetzgebers liege und grundsätzlich nicht Gegenstand richterlicher Beurteilung sei. Auf diese Weise ist die konkurrierende Gesetzgebung ganz überwiegend Bundessache geworden. Die Länder wurden so gut wie völlig davon ausgeschaltet (näher hierzu Teil 3).

Länderkompetenzen im Bereich der Gesetzgebung

Im Bereich der Gesetzgebung sind den Ländern nur noch in begrenztem Maße ausschließliche Kompetenzen verblieben. Am wichtigsten ist hier die sog. Kulturhoheit der Länder, die das Schul- und Hochschulwesen, die Förderung von Kunst und Wissenschaft sowie die gesetzliche Regelung für Presse, Funk und Fernsehen umfaßt. In ausschließlicher Landeszuständigkeit sind weiterhin das Polizeirecht, das Baurecht, das Wasserrecht sowie die Gemeinde- und Kreisordnungen (BULLINGER 1970).

Verwaltungsübergewicht der Länder

Für die Verwaltung sind grundsätzlich die Länder zuständig (Art. 83 GG). Diese Regelung kann als der Kern des Institutionengefüges und als wichtigste Erscheinung deutscher Länder-Staatlichkeit bezeichnet werden. Die Verwaltung der Länder ist noch vielgestaltiger und komplizierter als die Bundesverwaltung und besteht wie diese aus der Regierungs-, Vollzugs- und Spezialverwaltung.

Begrenzte Zahl bundeseigener Behörden

Die Wahrnehmung von Verwaltungsaufgaben durch bundeseigene Behörden wird in Art. 87 Abs. 1 GG auf wenige Bereiche – wie z.B. den Auswärtigen Dienst, die Bundesfinanzverwaltung, die Bundeseisenbahnen, die Bundespost u.a. – beschränkt. Allerdings hat der Bund darüber hinaus auch die Befugnis, in Angelegenheiten, für die ihm die Gesetzgebung zusteht, selbständige Bundesoberbehörden und neue bundesunmittelbare Körperschaften und Anstalten des öffentlichen Rechtes, unter Umständen sogar mit einem eigenen Verwaltungsunterbau zu errichten (vgl. Art. 87 Abs. 3 GG). Von Anfang an sah das Grundgesetz eine solche bundeseigene Verwaltung durch bundesunmittelbare Körperschaften des öffentlichen Rechtes im Bereich der Sozialversicherung vor (vgl. Art. 87 Abs. 2 GG) (DITTMANN 1983).

Einflußmöglichkeiten des Bundes auf die Länderverwaltungen

Um eine einheitliche Ausführung seiner Gesetze zu sichern, räumt das Grundgesetz dem Bund u.a. die Möglichkeit ein, allgemeine Verwaltungsvorschriften unter Zustimmung des Bundesrates zu erlassen (Art. 84 Abs. 2 GG). Darüber hinaus wird dem Bund jedoch grundsätzlich nur eine Rechtsaufsicht über die Ausführung seiner Gesetze durch die Länder zugestanden (vgl. Art. 84 Abs. 3ff. GG). Im Fall der Bundesauftragsverwaltung hingegen erstreckt sich seine Aufsicht auch auf die Zweckmäßigkeit der Ausführung (sog. Fachaufsicht). In diesem Fall ist es dem Bund sogar erlaubt, den (obersten) Landesbehörden Weisungen zu erteilen (vgl. Art. 85 Abs. 2ff. GG). Üblicherweise wird dem faktischen Gesetzgebungsmonopol des Bundes die Dominanz der Länder in der Verwaltung gegenübergestellt. Aber es existieren eben auch hier Möglichkeiten für den Bund, auf den Vollzug seiner Gesetze in den Bundesländern einzuwirken (vgl. umfassend BLÜMEL 1990), so daß sich de facto in vielen Bereichen eine „Kontaktsphäre" von Bund und Ländern ergibt (KÖTTGEN 1955: 487), somit aber „Verwaltungsbereiche von Bund und Ländern nicht starr voneinander geschieden sind" (BVerfGE 63, 1 (39)). Nicht zu vergessen ist die Beteiligung des Bundes bei der Erfüllung von Staatsaufgaben der Länder bei den Gemeinschaftsaufgaben sowie die Einflußnahme über Investitionshilfen (zur unitarischen Überlagerung des Verwaltungsreservats der Länder vgl. Teil 3, Kap. 2).

In der Rechtsprechung überwiegen quantitativ die Gerichte der Länder. In Rechtsprechung den großen Zweigen der Gerichtsbarkeit, wie z.B. der ordentlichen Gerichtsbarkeit oder der Verwaltungsgerichtsbarkeit, wurden Gerichte des Bundes allerdings als „obere Bundesgerichte", d.h. als Revisionsinstanzen zur Wahrung einer bundeseinheitlichen Rechtsprechung, eingerichtet (vgl. Art. 95 GG).

Einen zusammenfassenden Überblick über die Kompetenzverteilung zwischen Bund und Ländern gibt das folgende Schaubild:

Schaubild 2: Kompetenzverteilung nach dem Grundgesetz

	Bund		Länder
Gesetzgebung	–	fast alle Gesetzgebungs-kompetenzen (ausschließ-liche, konkurrierende, rahmensetzende)	– wenig eigene Gesetzge-bungskompetenzen (Polizei, Kultur, Kommunales etc.),
			– Zustimmungs- und Einspruchsrechte
Verwaltung	–	kaum eigene Verwaltungs-kompetenz	– fast alle Verwaltungs-kompetenz
	–	meistens nur Rechtsaufsicht bei der Durchführung	– Durchführung fast aller Gesetze
Rechtsprechung	–	oberste Bundesgerichte	– quantitatives Übergewicht der Landesgerichte

nach: Böhret/Jann/Kronawetter 1988: 81

Eine Sonderregelung trifft das Grundgesetz für die Auswärtige Politik. Die Bereiche der Außenpolitik und der Verteidigung sind den Ländern entzogen und beim Bund konzentriert (Art. 32 Abs. 1 GG). Weiterhin darf der Bund nach Art. 24 Abs. 1 GG durch Gesetz ganz allgemein Hoheitsrechte auf zwischenstaatliche Einrichtungen übertragen. In dieser Regelung sowie in der Bestimmung des Art. 24 Abs. 2 GG, wonach der Bund zur Wahrung des Friedens sich einem System gegenseitiger kollektiver Sicherheit einordnen und dabei ebenfalls in Beschränkungen seiner Hoheitsrechte einwilligen kann, äußert sich eine weitgehende Bereitschaft, zugunsten transnationaler Gemeinschaftsbildungen auf nationale Unabhängigkeit und eigene Regelungsbefugnisse zu verzichten. Bis zum Inkrafttreten des „Europa-Artikels" zum Jahresende 1992, d.h. bis zur Einfügung des Art. 23 GG n.F., war Art. 24 Abs. 1 GG der „Integrationshebel" zur europäischen Einigung, durch den der Bund ohne Zustimmung der Länder Länderbefugnisse auf Institutionen der Europäischen Union übertragen konnte. Art. 24 Abs. 1 GG wurde deshalb im Zusammenhang mit dem Prozeß der europäischen Einigung auch als „Grabstein des bundesdeutschen Föderalismus" bezeichnet. Mit der Einfügung des Art. 23 GG n.F. wurde die europäische Integration quasi zur Innenpolitik und die Übertragung deutscher Hoheitsrechte an die Europäische Union

Art. 24 GG: Grabstein des bundesdeutschen Föderalismus?

generell an die Zustimmung des Bundesrats gebunden (vgl. Teil 3, Kapitel 4).

Restkompetenzen der Länder im auswärtigen Bereich

Den Ländern verbleibt das Recht, im Bereich ihrer Gesetzgebungshoheit auch Verträge mit auswärtigen Staaten abzuschließen, denen jedoch die Bundesregierung zustimmen muß (Art. 32 Abs. 3 GG). Ein Beispiel dafür ist das „Übereinkommen über den Schutz des Bodensees gegen Verunreinigung", das am 27. Oktober 1960 zwischen Baden-Württemberg, Bayern, Österreich und der Schweiz abgeschlossen worden ist.

Beispiel: Lindauer Abkommen

Im sog. „Lindauer Abkommen" haben die Länder am 14. November 1957 sichergestellt, daß der Bund bei Abschluß von Staatsverträgen, die ausschließliche Landeskompetenzen berühren, insbesondere bei Kulturabkommen, vor Vertragsabschluß das Einverständnis der Länder herbeiführt. Dasselbe gilt für auswärtige Verträge, die wesentliche Länderinteressen berühren. Mit auswärtigen Partnern, die, wie z.B. die „Regionen" der Mitgliedstaaten der Europäischen Gemeinschaften, keinen Staatscharakter besitzen, können die Länder hingegen auch ohne die Zustimmung des Bundes Beziehungen pflegen; sie haben dabei den Grundsatz der Bundestreue zu beachten. Bei der 41. Novellierung des Grundgesetzes Ende 1992 wurde dieser politischen Praxis auch verfassungsmäßig Rechnung getragen. Nach Art. 24 Abs. 1a GG können seitdem die Länder „mit Zustimmung der Bundesregierung Hoheitsrechte auf grenznachbarschaftliche Einrichtungen übertragen."

2.2 Finanzbeziehungen zwischen Bund und Ländern

Finanzverfassung als Kernstück der bundesstaatlichen Ordnung

Eine besondere Bedeutung im Verhältnis von Bund und Ländern kommt der Finanzverfassung zu. Auch in der Bundesrepublik hat die Finanzverfassung eine Reihe von Aufgaben zu erfüllen, die einer Quadratur des Kreises gleichkommen. Sie muß vor allem gewährleisten, daß die bundesstaatlichen Ebenen die notwendigen Mittel für die Erfüllung der ihnen zugewiesenen Aufgaben erhalten. Die Finanzverfassung bildet das Kernstück der bundesstaatlichen Ordnung. Die Ausschöpfung der Bund und Ländern zugewiesenen Kompetenzen hängt substantiell von der Finanzierungsfrage ab.

Historische Entwicklung des Konfliktes um die Finanzverfassung

Das Grundgesetz hat diesem Umstand mit einer ausführlichen Regelung des Finanzwesens in einem besonderen „X. Abschnitt" Rechnung getragen. Wie wir oben gesehen haben, ist diese Regelung im Parlamentarischen Rat stark umstritten gewesen und hat den Besatzungsmächten wiederholt Anlaß zu Interventionen gegeben. Auf eine endgültige Verteilung der Steuern hatte man sich im Parlamentarischen Rat am Ende aber doch nicht zu einigen vermocht. Sie sollte bis zum 31.12.1952 vorgenommen werden, erfolgte aber tatsächlich erst 1955. Die zweite große Anpassung der Finanzverfassung an die finanz- und wirtschaftspolitischen Veränderungen in der Entwicklung der Bundesrepublik erfolgte mit der sog. „Großen Finanzreform" (vgl. dazu ausführlich Teil 3, Kapitel 3). Seitdem ist die Ordnung der öffentlichen Finanzen gleichermaßen durch Trennung und Verflechtung gekennzeichnet („Trenn- und Mischsystem").

Trenn- und Mischsystem

Das sog. Trennsystem spielt insbesondere für die Ausgabenseite eine wichtige Rolle, weshalb es kurz erläutert werden soll. Art. 109 Abs. 1 GG bestimmt, daß Bund und Länder in ihrer Haushaltswirtschaft selbständig und unabhängig voneinander sind. Diese Unabhängigkeit ist eine Grundvoraussetzung für eine föderative Aufgabenteilung, kann allerdings nur effektiv sein, wenn die Verteilung der öffentlichen Einnahmen ein jeweils eigenständiges Handeln von Bund und Ländern erlaubt. Nach Art. 104a Abs. 1 GG tragen Bund und Länder desweiteren gesondert die Ausgaben, die sich aus der Wahrnehmung ihrer Aufgaben ergeben, zumindest soweit das Grundgesetz nichts anderes bestimmt. Dies beinhaltet auch das Verbot, Aufgaben der jeweils anderen Ebene zu finanzieren. Mischfinanzierungen etwa, also die Finanzierung von Länderaufgaben durch den Bund oder umgekehrt, von Bundesaufgaben durch die Länder, würden einen Verfassungsverstoß bedeuten, wenn nicht die vom Grundgesetz zugelassenen Ausnahmetatbestände vorlägen. Die Finanzierungskompetenzen von Bund und Ländern hängen somit zunächst von der Aufgabenzuweisung ab, wie sie die Bundesverfassung vornimmt. Umgekehrt hängt die eigenständige Aufgabenwahrnehmung von einer hinreichenden Finanzausstattung ab. Der Rekurs auf die Aufgabenverantwortung ist jedoch nicht eindeutig. So war bis zur Finanzreform von 1969 strittig, ob Aufgabenverantwortung die Gesetzgebungszuständigkeit oder die Verwaltungszuständigkeit beinhalte. Wer sollte zahlen: Die Seite, die das Gesetz erlassen hat, oder diejenige, deren Verwaltungsbehörden für die Erfüllung der Aufgaben zuständig ist? Heute ist es weitgehend unstrittig, daß die Finanzierungszuständigkeit an die Verwaltungszuständigkeit von Bund und Ländern anknüpft.

Wir wollen uns nun der Frage zuwenden, welche Verteilung der Steuereinnahmen die Verfassung vorsieht. Danach sind die Steuereinnahmen folgendermaßen gegliedert:

Verteilung der Steuereinnahmen

Steuern, die allein dem Bund nach Art. 106 Abs. 1 GG zustehen, sind:

– Bund

- die Zölle,
- die meisten Verbrauchsteuern (Mineral-, Öl-, Tabak-, Branntwein-, Kaffee- und Teesteuer),
- die Straßengüterverkehrsteuer,
- die Kapitalverkehrsteuer, die Versicherungsteuer und die Wechselsteuer,
- die einmaligen Vermögensabgaben und die zur Durchführung des Lastenausgleichs erhobenen Ausgleichsabgaben,
- die Ergänzungsabgabe zur Einkommensteuer und zur Körperschaftsteuer,
- Abgaben im Rahmen der Europäischen Gemeinschaften.
  Steuern, die nach Art. 106 Abs. 2 GG allein den Ländern zustehen, sind:

– Länder

- die Vermögensteuer,
- die Erbschaftsteuer,
- die Kraftfahrzeugsteuer,
- die Verkehrsteuern (soweit sie nicht dem Bund oder Bund und Ländern gemeinsam zustehen),
- die Biersteuer,
- die Abgabe von Spielbanken.
  Steuern, die Bund und Ländern nach Art. 106 Abs. 3 S.1 GG gemeinsam zustehen; zu diesen Gemeinschaftssteuern gehören:

– Gemeinschaftssteuern

- die Einkommensteuer,
- die Körperschaftsteuer,
- die Umsatzsteuer (Mehrwertsteuer).

Wie bereits umrissen, beinhaltet das Trennsystem eine Ordnung, in der Bund, Länder und partiell auch die Kommunen jeweils für sich bestimmte Steuern als Ertragsquellen zugewiesen bekommen. 1949 bekam der Bund neben den Einnahmen aus Zöllen, Verbrauchssteuern und Finanzmonopolen das Aufkommen der Umsatzsteuer zugeteilt; die Länder erhielten dagegen das Aufkommen aus der Einkommensteuer, der Körperschaftsteuer, der Kfz-Steuer und der Vermögensteuer; die Kommunen verfügten über Grund- und Gewerbesteuer.

Von Anfang an war dieses Trennsystem jedoch unvollständig, denn ein vollständiges Trennsystem hätte neben der jeweils separaten Ertragskompetenz auch die separate Gesetzgebungskompetenz für die betreffenden Steuern bedeutet. Da aber die Steuergesetzgebung von Anfang an schwerpunktmäßig dem Bund oblag, lies: eine konkurrierende Gesetzgebung war, die der Bund voll ausschöpfte, und die Entwicklung der Steuerkraft des Bundes mit der der Länder nicht Schritt hielt, entwickelte sich eine Schieflage, in der die sachgerechte Erfüllung verfassungsrechtlich zugewiesener Aufgaben von der Finanzkraft der bundesstaatlichen Ebenen abhing, zumal ein Trennsystem in Verbindung mit einheitlicher Steuergesetzgebung das Entstehen von Steuerkraftunterschieden zwischen den Ländern fördert (vgl. POLLMANN 1969: 34ff.) – ein Phänomen, an dem auch der heutige Bundesstaat immer noch krankt. Die in Art. 107 GG a.F. vorgeschriebene Neuregelung der Finanzverfassung wurde bis 1955 aufgeschoben, als man schließlich den Übergang zum Steuerverbund vollzog (vgl. RENZSCH 1991: 130ff.), der von da an immer wieder modifiziert wurde. Neu geordnet wurde die Verteilung des Steueraufkommens, während die konkurrierende Gesetzgebung über Steuern nach wie vor voll vom Bund beansprucht wurde.

Die Einführung des Verbundsystems sicherte Bund und Ländern einen gleichmäßigeren Anteil (auch am Wachstum) des Gesamtsteueraufkommens. Einkommen-, Körperschaft- und Umsatzsteuer wurden zu sog. „Gemeinschaftssteuern", wobei der Anteil von Einkommen- und Körperschaftsteuer verfassungsrechtlich festgeschrieben wurde, während die Umsatzsteuer als Instrument der flexiblen Bedarfsanpassung konzipiert wurde und durch einfaches, zustimmungsbedürftiges Gesetz geändert werden konnte.

Der Verteilungsschlüssel für den großen Steuerverbund ist folgendermaßen festgelegt:

– Die Gemeinden erhalten zunächst von der Einkommensteuer je nach den Einkommensteuerleistungen ihrer Einwohner einen Anteil von 15%.
– Die verbleibenden 85% der Einkommensteuereinnahmen werden je zur Hälfte zwischen Bund und Ländern aufgeteilt.
– Die Körperschaftsteuer wird je zur Hälfte zwischen Bund und Ländern aufgeteilt.
– Die Anteile an der Umsatz- (Mehrwert-)Steuer werden durch ein Bundesgesetz, das der Zustimmung des Bundesrats bedarf, festgelegt.

Obwohl der Bund faktisch das Monopol der Steuergesetzgebung ausübt, hat der Anteil der Länder an den Steuereinnahmen insgesamt nicht abgenommen. Die Verteilung der Gemeinschaftssteuern, d.h. von 1951 bis 1969 der Einkommen- und Körperschaftsteuer und seit 1970 der Umsatzsteuer, zeigt nur streckenweise einen erhöhten Anteil des Bundes. Zeitweise sind auch die Länder die „Gewinner" in dem schwierigen Aushandlungsprozeß, der heute den Regierungsabkom-

Tabelle 5: Verteilungsverhältnis von Bund und Ländern an der Einkommen- und Körperschaftssteuer in v.H. (1951-1969) sowie das Beteiligungsverhältnis von Bund und Ländern an der Umsatzsteuer (1970-1995) in v.H.

Jahr	Bund	Länder
EuKSt		
1951	27	73
1952	37	63
1953	38	62
1954	38	62
1955	33 1/3	66 2/3
1956	33 1/3	66 2/3
1957	33 1/3	66 2/3
1958 (ab 1.9.)	35	65
1959	35	65
1960	35	65
1961	35	65
1962	35	65
1963	38	62
1964	39	61
1965	39	61
1966	39	61
1967	37	63
1968	37	63
1969	35	65
USt		
1970	70	30
1971	70	30
1972	65	35
1973	65	35
1974	63	37
1975	68,25	31,75
1976	69	31
1977	69	31
1978	67,5	32,5
1979	67,5	32,5
1980	67,5	32,5
1981	67,5	32,5
1982	67,5	32,5
1983	66,5	33,5
1984	65,5	34,5
1985	65,5	34,5
1986	65	35
1987	65	35
1988	65	35
1989	65	35
1990	65	35
1991	65	35
1992	65	35
1993	63	37
1994	63	37
1995	56	44

Nach: Finanzberichte der Bundesregierung. Hrsg. vom Bundesministerium der Finanzen

Tabelle 6: Der Anteil von Bund und Ländern am Steueraufkommen in v.H.

Kalenderjahr	Bund	Länder
1949	43,4	35,7
1950	47,4	30,2
1951	55,0	25,3
1952	56,8	25,0
1953	56,1	25,1
1954	56,1	24,7
1955	56,1	24,7
1956	55,2	27,0
1957	53,9	27,9
1958	53,7	28,0
1959	53,2	28,1
1960	53,1	29,8
1961	52,9	31,2
1962	52,5	32,1
1963	53,7	31,4
1964	54,2	31,1
1965	55,3	30,7
1966	55,1	31,0
1967	54,8	31,5
1968	54,2	32,4
1969	53,9	32,1
1970	54,2	32,8
1971	54,0	32,8
1972	51,6	34,0
1973	51,1	34,0
1974	49,5	35,1
1975	49,6	33,7
1976	49,2	33,8
1977	48,4	34,5
1978	48,3	35,0
1979	48,5	35,4
1980	48,3	34,8
1981	48,7	34,5
1982	48,4	34,8
1983	48,0	35,0
1984	47,6	35,1
1985	47,2	35,3
1986	46,2	35,8
1987	46,3	35,9
1988	45,1	35,9
1989 a)	46,0	35,8

a) Schätzung

Nach: Finanzberichte der Bundesregierung. Hrsg. vom Bundesministerium der Finanzen. Bonn 1962 ff; für die Zeit von 1949-61: Finanzberichte der Bundesregierung, in: Drucksachen des Deutschen Bundestages. Bonn 1949 ff.

men zur gesetzlichen Fixierung des Beteiligungsmodus von Bund und Ländern an der Umsatzsteuer voranzugehen pflegt.

Auch der Anteil der Länder am öffentlichen Gesamthaushalt, d.h. an den auf Bund, Länder und Gemeinden entfallenden Einnahmen, ist im Laufe der Zeit eher gestiegen als gefallen.

108

Tabelle 7: Bundesergänzungszuweisungen – in Mio. DM –

Jahr	Bayern	Nieder-sachsen	Rhein-land-Pfalz	Saar-land	Schles-wig-Hol-stein	Bremen	NRW	Insge-samt
1967	40,0	105,0	55,0	20,0	40,0	–		
1968	90,0	143,0	75,0	27,0	55,0	–		260,0
1969	40,0	73,0	38,0	13,0	26,0	–		390,0
1970	18,0	38,0	22,0	6,0	16,0	–		190,0
1971	18,0	38,0	22,0	6,0	16,6	–		100,0
1972	120,0	203,0	113,0	32,0	82,0	–		100,0
1973	120,0	203,0	113,0	32,0	82,0	–		550,0
1974	167,3	283,2	158,1	44,5	114,4	–		550,0
1975	176,8	299,3	167,1	47,1	120,9	–		767,5
1976	191,2	323,6	180,6	50,9	130,6	–		811,2
1977	205,0	347,0	193,7	54,5	140,1	–		876,9
1978	239,6	405,5	226,4	63,7	163,8	–		940,3
1979	275,3	466,1	260,2	73,3	188,2	–		1.099.0
1980	305,6	517,2	288,7	81,3	208,9	–		1.263,1
1981	319,8	541,2	302,2	85,1	218,5	–		1.401,7
1982	319,5	540,9	301,9	85,0	218,4	–		1.466,8
1983	336,7	568,5	317,6	135,0	230,3	–		1.465,7
1984	344,7	568,4	326,5	160,8	256,9	–		1.588,1
1985	342,7	565,1	324,5	159,8	255,3	–		1.657,3
1986	290,1	555,1	320,1	160,0	253,4	88,4		1.647,4
1987	30,0	558,0	302,0	263,0	275,0	223,0	124,0	1.667,1
1988	–	913,7	477,7	307,2	380,6	258,7	70,6	
1989	–	1081,5	518,1	332,7	438,2	229,5	56,5	
1990	–	1299,0	561,7	365,3	513,3	256,4	2,8	
1991	–	1559,2	677,6	403,2	603,4	288,6	–	
1992	–	1474,7	720,6	465,0	573,0	696,1	15,5	
1993	–	1618,9	844,6	483,6	621,5	711,5	15,5	

Nach: Finanzberichte der Bundesregierung. Hrsg. vom Bundesministerium der Finanzen, Bonn 1962ff.

Ungeachtet dessen sind die Länder Kostgänger des Bundes geblieben. Das gilt nicht nur für die leistungsschwachen unter ihnen, denen der Bund in steigendem Maße Ergänzungszuweisungen nach Art. 107 Abs. 2 GG zukommen läßt – neben den Zuwendungen, die sie im ebenfalls wachsenden horizontalen Finanzausgleich, d.h. dem Finanzausgleich zwischen den Ländern, erhalten –, sondern es gilt für die Länder insgesamt. [Marginalie: Ergänzungszuweisungen]

Schon sehr bald hat der Bund Rücklagen, die er aufgrund seiner seit 1951 steigenden Einnahmen bilden konnte, dazu benutzt, ohne spezielle Ermächtigungsgrundlage im Grundgesetz unter Berufung auf ungeschriebene Bundeszuständigkeiten im Bereich der Leistungsverwaltung mit finanziellen Förderungsmaßnahmen tätig zu werden. Nicht selten beteiligte sich der Bund finanziell an Maßnahmen der Länder, verband aber die Vergabe von Dotationen in Förderprogrammen mit Auflagen, wie z.B. beim Bundesjugendplan. Sowohl die Steuergesetzgebung als auch die bald auf jährlich mehrere Milliarden DM, d.h. auf bis zu 10% der Haushaltseinnahmen der Länder ansteigende Dotationspraxis wurden so zu politischen Zweckinstrumenten des Bundes, deren Wirkungen sich die Länder schlecht entziehen konnten. Sie wurden vielmehr angeregt, die Bundeszuschüsse mit eigenen Finanzmitteln aufzustocken und reduzierten auf diese Weise ihre Finanzmasse, die für selbst gewählte Zwecke zur Verfügung gestanden hätte. Der [Marginalie: Dotationen des Bundes als „goldene Zügel"]

Bund begann sie – mit anderen Worten – „am goldenen Zügel" zu führen. Solche Dotationen fanden auf den verschiedensten Gebieten statt, dem der Wirtschaftsförderung, der Wissenschafts- und Forschungsförderung, des Sports, im sozialen und im kulturellen Bereich. Sie reichten bis zur finanziellen Unterstützung von Orchestern, Kinderheimen und Heimatbünden (LT-Kommission NRW I 1990: 63f.).

Die der Finanzverfassung impliziten Mängel sind durch die Reform von 1955 nur unzureichend aufgefangen worden. Insbesondere die umfangreichen Mischfinanzierungstatbestände sollten zu einer neuen Reform führen, der wir uns in ihrer paradigmatischen Bedeutung für die Funktionsmechanismen der Entscheidungsfindung im kooperativen Föderalismus in Kapitel 5 und bezüglich ihrer politischen Wertigkeit in Teil 3 zuwenden werden.

2.3 Die Bundesrepublik Deutschland – ein föderatives System intrastaatlichen Typs

Funktionale Verschränkung von Bund, Ländern und Gemeinden

Der bundesdeutsche Föderalismus ist ein hoch verflochtenes System, das auf einer „antagonistischen Kooperation" (SCHARPF 1989: 22) oder, anders herum, auf einer „konsensorientierten Konkurrenz" (THAYSEN 1985: 16) beruht. Wie wir gesehen haben, benennt die Verfassung zwar Kompetenzen, die entweder dem Bund oder den Ländern zugeschrieben werden, in der politischen Praxis überschneiden sich jedoch die Kompetenzsphären der verschiedenen staatlichen Ebenen. Eine Problem- und Aufgabenbewältigung wird oft nur durch das Zusammenwirken aller Ebenen möglich. Dieser Effekt wird durch die vom Grundgesetz vorgenommene funktionale Verschränkung von Bund und Ländern noch intensiviert (vgl. MAUNZ/ZIPPELIUS 1991: 103f.):

Politikverflechtung

„Von anderen Bundesstaaten unterscheidet sich der deutsche Föderalismus dadurch, daß die Zuständigkeiten zwischen Bund, Ländern und Gemeinden nur zum kleineren Teil nach Aufgabenbereichen verteilt sind. Gewiß gibt es auch bei uns eine Reihe ausschließlicher Aufgaben des Bundes, der Länder und der kommunalen Selbstverwaltung, aber ihre praktische Bedeutung tritt hinter der einer funktionalen Differenzierung nach Kompetenzarten weit zurück. Für den überwiegenden Teil der öffentlichen Aufgaben bedeutet dies, daß die materielle Gesetzgebungskompetenz und die Zuständigkeit der Entscheidungen über die Höhe der öffentlichen Einnahmen im wesentlichen beim Bund liegen, während die Verwaltungszuständigkeiten und die Entscheidung über den größten Teil der öffentlichen Ausgaben und insbesondere über den größten Teil der öffentlichen Investitionen bei den Ländern und Kommunen liegen. Wenn die Erfüllung öffentlicher Aufgaben in aller Regel ein Zusammenwirken von Gesetzgebung und Verwaltung und von Einnahmenpolitik und Ausgabenpolitik erfordert, dann folgt aus der funktionalen Verteilung der Kompetenzarten in der Bundesrepublik auch, daß in aller Regel weder der Bund, noch die Länder oder die Gemeinden für sich allein imstande sind, drängende Probleme zu lösen und wichtige Aufgaben im ganzen zu bearbeiten. Charakteristisch für das politische System der Bundesrepublik ist deshalb die Politikverflechtung zwischen Bund, Ländern und Gemeinden, bei der die Länder über den Bundesrat an der Gesetzgebung und der Einnahmenpolitik des Bundes mitwirken, während der Bund Bestand und Inhalt der Verwaltungsaufgaben und den finanziellen Handlungsrahmen der Länder und Gemeinden im wesentlichen bestimmt" (SCHARPF/REISSERT/SCHNABEL 1976: 19).

Die Tatsache, daß die Verfassung eine Aufgaben- und Finanzverteilung zwischen Bund und Ländern vornimmt, bedeutet nicht, daß hierdurch fest abgegrenzte und voneinander isolierte Bereiche entstehen oder gar entstehen sollen.

110

Vielmehr wird entgegen dem Nebeneinander der „coordinate spheres" im „dualen" Föderalismus ein Miteinander von Gesamtstaat und Gliedstaaten bezweckt.

Unitarisierende Wirkung des GG

Die daraus resultierenden Verflechtungen werden einmal durch die Rechtsvorschriften des Bundes erreicht. Schon allein das Grundgesetz übt als Bundesrecht etwa über die Homogenitätsklausel des Art. 28 und den Grundrechtskatalog eine unitarisierende Wirkung aus, der sich kein Land entziehen kann. Noch enger wird die Verflechtung zwischen Bund und Ländern, wenn es um Bundesgesetze geht. Bei Vollregelungen des Bundes ist zwar die Zuständigkeit klar abgegrenzt, jedoch liegt eine inhaltlich starke Verflechtung vor. Bei Rahmen- oder Grundsatzgesetzen des Bundes ist die inhaltliche Verflechtung schwächer ausgeprägt, dafür ist aber die verfahrensmäßige Verflechtung intensiver, weil dann die Teilzuständigkeiten enger verzahnt sind. Einen erheblichen Bundeseinfluß und entsprechende Verflechtungen gibt es auch bei der Verwaltung, weil die Bundesgesetze in aller Regel von den Verwaltungen der Länder ausgeführt werden. Auch hier gibt es jedoch noch zu thematisierende Unterschiede, je nachdem, ob die Länder die Bundesgesetze in eigener Angelegenheit, mit Richtlinien in Form allgemeiner Verwaltungsvorschriften des Bundes oder im Bundesauftrag ausführen. Enge Verflechtungen und einen starken Einfluß des Bundes weist auch die Rechtsprechung aufgrund des Instanzenzuges von den Ländergerichten zu den Bundesgerichten auf. Der Ablauf der Prozesse wird durch Bundesgesetze einheitlich für Gerichte des Bundes und der Länder geregelt. Auch bei der Ernennung der Richter zu den obersten Gerichtshöfen des Bundes besteht durch das Mitentscheidungsrecht der Länder eine Verflechtung, genauso wie bei der von Bundestag und Bundesrat vorzunehmenden Wahl der Richter am Bundesverfassungsgericht.

Finanzverfassung

Von existenzieller Bedeutung für die bundesstaatliche Ordnung der Bundesrepublik sind die Verflechtungen im Bereich der Finanzen und der hierdurch erwirkte Bundeseinfluß. Was die Einnahmenseite angeht, sind Bund und Länder durch einen vertikalen Finanzausgleich, lies: die Steuerverteilung, verbunden, wobei der Bund die stärkeren Einflußmöglichkeiten hat, weil er nicht nur über fast alle Steuergesetze entscheidet, sondern weil auch die Steuerverteilung über Bundesgesetz erfolgt. Auf der Ausgabenseite hingegen ergibt sich eine Verflechtung über die mit Geldleistungen oder Folgekosten verbundenen Bundesgesetze. Wie wir gesehen haben, spielt das sog. Trennsystem eine wichtige Rolle. Es ist heute weitgehend unstrittig, daß die Finanzierungszuständigkeit an die Verwaltungszuständigkeit von Bund und Ländern anknüpft. Dies hat natürlich für die Länder unangenehme Folgen: Weil das Schwergewicht der Verwaltungskompetenzen bei ihnen liegt, tragen sie auch einen großen Teil der öffentlichen Ausgaben. Bei Bundesgesetzen, die von den Bundesländern in eigener Angelegenheit ausgeführt werden, kann der Bund diese also finanziell belasten. Dies muß nicht zu einem Übergewicht der Finanzierungsaufgaben bei den Ländern führen, weil auch der Bund für sehr kostenintensive Aufgabenbereiche (z.B. Verteidigung) zuständig ist. Unstrittig ist aber, daß die Länder den bei weitem größten Teil der öffentlichen Investitionen tragen und daß der Anteil an den Personalkosten in den Länderhaushalten ungefähr dreimal so hoch liegt wie im Bundeshaushalt. Ein Vorteil der Konnexität von Ausgabenverantwortung und Verwaltungszuständigkeit ist sicher, daß die Verwaltungen angehalten werden, die öffentlichen Mittel möglichst rationell und maßvoll einzusetzen und dadurch die Kosten eines Gesetzes in Grenzen zu halten.

Weitere enge Verflechtungen zwischen Bund und Ländern ergeben sich schließlich bei den sog. Mischfinanzierungen, wie sie in den Gemeinschaftsaufgaben nach Art. 91a/b GG und Art. 104a Abs.4 GG vorgesehen sind, sowie bei der Haushaltswirtschaft von Bund und Ländern. Zwar geht die Verfassung hier in Art. 109 Abs. 1 GG von einer strikten Trennung aus, jedoch ist durch Grundgesetzänderungen in den Jahren 1967 bzw. 1969 die Unabhängigkeit der Länder zugunsten einer einheitlichen Finanz- und Kreditpolitik eingeschränkt worden.

Diese Zusammenfassung hat uns noch einmal vor Augen geführt, wie stark der bundesdeutsche Föderalismus auf Verflechtungen angelegt ist. Dieser institutionalisierte Kooperationszwang, insbesondere in den Bereichen der Gesetzgebung, der Verwaltung und der Finanzen, kann aber für die Entwicklung eines föderativen Systems gravierende Folgen haben. In einem Land wie der Bundesrepublik mit mittlerweile 16 Bundesländern und dem Bund als Zentralgewalt ist es außerordentlich schwierig, alle Wünsche und Positionen unter einen Hut zu bekommen. Da alle aufeinander angewiesen sind, um wenigstens einen Teil ihrer politischen Ziele und Wünsche verwirklichen zu können, werden Konflikte nach Möglichkeit vermieden oder auf juristischem Wege ausgetragen.

3. Der Bundesrat

Neben der Kompetenzverteilung und Finanzverfassung im Bundesstaat ist die Art und Weise, wie die Gliedstaaten an der Willensbildung des Bundes mitwirken, ein weiteres zentrales Strukturmerkmal föderalistisch verfaßter Systeme. Der Bundesrat als Zweite Kammer (vgl. WYDUCKEL 1989) im Regierungssystem der Bundesrepublik Deutschland ist „im kleinen Kreis föderalistisch verfaßter Demokratien (...) eine eigentümliche und einzigartige Institution" (KIELMANS-EGG 1989: 43; vgl. auch SCHÜTTEMEYER/STURM 1992). Wie wir oben erfahren haben, war seine Struktur im Parlamentarischen Rat heftig umstritten und war die Alternative „Bundesrat versus Senat" zur Disposition gestellt. Mit seiner Entscheidung für das Bundesratsmodell hat sich der Parlamentarische Rat in die Tradition der deutschen Verfassungsgeschichte eingereiht und den „föderalistischen Sonderfall Bundesrepublik Deutschland" mit einem spezifisch etatistischen Charakter der politischen Kultur geschaffen.

Die Meinungen in Wissenschaft und Politik über die Stellung des Bundesrats im Regierungssystem und über seine Arbeitsweise sind kontrovers. Während der Freiburger Verfassungsrechtler und spätere Bundesverfassungsrichter Konrad HESSE positiv hervorhebt, daß „der unitarische Bundesstaat (...) in der staatlichen Willensbildung sowohl das politische Element wie das administrative zur Geltung (bringt), ohne das im planenden, lenkenden und leistenden Staat der Gegenwart eine sachgemäße Willensbildung nicht mehr möglich ist" (HESSE Neuaufl. 1984: 141), spricht der Konstanzer Politikwissenschaftler LEHMBRUCH eher kritisch vom „Kontaktprivileg der Exekutiven" bzw. vom „Exekutivföderalismus" ohne „ausreichendes parlamentarisches Korrektiv" (LEHMBRUCH 1976: 36). Auch die Politiker selbst divergieren in ihren Einschätzungen. Während für die einen der Bundesrat „eine vorzügliche Verfassungskonstruktion" ist, die sich „alles in allem voll bewährt" hat, ist er für andere „das Langweiligste gewesen,

Tabelle 8: Verfassungsrechtliche Aufgaben und Befugnisse des Bundesrates

Aufgaben/Befugnisse	GG-Artikel
I. Abgestufte Mitwirkung bei der Bundesgesetz- gebung	
– beratende Mitwirkung: prinzipiell bei Gesetzesinitiativen der Bundes- regierung (sog. erster bzw. politischer Durch- gang)	Art. 76 Abs. 1
– initiierende Mitwirkung: Recht zur Gesetzesinitiative beim Bundestag	Art. 76 Abs. 1
– beschlußfassende Mitwirkung:	
1. bei verfassungsändernden Gesetzen (mit 2/3 Mehrheit)	Art. 79 Abs.2

2. bei Gesetzen, die die Finanzen der
    Länder beeinflussen können (mit
    absoluter Stimmenmehrheit)
	Art. 104 a Abs. 3 bis 5
	Art. 105 Abs. 3
	Art. 106 Abs. 3 bis 6
	Art. 107 Abs. 1
	Art. 108 Abs. 2, 4 und 5
	Art. 109 Abs. 3 und 4
	Art. 134 Abs. 4
	Art. 135 Abs. 5

3. bei Gesetzen und Vorschriften, die die Verwaltungshoheit der Länder berühren	Art. 84 Abs. 1 bis 5 Art. 85 Abs. 1 und 2

4. bei Gesetzen, die
    Gemeinschaftsaufgaben von Bund und
    Ländern zum Gegenstand haben
	Art. 91 a Abs. 2

5. bei Gesetzen über das Verfahren von Gebietsänderungen der Bundesländer	Art. 29 Abs. 7

6. bei Gesetzen, die im Fall eines
    Gesetzgebungsnotstandes verab-
    schiedet werden
	Art. 81

7. bei Gesetzen, die i.Z.m. einem Verteidigungsfall erlassen werden	Art. 115 a,c,d,e,k und l

8. bei sog. „einfachen Gesetzen", sofern
    das BR-Veto nicht mit absoluter bzw.
    2/3-Mehrheit zurückgewiesen wird
	Art. 77 Abs. 3 und 4

II. Einberufung des Vermittlungsausschusses	Art. 77 Abs. 2
III. Mitwirkung beim Erlaß von Rechtsvorschriften des Bundes	Art. 80 Abs. 2
IV. Wahl der Richter des Bundesverfassungsge- richtes	Art. 94 Abs. 1 Satz 2 (sowie § 9 BVerfGG: Wahl des BVerfG-Präsidenten)
V. Anrufung des Bundesverfassungsgerichts	Art. 93 Abs. 1 Zif. 2 Art. 61 Abs. 1
VI. Mitglied im Gemeinsamen Ausschuß	Art. 53 a
VII. Gewisse Kontrollrechte im Fall des inneren Notstands	Art. 87 a Abs. 4 Satz 2
VIII. Nominationsrechte, z.B. bei der Ernennung des Generalbundesanwalts und der Bundes- anwälte und bei der Entscheidung über die Bestellung der Präsidenten der Landeszentralbanken	vgl. die entsprechenden Gesetze

was man hat erfinden können", wo „einen immer gleich Müdigkeit überfiel, weil alles schon vorher ‚ausgekocht' war" (so die Einschätzungen der ehemaligen Bundesratsmitglieder VOGEL (CDU) und SCHÜTZ (SPD) im Jahre 1989 in der „Gesprächsrunde der Politiker" anläßlich des Symposiums „Vierzig Jahre Bundesrat").

Wir werden uns in diesem Kapitel einen Überblick über die Aufgabenbereiche des Bundesrats verschaffen, um eine Vorstellung von der Bedeutung dieser Institution im politischen System der Bundesrepublik Deutschland zu bekommen. Danach werden wir uns mit seiner personellen Zusammensetzung und Legitimation, mit seiner Organisationsstruktur und Arbeitsweise beschäftigen. Auch wenn der Bundesrat von Struktur und Zuständigkeiten her „Verfassungserbgut" verkörpert (STERN 1984 Bd. 2: 113; REUTER 1989: 1523), muß er dennoch als „Organ sui generis" (STERN 1984 Bd. 2: 126) verstanden werden. Er ist kein schlichtes Duplikat des Bundesrats des Deutschen Kaiserreiches. Um dies nachvollziehbar zu machen, sollen sowohl die Übereinstimmungen, aber auch die Unterschiede zwischen dem heutigen Bundesrat und seinem historischen Vorbild aufgezeigt werden.

3.1 Verfassungsrechtliche Aufgaben und Befugnisse

Bundesrat als Verfassungsorgan des Bundes

Das Grundgesetz regelt in den Artikeln 50 bis 53 die Stellung des Bundesrats in der Verfassungsordnung, der mit dem Bundestag, der Bundesregierung, dem Bundespräsidenten und dem Bundesverfassungsgericht eines der obersten Verfassungsorgane des Bundes ist. In Art. 50 GG, der Kernvorschrift über den Bundesrat, heißt es: „Durch den Bundesrat wirken die Länder bei der Gesetzgebung und Verwaltung des Bundes und Angelegenheiten der Europäischen Union mit".

Die Knappheit und Allgemeinheit dieser Formulierung vermittelt zunächst kaum eine Vorstellung von der Stellung des Bundesrats im Verfassungsgefüge und von der Vielfalt seiner Aufgabenbereiche. Wir müssen deshalb Art. 50 GG in Verbindung mit einer Reihe weiterer Verfassungsbestimmungen lesen, in denen Bundeskompetenzen geregelt sind. Da wir uns später noch ausführlich mit dem Zusammenwirken von Bundestag, Bundesrat und Bundesregierung im Gesetzgebungsprozeß beschäftigen werden, wollen wir uns hier mit einer tabellarischen Auflistung einen ersten Überblick verschaffen – durchaus gedacht als Anregung, selbst das Grundgesetz in die Hand zu nehmen und die genannten Artikel nachzulesen!

Schwerpunkt: Beteiligung am Gesetzgebungsverfahren

Von 1949 bis 1994 hat der Bundesrat 4.934 Gesetzesvorlagen, 6.187 Rechtsverordnungen, 811 Allgemeine Verwaltungsvorschriften, 6.355 Vorlagen aus den Europäischen Gemeinschaften und 3.603 „Sonstige Vorlagen" beraten (Bundesrats-Handbuch 1994/95: 298ff.). Obwohl damit das Schwergewicht der Bundesrats-Arbeit in der Beteiligung an Gesetzgebungsverfahren des Bundes liegt, zeigt Tabelle 8, daß die Aufgaben und Befugnisse des Bundesrats weit in nicht-legislatorische, vor allem administrative Bereiche hineinreichen. Treffend spricht deshalb BEYME von „bürokratischen Einschlägen des Bundesrates" und kommt in einem internationalen Vergleich zu dem Ergebnis, daß insbesondere die Zustimmung bei Veräußerung von Bundesvermögen, die Mitwirkung bei gewissen Rechtsverordnungen und Verwaltungsvorschriften, bei Bundeszwang und bei innerem Notstand kaum Äquivalente in anderen Zweiten Kammern haben (BEYME 1974: 383).

114

Der Bundesrat ist kein Länderorgan (vgl. aber die Nachweise bei SCHÄFER 1955: 28f.), in dem die Länder ihre Landesangelegenheiten behandeln, koordinieren oder durch Mehrheitsbeschlüsse entscheiden. Insofern ist der Sprachgebrauch vom Bundesrat als einer „Länderkammer" (so etwa KIELMANSEGG 1989) mißverständlich (vgl. hierzu POLLMANN 1969). Die obige Aufzählung zeigt, daß der Bundesrat ein Verfassungsorgan ist, dessen vielfältigen Mitwirkungsrechte stets auf den Bund bezogen sind. Durch den Bundesrat werden die Länder als Gliedstaaten am Regierungsprozeß des Gesamtstaates beteiligt. Hier sollen die „Länder als Aufbaukörper des Ganzen ihre Verantwortung für das Ganze realisieren" (RIDDER 1962: 520f.). Mißverständliche Bezeichnung „Länderkammer"

3.2 Zusammensetzung und demokratische Legitimation

Die Zusammensetzung des Bundesrats ist in Art. 51 Abs. 1 GG geregelt: „Der Bundesrat besteht aus Mitgliedern der Regierungen der Länder, die sie bestellen und abberufen. Sie können durch andere Mitglieder ihrer Regierungen vertreten werden".

Waren die Mitglieder des Bundesrats im Deutschen Kaiserreich in der Praxis hohe Beamte der deutschen Staaten („Gesandtenkongreß"), haben die Verfassunggeber im Parlamentarischen Rat eindeutig festgelegt, daß für das Plenum, d.h. das Beschlußgremium des Bundesrats, nur Regierungsmitglieder der Länder selbst als ordentliche und stellvertretende Bundesratsmitglieder zugelassen sind. Mit dieser Strukturvorschrift für das Plenum sollte dem Einwand begegnet werden, daß in der Zweiten Kammer die Ministerialbürokratie dominiere.

Mit Art. 51 Abs. 1 GG hat das Grundgesetz für die Bundesgesetzgebung das Prinzip der unmittelbaren Legitimation mit dem der mittelbaren verknüpft. Während die Mitglieder des Deutschen Bundestages vom ganzen Staatsvolk in unmittelbarer, gleicher und geheimer Wahl gewählt werden (Prinzip der Volkssouveränität), sind die Bundesratsmitglieder (nur) mittelbar über die Landesregierungen durch die Landtage legitimiert. Der Bundesrat ist keine repräsentative parlamentarische Körperschaft, sondern eine Ländervertretung, die Gebietskörperschaften repräsentiert. Für den Verfassungsrechtler und Richter am Bundesverfassungsgericht KLEIN ist deshalb der Bundesrat Verbindung von unmittelbarer und mittelbarer Legitimation

„der augenfälligste Ausdruck des Prinzips der gemischten Verfassung oder auch der konstitutionellen Demokratie, auf dem das Grundgesetz beruht, der Entscheidung mithin, auf die stromlinienförmige Ausrichtung der Verfassung, auf eines jener Prinzipien, das demokratische, zu verzichten, und sie stattdessen mit dem Ziel der Errichtung eines wirksamen Systems der checks and balances miteinander zu verknüpfen" (KLEIN 1989: 105).

Wenden wir uns der Frage zu, nach welchem Schlüssel die Bundesländer über ihre Landesregierungen im Bundesrat vertreten sind. Auch hierzu gibt die Verfassung Auskunft. In Art. 51 Abs. 2 GG heißt es: „Jedes Land hat mindestens drei Stimmen, Länder mit mehr als zwei Millionen Einwohner haben vier, Länder mit mehr als sechs Millionen Einwohner fünf, Länder mit mehr als sieben Millionen Einwohnern sechs Stimmen". Bis zum 2. Oktober 1990 hatten die Vertreter West-Berlins aufgrund eines Vorbehalts, den die Militärgouverneure der drei westlichen Besatzungszonen im Genehmigungsschreiben zum Grundgesetz vom 12. Mai 1949 geltend gemacht haben, im Bundesrat nur eingeschränk- Verteilungsschlüssel der Länder im Bundesrat tes Stimmrecht. In der politischen Praxis hatte West-Berlin bei allen Beschlüssen, die nur Innenwirkung hatten, d.h. den Bundesrat selbst betrafen, volles Stimmrecht, bei allen anderen Beschlüssen jedoch kein Stimmrecht.

Degressionsprinzip

Mit dem Degressionsprinzip geht das Grundgesetz den Mittelweg zwischen dem Prinzip der Gleichberechtigung der Länder im Bundesrat – dann müßte jedes Land eine Stimme haben – und der Geltendmachung der unterschiedlich hohen Einwohnerzahlen, die die Landesregierungen repräsentieren. BEYME nennt diese Verfassungsbestimmung einen „faire(n) Kompromiß zwischen den Prinzipien der Volkssouveränität und des Föderalismus" (BEYME 1974: 370). Dieser „faire Kompromiß" bedeutet darüberhinaus eine Abkehr von der Stimmenverteilung im Bundesrat des Deutschen Reiches. Hier standen dem mächtigen Preußen mit 17 von 58 (bzw. seit 1911: 61) Stimmen 25 Staaten gegenüber, die über eine Stimme (das waren immerhin 17 Staaten!), über zwei (Braunschweig und Mecklenburg-Schwerin), drei (Baden, Hessen und (seit 1911) Elsaß-Lothringen), vier (Sachsen und Württemberg) oder 6 Stimmen (Bayern) verfügten. Daß es angesichts dieser Stimmenzersplitterung den preußischen Gesandten nicht schwerfallen durfte, im Sinne des „Teile und Herrsche" für Stimmenmehrheiten im eigenen, preußischen Interesse zu sorgen, ist einsichtig. Genau diese Hegemonie eines Gliedstaats im Bundesrat wollten die Verfassungsgeber mit der Entscheidung für ein mäßig abgestuftes Stimmrecht verhindern.

Aufstockung als Folge der deutschen Einheit

Bis zur Herstellung der deutschen Einheit am 3. Oktober 1990 hatte der Bundesrat 45 Mitglieder; seitdem wurden die 16 Bundesländer durch 68 Regierungsmitglieder vertreten. Einen Überblick über die Stimmenverteilung der Länder im Bundesrat (Stand: Ende 1995) gibt Tabelle 9. (Aufgrund der Bevölkerungsentwicklung hat Hessen seit 18.1.1996 fünf Stimmen. Insgesamt hat der Bundesrat nunmehr 69 ordentliche Mitglieder.)

Tabelle 9: Stimmenverteilung im Bundesrat gem. Art.51 II GG alter und geltender Fassung

Land	Einwohner in Mio.	Art. 51 II alte Fassung	Art. 51 II geltende Fassung	Regierungs-zusammen-setzung
Baden-Württemberg	10,31	5	6	CDU/FDP
Bayern	11,98	5	6	CSU
Berlin	3,47	4	4	CDU/SPD
Brandenburg	2,54	–	4	SPD
Bremen	0,68	3	3	SPD/CDU
Hamburg	1,71	3	3	SPD/Statt-Partei
Hessen	6,00	4	5	SPD/B90/Grüne
Mecklenburg-Vorpommern	1,83	–	3	CDU/SPD
Niedersachsen	7,76	5	6	SPD
Nordrhein-Westfalen	17,87	5	6	SPD/B90/Grüne
Rheinland-Pfalz	3,97	4	4	SPD/FDP
Saarland	1,08	3	3	SPD
Sachsen	4,57	–	4	CDU
Sachsen-Anhalt	2,75	–	4	SPD/B90/Grüne
Schleswig-Holstein	2,72	4	4	SPD/B90/Grüne
Thüringen	2,51	–	4	CDU/SPD
Gesamt	81,75	45	69	

Stand: 31.12.1995

116

Im Vergleich zum Deutschen Bundestag – seit der deutschen Einheit vertreten 662 Abgeordnete die rund 57,8 Millionen Wahlberechtigten – ist der Bundesrat eine Institution, die zahlenmäßig von manchem Kommunalparlament in der Bundesrepublik Deutschland übertroffen werden dürfte! Den „goldenen Mittelweg", den der Parlamentarische Rat mit seiner „abgeschwächten Bundesratslösung" gefunden hat, ist in der politischen Praxis nicht ohne Kritik geblieben. Insbesondere Nordrhein-Westfalen mit ca. 17 Millionen Einwohnern und sechs Stimmen fühlt sich im Bundesrat deutlich unterrepräsentiert. Virulent wurde diese Problematik zuletzt im Zusammenhang mit der deutschen Einheit. Kritisiert wurde von Bundesratsmitgliedern der „alten" Bundesländer die Schaffung von fünf neuen Bundesländern auf dem Gebiet der ehemaligen DDR, die zusammen mit rund 16,4 Millionen Einwohnern eine geringere Einwohnerzahl als Nordrhein-Westfalen vertreten, im Bundesrat aber über 15 Stimmen verfügen.

Unterrepräsentation einwohnerstarker Bundesländer?

Verfassungsrechtlich ist der Bundesrat ein „ewiges Organ", das keine Amtsperioden kennt. Es obliegt der Entscheidung der Landesregierungen, ob und wann sie Mitglieder aus dem Bundesrat abberufen und durch neue ersetzen. Dies geschieht auf jeden Fall dann, wenn ein Bundesratsmitglied aus einer Landesregierung ausscheidet, oder sich in einem Bundesland aufgrund von Landtagswahlen die politischen Machtverhältnisse ändern und neue Regierungen bzw. Regierungskoalitionen gebildet werden. Da die Wahlperioden in den Länderverfassungen unterschiedlich geregelt sind und damit auch die Landtagswahlen zu unterschiedlichen Zeitpunkten stattfinden, erneuert sich der Bundesrat fortlaufend.

Bundesrat – ein „ewiges Organ"

Schaubild 3: Organisationsplan des Bundesrates

		Präsident des Bundesrates				
Erster Vizepräsident		Zweiter Vizepräsident		Dritter Vizepräsident		
		Direktor des Bundesrates				
Agrarausschuß	Ausschuß für Arbeit und Sozialpolitik	Ausschuß für Auswärtige Angelegenheiten		Ausschuß für Fragen der Europäischen Union	Ausschuß für Familie und Senioren	
Finanzausschuß	Ausschuß für Frauen und Jugend	Gesundheitsausschuß	Ausschuß für Innere Angelegenheiten	Ausschuß für Kulturfragen	Rechtsausschuß	
	Ausschuß für Städtebau, Wohnungswesen und Raumordnung	Ausschuß für Umwelt, Naturschutz und Reaktorsicherheit	Ausschuß für Verkehr und Post	Ausschuß für Verteidigung	Wirtschaftsausschuß	
Parlamentsdienst und Präsidialbüro	Presse, Information, Eingaben	Stenographischer Dienst	Vorprüfungsstelle	Dokumentation	Verwaltung	Informationstechnik
	Geschäftsstelle der Europakammer	Verbindungsstelle des Bundesrates zum Europäischen Parlament	Büro der Delegation des Bundesrates zur Nordatlantischen Versammlung		Vermittlungsausschuß des Deutschen Bundestages und des Bundesrates	

Erstellt nach dem Organisationsplan des Sekretariats des Bundesrats (Stand: 1. November 1995).

Deshalb spricht die Geschäftsordnung des Bundesrats (GO-BR) auch nicht von Legislaturperioden, sondern vom „Geschäftsjahr des Bundesrats", das am 1. November eines jeden Jahres beginnt und am 31. Oktober des folgenden endet.

Präsident des Bundesrats

Die Präsidenten des Bundesrats werden aus der Mitte des Bundesrats für ein Jahr gewählt (Art. 52 Abs. 1 GG). Auch diese – für uns heute wenig spektakuläre Bestimmung – bekommt ihre verfassungsrechtliche Bedeutung erst im Vergleich mit den Bestimmungen der Verfassung von 1871, die den Reichskanzler zum Vorsitzenden des Bundesrats erklärt hatte. Dieser Gewaltenverschränkung von Bundesexekutive und Zweiter Kammer hat der Parlamentarische Rat eine Absage erteilt. In Form eines „gentlemen agreement" bzw. als Kompensation für die „Ungleichheit" der Länderstimmen im Bundesrat haben die Ministerpräsidenten am 30. August 1950 im „Königsteiner Abkommen" vereinbart, daß jedes Bundesland turnusmäßig die Präsidentschaft übernimmt. Zuerst wird der Regierungschef des Landes mit der höchsten Bevölkerungszahl Bundesrats-Präsident. Ihm folgt als Präsident im nächsten Amtsjahr der Ministerpräsident des Landes mit der nächst geringeren Bevölkerungszahl etc. Nach Ablauf des Turnus, d.h. jetzt nach 16 Jahren, beginnt die Abfolge von neuem. Erster Präsident des Bundesrats war 1950 Karl Arnold (CDU), damaliger Ministerpräsident des Landes Nordrhein-Westfalen.

3.3 Organisation und Arbeitsweise

Will man die Funktionsmechanismen, Arbeitsweise und informellen Spielregeln, kurzum das „Innenleben" einer Institution erkunden und verstehen, ist eine der ersten Voraussetzungen, daß man sich in deren Geschäftsordnung vertieft bzw. sich deren organisatorische Struktur vergegenwärtigt. Zum Kennenlernen der organisatorischen Struktur des Bundesrats ist ein nach wie vor aufschlußreicher und lesenswerter Kommentar die Studie von NEUNREITHER (1959, hier insbesondere: 18ff.).

Gremien des Bundesrats

Die derzeit gültige GO-BR (i.d.F. v. 26. November 1993; ; abgedruckt in: Handbuch des Bundesrates 1994/95: 106ff.) kennt neun Gremien: das Plenum, den Präsidenten, die Vizepräsidenten, das Präsidium, den Ständigen Beirat, die Schriftführer, die Ausschüsse und die Europakammer (vgl. Schaubild: Organisationsplan des Bundesrats). Analog zum Bundestag gliedert sich der Bundesrat in drei Ebenen: in das Präsidium (Präsident und drei Vizepräsidenten) als der Führungsebene, in das Plenum (69 Bundesratsmitglieder) als der Beschlußebene und in die 16 Ausschüsse als der Arbeitsebene, in denen die Plenarbeschlüsse vorbereitet werden.

Ständiger Beirat

Eine Besonderheit des Bundesrats ist die Einrichtung des Ständigen Beirats (§9 GO-BR), dem die Bevollmächtigten der Länder beim Bund angehören. Der Ständige Beirat erfüllt annähernd analoge Funktionen zum parlamentarischen Ältestenrat: Er berät und unterstützt den Präsidenten und das Präsidium bei der Vorbereitung der Sitzungen und der Führung der Verwaltungsgeschäfte des Bundesrats.

Europakammer

Eine zweite Besonderheit ist die Europakammer, die im Juni 1988 als „EG-Kammer" eingerichtet worden ist (45 b GO-BR). Aufgabe der Europakammer, deren Beschlüsse die Wirkung von Bundesratsbeschlüssen haben, ist es, über eilbedürftige oder vertrauliche EG-Vorlagen zu verhandeln und zu beschließen. In die Europakammer entsendet jedes Land ein Bundesratsmitglied (vgl. dazu Teil 3, Kapitel 4).

Anders als der Bundestag, der innerhalb der Ausschüsse und vor allem innerhalb der Fraktionen stark hierarchisiert ist, verkörpert der Bundesrat eher eine egalitäre „relativ abgeschlossene Oligarchie" (BEYME 1974: 386). Als Minister verfügen alle Bundesratsmitglieder über ähnliche politische Erfahrungen und Fähigkeiten; die Ministerpräsidenten, in ihren Landesregierungen primus inter pares, sind im Bundesrat eher primi inter pares, was ihre dominierende Stellung relativiert. Der turnusmäßig festgelegte Wechsel im Bundesratspräsidium und die fortlaufende Erneuerung des Bundesrats mögen ein Übriges dazu leisten.

Allenfalls bei den Ausschüssen läßt sich eine gewisse Hierarchie festmachen. Die von NEUNREITHER bereits 1959 festgestellte Rangfolge hat nach wie vor Gültigkeit: Wie im Bundestag stehen ganz oben in der Hierarchie der Ausschuß für Auswärtige Angelegenheiten und der Ausschuß für Verteidigung. Die Politikfelder dieser beiden „politischen" Ausschüsse sind ausschließlich Angelegenheiten des Bundes. Da es deshalb auf Länderebene keine korrespondierenden Fachministerien gibt, liegt die fachliche Zuständigkeit für diese Bundesratsausschüsse in der Regel bei den Staatskanzleien der Ministerpräsidenten. Daß ihre Mitglieder ganz überwiegend die Ministerpräsidenten bzw. Bürgermeister der Stadtstaaten sind, unterstreicht darüberhinaus ihr politisches Gewicht. Im Geschäftsjahr 1994/95 waren im Ausschuß für Auswärtige Angelegenheiten ausschließlich Regierungschefs vertreten; von den 16 Mitgliedern des Ausschusses für Verteidigung waren neun Regierungschefs. Ganz oben in der Hierarchie angesiedelt war auch der (inzwischen aufgelöste) Ausschuß Deutsche Einheit (früher: Gesamtdeutscher Ausschuß bzw. Ausschuß für innerdeutsche Beziehungen), dem immerhin 13 Regierungschefs angehörten.

Hierarchie der BR-Ausschüsse

Politiker, Wissenschaftler und Journalisten fällen über die Arbeitsweise des Bundesrats Urteile, die sich alle mehr oder weniger ähneln. Danach arbeitet der Bundesrat „geräuschlos", „höchst effizient", „eher im Hintergrund", „in einer sachlichen und kollegialen Atmosphäre" etc. Helmut HERLES, als langjähriger Korrespondent der Frankfurter Allgemeinen Zeitung und späterer Studioleiter des ZDF in Bonn ein intimer Kenner der „Bonner Politik", hat die Atmosphäre im Bundesrat bildreich beschrieben:

„Geräuschlose" Arbeitsweise des BR

„Im Bundesrat dominiert leises Kammerspiel. Keiner seiner Redner nimmt den Mund voller Kieselsteine, um wie jener antike Rhetor das Anschreien gegen die Brandung des Meeres zu proben. Selten nur wird ein Zwischenruf gemacht, Beifall wird kaum gespendet, in der Regel nicht. Der größte Gefühlsausbruch ist die Heiterkeit" (HERLES 1981: 231).

Zwischen der Bedeutung des Bundesrats im politischen System der Bundesrepublik Deutschland und der ganz und gar undramatischen und eher beiläufigen Art, wie im Plenum des Bundesrats Entscheidungen gefällt werden, besteht eine verblüffende Diskrepanz. So versammelt sich der Bundesrat in der Regel alle drei oder vier Wochen freitags um 9.30 Uhr. Das in der Regel sehr umfangreiche Sitzungsprogramm, manchmal mehr als 80 Tagesordnungspunkte, wird straff abgewickelt. Die Plenarsitzungen des Bundesrats gleichen ritualisierten Zeremonien: Der Präsident des Bundesrats ruft einen Tagesordnungspunkt auf. Einige Beratungspunkte bilden meist den Schwerpunkt der Sitzung und werden ausführlich debattiert. Anders als im Bundestag gibt es im Bundesrat keine Redezeitbegrenzung. Zu den übrigen Punkten geben die Redner häufig ihre Erklärungen ohne mündlichen Vortrag zu Protokoll. Dann erfolgt die Abstimmung.

Einheitliche Stimmabgabe

Da das Grundgesetz vorschreibt, daß die Stimmen eines Landes – wie im Bundesrat des Kaiserreiches – nur einheitlich abgegeben werden können (Art. 51 Abs. 3 Satz 1 GG), erheben sich oft nur 16 Hände zur Abstimmung, d.h. die Regierungschefs stimmen für die übrigen Bundesratsmitglieder ihrer Länder mit ab. Eben weil die 69 Bundesratsmitglieder instruierte Vertreter ihrer Landesregierungen sind, sind die Vollversammlungen des Bundesrats eher Foren, in denen bereits gefällte Entscheidungen registriert und dokumentiert werden, in denen aber nicht um politische Entscheidungen gerungen wird.

im Bundesrat Abfolge der Entscheidungsstufen

Deshalb wollen wir die Entscheidungsstufen verfolgen, die den Plenarsitzungen vorausgegangen sind und deren zeitliche und institutionelle Abfolge durch die GO-BR reglementiert ist. Anders als bei der Beratung von Gesetzentwürfen, Anträgen und Entschließungen im Bundestag erfolgt im Bundesrat keine erste Beratung im Plenum. Vielmehr weist der Bundesratspräsident Vorlagen direkt den Ausschüssen zur Beratung und Formulierung von Beschlußempfehlungen zu und bestimmt den federführenden Ausschuß (36 Abs.1 GO-BR). In 39 Abs.5 GO-BR heißt es: „Die Ausschüsse sollen ihre Beratungen am achten Tag vor der nächsten Sitzung des Bundesrats abgeschlossen haben". Da der Bundesrat turnusmäßig freitags tagt, müssen die Bundesratsausschüsse ihre Beschlußempfehlungen also spätestens am Donnerstag der Vorwoche abgeben.

Wenn wir diese Regelung in praktische Politik übersetzen, bedeutet dies: Die Landesregierungen, die zu Beginn jeder Woche ihre Kabinettssitzungen abhalten, bekommen wenige Tage vorher die Empfehlungen der Bundesratsausschüsse zugestellt, die dann Grundlage für die Instruktion der Bundesratsmitglieder sind, die drei Tage später im Bundesrat ihr Votum abgeben müssen.

Wir können daraus zwei Schlußfolgerungen ziehen:

Formal ausschlaggebende Bedeutung der Sitzungen der Länderkabinette

– Die formal entscheidende Station für Bundesratsentscheidungen sind die vorausgegangenen Kabinettssitzungen der Landesregierungen. Die Abstimmungsergebnisse, die freitags zentral im Bundesrat fallen, sind faktisch bereits dienstags an den Kabinettstischen der Landesregierungen entschieden worden.

Inhaltlich entscheidende Beratungen in BR-Ausschüssen

– Die inhaltlich entscheidende Station aber sind die Beratungen in den Ausschüssen des Bundesrats, die die eigentlichen Beratungs- und Arbeitseinheiten des Bundesrates sind. Betrachten wir nochmals die zeitliche Abfolge: drei bis vier Tage (ein Wochenende eingeschlossen!) liegen in der Regel zwischen der Zustellung der Ausschußempfehlungen, und zwei bis drei Tage liegen zwischen Länderkabinetts- und Bundesratsentscheidungen. Dieses enge Zeitkorsett erklärt, weshalb Länderinitiativen, die das Abstimmungsverhalten der eigenen Vertreter in Bundesratsausschüssen bis zur Plenarsitzung modifizieren oder gar wesentlich ändern könnten, praktisch ausgeschlossen sind. Wie sollten innerhalb von zwei Tagen verläßliche Verbündete bei anderen Landesregierungen mobilisiert werden?

Besonderheiten der Bundesratsausschüsse

Um die „Einzigartigkeit" der Institution Bundesrat verstehen zu können, sind zwei Besonderheiten der Ausschüsse von Bedeutung: Anders als im Plenum des Bundesrats hat in den Bundesratsausschüssen jedes Land einen Sitz und eine Stimme. Bis 1990 galt dies auch für die Vertreter West-Berlins. Damit ist die

Konstellation durchaus möglich, daß beispielsweise ein Gesetzentwurf der Bundesregierung von dem federführenden Ausschuß mit Stimmenmehrheit abgelehnt wird und daß diese Ausschuß-Empfehlung ihrerseits wieder im Bundesrats-Plenum abgelehnt wird.

Entscheidender aber noch ist die zweite Besonderheit. In Art. 52 Abs. 4 GG heißt es: „Den Ausschüssen des Bundesrates können andere Mitglieder *oder Beauftragte der Regierungen der Länder angehören*" (Hervorhebung d.V.). Beauftragte der Länderregierungen sind – wie im „alten" Bundesrat – Spitzenbeamte der Länderverwaltungen, d.h. Staatssekretäre und/oder Abteilungsleiter der Länderministerien. Obwohl das Handbuch des Bundesrates 1994/95 auch für die Ausschüsse ausschließlich Landesminister als Mitglieder aufführt, sind die Bundesratsmitglieder in den Ausschüssen in der Regel durch „Beauftragte", d.h. Beamte vertreten. Dies ist aus zeit- und arbeitsökonomischen Gründen durchaus sinnvoll – könnten nur Mitglieder der Landesregierungen Mitglieder in den Bundesrats-Ausschüssen sein, würde dies das Zeitbudget jedes Ministers „sprengen". Die Regelung erfüllt aber auch die Intention der Bundesratslösung, nämlich das Wissen und die Erfahrungen der Länderverwaltungen für die Gesetzgebung und Verwaltung des Bundes fruchtbar zu machen. Die entscheidenden inhaltlichen Vorbereitungen, Klärungs- und Abstimmungsprozesse für die Zweite Kammer finden also zwischen den Ministerialbürokratien des Bundes und der Länder statt, die an kein politisches Mandat gebunden und keiner politisch-parlamentarischen Kontrolle unterworfen sind.

Zurecht betont deshalb NEUNREITHER die „bürokratische Funktion" des Bundesrats, „weil der bürokratische Unterbau durch das Monopol der Vorbereitungen und den so oft gelobten Zeitdruck der kurzen Fristen eine starke Stellung gegenüber den Politikern erlangt" (NEUNREITHER 1959: 134). Die oft positiv hervorgehobene, sachbezogene und kompetente Vorbereitung der Arbeit des Bundesrats wird damit um den Preis nicht vorhandener demokratischer Kontrolle und Transparenz erkauft. Den tatsächlichen Umfang der „Grauzone" informeller Abstimmungsprozesse, die den Ausschußsitzungen vorausgehen bzw. diese flankieren, wird man nur dann ermessen können, wenn man sich vergegenwärtigt, daß das bereits genannte enge „Zeitkorsett" zwischen Abgabe von Ausschußempfehlungen, Kabinettssitzungen der Landesregierungen und Bundesratsplenum für die Ausschußberatungen auch selbst zutrifft. Es ergibt sich von daher zwingend, daß bereits in einem frühen Stadium der Konzipierung von Gesetzesinitiativen der Bundesregierung auf informeller Ebene bi- und multilaterale Kontakte und Informationsgespräche zwischen den Ministerialverwaltungen des Bundes und der Länder stattfinden müssen.

Dieser informelle Bereich der Bund-Länder-Beziehungen ist in der politikwissenschaftlichen Föderalismusforschung bisher noch kaum erforscht. Seine Kenntnis würde viel zum Verständnis der Funktionsmechanismen des Föderalismus in der Bundesrepublik Deutschland beitragen und sicherlich Aufschlußreiches über den Stellenwert des Verhandlungs- und Kommunikationsgeschicks einzelner Ministerialbeamter für das Funktionieren einer effektiven Staatsverwaltung im Föderalismus verraten.

„Bürokratische" Grauzonen im BR

Informeller Bereich der B-L-Beziehungen als Forschungslücke

4. Gesetzgebung im Spannungsverhältnis von Parlamentarismus und Föderalismus

4.1 Die Kompetenzen des Bundesrats im Gesetzgebungsverfahren

Starke Stellung des BR im Gesetzgebungsverfahren

Die Stellung des Bundesrats im Gesetzgebungsverfahren wird von Staatsrechtlern, Politikwissenschaftlern und Politikern unisono als „stark" bezeichnet (SCHENKE 1989: 1510). Der Politikwissenschaftler THAYSEN spricht gar vom „überragenden Einfluß" des Bundesrats auf die Gesetzgebung des Bundes (THAYSEN 1985: 4). Dies korrespondiert mit der These, daß die Akteure des bundesstaatlichen Föderalismus die Länderregierungen sind bzw. die ihnen unterstehenden Ministerialverwaltungen. Wenn von der Rolle der Länder oder den Handlungsspielräumen der Länder im deutschen Bundesstaat die Rede ist, muß man zwischen Länderregierungen und Länderparlamenten unterscheiden. Auch die These, daß „die Länder" für ihre schrumpfenden Gesetzgebungskompetenzen durch die zunehmende Mitwirkung an der Bundesgesetzgebung über den Bundesrat eine „Kompensation" erhalten, übersieht, daß diese Kompensation allein den Länderregierungen zugutekommt (vgl. Teil 3, Exkurs: Funktionswandel und Funktionsverlust der Landesparlamente).

„Stark" ist immer eine relative Kategorie, die sich in unserem Fall auf die Stellung und Kompetenzen desjenigen Verfassungsorgans beziehen muß, das im Gesetzgebungsverfahren oberste Legitimationsinstanz ist: das Parlament bzw. der Deutsche Bundestag. Erinnern wir uns: Eines der zentralen Merkmale der parlamentarischen Demokratie ist die dominierende Rolle des Parlaments – als der unmittelbar demokratisch legitimierten Vertretung des Staatsvolks – bei der Gesetzgebung. Die Gesetzgebung wird grundsätzlich durch das Parlament ausgeübt. So heißt es in Art. 77 Abs. 1 S. 1 GG: „Die Bundesgesetze werden vom Bundestag beschlossen".

Abgestufte Mitwirkung

Ein Blick auf das folgende Schaubild scheint diese Aussage Lügen zu strafen. Es erweckt den Eindruck eines Labyrinths, in dem man sich ohne „roten Faden" hoffnungslos verlaufen muß. In der Tat: Die Gesetzgebung des Bundes ist ein mehrphasiger, sich variierender, vielfältig rückgekoppelter Prozeß der Vermittlung und Entscheidung, an dem nicht nur Bundestag und Bundesrat, sondern auch die Bundesregierung, der Vermittlungsausschuß und sogar der Bundespräsident beteiligt sind. Wir haben im Kapitel über die verfassungsrechtlichen Aufgaben und Befugnisse des Bundesrats gesehen, daß der Bundesrat bei der Bundesgesetzgebung ein abgestuftes Mitwirkungsrecht hat. Wir haben zwischen beratender, initiierender und beschlußfassender Mitwirkung unterschieden. Um diese Unübersichtlichkeit zu strukturieren, wollen wir uns schrittweise den verschiedenen Varianten und Phasen der Gesetzgebung nähern. Unser „roter Faden" sind dabei das Grundgesetz und die Geschäftsordnung des Deutschen Bundestages (GO BT). Beginnen wir mit der einfachen Variante:

Einspruchsgesetze

Aus der Mitte des Bundestages wird eine Gesetzesvorlage zu einem sog. „einfachen Gesetz" oder auch „Einspruchsgesetz" eingebracht, d.h. zu einem Gesetz, von dessen Regelungsgehalt die Länderkompetenzen nicht tangiert sind. Im Bundestag beginnt daraufhin das in der GO BT festgelegte Beratungsprozedere mit 1. Lesung im Plenum, Beratung in den Ausschüssen, 2. und 3. Le-

Schaubild 4: Gang der Gesetzgebung

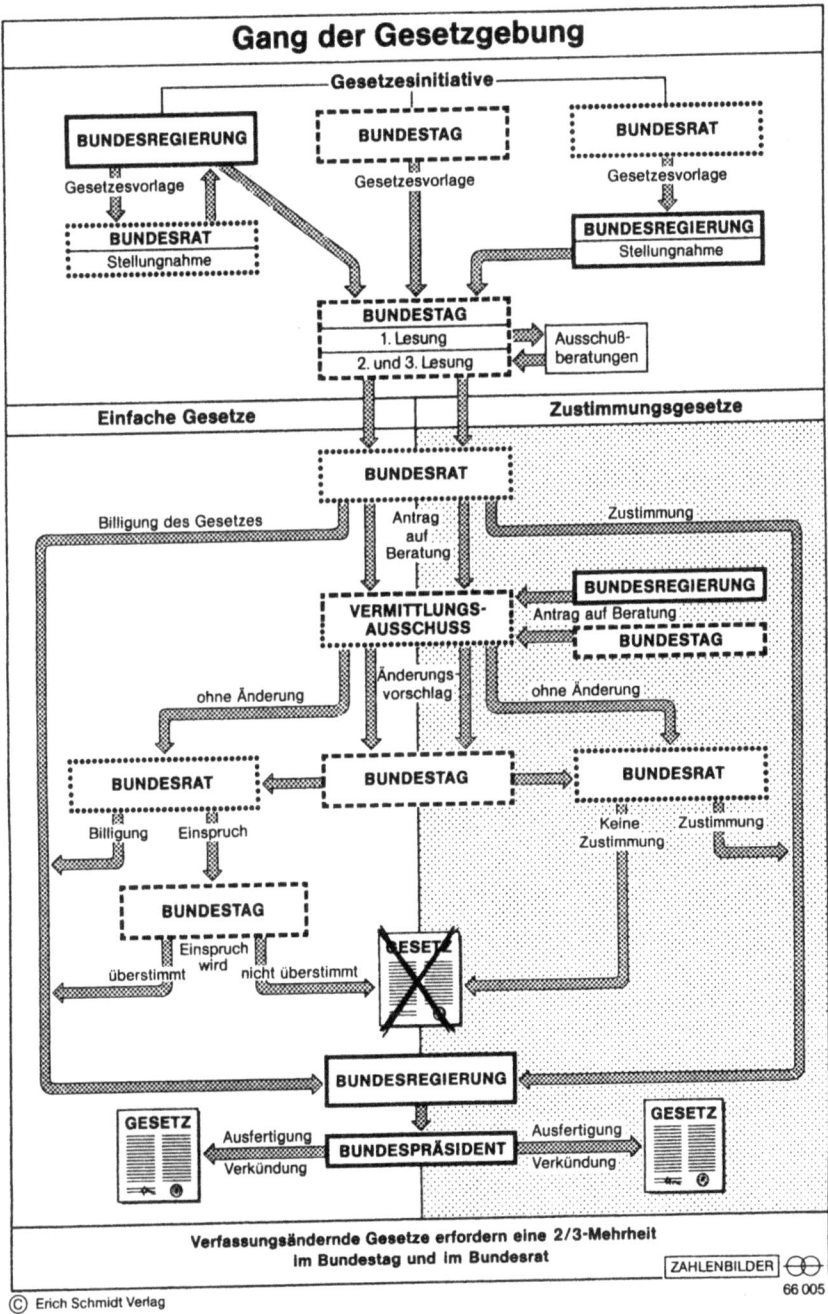

Aus: Datenhandbuch zur Geschichte des Deutschen Bundestages 1980 bis 1987. Baden-Baden 1988, S. 529

sung und Beschlußfassung im Plenum. Hat der Bundestag sein Gesetzgebungsverfahren abgeschlossen, geht des Gesetz zum sog. „Zweiten Durchgang" an den Bundesrat (Art. 77 Abs. 1 GG).

Suspensives Vetorecht

Wird das Gesetz vom Bundesrat gebilligt, wird es über die Bundesregierung an den Bundespräsidenten weitergeleitet, der das Gesetz ausfertigen und verkünden läßt. Stimmt der Bundesrat einem sog. „einfachen Gesetz" nicht zu, hat er nach Art. 77 Abs. 2 GG die Möglichkeit, den Vermittlungsausschuß anzurufen – ein Organ, mit dem wir uns im folgenden Kapitel noch näher beschäftigen werden. Ist der Bundesrat mit dem im Vermittlungsausschuß erzielten Kompromiß und mit dem vom Bundestag erneut beschlossenen Gesetz wiederum nicht einverstanden, kann er nach Art. 77 Abs. 3 GG sein „suspensives Vetorecht" einlegen. Wird der Einspruch des Bundesrats mit Mehrheit beschlossen, kann er durch Beschluß der Mehrheit der Mitglieder des Bundestages zurückgewiesen werden. Ein mit Zweidrittelmehrheit beschlossener Einspruch des Bundesrates kann nur durch eine Zweidrittelmehrheit, wenigstens durch eine absolute Mehrheit des Bundestages zurückgewiesen werden (Art. 77 Abs. 4 GG).

In dieser Gesetzgebungsvariante wird der Verfassungsnorm vom Parlament als oberster Gesetzgebungsinstanz am ehesten Rechnung getragen: Der Bundesrat wird in einer späten Phase des Verfahrens, nämlich nach Abschluß der parlamentarischen Beratung eingeschaltet und kann mit der Einschaltung des Vermittlungsausschusses und gegebenenfalls einem aufschiebenden Veto intervenieren, das vom Bundestag aber überstimmt werden kann.

Komplexes Zusammenwirken der Verfassungsorgane im Gesetzgebungsprozeß

Differenzierter und – eben dem Föderalismus entsprechend – auch komplizierter wird das Zusammenwirken der Verfassungsorgane in den vier anderen Varianten bundesdeutscher Gesetzgebung, wenn es sich entweder um verfassungsändernde Gesetze oder um „Zustimmungsgesetze" handelt und/oder um Gesetzesvorlagen, die entweder von der Bundesregierung oder vom Bundesrat selbst eingebracht worden sind.

Absolutes Vetorecht des Bundesrats

In den ersten beiden Varianten hat der Bundesrat ein absolutes Vetorecht. Erlangen also verfassungsändernde Gesetze, die der Bundestag mit Zweidrittelmehrheit beschlossen hat, nicht ebenfalls die Zustimmung einer Zweidrittelmehrheit im Bundesrat, ist keine Verfassungsänderung möglich (Art. 79 Abs. 2 GG). Dasselbe gilt für sog. „Zustimmungsgesetze", die nicht in Kraft treten können, wenn sie nicht von der absoluten Stimmenmehrheit (= mindestens 35 Stimmen) des Bundesrats gebilligt werden.

In diesen beiden Gesetzgebungsvarianten wirken Bundestag und Bundesrat gleichberechtigt im Gesetzgebungsverfahren. Dem Bundestag als dem zentralen Machtzentrum im parlamentarischen Regierungssystem wird ein gleich starkes Machtkorrektiv zur Seite gestellt; die klassische horizontale Gewaltenteilung in Legislative, Exekutive und Judikative wird um ein zusätzliches Moment erweitert.

„Vorparlamentarische" Mitwirkung des BR

Von einer anderen Qualität ist die Mitwirkung des Bundesrats bei Gesetzgebungsverfahren, die entweder von der Bundesregierung oder von ihm selbst initiiert werden. Hier wird der Bundesrat bereits in einer Phase in den Gesetzgebungsprozeß einbezogen, die dem eigentlichen parlamentarischen Gesetzgebungsverfahren vorgeschaltet ist. In dem obigen Schaubild kommt dies auch anschaulich zum Ausdruck. In dieser vorparlamentarischen Phase der Gesetzesberatung interagieren ausschließlich Bundesregierung und Bundesrat. Macht die

124

Bundesregierung von ihrem Recht zur Gesetzesinitiative nach Art. 76 Abs. 1 GG Gebrauch, muß die Gesetzesvorlage zunächst dem Bundesrat zur Stellungnahme zugeleitet werden (Art. 76 Abs. 2 GG).

Mit diesem sog. „Ersten Durchgang" oder „politischen Durchgang" hat der Bundesrat die Möglichkeit, verfassungsrechtliche, politische und praktische Fragen der Gesetzesvorlage zu prüfen. Gesetzesvorlage nebst Stellungnahme gehen dann zurück an die Bundesregierung, die diese Stellungnahme gegebenenfalls wiederum mit einer eigenen Stellungnahme versieht. Erst nach diesem „Präludium" gehen Gesetzesvorlage nebst Stellungnahme(n) an den Bundestag. Macht der Bundesrat von seinem Gesetzesinitiativrecht Gebrauch, hat er seine Gesetzesvorlage nach Art. 76 Abs. 3 GG zunächst der Bundesregierung zuzuleiten. Während der Bundesrat innerhalb von sechs Wochen seine Stellungnahme abgeben muß (Art. 76 Abs. 2 GG), hat die Bundesregierung dafür allerdings drei Monate Zeit (Art. 76 Abs. 3 GG).

Wenn wir die bisher dargestellten Kompetenzen des Bundesrats im Gesetzgebungsprozeß zusammenfassen wollen, können wir folgendes festhalten:

Zusammenfassung:
Kompetenzen des BR im
Gesetzgebungsprozeß

- Der Bundesrat selbst hat – neben Bundestag und Bundesregierung – das Recht, Gesetzesvorlagen in den Bundestag einzubringen.
- Mit abgestufter Wirkung hat der Bundesrat in zwei Phasen der Gesetzgebung die Möglichkeit der Intervention: Bei Gesetzesvorlagen der Bundesregierung kann er dem Parlament seine Position vor Beginn des eigentlichen parlamentarischen Verfahrens darlegen und damit den Gang der Beratungen im Bundestag indirekt beeinflussen; er kann nach Abschluß des parlamentarischen Beratungsverfahrens Gesetzesbeschlüsse des Bundestags durch ein aufschiebendes Veto eventuell modifizieren oder aber durch ein absolutes Veto zu Fall bringen.
- Sprechen allein schon diese normativen Kompetenzen für eine „starke" Stellung des Bundesrats im Gesetzgebungsverfahren, wird dies noch durch das Recht unterstrichen, bei „einfachen" und Zustimmungsgesetzen nach Art. 77 Abs. 2 GG den Vermittlungsausschuß anzurufen und damit in einer Institution sui generis jenseits von Öffentlichkeit und frei von jeglicher Gebundenheit Einfluß auf die Gesetzgebung zu nehmen – doch dazu weiter unten.

Wir wollen uns zum Abschluß anhand der Statistik (vgl. Handbuch des Bundesrates 1994/95: 296ff.) einen Überblick über Umfang und Qualität der Mitwirkung des Bundesrats im Gesetzgebungsprozeß verschaffen:

Umfang und Qualität der
BR-Mitwirkung im
Gesetzgebungsprozeß

- Die drei Verfassungsorgane Bundestag, Bundesrat und Bundesregierung nehmen ihr Recht zur Gesetzesinitiative in ganz unterschiedlichem Umfang wahr. Die meisten Gesetzesvorlagen (von 1949 bis 1994: 4.408) werden von der Bundesregierung eingebracht. Ihr folgt der Bundestag mit insg. 2.575 Gesetzesvorlagen. Mit 485 Gesetzentwürfen in zwölf Wahlperioden nimmt der Bundesrat sein Gesetzesinitiativrecht nicht so häufig wahr.
- Diese Tendenz der abgestuften Wahrnehmung der Gesetzesinitiative gewinnt noch an Gewicht, schaut man sich die Erfolgsquoten an: Von den 4.408 Gesetzesinitiativen der Bundesregierung sind 3.799 bzw. knapp 86% als Gesetze ausgefertigt und verkündet worden; von den 2.575 vom Bundestag eingebrachten sind es noch 875 bzw. ca. 34%, von den 485 vom Bundesrat eingebrachten sind es 163 bzw. ebenfalls ca. 34%.

– In 98% der Fälle, d.h. in absoluten Zahlen: bei 4.815 von 4.934 Gesetzesvorlagen, hat der Bundesrat den vom Bundestag beschlossenen Gesetzen
seine Zustimmung erteilt.

Schlußfolgerungen Für die politische Praxis des Zusammenwirkens von Bundesregierung, Bundestag und Bundesrat in der Gesetzgebung können wir daraus als Schlußfolgerung
ableiten, daß das Gesetzesinitiativrecht für die politische Bedeutung des Bundesrats im Gesetzgebungsverfahren von untergeordneter Bedeutung ist. Politisch
bedeutsamer ist der Einfluß, den der Bundesrat über sein Mitwirkungsrecht im
„Ersten Durchgang", d.h. über seine Stellungnahmen zu den Gesetzesvorlagen
der Bundesregierung ausübt. Damit interagieren im Gesetzgebungsverfahren in
einem sehr frühen Stadium die Ministerialbürokratie des Bundes und die Länderbürokratien, quasi als Subsysteme unterhalb der Verfassungsorgane, was nicht
ohne Einfluß auf den Beratungsprozeß der im Bundestag vertretenen politischen
Parteien bleiben kann.

4.2 Der Vermittlungsausschuß – „Scharnier" zwischen Bundestag und Bundesrat oder „Überparlament"?

Föderale
Streitschlichtung

Unsere Beschäftigung mit dem institutionellen Zusammenwirken von Bundestag
und Bundesrat im Gesetzgebungsverfahren wäre unvollständig, wenn wir nicht
noch den Blick auf eine Institution werfen würden, die sich auf dem überaus
schmalen Grat einer Schlichtungsinstanz zwischen den beiden Verfassungsorganen bewegt: den Vermittlungsausschuß.

Verzahnung von
politischer und
territorialer
Repräsentation

Gänzlich ohne Vorläufer in der deutschen Verfassungsgeschichte – sein
Vorbild waren vor allem die Conference Committees des Kongresses der Vereinigten Staaten von Amerika (vgl. dazu REINERT 1966, der darüberhinaus einen
internationalen Überblick über vergleichbare Institutionen gibt) – symbolisiert
der Vermittlungsausschuß wie kaum eine andere Institution im politischen System der Bundesrepublik die Verzahnung von territorialem und politischem Repräsentationsprinzip. Um Stellung und Funktion des Vermittlungsausschusses im
Verfassungsgefüge der Bundesrepublik einschätzen zu können, müssen wir uns
nochmals vergegenwärtigen, daß das Grundgesetz dem Bundesrat mit seinen absoluten und suspensiven Vetorechten im Gesetzgebungsprozeß eine bemerkenswert starke Stellung einräumt. Die Intention des Parlamentarischen Rats, damit
eine Machtbalance zwischen Parlament als dem demokratischen und Bundesrat
als dem föderalistischen Element herzustellen, wird mit der Einrichtung des Vermittlungsausschusses konsequent aufgegriffen. Im Vermittlungsausschuß werden ein politisches und ein territoriales Repräsentativorgan, ein der Diskontinui-
tät unterliegendes und ein ständiges Verfassungsorgan quasi „verschmolzen".

Die Geschäftsordnung des Vermittlungsausschusses (künftig: GO VermA)
hat diese an sich nicht zu vereinbarenden Prinzipien durch zwei Bestimmungen
zum Ausgleich gebracht:

– Jedes Bundesland entsendet ein Mitglied in den Vermittlungsausschuß.
– Während der Legislaturperiode des Bundestages ist der Vermittlungsausschuß ein ständiger Ausschuß, der sich zu Beginn jeder Legislaturperiode
neu konstituiert.

Da Parität der Kontrahenten ein Prinzip jeder Schlichtungsinstanz ist, hatte der Vermittlungsausschuß folgerichtig bis zur deutschen Einheit 22 Mitglieder, davon elf Bundesrats- und elf Bundestagsmitglieder, wobei der Stellenanteil der Fraktionen des Bundestages nach dem d'Hondtschen Verfahren errechnet wird. Seit dem November 1990 besteht der Vermittlungsausschuß aus 32 Mitgliedern (1 GO VermA i.d.F.v. 12.11.1990).

Beschäftigen wir uns zunächst mit den Rechtsgrundlagen des Vermittlungsausschusses, dem Art. 77 Abs. 2 GG und der GO VermA (abgedruckt in: Handbuch des Bundesrates 1994/95: 154ff.), um uns dann der politischen Praxis zuzuwenden.

Rechtsgrundlagen des Vermittlungsausschusses

Anrufungsberechtigung, Anrufungsgegenstand und Zusammensetzung des Vermittlungsausschusses regelt Art. 77 Abs. 2 GG (Art. 77 Abs. 3 und 4 GG regeln mögliche Verfahren nach erneuter Beschlußfassung des Bundestages, die uns aber hier nicht weiter beschäftigen sollen):

„Der Bundesrat kann binnen drei Wochen nach Eingang des Gesetzesbeschlusses verlangen, daß ein aus Mitgliedern des Bundestages und des Bundesrates für die gemeinsame Beratung von Vorlagen gebildeter Ausschuß einberufen wird. Die Zusammensetzung und das Verfahren dieses Ausschusses regelt eine Geschäftsordnung, die vom Bundestag beschlossen wird und der Zustimmung des Bundesrates bedarf. Die in diesen Ausschuß entsandten Mitglieder des Bundesrates sind nicht an Weisungen gebunden. Ist zu einem Gesetz die Zustimmung des Bundesrates erforderlich, so können auch der Bundestag und die Bundesregierung die Einberufung verlangen. Schlägt der Ausschuß eine Änderung des Gesetzesbeschlusses vor, so hat der Bundestag erneut Beschluß zu fassen".

Ausgehend vom Wortlaut des Verfassungsartikels können wir zunächst festhalten:

- Im Grundgesetz selbst taucht der Name „Vermittlungsausschuß" gar nicht auf – er ist eine Wortschöpfung der Geschäftsordnung. In Art. 77 Abs. 2 S.1 GG ist lediglich die Rede von einem „aus Mitgliedern des Bundestages und des Bundesrates für die gemeinsame Beratung von Vorlagen gebildete(n) Ausschuß".
- Anrufungsberechtigt sind der Bundesrat sowie – aber nur bei Zustimmungsgesetzen – Bundestag und Bundesregierung.
- Anrufungsgegenstand können nur Gesetze sein, die das parlamentarische Beratungsverfahren durchlaufen haben und vom Bundestag abschließend beraten und beschlossen worden sind. Allerdings – und hier liegt die zusätzliche Stärkung der Bundesratsposition im Gesetzgebungsverfahren – kann der Bundesrat den Vermittlungsausschuß nicht nur bei Zustimmungsgesetzen anrufen, die er durch sein absolutes Veto sowieso zu Fall bringen könnte, sondern auch bei einfachen Gesetzen. Über das Instrument Vermittlungsausschuß kann sich der Bundesrat also in originär parlamentarische Verfassungskompetenzen einmischen und Änderungen bei Bundesgesetzen herbeiführen. Dies wird politisch vor allem dann relevant, wenn die politischen Mehrheiten im Bundestag nicht mit denen im Bundesrat übereinstimmen.
- Personell setzt sich der Vermittlungsausschuß aus Mitgliedern des Bundestages und des Bundesrats zusammen, wobei die Vertreter des Bundesrats „echte" Bundesratsmitglieder, d.h. Minister oder Ministerinnen der Landesregierungen sein müssen. Im Unterschied zu den sonstigen Ausschüssen des Bundesrates dürfen die Beamten der Landesregierungen nicht in den Vermittlungsausschuß gewählt werden.

- In Abweichung von der prinzipiellen Weisungsgebundenheit der Bundesratsmitglieder dürfen die Bundesratsvertreter im Vermittlungsausschuß keinen Weisungen unterworfen sein. Die Bundestagsvertreter sind dies ohnehin nicht – zumindest nach dem Verfassungsanspruch des Art. 38 Abs. 1 GG.

Funktion: Kompromiß- und Konsenssuche

Wenn wir ein erstes Fazit ziehen, können wir sagen, daß der Vermittlungsausschuß normativ geprägt ist von der Vorstellung der politischen Kompromiß- und Konsenssuche im kleinen Kreis, jenseits von parteipolitischer und expertenorientierter Konfrontation.

Weit schärfere Konturen als durch das Grundgesetz bekommt das verfassungsrechtliche Novum Vermittlungsausschuß durch seine Geschäftsordnung, die zu Beginn jeder Legislaturperiode vom Bundestag neu beschlossen wird und der Zustimmung des Bundesrats bedarf.

GO des Vermittlungs- ausschusses

Die GO VermA hat die Intention, daß „nicht Konkurrenz, sondern ein – wenn auch aus unterschiedlichen Blickwinkeln gespeistes partnerschaftliches Miteinander (...) nach dem Willen der Väter des Grundgesetzes das Verhältnis von Bundestag und Bundesrat im Gesetzgebungsverfahren prägen (sollte)" (FRANSSEN 1981: 291), in dreierlei Hinsicht konkretisiert. Sie legt fest, daß

- die Sitzungen des Vermittlungsausschusses nicht-öffentlich und absolut vertraulich sind. Den Mitgliedern des Vermittlungsausschusses ist es untersagt, Experten als Berater mit in die Sitzungen zu nehmen. Protokolle der Ausschußsitzungen werden erst in der übernächsten Legislaturperiode veröffentlicht;
- die Ausschußmitglieder gegenüber dem jeweils delegierenden Verfassungsorgan nicht rechenschaftspflichtig sind;
- die Vorschläge des Vermittlungsausschusses quasi endgültig sind; bei der erneuten Beratung des Einigungsvorschlags im Bundestag geben die Abgeordneten zwar persönliche Erklärungen ab, können aber keine Änderungsanträge einbringen.

Der Bundestag kann die Einigungsvorschläge entweder in toto annehmen oder in toto ablehnen, aber nicht mehr modifizieren. NEUNREITHER hat die politische Funktion des Vermittlungsausschusses treffend charakterisiert, wenn er schreibt:

„Der Vermittlungsausschuß ist betont auf eine politische und nicht auf eine expertenhafte Arbeit hin angelegt (...) daß die gesamte Arbeit des Ausschusses davon abhängt, daß sich seine Mitglieder von den offiziellen Standpunkten ihrer entsendenden Körperschaften und der von Ländern und Parteien entfernen können, daß sie also die Freiheit zum Kompromiß und zur Bejahung eines vermittelnden Vorschlags benötigen, um zu verstehen, wie sehr sich das gesamte Gremium mit einem Schleier der Undurchdringlichkeit umgibt" (NEUNREITHER 1959: 75).

„Gratwanderung" des Vermittlungsausschusses im Gesetzgebungs- verfahren

Nichtöffentlichkeit, keine Rechenschaftspflichtigkeit und quasi Endgültigkeit des Einigungsvorschlages bedeuten, daß die originäre Gesetzgebungskompetenz des demokratisch legitimierten und öffentlich verhandelnden Parlaments partiell aufgehoben und in eine Institution verlagert wird, die nur mittelbar legitimiert ist und deren Ergebnisse im „Black-Box-Verfahren" gefunden werden. Vor dem Hintergrund dieser Überlegungen bekommt die Metapher von der „schmalen Gratwanderung" ihre Bedeutung. Vorgegeben wird der „schmale Grat" von der Verfassungsintention, durch die Möglichkeit der Anrufung des Vermittlungsausschusses eine Blockade der Gesetzgebung zu vermeiden. Deshalb spricht NEUN-

REITHER davon, daß der Parlamentarische Rat sehr richtig gesehen habe, „daß eine Angleichung der Standpunkte nur durch ein mit feineren, biegsameren Methoden arbeitendes Gremium versucht werden kann" (NEUNREITHER 1959: 82).

Mit dem Vermittlungsausschuß wurde eine Institution sui generis, eine Art von Enklave innerhalb der „politischen Landschaft" der parlamentarischen Demokratie geschaffen, in der Prinzipien von direkter demokratischer Legitimation und Öffentlichkeit partiell außer Kraft gesetzt werden, um politische Stabilität als übergeordnetes Ziel zu gewährleisten.

Gewährleistung politischer Stabilität

Damit ist der Vermittlungsausschuß ein politisch hochsensibles Instrument, dessen kompetente Beherrschung bei allen Mitgliedern ein hohes Maß an politischer Kultur, Integrität und Erfahrung voraussetzt. Der Erfolg seiner Tätigkeit hängt allein von der Autorität der Ausschußmitglieder ab:

„Denn jedem von ihnen ist es überlassen, seine eigene Fraktion oder sein Land für das gefundene Ergebnis zu gewinnen, und der Erfolg dieser Bemühungen wird weitgehend von dem Ansehen und der Stellung des einzelnen abhängen" (NEUNREITHER 1959: 82).

Die politische Praxis hält der hehren normativen Zielsetzung der Verfassung nicht uneingeschränkt stand. Friedrich Vogel, langjähriger Vorsitzender des Vermittlungsausschusses und ehemaliger Staatsminister im Bundeskanzleramt, hat anläßlich des Symposiums zum 40jährigen Bestehen des Bundesrats salopp das Bekenntnis ausgesprochen: „Es wäre weltfremd davon auszugehen, daß der Bundesrat sich gleichsam lehrbuchmäßig auf seine Rolle als Tugendwächter des Föderalismus beschränken würde" (VOGEL 1989: 217) und treffend die Formel „die Vermittlungs-Ausschuß-Karte-spielen" (VOGEL 1989: 218) geprägt.

Bundesrat als Tugendwächter des Föderalismus?

Um diese Metapher verstehen zu können, müssen wir uns folgende politische Konstellation vorstellen: In den beiden Gesetzgebungsorganen Bundestag und Bundesrat herrschen „umgekehrte" Mehrheitsverhältnisse; die Opposition im Bundestag hat die Mehrheit im Bundesrat. Beabsichtigt nun die Opposition, bei einem Gesetzentwurf, den die Bundesregierung oder die Mehrheitsfraktion eingebracht hat, die „Vermittlungsausschuß-Karte" zu spielen, wird sie bei den Lesungen im Bundestag zwar kontinuierlich Ablehnung signalisieren, ohne sich aber mit der parlamentarischen Mehrheit ernsthaft um einen Kompromiß zu bemühen. Ist das Gesetz nun gegen die Stimmen der Opposition im Bundestag verabschiedet worden, kommt „die Stunde" der Bundesratsmehrheit: Sie wird im Bundesrat dem Gesetz seine Zustimmung verweigern und stattdessen den Vermittlungsausschuß anrufen und den Versuch unternehmen, den Gesetzesbeschluß des Bundestags „auszuhebeln".

Folglich erfährt auch der Vermittlungsausschuß in der verfassungsrechtlichen und politischen Diskussion eine kontroverse Bewertung. Während die einen ihm attestieren, sich in der Verfassungswirklichkeit bewährt (SCHÄFER 1974: 279) bzw. „eine positive Brückenfunktion" (POSSER 1989:211) wahrgenommen zu haben, sprechen andere vom „Überausschuß" (STROHMEIER 1982), vom „Überparlament" (ZILLER 1984: 149), von „der partiellen Aushöhlung demokratisch-parlamentarischer Prinzipien" (BEYME 1974: 382) bzw. von der „Entwertung des parlamentarischen Verfahrens durch den Vermittlungsausschuß" (SCHENKE 1989: 1506).

Entparlamentarisierung durch den Vermittlungs ausschuß?

Bevor wir uns mit diesen unterschiedlichen Bewertungen auseinandersetzen, wollen wir uns zunächst ansehen, in welchem Umfang der Vermittlungsausschuß in den bisherigen Legislaturperioden tätig geworden ist. Aus den statisti-

Einordnung der Arbeit des Vermittlungsausschusses

schen Angaben im Handbuch des Bundesrates 1994/95 können wir dreierlei ablesen:

- Der Vermittlungsausschuß ist vorrangig ein Instrument des Bundesrats, von dem ganz überwiegend der Vermittlungsausschuß angerufen worden ist bzw. wird.
- Der Vermittlungsausschuß hat vor allem dann „Konjunktur“, wenn die Opposition im Bundestag über die Stimmenmehrheit im Bundesrat verfügt. Dies war in der 7., 8. und 12. Wahlperiode der Fall, als der Koalitionsmehrheit aus SPD und FDP im Bundestag eine CDU/CSU-Mehrheit im Bundesrat bzw. der Koalitionsmehrheit aus CDU/CSU und FDP eine SPD-Mehrheit im Bundesrat gegenübergestanden hat.
- Die Mehrzahl der Beschlüsse des Vermittlungsausschusses wird vom Bundestag akzeptiert. Dies galt sogar für die Zeit der parteipolitischen Konfrontation, obwohl nicht zu übersehen ist, daß der Bundestag in diesen Wahlperioden seinerseits den Einigungsvorschlägen am häufigsten die Zustimmung versagt und damit die Gesetze hat scheitern lassen.

Die Zahlen sprechen eo ipso für die Einschätzung, daß sich der Vermittlungsausschuß in seiner „Scharnier“- bzw. „Brücken“-Funktion bewährt habe. Hinter den Zahlen verbergen sich jedoch auch Einzelfälle, in denen sich der Vermittlungsausschuß Kompetenzen angemaßt hat, die über diese Funktion weit hinausgegangen sind.

Exemplarische Kontroverse um den Vermittlungsausschuß

Die heftigste Kontroverse, die letztlich vor dem Bundesverfassungsgericht geklärt werden mußte, hat der Vermittlungsausschuß der 8. Legislaturperiode provoziert. Gegenstand der Vermittlung war ein Paket von sieben Gesetzen mit dem 2. Haushaltsstrukturgesetz als politischem Schwerpunkt, die der Bundestag in seiner 64. Sitzung am 12. November 1981 verabschiedet hatte und die als „Spar-Haushalt“ bzw. „Operation ’82“ der sozial-liberalen Koalition in die Geschichte eingegangen sind. Mit Stimmenmehrheit der CDU/CSU-regierten Länder hatte der Bundesrat in seiner 506. Sitzung am 27. November 1981 dem 2. Haushaltsstrukturgesetz seine Zustimmung verweigert. Daraufhin hat die Bundesregierung am selben Tag die Einberufung des Vermittlungsausschusses zu diesem Gesetz verlangt, woraufhin der Bundesrat seinerseits den Vermittlungsausschuß zu dem gesamten Gesetzespaket angerufen hat.

Dieses Vermittlungsverfahren ist allein schon von der damalig hochpolitischen Brisanz und dem enormen Umfang des Gegenstandes her bisher einzigartig in der Geschichte des Vermittlungsausschusses. Der seinerzeitige Ausschußvorsitzende Vogel (CDU) hat denn auch bei seiner Berichterstattung im Bundestag betont, daß „das Vermittlungsverfahren (...) allen Mitgliedern des Vermittlungsausschusses ein hohes Maß an intellektueller Anstrengung und physischem Einsatz abverlangt (hat)“ (BT Sten.Ber. 9/73: 4259 A).

Die politische und verfassungsrechtliche Bedeutung dieses Vermittlungsverfahrens liegt in der Tatsache, daß der Vermittlungsausschuß den Gegenstand seiner Beratungen sehr weit definiert hat und in Art. 26 a des Einigungsvorschlages ein „Gesetz zum Abbau der Fehlförderung und der Mietverzerrung“ vorgelegt hat. (Auf dem Symposium zum 40jährigen Bestehen des Bundesrats sind diese Vorgänge sehr anschaulich geschildert worden (vgl. VOGEL 1989: 222-224 sowie auch SCHENKE 1984 und HENSELER 1982)). Damit hatte der Vermittlungs-

130

ausschuß ein Thema aufgegriffen, das sich zum damaligen Zeitpunkt noch in der Beratung des Wohnungsbauausschusses des Bundestags sowie in einem dazu eigens eingesetzten Unterausschuß befand. Die Empörung über „eine solche Art der Schnellgesetzgebung am Parlament vorbei" war insbesondere in den Reihen der sozialdemokratischen Abgeordneten groß. Ihr hat in einer persönlichen Erklärung der SPD-Bundestagsabgeordnete Conradi beredt Ausdruck verschafft, der sich aus „Zweifel am verfassungsgemäßen Zustandekommen des Gesetzes" nicht an der Abstimmung über den Einigungsvorschlag beteiligt hat. Seine Entscheidung begründete er u.a. damit:

„Der Vermittlungsausschuß hat also nicht in einem Streit zwischen Bundesrat und Bundestag über ein hier beschlossenes Gesetz vermittelt, sondern er hat Gesetzentwürfe aus der ordnungsgemäßen Beratung des Bundestages herausgenommen, aus dem Gesetzgebungsverfahren an sich gezogen und in nichtöffentlicher Sitzung beraten und entschieden. Darin sehe ich einen Eingriff in die Rechte der Öffentlichkeit, in die Rechte des Parlaments und in die Rechte von uns Abgeordneten. (...) Das Recht des Volkes auf öffentliche Beratung der Gesetze in der Volksvertretung kann nicht durch einen Vermittlungsausschuß aufgehoben werden, denn die Öffentlichkeit hat das Recht darauf, zu erfahren, wie ein Gesetz zustande gekommen ist. Gerade jetzt bei diesen Mehrheitsverhältnissen zwischen Bundesrat und Bundestag, die dem Vermittlungsausschuß erst ein Gewicht geben, das die Väter der Verfassung sich wohl nicht so gedacht haben, sollten wir es nicht zulassen, daß die notwendige politische Auseinandersetzung zwischen uns in ein Konklave verlegt wird" (BT Sten.Ber. 9/73: 4269 B/C).

Dieses Vermittlungsverfahren hat nicht nur „ungewöhnlich befruchtend (...) auf das juristische Schrifttum gewirkt" (VOGEL 1989: 224), sondern schließlich auch das Bundesverfassungsgericht beschäftigt. In seinem Urteil vom 13. Mai 1986 hat es zwar konzediert, daß das Gesetzgebungsverfahren des 2. Haushaltsstrukturgesetzes „an der Grenze des Zulässigen liegen mag", ansonsten aber die Verfassungsbeschwerden als unbegründet zurückgewiesen (BVerfGE 72, 175, insbesondere: 187-193).

5. Die Institutionen der horizontalen und vertikalen Kooperation und Koordinierung im Bundesstaat

Funktionale Aufgabenteilung und Gewaltenverschränkung zwischen Bund und Gliedstaaten sind zwei der zentralen Charakteristika des „föderalistischen Sonderfalls Bundesrepublik Deutschland". Mit der Kompetenzverteilung in Gesetzgebung, Verwaltung und Rechtsprechung zwischen Bund und Ländern sowie mit der Beteiligung der Länder(-Regierungen) qua Bundesrat an der Bundespolitik haben wir die Bundesrepublik Deutschland als ein Modell des intrastaatlichen Föderalismus kennengelernt, das – im Gegensatz zum Modell USA mit seinen Prinzipien von Trennung und Konkurrenz („Typ des interstaatlichen Föderalismus") – auf Kooperation und Konsens gründet. Mit der dritten Komponente des intrastaatlichen Föderalismus, der Kooperation und Koordination zwischen den Ländern wie auch zwischen Bund und Ländern, werden wir uns in diesem Kapitel beschäftigen.

BRD als Modell des intrastaatlichen Föderalismus

Um eine Vorstellung vom Umfang und der Vielfalt der föderalistischen Koordinierungspraxis zu bekommen, wollen wir eine Erhebung heranziehen, die

Bund-Länder- sowie Länder-Kommissionen

die Kommission „Erhaltung und Fortentwicklung der bundesstaatlichen Ordnung innerhalb der Bundesrepublik Deutschland – auch in einem Vereinten Europa" des nordrhein-westfälischen Landtags im Jahre 1989 durchgeführt hat. Danach existierten zum Zeitpunkt der Untersuchung ca. 330 Bund-Länder-Kommissionen und 120 – 140 reine Länderkommissionen von unterschiedlicher Bedeutung und Tagungshäufigkeit, an denen das Land Nordrhein-Westfalen beteiligt ist (vgl. Anhang LT-Kommission NRW 1990, Tab. 4: Erhebung zum Gremienwesen in Nordrhein-Westfalen 1989). Die Bandbreite reicht von der „Bund-Länder-Kommission für das Reise- und Umzugskostenrecht" der Finanzminister, über den (inzwischen beendeten) „Bund-Länder-Arbeitskreis ‚Genom-Analyse'" der Justizminister bis hin zu der Bund-Länder-Kommission für die Bereiche Bildungsplanung und Forschungsförderung (BLK), die wiederum in zwei Ausschüsse und fünf Arbeitskreise gegliedert ist, in der bzw. in denen die Wissenschafts- und Kultusministerien vertreten sind. Eine von der Stadt Hamburg im Januar 1973 aufgestellte Übersicht ermittelte gar 1.074 „überregionale Gremien" der Zwischenländerkooperation (PIETZCKER 1988: 25, Anm.21).

Unterscheidung vertikaler und horizontaler Koordinierung

PIETZCKER spricht zurecht vom „dichten Netz exekutiver Kooperationsgremien", die er als „kennzeichnend für den Föderalismus der Bundesrepublik" (PIETZCKER 1988: 21) betrachtet. Für die föderalistische Koordinierungspraxis der Bundesrepublik Deutschland wird zwischen der Selbstkoordinierung der Länder, der sog. horizontalen Koordinierung, und der Bund-Länder-Koordinierung, der sog. vertikalen Koordinierung, unterschieden. Es ist hier nicht der Ort, um die knapp 500 Institutionen der horizontalen und vertikalen Koordinierung aufzuzählen. In Anlehnung an PIETZCKER (1988) sollen die vielfältigen Formen der Kooperation und Koordination im Bereich der Exekutive systematisiert vorgestellt werden.

Ad-hoc-Zusammenarbeit

Die punktuelle Zusammenarbeit zwischen zwei oder mehreren Ländern (BENZ/SCHARPF/ZINTL 1992) wird durch Probleme ausgelöst, die die Grenzen eines Bundeslandes überschreiten. PIETZCKER (1988: 20) nennt als Beispiele unklare oder nachteilige Grenzverläufe, Schwierigkeiten der Verkehrsüberwachung auf einem exklavenartigen Teilstück, die Notwendigkeit der polizeilichen Nacheile über die Landesgrenzen hinaus, die Sicherung eines auf der Grenze liegenden Wasserschutzgebietes oder die Klärung der Unterhaltungspflicht der Brücke über ein Grenzgewässer. Nach Klärung des Problems wird die Kooperation beendet.

Institutionalisierte Koordinierung der Politik und Verwaltung

Exekutive Kooperationsgremien „existieren auf allen Ebenen und auf fast allen Sachgebieten, und in ihnen ist häufig auch der Bund zumindest beratend vertreten. Sie entscheiden in der Regel nicht verbindlich, ihre Beratungen führen aber im Wege des Aushandelns und des Kompromisses zu Empfehlungen, hinter denen das Gewicht der Einigung der Länder oder von Bund und Ländern steht und die deshalb die Entscheidungsinstanzen oft präjudizieren" (PIETZCKER 1988: 21). Unterschieden werden

- die jährlich stattfindenden Ministerpräsidentenkonferenzen und die Ressortministerkonferenzen;
- Ausschüsse und Kommissionen auf der Ebene von Abteilungsleitern oder Referenten der Ministerialbürokratien, die von den Ministerpräsidenten- und Ressortministerkonferenzen eingesetzt werden und in der Regel einer oder mehreren Fachministerkonferenzen zuarbeiten und die Sitzungen vorbereiten;

132

- gemeinsame Sachverständigenausschüsse mit der Aufgabe der Politikberatung auf einem bestimmten Sachgebiet; Beispiel dafür ist etwa der Wissenschaftsrat, der 1957 durch Verwaltungsabkommen zwischen Bund und Ländern errichtet worden und einer der ersten Institutionen der vertikalen Koordinierung in der Geschichte der Bundesrepublik ist;
- Konferenzen der Präsidenten der Rechnungshöfe des Bundes und der Länder und ihrer Beauftragten.

Beispiele dafür sind etwa der Finanzplanungsrat, der Konjunkturrat für die öffentliche Hand, die Bund-Länder-Kommission für Bildungsplanung und Forschungsförderung (BLK) sowie die Planungsausschüsse zur Wahrnehmung der Gemeinschaftsaufgaben nach Art. 91 a GG. Während sich Institutionen und Formen der horizontalen Koordinierung bereits früh in der Nachkriegsgeschichte herausgebildet haben, schlug die „große Stunde" der vertikalen Koordinierung mit der „Großen Reform der Finanzverfassung" im Jahre 1969 und der Einfügung der Gemeinschaftsaufgaben in den Art. 91 a und 91 b GG (vgl. dazu Teil 3, Kapitel 3). Bundesgesetzlich vorgesehene Koordinationsgremien

Art. 91a und b GG regeln eine gemeinsame Planung und Finanzierung durch Bund und Länder in folgenden Aufgabenbereichen: Gemeinschaftsaufgaben

- Ausbau und Neubau von wissenschaftlichen Hochschulen einschließlich der Hochschulkliniken;
- Verbesserung der regionalen Wirtschaftsstruktur und
- Verbesserung der Agrarstruktur und des Küstenschutzes (Art. 91 a GG) sowie bei der
- gemeinsamen Bildungsplanung und Förderung von Einrichtungen der wissenschaftlichen Forschung von überregionaler Bedeutung (Art. 91 b GG).

Gemeinsame Einrichtungen der Länder sind z.B. das ZDF als Gemeinschaftseinrichtung aller Länder, die Hochschule für Verwaltungswissenschaften in Speyer, die ZVS in Dortmund oder die Ständige Konferenz der Kultusminister (KMK). Unter den vielfältigen Institutionen und informellen Verfahren der Selbstkoordinierung der Länder nimmt die KMK eine Sonderstellung ein. Bereits vor Gründung der Bundesrepublik im Jahre 1946 ins Leben gerufen, hat sie – neben der BLK – mit einem eigenen Sekretariat und einer eigenen Geschäftsordnung die stärkste institutionelle Verfestigung erfahren. Gemeinsame Einrichtungen der Länder

Neben diesem eng geknüpften Netz exekutiver Kooperationsgremien nimmt sich die Zusammenarbeit der Parlamente in Form der jährlichen Konferenzen der Landtagspräsidenten bzw. der Fraktionsvorsitzenden sehr bescheiden aus. Parlamentskooperation

Die vielfältigen Formen der Koordinierung im bundesstaatlichen Institutionensystem werden überlagert durch eine ähnlich vielfältige Koordinierungspraxis der politischen Parteien auf allen staatlichen Ebenen, um parteipolitische Ziele möglichst einheitlich und geschlossen in den politischen Entscheidungsprozeß einfließen zu lassen. Ihren institutionellen Ausdruck hat diese Praxis in der sog. „A-Länder"- (SPD-regierte Länder) bzw. „B-Länder-Koordinierung" (CDU-regierte Länder) gefunden, den Vorbesprechungen auf Minister- und Staatssekretärsebene. Parteipolitische Kooperation

Die Gründe und Motive für die Zweckmäßigkeit von Kooperation und Koordinierung im Bundesstaat sind vielfältig. „Die Zusammenarbeit mag erfolgen Gründe für Kooperation und Koordinierung zur Beseitigung von Zuständigkeitszweifeln, zur Vermeidung unwirtschaftlicher Mehrfachbürokratien oder zur Verminderung der negativen ,externen Effekte' der Zuständigkeitsverteilung auf Bund und elf Länder, wozu die Sicherung eines Mindestmaßes an Rechtseinheit und Mobilität, aber auch an gleichmäßiger Behandlung der Bürger und überhaupt an integrativer Wirkung gehört" (PIETZCKER 1988: 36f.).

Selbstkoordinierung der Länder als Abwehr des Bundes

Ein weiterer Kreis von Motiven liegt in der Dynamik des Verhältnisses von Bund und Gliedstaaten. Um der Tendenz des Bundes entgegenzuwirken, unter dem Vorwand der Sicherung bzw. Schaffung der Einheitlichkeit der Lebensverhältnisse seine Kompetenz immer stärker zu Lasten der Länderkompetenzen auszuweiten, haben die Länder bereits in der Frühphase der Bundesrepublik Deutschland zur Selbstkoordinierung gegriffen.

Beispiel: Königsteiner Abkommen

Beredtes Zeugnis dafür legen die Vorgänge um das „Staatsabkommen der Länder der Bundesrepublik Deutschland über die Finanzierung wissenschaftlicher Forschungseinrichtungen" ab, das am 30./31. März 1949 abgeschlossen worden ist und als sog. „Königsteiner Abkommen" in die Geschichte der bundesdeutschen Forschungsförderung eingegangen ist. Auf dem Höhepunkt des Verfassungskonflikts im Parlamentarischen Rat um die künftige Kompetenzverteilung zwischen Bund und Ländern haben die Länder mit diesem Abkommen ein „fait accompli" geschaffen und in der Präambel festgelegt: „Die Länder der Bundesrepublik Deutschland betrachten die Förderung der wissenschaftlichen Forschung grundsätzlich als eine Aufgabe der Länder". Mit der Einigung auf den „Königsteiner Schlüssel" haben sie (zumindest bis zur Einführung der Gemeinschaftsaufgaben nach Art. 91 b GG im Jahre 1969) im Zuge der Selbstkoordinierung einen „horizontalen Finanzausgleich" für die Finanzierung der Forschungsförderung im allgemeinen und von Forschungsinstitutionen im besonderen geregelt und damit den Bund als übergreifenden Koordinator gar nicht erst in Erscheinung treten lassen. Sie haben damit etwaige Kompetenzansprüche des Bundes von vornherein verhindert. Ähnliche Motive lagen der Institutionalisierung der Ministerpräsidentenkonferenz im Jahre 1954 zugrunde.

Länderkoordinierung als checks and balances

Im Sinne von checks and balances bedeuten Formen der Länderkoordinierung immer ein Stück weit Abwehr bundesstaatlicher Interventionsabsichten und Bewahrung des Machtgleichgewichts zwischen Bund und Gliedstaaten.

Funktionsbedingungen für intrastaatlichen Föderalismus

Soll der intrastaatliche Föderalismus funktionieren, müssen eine Reihe von Voraussetzungen und Bedingungen erfüllt sein. In Anlehnung an FRÖCHLING (1972: 73f.) sollen fünf besonders hervorgehoben werden:

- An einer gesamtstaatlichen Koordinierung müssen alle Länder und der Bund beteiligt sein.
- Bund und Länder müssen bei der Durchführung einer konkreten Aufgabe auf der Basis von Partnerschaft und Gleichberechtigung zusammenarbeiten und dürfen nicht in einem Unterordnungsverhältnis zueinander stehen.
- Bund und Länder müssen bei der Aufgabenerledigung über ein Mindestmaß an Eigenverantwortlichkeit verfügen. Formen der horizontalen und vertikalen Koordinierung müssen deutlich unterschieden werden von den Mitwirkungsrechten, die die Länder über den Bundesrat bei der Gesetzgebung und Verwaltung des Bundes wahrnehmen.
- Koordinierung im Bundesstaat muß auf der Basis des gemeinsamen Einverständnisses aller Partner und der Freiwilligkeit erfolgen.

134

– Zu einer effektiven Koordinierung gehört die Bereitschaft aller Partner zum Kompromiß.

An der Zahl der Gremien kann man ablesen, daß es in der Landes- und Bundespolitik nahezu kein Politikfeld mehr gibt, das nicht in feinverästelte Ordnungssysteme der Kooperation und Koordination eingebunden wäre. Das enge Geflecht der institutionellen Kooperation und Koordination mit seinen eingespielten informellen Informations- und Abstimmungskanälen zwischen den Beamten der Ministerialverwaltungen in Bund und Ländern ist im übrigen der „Nährboden" der Arbeit des Bundesrats und seiner Ausschüsse. Angesichts des chronischen Zeitdrucks, unter dem alle Bundesrats-Entscheidungen stehen, ergibt sich selbstredend, daß sie – und darauf macht vor allem die Studie von FRÖCHLING (1972) aufmerksam – die eigentliche conditio sine qua non einer effektiven Aufgabenwahrnehmung des Bundesrats sind.

Bedeutung für BR-Arbeit

Insofern muß die von FRÖCHLING (1972) selbst formulierte Bedingung, daß Formen der horizontalen und vertikalen Koordinierung deutlich von den Mitwirkungsrechten unterschieden werden müßten, die die Länder über den Bundesrat bei der Gesetzgebung und Verwaltung des Bundes wahrnehmen, für die politische Praxis doch erheblich relativiert werden. Der eingespielte, von außen nur schwer durchschaubare Mechanismus kann nur deshalb funktionieren, weil sich beide Formen gegenseitig bedingen, weil sich die Strukturen des föderativen Systems und der Parteiendemokratie permanent überlagern.

Einen anschaulichen Einblick in das Funktionieren des komplexen Geflechts von Interessenkonstellationen und wechselnden Koalitionen im System des intrastaatlichen Föderalismus vermittelt die Studie von HEINSEN (1989) über die Auseinandersetzungen um die Große Finanzreform 1969, „der neben der Einführung der Wehrverfassung tiefgreifendsten Reform unseres Grundgesetzes" (HEINSEN 1989: 189). HEINSEN war von 1966 bis 1974 als Senator bzw. als langjähriger Bevollmächtigter der Freien und Hansestadt Hamburg Mitglied des Bundesrats und seit 1966 an allen Verhandlungen zur Großen Finanzreform beteiligt.

Beispiel: Große Finanzreform 1969

Im Mittelpunkt unseres Interesses steht im folgenden nicht die komplizierte Materie der bundesstaatlichen Finanzverfassung bzw. der Bund-Länder-Kompromiß, der bei dem Projekt der Finanzverfassungsreform herausgekommen ist. Als Weichenstellung hin zum kooperativen Bundesstaat bzw. zur kooperativen Politikverflechtung werden wir uns in Teil 3 ausführlich mit der Großen Finanzreform 1969 und ihren Folgen beschäftigen (vgl. Teil 3, Kapitel 3). In diesem Kapitel wollen wir sie unter der Fragestellung auswerten, welche „Knoten" im „dichten Netz exekutiver Kooperationsgremien" (PIETZCKER 1988: 21) im Laufe der Bund-Länder-Auseinandersetzung um die Finanzverfassungsreform geknüpft worden sind.

Worum ging es bei der Großen Finanzreform? Im Kern ging es um die Reform der seit den 50er Jahren praktizierten Fondswirtschaft des Bundes, die – wie wir bereits erfahren haben – dazu geführt hat, daß der Bund mit Finanzzuweisungen, die in der Regel mit sachlichen oder Mitfinanzierungsauflagen verbunden waren, immer mehr reine Länderaufgaben mitfinanziert hat. Vor allem von Seiten der Ministerpräsidenten der finanzstarken Länder ist deshalb seit Anfang der 60er Jahre immer wieder die Forderung nach einer Beschneidung des finanzpolitischen „Wildwuchses" der Mischfinanzierungen und nach einer klaren Abgrenzung der Finanzverantwortung von Bund und Ländern erhoben wor-

Gegenstand der Verfassungsreform

den (MEYERS 1963). Der politische Wille zur Verabschiedung einer Finanzverfassungsreform war denn auch ein wesentliches Motiv dafür, daß es 1966 zur
Bildung der Großen Koalition im Bund aus CDU/CSU und SPD gekommen ist.

Akteurskonstellation HEINSEN skizziert die Akteurskonstellation zur Vorbereitung und Verabschiedung der Verfassungsreform folgendermaßen:

„Unter den mitwirkenden Kräften fehlte eine, die im Gesetzgebungsverfahren der Bundesrepublik oft eine entscheidende Rolle spielt: die Lobby der Wirtschaftsverbände. Dafür wirkten
hier um so mehr andere Kräfte auf den Willensbildungsprozeß ein, zumal die Interessen innerhalb von Bundesregierung, Bundestag und vor allem Bundesrat vielfach gebrochen waren.
Dies führte auf jeder Ebene und in jedem Stadium zu vielfältigen Vorabklärungen, Verhandlungen und Kompromissen. Zwischen Finanz- und Fachressorts der Bundesregierung und
zwischen dem Koalitionspartner in Regierung und Bundestag waren ebenso wie innerhalb der
einzelnen Landesregierungen und zwischen diesen und ihren Landtagen immer wieder Abstimmungen erforderlich, desgleichen im Kreise der sozialdemokratischen und der unionsge-
führten, der steuerstarken und der steuerschwachen Länder. Wiederholte und lang dauernde
Beratungen fanden statt im Rahmen der Ministerpräsidentenkonferenz und der Konferenzen
der Finanz- und Fachminister, denen oft Vorkonferenzen und Kommissionen vorgeschaltet
waren, sowie parteiinterne Verhandlungen zwischen Bundesministern, Vertretern der Bundes-
tagsfraktionen, Ministerpräsidenten und Landesministern. Schließlich sind die offiziellen Beratungen zwischen der Bundesregierung und den Ministerpräsidenten und zwischen deren Bevollmächtigten sowie die Beratungen im Plenum und in den Ausschüssen des Bundestages,
des Bundesrates und im Vermittlungsausschuß zu nennen, denen ebenfalls jeweils Vorgesprä-
che und Unterkommissionen vorangegangen oder zwischengeschaltet waren" (HEINSEN 1989:
188f.).

Wenn wir versuchen, diese Konstellation zu „entwirren", stellen wir fest, daß
sich vier Ebenen des politischen Systems überlagert haben:

– die obersten Verfassungsorgane Bundestag, Bundesrat, Bundesregierung
   und Vermittlungsausschuß mit ihren spezifischen Kompetenzen im Gesetzgebungsprozeß;
– die Länderregierungen mit ihren Gremien der Selbstkoordination;
– die Ministerialbürokratien in Bund und Ländern;
– die politischen Parteien, die quasi als Klammer zwischen den Verfassungsorganen und zwischen Bund und Ländern gewirkt haben.

Koordinationsgremien Wenn wir die Studie von HEINSEN weiterlesen, stellen wir fest, daß zur Vorbereitung der Finanzverfassungsreform, quasi als „Unterbau" zum Gesetzgebungsverfahren, eine stattliche Zahl politisch „hochkarätiger" Koordinationsgremien
gebildet worden sind, um gutachterliche Vorschläge zu erarbeiten, um Interes-
senkonflikte und sachliche Differenzen zwischen den Verfassungsorganen, zwischen Bund und Ländern und zwischen den Parteien auszuloten und Kompromisse zu finden. HEINSEN nennt im einzelnen:

– die sog. Troeger-Kommission, benannt nach ihrem Vorsitzenden Heinrich
   TROEGER, ehem. hessischer Finanzminister und Vizepräsident der Deutschen Bundesbank, die vom Bundeskanzler und den Ministerpräsidenten im
   März 1964 mit dem Auftrag eingesetzt worden war, gutachterliche Vorschläge für die Finanzverfassungsreform vorzulegen;
– eine Bund/Länder-Kommission, bestehend aus zwei Bundesministern und
   vier Ministerpräsidenten, die parallel zu, aber auch gemeinsam mit der Troeger-Kommission beraten sollte;

- eine SPD-Kommission unter Vorsitz des hessischen Ministerpräsidenten ZINN aus Vertretern der SPD-Bundestagsfraktion, sozialdemokratischen Ministerpräsidenten, Finanzministern und Länderbevollmächtigten;
- die sog. Seegers- oder auch „Flurbereinigungs"-Kommission, benannt nach ihrem Vorsitzenden SEEGERS, die von der Ministerpräsidentenkonferenz Anfang 1966 eingesetzt worden ist und aus Beamten der Länder Nordrhein-Westfalens, Bayerns, Baden-Württembergs, Hamburgs, Hessens und Schleswig-Holsteins bestand, d.h. aus Beamten steuerstarker und -schwacher Länder;
- Konferenzen der Finanz-und Kultusminister, die im Auftrag der Ministerpräsidentenkonferenz Stellungnahmen der Ministerpräsidentenkonferenz zu den Vorschlägen der Sachverständigen-Kommissionen vorbereiten sollten;
- eine Bund/Länder-Arbeitsgruppe, die sich im Juni 1967 unter Vorsitz des Bundeskanzlers konstituiert hat und der drei Bundesminister, einige Staatssekretäre des Bundes und die Ministerpräsidenten der Länder oder deren Vertreter angehörten;
- eine Bund/Länder-Unterkommission, bestehend aus fünf Staatssekretären des Bundes und sieben Länderministern – den Vorsitzenden der Konferenzen der Finanz-, Kultus- und Innenminister und je einem Vertreter Bayerns, Hamburgs, Nordrhein-Westfalens und von Rheinland-Pfalz.

Angesichts der Überlagerungen und Verflechtungen von Bund, Ländern und Parteien ist es nur folgerichtig, daß in der Beschreibung HEINSENS nicht nur Verfassungsorgane und die institutionalisierten Formen der Bund-Länder-Kooperation genannt werden, sondern auch die Rede ist von der Vor- und Zwischenschaltung von Vorkonferenzen und Kommissionen, von Vorgesprächen und Unterkommissionen.

Informelle Kontakte

Die Geschichte der Großen Finanzreform 1969 umfaßt alles in allem einen Zeitraum von rund achteinhalb Jahren. Sie hat offiziell mit einem Antrag der SPD-Bundestagsfraktion zum Jahresende 1961, eine Expertenkommission zur Vorbereitung einer Finanzreform einzusetzen, begonnen, und im Mai 1969 mit der Schlußberatung im Bundesrat geendet. Dies wirft ein bezeichnendes Schlaglicht auf die Kompliziertheit und Langwierigkeit föderalistischer Kooperations- und Koordinationspraxis. Trotzdem war die letzte Hürde erst genommen, nachdem zweimal ein Vermittlungsausschuß zwischen Bundestag und Bundesrat eingesetzt worden war, da der Bundesrat mit den Stimmen der 6 finanzstarken Länder gegen die der 4 finanzschwachen und bei Enthaltung Berlins den ersten Vorschlag des Vermittlungsausschusses im März 1969 abgelehnt hatte. Die politische Brisanz dieses Vorgangs wird erst dann verständlich, wenn wir mitreflektieren, daß SPD und CDU/CSU 1966 eine Große Koalition im Bund mit der Intention geschlossen hatten, damit die notwendigen Voraussetzungen für eine Zweidrittel-Mehrheit in Bundestag und Bundesrat geschaffen zu haben – eine Kalkulation, die, wie wir gesehen haben, im Bundesstaat nicht ohne Komplikationen aufgegangen ist.

Kompliziertheit und Langwierigkeit föderalistischer Kooperationspraxis

137

6. Blättert man im „Tugendkatalog" des deutschen Föderalismus ...

Nachdem wir uns in diesem Teil mit der Genese und den drei zentralen Strukturmerkmalen des intrastaatlichen Föderalismus der Bundesrepublik Deutschland beschäftigt haben, wollen wir uns abschließend einer Fragestellung zuwenden, die wir bereits im ersten Teil aufgeworfen haben: Welche Rechtfertigungen aus dem „Tugendkatalog" des Föderalismus können wir im bundesdeutschen Föderalismus wiederfinden, welche haben an Bedeutung eher verloren?

Föderalistischer „Tugendkatalog"

Zur Erinnerung sollen nochmals die gängigen Föderalismus-„Tugenden" präsentiert werden:

– Historische Rechtfertigung: Föderalismus als Instrument zur Bildung der nationalen politischen Einheit oder als historisch bewährte Form der Staatsorganisation;
– Ethnische Rechtfertigung: Staatliche Gemeinsamkeit und Integration unterschiedlicher ethnischer Gruppen können nur durch einen föderalistischen Staatsaufbau gewährleistet werden;
– Geographische Rechtfertigung: Territoriale Ausdehnung eines Staatsgebietes erfordert einen föderalistischen Staatsaufbau;
– Zweckrationale (funktionale), demokratietheoretische Rechtfertigung: Föderalismus ist ein Instrument zur Sicherung und Optimierung der Funktionsfähigkeit des demokratischen (Gesamt-)Staates. Diese wird vor allem durch die folgenden Föderalismusfunktionen garantiert: höhere Rationalität und Effektivität von Politik durch problemorientierte und sachadäquate (an „örtlichen" Verhältnissen orientierte) Entscheidungen; Entlastung der Zentrale und Teilung von Verantwortung; Demokratie vor Ort; Sicherung von Pluralismus und Freiheit (der Entfaltungsmöglichkeiten); wirtschaftlicher, kultureller und politischer Polyzentrismus; Verwirklichung des Subsidiaritätsprinzips; Integration heterogener Gesellschaften; (vertikale) Gewaltenteilung; Konfliktregelung und -dämpfung im politischen System.

Bedeutungsverlust ethnischer und geographischer Rechtfertigungen

Wenn wir mit dem einfacheren Teil der Frage beginnen, welche Rechtfertigungsgründe eher an Bedeutung verloren haben, können wir feststellen, daß dies sowohl für die ethnische wie die geographische Rechtfertigung zutrifft. Die „alte" Bundesrepublik Deutschland umfaßte ein Gebiet von knapp 250.000 qkm. Wenn wir dies mit anderen föderalistischen Staaten, wie etwa den USA (rd. 9,4 Mio qkm), Kanada (rd. 9,9 Mio qkm) oder Indien (rd. 3 Mio qkm) vergleichen, ist die Bundesrepublik geographisch ein ganz kleines Land. Auch die ethnische Rechtfertigung war im Nachkriegsdeutschland von untergeordneter Bedeutung. Wie wir gesehen haben, waren die westzonalen Länder künstliche Gebilde, ungeachtet traditioneller landsmannschaftlicher Beziehungen und Zusammengehörigkeit. Einzig Bayern pflegt bis heute gewisse Kulturtraditionen, die manch politischen Repräsentanten dazu motivieren, für dieses Bundesland in der einen oder anderen Frage eine Art Sonderstatus zu reklamieren. Die Flüchtlingsbewegungen nach 1945 und die hohe Mobilität einer modernen Industriegesellschaft haben darüberhinaus „die Unterschiede der deutschen Stämme... überdeckt und verwischt" (HESSE 1982: 86).

138

Eine höhere Plausibilität muß der historischen Rechtfertigung eines bundes-deutschen Föderalismus konzediert werden, allerdings unter der Maßgabe, daß dieses „Verfassungserbe" monarchistisch geprägt war.

Der „Tugendkatalog" des bundesdeutschen Föderalismus konzentriert sich eindeutig auf den Block funktionaler und demokratietheoretischer Rechtfertigung. In Anlehnung an PFETSCH (1985: 77ff.) sind dies im wesentlichen die folgende „Tugenden": Aktuelle demokratietheoretische und zweckrationale Rechtfertigungen

–   Föderalismus wird als komplementäres Element der demokratischen und rechtsstaatlichen Ordnung der Bundesrepublik Deutschland gesehen: „Die Erfahrungen mit dem aggressiven Zentralismus der NS-Zeit ließen eine Stärkung der Länder auf Seiten der Siegermächte wie auch bei deutschen Politikern für geboten erscheinen. Allerdings wurde die Wirkung des Föderalismus als Bollwerk gegen den Nazismus skeptisch beurteilt. Länder hätten die gegen die NSDAP gerichtete Reichsgesetzgebung sabotiert und der Nationalsozialismus sei gerade in den Einzelstaaten gewachsen" (PFETSCH 1985: 77).
–   Föderalismus erlaubt der Politik mehr Bürgernähe, was gerade in den letzten Jahren z.B. durch die Umweltschutzdebatte an Bedeutung gewonnen hat.
–   Die Prinzipien von horizontaler und vertikaler Gewaltenteilung wirken machtbegrenzend und freiheitssichernd.
–   Föderalismus verbürgt die Einheit (der Lebensverhältnisse in wirtschaftlicher und sozialer Hinsicht) in der Vielfalt (vor allem im kulturellen und politischen Bereich).
–   Der Wettbewerb zwischen den Bundesländern führt in einem föderalistischen System zu einer Vielfalt gesellschaftlicher Initiativen: „Die Pluralität von Initiativen in mehreren kleinen Einheiten, die Vielzahl von politischen, wirtschaftlichen und kulturellen Zentren geben günstigere Voraussetzungen für Kreativität als Konzentration aller Kräfte auf eine Kapitale" (PFETSCH 1985: 80).
–   Föderalismus fördert die Elitenrekrutierung für die Bundespolitik.
–   Besonders nach 1945 war der mit der katholischen Soziallehre verbundene Grundsatz der Subsidiarität ein wichtiges Argument für den Föderalismus: „Die Betonung dieses Gedankens war zugleich eine Absage an den preußisch-deutschen Zentralismus, an den Machtstaats- und Nationalstaatsgedanken der nationalsozialistischen Zeit sowie an ‚Tendenzen der Vermassung'" (PFETSCH 1985: 80).

7. Zusammenfassung

1. Wir haben uns in Teil 2 zunächst mit den besonderen Bedingungen der Genese des „föderalistischen Sonderfalls Bundesrepublik Deutschland" nach 1945 beschäftigt. Wir haben gesehen, daß unsere Fragestellung, ob der Prozeß nun eher als „Föderierung von oben nach unten" oder eher „von unten nach oben" verstanden werden kann, dahingehend modifiziert werden muß, daß beide Prozesse miteinander verschränkt waren.

2. Es waren die Westalliierten, die im Sommer 1948 mit dem Frankfurter Dokument I die Anordnung erlassen hatten, „eine Regierungsform des föderalistischen Typs" zu schaffen, und die mit der territorialen Gliederung der Westzonen
Gliedstaaten „geschnitten" haben, die von der westdeutschen Bevölkerung und
ihren politischen Repräsentanten lange Zeit als willkürlich geschnittene und
künstliche Gebilde empfunden worden sind. Ein Vergleich der Föderalismus-
konzeptionen der politischen Parteien nach 1945 hat uns allerdings auch gezeigt,
daß die westalliierte Weisung auf überaus „fruchtbaren Boden" gefallen war. In
den Verfassungsentwürfen der Parteien waren bereits 1946/47 Vorstellungen
zum Föderalismus als politischer Organisationsform entwickelt worden – wenn
auch die Bandbreite der Föderalismusvorstellungen beachtlich war.

3. Die unterschiedlichen Föderalismus-Konzeptionen der Parteien kamen in den
Beratungen des Parlamentarischen Rats u.a. in der Kontroverse über die Zusammensetzung, Legitimation und Kompetenz der Zweiten Kammer zum Tragen. Unumstritten war die Institutionalisierung einer Zweiten Kammer in Form
einer „ewigen Länderkammer" bzw. eines „ewigen Senats" aus Gründen der
Kontinuität und der Machtbalance; umstritten war, wer in der Zweiten Kammer
seinen Platz einnehmen und mit welchen Kompetenzen die Kammer ausgestattet
sein sollte. Favorisiert wurde vor allem von Vertretern der konservativen Partei-
en ein Bundesrat, während vor allem die Verteter von SPD und KPD für einen
Senat plädierten.

4. Bundesrat und Senat verkörpern unterschiedliche verfassungsrechtliche Traditionen und beruhen auf zwei grundsätzlich verschiedenen Auffassungen über
die Art und Weise, wie ein föderalistisches System aufzubauen sei und wie es
funktionieren sollte. Mit der Entscheidung zugunsten des Bundesrats-Modells
hat der Parlamentarische Rat die spezifisch-deutsche Föderalismustradition wieder aufgenommen und dem „föderalistischen Sonderfall Bundesrepublik
Deutschland" seine etatistisch-gouvernementale Ausrichtung gegeben.

5. Im Rahmen der unterschiedlichen Zuständigkeiten und Kompetenzen von
Bund und Ländern für Gesetzgebung, Verwaltung und Rechtsprechung trifft das
Grundgesetz folgende normative Festlegungen: 1. Für die Gesetzgebung sind
sowohl Bund als auch Länder zuständig; 2. für die Verwaltung sind grundsätzlich die Länder zuständig; 3. in der Rechtsprechung überwiegen quantitativ die
Gerichte der Länder. Trotz dieser Verfassungsnormen hat der Unitarismus als
föderative Tradition in Deutschland die Kompetenzverteilung und die Finanzbeziehungen zwischen Bund und Ländern maßgeblich geprägt. Wir haben gesehen, daß im Grundgesetz die Aufgabenverteilung zwischen Bund und Ländern
weniger nach Sachgebieten, sondern eher nach Staatsfunktionen – Gesetzgebung, Verwaltung, Rechtsprechung – erfolgt. Die Verfassung benennt zwar
Kompetenzen, die entweder dem Bund oder den Ländern vorgeschrieben sind, in
der politischen Praxis überschneiden sich jedoch die Kompetenzsphären der verschiedenen staatlichen Ebenen. Die Bundesrepublik ist dem Kompetenzverteilungsmodell des Interdependenzsystems zuzuordnen.

6. Charakteristisch für das politische System der Bundesrepublik ist die Politikverflechtung zwischen Bund und Ländern (und Gemeinden). Von existentieller
Bedeutung für die bundesstaatliche Ordnung der Bundesrepublik sind die Ver-

flechtungen im Bereich der Finanzen und der hierdurch erwirkte Bundeseinfluß. Die Ausschöpfung der Bund und Ländern zugewiesenen Kompetenzen hängt substantiell von der Finanzierungsfrage ab. Seit der „Großen Finanzreform 1969" ist die Ordnung der öffentlichen Finanzen gleichermaßen durch Trennung und Verflechtung gekennzeichnet. Obwohl der Anteil der Länder an den Steuereinnahmen insgesamt nicht abgenommen hat, übt der Bund faktisch das Monopol der Steuergesetzgebung aus und sind die Länder „Kostgänger" des Bundes geworden bzw. geblieben. Insbesondere durch die Ergänzungszuweisungen und die sog. Dotationspraxis, d.h. durch die finanzielle Beteiligung des Bundes an Maßnahmen der Länder, ist es dem Bund gelungen, die Länder immer stärker „am goldenen Zügel" zu führen.

7. Als weiterem Strukturmerkmal föderativer Systeme haben wir uns mit der Mitwirkung der Länder an der Willensbildung des Bundes beschäftigt. Wir haben uns einen Überblick über die Aufgabenbereiche des Bundesrats verschafft, uns mit seiner personellen Zusammensetzung und Legitimation, mit seiner Organisationsstruktur und Arbeitsweise beschäftigt. Wir haben gesehen, daß das Grundgesetz dem Bundesrat ein vielfältiges Aufgabenspektrum zuweist, und daß – obwohl das Schwergewicht der Bundesrats-Arbeit in der Beteiligung am Gesetzgebungsverfahren des Bundes liegt – die Aufgaben und Befugnisse des Bundesrats weit in nicht-legislatorische, v.a. administrative Bereiche der Bundespolitik bzw. des Gesamtstaates hineinreichen. Der Bundesrat ist keine repräsentative parlamentarische Körperschaft, sondern eine Ländervertretung, die Gebietskörperschaften repräsentiert.

8. Von der Struktur her verkörpert der Bundesrat „Verfassungserbgut". Es wäre jedoch unzutreffend, ihn als schlichtes Duplikat des Bundesrats des Deutschen Kaiserreichs verstehen zu wollen. Mit der Festlegung, daß im Bundesratsplenum ausschließlich Regierungsmitglieder stimmberechtigt sind, mit der Verteilung der Bundesratsstimmen auf die Länder nach dem Degressionsprinzip, mit der egalitären Regelung von Präsidentschaft und Stimmverteilung in den Bundesratsausschüssen ist der Bundesrat ein Organ „sui generis".

9. Die 68 Bundesratsmitglieder sind instruierte Vertreter ihrer Landesregierungen. Deshalb sind die Vollversammlungen des Bundesrats eher Foren, in denen bereits gefällte Entscheidungen registriert und dokumentiert werden, in denen aber nicht um politische Entscheidungen gerungen wird. Die entscheidenden inhaltlichen Vorbereitungen, Klärungen und Abstimmungsprozesse für die Zweite Kammer finden zwischen den Ministerialbürokratien des Bundes und der Länder statt. In der Regel vertreten hohe Landesbeamte, die an kein politisches Mandat gebunden und keiner politisch-parlamentarischen Kontrolle unterworfen sind, die Mitglieder der Landesregierungen in den Bundesratsausschüssen. Die oft positiv hervorgehobene, sachbezogene und kompetente Vorbereitung der Arbeit des Bundesrats wird damit um den Preis nicht vorhandener demokratischer Kontrolle und Transparenz erkauft.

10. Wir haben uns mit der Stellung des Bundesrats im Gesetzgebungsprozeß beschäftigt und dabei festgestellt, daß das Grundgesetz dem Bundesrat ein abgestuftes Mitwirkungsrecht mit suspensiven und absoluten Vetorechten einräumt und ihm in verschiedenen Phasen des Gesetzgebungsprozesses die Möglichkeit

der Intervention bietet. Die Wahrnehmung des Gesetzesinitiativrechts ist dabei für die politische Bedeutung des Bundesrats im Gesetzgebungsverfahren von untergeordneter Bedeutung. Politisch bedeutsamer ist der Einfluß, den der Bundesrat über sein Mitwirkungsrecht im „Ersten Durchgang", d.h. über seine Stellungnahmen zu den Gesetzesvorlagen der Bundesregierung ausübt. In diesem „politischen" Durchgang kann der Bundesrat seine Position vor Beginn des eigentlichen parlamentarischen Verfahrens darlegen und damit den Gang der Beratungen im Bundestag indirekt beeinflussen. Da die Entscheidungen des Bundesrats maßgeblich von den Ministerialbürokratien der Länder beeinflußt werden, interagieren in der Regel im bundesdeutschen Gesetzgebungsverfahren in einem sehr frühen Stadium die Ministerialbürokratien von Bund und Ländern, quasi als Subsysteme unterhalb der demokratisch legitimierten Verfassungsorgane.

11. Als Instanz der föderalen Streitschlichtung haben wir den Vermittlungsausschuß, eine paritätisch aus Bundesrats- und Bundestagsmitgliedern zusammengesetzte Institution, als „Nachkriegs"-Novum der deutschen Verfassung kennengelernt. Normativ ist der Vermittlungsausschuß geprägt von der Vorstellung der politischen Kompromiß- und Konsenssuche im kleinen Kreis, jenseits von parteipolitischer Konfrontation und sachlicher Kontroverse. Nichtöffentlichkeit, keine Rechenschaftspflichtigkeit gegenüber Bundestag und Bundesrat und quasi Endgültigkeit des Einigungsvorschlags kennzeichnen Stellung und Funktion des Vermittlungsausschusses im Gesetzgebungsprozeß. Wird ein Vermittlungsausschuß eingesetzt, bedeutet dies, daß die originäre Gesetzgebungskompetenz des demokratisch legitimierten und öffentlich verhandelnden Parlaments partiell aufgehoben und in eine Institution verlegt wird, die nur mittelbar legitimiert ist und deren Ergebnisse für die demokratische Öffentlichkeit im „Black-Box-Verfahren" gefunden werden. Es ist deshalb nur folgerichtig, daß der Vermittlungsausschuß in der verfassungsrechtlichen und politischen Diskussion eine kontroverse Bewertung erfährt. Während er für die einen „eine positive Brückenfunktion" wahrnimmt, sprechen andere von „Entparlamentarisierung".

12. Kennzeichnend für das deutsche Modell des intrastaatlichen Föderalismus ist sein dichtes Netz exekutiver Kooperationsgremien der Selbstkoordinierung der Länder sowie der Bund-Länder-Koordinierung. Diese Gremien existieren auf allen Ebenen und auf fast allen Sachgebieten staatlicher Politik. Die Gründe und Motive für die Zweckmäßigkeit von Kooperation und Koordination im Bundesstaat sind vielfältig. Ein originäres, und auch heute nach wie vor wirksames Motiv der Selbstkoordinierung der Länder ist zweifellos das Streben der Länder, bundesstaatliche Interventionsabsichten abzuwehren und das Machtgleichgewicht zwischen Bund und Ländern zu bewahren.

Teil 3
Der deutsche Föderalismus im Wandel: Probleme und Brennpunkte der bundesstaatlichen Entwicklung seit 1949

Einleitung

Nachdem wir in Teil 2 die institutionellen und verfassungsrechtlichen Grundlagen des bundesdeutschen Föderalismus im Überblick kennengelernt haben, wollen wir uns nunmehr seiner Entwicklungsdynamik zuwenden. Ausgangs der 60er Jahre formulierte der amerikanische Politikwissenschaftler Samuel P. HUNTINGTON die auch heute noch gültige Aussage: „The primary problem of politics is the lag in the development of political institutions behind social and economic change" (HUNTINGTON 1971: 5). Damit wird ein zentrales Problem aller politischen Systeme und des Föderalismus im besonderen angesprochen: Die Fähigkeit zur Anpassung an immer neue Problemlagen durch die ständige „Reproduktion institutioneller Strukturen" (HESSE/BENZ 1988: 73ff.).

Erinnern wir uns: Für alle föderalistischen Systeme gilt, daß sie keine statischen Gebilde sind. Jedes politische System ist mit seinen institutionellen Strukturen einer Entwicklungsdynamik unterworfen, die von vielen Faktoren beeinflußt ist. Die Herausforderungen und Aufgaben für ein politisches System ändern sich ständig. Um diesen Herausforderungen gerecht zu werden, müssen strukturelle Anpassungsleistungen erbracht werden. Verfassungs- und verwaltungspolitische Institutionen wie der Föderalismus können deshalb als spezifische Problemlösungsversuche interpretiert werden (vgl. FIJALKOWSKI 1989: 160), die aus einer bestimmten historischen Situation entstanden sind und sich fortlaufend neuen Problemlagen anpassen, um nicht einen Legitimationsverlust zu erleiden. Vor allem in diesem Kontext – Modernisierung und territoriale Reorganisation politischer Herrschaft (SCHULTZE 1990) sowie Steuerungsleistung politischer Systeme (hierzu allg. SCHMIDT 1988) – erfährt föderalistisches Gedankengut in den letzten Jahren eine umfassende Aufwertung. Dies hängt u.a. mit den seit Ende der 80er stattfindenden makropolitischen Wandlungsprozessen zusammen, von denen die institutionelle Dynamik in föderativen Systemen wie dem der Bundesrepublik nicht unberührt bleibt.

Gegenwärtig können mit SCHULTZE drei große Wandlungsprozesse ausgemacht werden, die geeignet sind, die Flexibilität und Problemlösungsfähigkeit politischer Systeme bzw. ihrer Institutionen auf die Probe zu stellen:

1. Prozesse supranationaler Integration mit der Folge eines Einflußverlustes der Nationalstaaten sowie Prozesse der Dezentralisierung, Föderalisierung, Regionalisierung und Betonung subnationaler Identitäten.
2. Auflösung traditioneller Blöcke und totalitärer Herrschaften verbunden mit dem Zerfall multi-nationaler Staaten sowie Prozessen der Re-Nationalisierung und Nationalstaatsbildung.

Föderalismus und Reproduktion institutioneller Strukturen

Aktuelle Wandlungsprozesse politischer Systeme

3. Neo-konservative Politikstrategien, die angesichts der Finanzkrise des Staates auf Deregulierung, Entstaatlichung und Entbürokratisierung zielen, wobei insbesondere die Entstaatlichungsstrategien sich oftmals als Versuche des Zentralstaats präsentieren, Entlastungen durch Verlagerung von Staatsaufgaben auf sub-nationale Ebenen zu erzielen (vgl. SCHULTZE 1993)

Föderalismus als Modernisierungs- instrument

Die für den Föderalismus typische Verteilung von Kompetenzen auf mehrere staatliche Ebenen scheint sich dabei als ein besonders bewährtes und flexibles „Modernisierungsinstrument" herauszustellen:

„Föderative Ordnung ist kein funktionsuntaugliches Bauprinzip, sondern ein durchaus modernes Mittel, um in einem hochindustrialisierten Staat die politischen, wirtschaftlichen und gesellschaftlichen Probleme zu bewältigen. Sie hat sich als haltbarer erwiesen als die einheitsstaatliche Struktur, die in Großbritannien, Italien und Spanien zu brisanten Zuspitzungen führte" (STERN 1984: 665).

Das für den Föderalismus bestimmende Verhältnis dezentraler und zentraler Institutionen nebst der damit zusammenhängenden Zuteilung von Kompetenzen hat dabei angesichts der genannten „challenges" eine interessante Entwicklung genommen. Ein internationaler Vergleich belegt, daß – entgegen früherer „unbefragter Unitarisierungsannahmen" (SCHULTZE 1985) – die Bedeutung dezentraler Gebietskörperschaften und Institutionen eine erhebliche Aufwertung erfahren könnte und zwar aus folgenden Gründen:

- Als *Leistungsinstanz* mußten sie auf veränderte Bedürfnisse reagieren, die nicht mehr durch meist zentralisierte monetäre Leistungen befriedigt werden konnten, sondern im konkreten räumlich-sozialen Kontext zu erfüllen waren; zudem wuchs der Bedarf an ergänzenden Leistungen für Probleme, die in den zentralstaatlichen Sicherungssystemen nur unzureichend berücksichtigt wurden.
- Als *Vollzugseinrichtungen* erweiterte sich ihr Handlungsspielraum insofern, als standardisierte Vorgaben zentralstaatlicher Programme den zunehmend heterogenen Problemausprägungen sowie den differenzierten gesellschaftlichen Lebens- und Produktionsprozessen nicht mehr angemessen waren und deshalb einer dezentralen Ausfüllung und Konkretisierung bedurften.
- Als *Koordinations- und Steuerungsebene* schließlich erwiesen sich dezentrale und hier vor allem regionale Politiken deshalb als bedeutsam, weil die Vielzahl sektoraler Programme zentralstaatlich kaum noch aufeinander abzustimmen und in ihrer Durchführung problembezogen zu integrieren war, und weil bei zunehmend ausgeschöpften staatlichen Ressourcen den lokalen und regionalen Entwicklungspotentialen erhebliche Aufmerksamkeit zukam (HESSE/BENZ 1990: 234).

Die Frage der richtigen Allokation von Kompetenzen ist dabei ganz offensichtlich von zentraler Bedeutung. Es gehört zum Allgemeingut heutiger Diskussionen, daß der Nationalstaat an Integrationskraft verliere und generell die staatliche Fähigkeit schwinde, komplexe politische Prozesse zentral zu steuern, geschweige denn bis auf die Mikroebene „hineinzuregieren" (kritisch hierzu SCHARPF 1988). Die „Entzauberung des Staates" (WILLKE 1983) führte zu der Einsicht, daß es *den Staat* als Einheit und Steuerungszentrum der Politik gar nicht (mehr) gibt, der Staat vielmehr ein „polyzentrisches Gebilde" (FÜRST

1987: 263ff.) ist, in dem eine Vielzahl von Akteuren politische Entscheidungen trifft, die in quasi-korporatistischen Entscheidungsfindungsprozessen zustande-kommen (vgl. GRIMM 1987: 80ff.).

In Anbetracht einer allgemeinen Steuerungsskepsis, die mit der allgemeinen Planungs- und Reformeuphorie der 70er Jahre kontrastiert, wurde der Föderalismus als „evolutionär höchst fortschrittliche Struktur" (MAYNTZ 1989: 9) wieder-entdeckt, da er eine diversifizierte Allokation von Kompetenzen und Aufgaben ermöglicht, die einerseits sachdienlicher ist, andererseits aber auch eine breitere Streuung der Verantwortlichkeit für Politik erlaubt.

Ein gängiges Bonmot ist in diesem Zusammenhang, daß der Nationalstaat zu klein für die wirklich großen Probleme und zu groß für die kleineren Probleme sei (BELL 1988). Dies läßt sich ohne weiteres erklären: Viele politische Prozesse sind heute das Ergebnis internationaler Zusammenhänge (SCHARPF 1994: 156ff.), die sich aus der Externalisierung von Problemen ergeben, die dann wie-derum nur grenzüberschreitend lösbar sind: Die Umweltverschmutzung in Schweden ist nicht nur hausgemacht, sondern zu einem großen Teil durch Schadstoffe verursacht, die in Großbritannien oder der Bundesrepublik entste-hen. Das Abholzen der tropischen Regenwälder beruht zu einem großen Teil auf der Exportabhängigkeit der Länder der Dritten Welt, die ihre Rohstoffe an die reichen Industrieländer verkaufen müssen, um überleben zu können. Prozesse wie die internationale Abrüstung oder die weltweite Reduzierung von schädli-chen Emissionen sind nur durch das gemeinsame Handeln vieler Staaten durch-zusetzen. Der einzelne Nationalstaat fällt also vielfach als relevante Steuerungs-ebene aus und muß sich auf die Steuerungs- und Koordinationsmechanismen su-pranationaler Institutionen einlassen (vgl. DOEHRING 1991: 76ff.), womit eine Erosion der Staatsmacht bzw. deren Externalisierung in Form einer Übertragung von Hoheitsrechten einhergeht (vgl. GRIMM 1987: 81).

Ähnliche Prozesse lassen sich im „Inneren" der Nationalstaaten ausmachen, und gerade hier kommt der Föderalismus als mögliches Modernisierungsmittel für eine territoriale Reorganisation politischer Herrschaft ins Spiel. So wäre es beispielsweise merkwürdig, wenn kommunale Abwasserprobleme „von ganz oben" geregelt würden. Die latente Gefahr, daß sich Zentralinstanzen mit Proble-men und Steuerungsaufgaben überladen und bei hieraus folgendem Steuerungs-versagen Legitimationsdefizite zu gewärtigen haben, als auch die Sach- und Pro-blemnähe territorialer Subeinheiten würden deutlich für eine Verlagerung „klei-ner", lies: regional oder lokal verortbarer Probleme und Aufgaben auf dezentrale Steuerungsebenen sprechen. Dies umso mehr, als in modernen Nationalstaaten die Fragmentierung politischer Steuerung durch eine Fragmentierung politischer Identitäten ergänzt werden kann, so daß der integrierende Faktor „Nation" durch subnationale Identitätsbildungen (vgl. ELAZAR 1987: 9) und dort beanspruchte Kompetenzen in Frage gestellt wird.

In beiden Fällen – der Fragmentierung von politischer Steuerung als auch der Fragmentierung von (territorial bzw. regional verortbarer) Identitäten – rük-ken „die kleineren Einheiten" (Provinzen, Länder, Regionen) wieder ins Blickfeld und mit ihnen das mit dem Föderalismus verknüpfte Prinzip der Subsidiarität.

Stehen wir deshalb vor einer „Renaissance des Föderalismus"? Ist der in Deutschland mit besonderem „Raffinement" gepflegte Föderalismus als „evolu-tionär höchst fortschrittliche Struktur" in der Lage, mit den genannten Proble-

Grenzen des
Nationalstaats

men fertig zu werden, die sich insbesondere im Zuge der europäischen Integration und der deutschen Einheit ergeben?

Wir haben in Teil 1 eine Reihe von Entwicklungsbrennpunkten föderativer Systeme herausgearbeitet, die von herausragender Bedeutung für deren institutionelle Dynamik sind. Wir wollen nunmehr am Beispiel des bundesdeutschen Föderalismus etwas mehr über diese institutionelle Dynamik und die hierfür verantwortlichen Entwicklungsbrennpunkte erfahren. In diesen Brennpunkten konzentriert sich der Anpassungsdruck für das föderative System und seine Institutionen. Da wir Institutionen bzw. deren Wandel als Problemlösungsversuche für bestimmte Problemlagen interpretiert haben, liegt es nahe, in diesem Zusammenhang nicht nur eine Beschreibung und Erklärung der nach mehr als 40 Jahren Föderalismus eingetretenen Veränderungen zu liefern, sondern auch nach der Problemlösungsfähigkeit und Qualität des deutschen Föderalismus zu fragen. Dies dürfte insbesondere in der jetzigen Situation, in der der deutsche Föderalismus vor der doppelten Herausforderung der deutschen Einheit und der europäischen Integration steht, ein legitimes Anliegen sein. Dies umso mehr, als das von uns in Teil 1 für den Föderalismus als typisch bezeichnete „Wechselspiel von politischer Praxis und wissenschaftlicher Theorie" (STERN 1984: 655) gerade in letzter Zeit besonders intensiv geworden ist und Fragen nach der „strategischen Lernfähigkeit und institutionellen Anpassungsfähigkeit" des deutschen Bundesstaates (LEHMBRUCH 1991: 585) ganz oben auf der Agenda zu finden sind.

Greifen wir eine der vielen Äußerungen heraus, die uns in der aktuelleren Diskussion begegnen. In einem SPIEGEL-Interview dazu befragt, wie er die Fähigkeit des deutschen Föderalismus einschätze, mit der deutschen Einheit fertig zu werden, meinte der sächsische Ministerpräsident Kurt BIEDENKOPF (CDU), „daß Institutionen zu enormen Veränderungen fähig sind, wenn sie ihre Existenz gefährdet sehen" (DER SPIEGEL 33/1991: 84).

Die Aussage ist es wert, etwas genauer analysiert zu werden. Sie enthält eine bemerkenswerte Einschätzung zur institutionellen Anpassungsfähigkeit des deutschen Föderalismus, die man ungefähr so formulieren könnte: Erst wenn der Problemdruck und das Legitimationsdefizit so groß werden, daß die Existenz der föderalstaatlichen Institutionen gefährdet ist, kommt es offensichtlich zu weitreichenden Veränderungen und Reformen. Das ist, wenn dies zutreffen sollte, ein für die Entwicklungsdynamik eines föderalen Systems äußerst bedeutsamer Befund – und zwar in zweierlei Hinsicht:

– Die erste mögliche Interpretation könnte lauten: Wenn es so ist, daß man gerade im deutschen Föderalismus, auf den sich BIEDENKOPFS Aussage ja bezieht, auf institutionelle Veränderungen so lange warten muß, bis die betroffenen Institutionen existentiell gefährdet sind, kann man möglicherweise noch lange warten. Der Föderalismus ist zwar mit seinen Institutionen immer wieder Gegenstand herber Kritik gewesen, aber von einer existentiellen Gefährdung wird man im Laufe der Geschichte der Bundesrepublik wohl an keiner Stelle sprechen können. Wenn eine solche existentielle Gefährdung aber bislang nicht vorlag, so kann man dann nur folgern, müssen diese Institutionen bis zu einem gewissen Grade befriedigend funktioniert haben. Bei der Masse von wechselnden Problemlagen, mit denen sie im Laufe von mehr als 40 Jahren Föderalismus zu tun hatten, kann das wiederum nur hei-

146

ßen, daß sie flexibel genug gewesen sind, um sich diesen Problemlagen anzupassen – nur, daß diese Anpassungsprozesse nicht spektakulär und auffällig, sondern Stück für Stück und „an der Oberfläche" kaum wahrnehmbar stattgefunden haben müssen. Entwicklung und Anpassung erfolgen dann eben nicht nur über tiefgreifende Strukturreformen, sondern über eine „prozessuale Anpassung", die „auf eine pragmatische, die laufende Tätigkeit begleitende flexible Gestaltung von Institutionen" zielt, „die nicht auf kurzfristige Erfolge angelegt ist, sondern als ständige Aufgabe begriffen wird" (HESSE/BENZ 1990: 225) .

– Die Frage ist, ob ein solcher Anpassungsmodus in der jetzigen Situation und generell in größeren Krisen- oder Problemsituationen noch ausreicht (SCHULTZE 1993). Damit kommen wir zur zweiten Interpretationsmöglichkeit, die der Aussage von BIEDENKOPF einen anderen Impetus geben würde: Man könnte vom „Ernstfall der deutschen Einheit" abstrahieren und fragen, warum es denn überhaupt erst zum „Ernstfall" bzw. zur „existentiellen Gefährdung" kommen muß. BIEDENKOPF hat seine Aussage ja mit einer Konditionalisierung versehen: Wenn die Institutionen ihre Existenz gefährdet sehen... Die Frage drängt sich sofort auf, wann denn nun dieser „Wenn"-Fall eintritt – oder könnte es auch sein, daß der deutsche Bundesstaat Krisen und Probleme einfach „verschläft", seine politischen Akteure den sozio-politischen Problemdruck ausblenden und damit also, um an HUNTINGTON zu erinnern, die institutionelle Entwicklung der gesellschaftlichen Entwicklung weit hinterherhinkt? – oder wie SCHARPF es bündig zusammenfaßt: „Je riskanter und unübersichtlicher die Lage, desto weniger ist die bundesdeutsche Politik zu Innovationen fähig, und desto mehr verfestigt sich der Status Quo der bestehenden Regelungssysteme" (SCHARPF 1994: 165). Der Föderalismus wird doch in den gängigen „Tugendkatalogen" immer als besonders „flexibel" gelobt: Warum der Verdacht, er könnte mit der doppelten Herausforderung von deutscher Einheit und europäischer Integration zumindest insoweit überfordert sein, als er zwar zu inkrementalen Anpassungen, nicht aber zur „großen Strukturreform" fähig sei (vgl. VON BEYME 1993: 358)? Ist das institutionelle Arrangement des deutschen Föderalismus so unflexibel, daß sich erst etwas bewegt, wenn es schon fast zu spät ist?

Flexibilität oder institutionelle Erstarrung

Man kann diese Frage zunächst recht pauschal mit dem Hinweis abtun, daß es in jedem politischen und somit auch in jedem föderativen System einen Widerspruch gibt „zwischen dem, was im Prinzip machbar, sinnvoll und notwendig wäre (...) und dem, was sich unter gegebenen institutionellen Bedingungen umsetzen läßt" (SCHMID 1987: 446f.). Aber offensichtlich gibt es auch Stimmen, denen eine moderate institutionelle Flexibilität und Anpassung des föderativen Systems nicht weit genug geht, da sie die – als eigentlich entscheidend angesehene – Fähigkeit zur grundlegenden Strukturreform und zum politischen Zielwechsel im deutschen Föderalismus vermissen (so SCHULTZE 1993: 231; SCHARPF 1994: 156ff.).

Wenn dies so ist, dann müssen wir uns mit den institutionellen Bedingungen der Entwicklungsdynamik im deutschen Föderalismus auseinandersetzen und uns zunächst fragen, wie der heutige deutsche Föderalismus eigentlich zu dem geworden ist, was er zur Zeit ist.

Fest steht, daß sich, entgegen den auch heute noch vielfach positiven Äußerungen zum deutschen Föderalismus v.a. von Seiten der Politiker und vieler
Staatsrechtler, eine wachsende Front von Kritikern artikuliert. „Unitarisierung" –
„Zentralisierung" – „Politikverflechtung" – das sind drei Schlagworte, unter denen sich ein großer Teil der Kritik am Erscheinungsbild des deutschen Föderalismus rubrizieren läßt. Unitarisierung ist in der Tat der dominante Entwick-
lungstrend in der Entwicklung des deutschen Föderalismus seit 1949 – Zentralisierung und Politikverflechtung sind nur zwei unterschiedliche institutionelle
Strategien, das Ziel der Unitarisierung unter den jeweils gegebenen institutionellen Möglichkeiten zu erreichen. Wir werden dies nachfolgend zu belegen versuchen.

Bislang ist es oft üblich gewesen, die Entwicklung des deutschen Föderalismus in zwei große Phasen einzuteilen (vgl. KLATT 1986): Die „Zentralisierungsphase" bis Ende der 60er Jahre und die anschließende Phase des „kooperativen
Föderalismus" bzw. der „Politikverflechtung", die sich mit einer gewissen Über-
lappung anschloß (so zuletzt etwa der Bericht der LT-Kommission NRWI 1990:
46ff.). Wir möchten die Entwicklung des föderativen Systems der Bundesrepublik hier jedoch anders interpretieren. Von dieser Warte aus vereinigt der deutsche Föderalismus bereits seit 1949 zentralisierende und kooperative Momente.

Wir haben den Begriff der „Politikverflechtung" bereits in Teil 1 und 2 vorgestellt. Zusammen mit dem Konzept des „intrastaatlichen Föderalismus" liegt
hierin ein entscheidender Schlüssel für das Verständnis, die Darstellung und die
Erklärung der Entwicklung des deutschen Föderalismus hin zum sog. „unitarischen Bundesstaat". Weil diese beiden Begriffe und die damit verbundenen Annahmen über das föderative System der Bundesrepublik für die nachfolgende
Entwicklungs- und Problemanalyse von zentraler Bedeutung sein werden, sollen
sie hier noch einmal kurz verdeutlicht werden.

Entscheidend beim Typus des intrastaatlichen Föderalismus ist, daß er zwar
eine gewisse föderative Differenzierung aufweist, dieser aber im Vergleich zu
der im interstaatlichen (oder dualen) Föderalismus stärker verwirklichten Gewal-
ten- und Kompetenzverteilung von der „Tendenz zu einer die institutionelle Differenzierung wieder überbrückenden prozessualen und inhaltlichen Politikverflechtung" (SCHARPF/REISSERT/SCHNABEL 1976: 9) überlagert werden kann.
Dies bedeutet im Klartext: Ein föderatives System des intrastaatlichen Typs kann
trotz der gegebenen Differenzierung von zentralen und dezentralen Entscheidungsfunktionen deren „Wiederverflechtung" (SCHARPF/REISSERT/SCHNABEL
1976: 19) erleben. Genauso kann es dort zur schrittweisen Entfaltung eines im
institutionellen Arrangement angelegten Verflechtungspotentials kommen, wo
der erste Blick zunächst nur das Bestehen von selbständigen und unabhängigen
Entscheidungsebenen konstatieren würde. Genau dies trifft für den deutschen
Föderalismus zu: Wir haben in Teil 1 auf die Relevanz des Föderalismus als Mittel zur Gewaltenteilung hingewiesen. In der Bundesrepublik wirkt sich der Ge-
waltenteilungseffekt des Föderalismus über die institutionalisierte Politikverflechtung so aus, daß weder Bund noch Länder alleinige Macht beanspruchen
können. Die meisten öffentlichen Aufgaben werden nicht durch die getrennten
Entscheidungen von Bund oder Ländern wahrgenommen. Vielmehr ist es so, daß
auf kaum einem Gebiet die eine Ebene ohne Abstimmung mit oder gar Zustimmung der anderen Ebene wirksam tätig werden kann (umfassend SCHMIDT

1991). Daraus resultiert ein Einigungszwang für Bund und Länder auf vielen Gebieten, der auch und erst recht bei parteipolitisch unterschiedlichen Regierungen in Bund und Ländern wirksam wird, die sich, genötigt durch die Einigungszwänge, zu einer faktischen Allparteienkoalition zusammenfinden, in der die im Parlamentarismus dominierenden Mechanismen des Parteienwettbewerbs überlagert werden (vgl. GABRIEL 1991: 109ff).

Wir haben in Teil 2 den Bundesrat als wichtige und für den deutschen Föderalismus charakteristische Institution der „Mitregierung" dargestellt und auch die institutionalisierten Mechanismen des kooperativen Föderalismus sowohl in der vertikalen als auch der horizontalen Dimension kennengelernt. Der deutsche Föderalismus präsentiert sich gerade in diesen Institutionen als ein hoch verflochtenes System der „antagonistischen Kooperation" (SCHARPF 1989: 22) bzw. der „konsensorientierten Konkurrenz" (THAYSEN 1985: 16) und erfüllt insoweit die Funktion der vermehrten Partizipation (VON BEYME 1993: 365) – allerdings in einer selektiven Version, die vom „Kontaktprivileg der Exekutiven" im deutschen Bundesstaat geprägt ist und v.a. diesen eine umfassende Mitwirkung ermöglicht.

Der im deutschen Föderalismus institutionalisierte Einigungszwang kann allerdings zur Verstrickung in eine „Rationalitäts-Falle" führen. Darunter versteht man in der Föderalismusdiskussion einen für alle am föderativen Politikformulierungsprozeß Beteiligten unbefriedigenden Zustand, „der zwar durch die zweckrationale Verfolgung von Eigeninteressen herbeigeführt wurde, dem sich aber niemand durch einseitige Aktionen entziehen könnte, ohne seine Lage zunächst noch weiter zu verschlechtern" (SCHARPF 1989: 122).

„Rationalitäts-Falle"

Für den „federal process" bedeutet dies folgendes: Im Zweifelsfall wird von den beteiligten Akteuren bzw. Institutionen lieber ein (für das Gesamtsystem) defizitärer status quo in Kauf genommen, um einmal gefundene und etablierte Kompromisse und Vereinbarungen – die gemeinsame Konsensbasis eben – nicht zu zerstören und durch einseitige Aktionen die eigene Position zu schwächen (vgl. SCHARPF 1989: 6ff.). SCHARPF/REISSERT/SCHNABEL haben dies in ihrer Politikverflechtungstheorie für die Bundesrepublik so beschrieben:

„Die besondere Form der vertikalen Differenzierung und Wiederverflechtung von Entscheidungsfunktionen in der Bundesrepublik trägt ebenfalls zur Regulierung des politischen Problemdrucks bei. Wenn es für jede politische Forderung von einigem Gewicht mehrere institutionell selbständige Adressaten mit jeweils begrenzten Kompetenzen, Mitteln und Handlungsmöglichkeiten gibt, dann müssen politische Forderungen nicht nur in den horizontal differenzierten pluralistisch-bürokratischen Interaktionssystemen, sondern auch in der vertikalen Verflechtung durchgesetzt werden. Wer hier etwas erreichen will, der muß sich auch auf die institutionellen Handlungsschranken seines staatlichen Interaktionspartners einlassen, und er muß – wenn seine Forderung innerhalb dieser Handlungsschranken nicht zu befriedigen ist – den mühevollen und langwierigen Weg der Koordination zwischen Bund, Ländern und Gemeinden mitgehen oder aber resignieren. In einem solchen System ist die Realisierung politischer Forderungen schwierig; sie erfordert ein hohes Maß an Hartnäckigkeit und an politischer, bürokratischer und taktischer Kompetenz, aber sie ist nicht von vornherein unmöglich. Hier werden politische Forderungen nicht abgewiesen; sie werden abgearbeitet. Wer etwas durchsetzen will, wird auf dem Wege dahin fast unvermeidlicherweise in das System integriert und durch seine Restriktionen diszipliniert. Gleichzeitig ist das institutionell differenzierte und prozessual verflochtene Entscheidungssystem im ganzen auch leichter in der Lage, politische Forderungen abzuweisen" (SCHARPF/REISSERT/SCHNABEL 1976: 19f.).

Typisch für hochverflochtene föderale Systeme kann somit der Aufbau einer „Politikverflechtungs-Falle" sein, unter der man eine „Entscheidungsstruktur, die aus ihrer institutionellen Logik heraus systematisch (...) ineffiziente und problem-unangemessene Entscheidungen erzeugt, und die zugleich unfähig ist, die institutionellen Bedingungen ihrer Entscheidungslogik zu verändern", versteht (SCHARPF 1985: 350). Sie führt langfristig zu einem Problemstau und zu möglichen Legitimationsdefiziten um den kurzfristigen Gewinn einer Problementlastung, Konfliktnivellierung und oberflächlichen Stabilisierung des politischen Systems willen.

Institutionelle Handlungskorridore

Zunächst aber gilt es, den Entwicklungsweg des bundesdeutschen Föderalismus bis zur gegenwärtigen Situation einer hochgradigen Politikverflechtung nachzuzeichnen, der durch das Parteiensystem, die politische Kultur, die gesellschaftliche Homogenität, vor allem aber durch die institutionellen Vorgaben bestimmt wurde, die den Rahmen für die Entscheidungen und das Zustandekommen der Entscheidungen der politischen Eliten bilden. Damit kommt der vom Grundgesetz 1949 vorgegebenen institutionellen Ordnung des deutschen Föderalismus ein wichtige Rolle zu. Typische Merkmale und Defizite des bundesdeutschen Föderalismus haben ihren Ursprung nicht nur in den „Notwendigkeiten der Zeit" (HESSE 1962: 21), sondern auch in den durch verfassungsrechtliche Vorgaben normierten institutionellen Handlungskorridoren für den föderativen Prozess und dem „politischen Handlungsstil" der an diesem Prozess beteiligten bundesstaatlichen Akteure, die den Föderalismus prägen (BAKVIS/CHANDLER 1987: 5).

„Asymmetrischer Dualismus" des deutschen Bundesstaats

Ausgehend von einem solchen Ansatz, wird man die Entwicklung des deutschen Föderalismus nicht ausreichend mit der latent institutionalisierten Politikverflechtung begründen können. Hinzu kommt noch eine eigentümliche Schieflage im institutionellen Design des deutschen Bundesstaats, die wir als „asymmetrischen Dualismus" bezeichnen möchten. Wird zum einen, wie bereits erwähnt, die duale Differenzierung der Entscheidungsebenen im deutschen Bundesstaat durch eine „Wiederverflechtung" überlagert, so wird zum anderen diese „verflochtene Differenzierung" durch ein deutliches Übergewicht der Entscheidungskompetenzen, v.a. im Bereich der Gesetzgebung, auf der Seite des Bundes modifiziert. Vollkommen in die Schieflage gerät dieser „verzerrte" Föderalismus durch seine Einbindung in den „dreistufigen Bundesstaat", der durch die europäische Integration zustandekommt und sowohl für Bund als auch Länder die Gefahr eines Kompetenzverlustes mit sich bringt. Das diffizile Verhältnis von Bund und Ländern wird hier durch eine weitere Entscheidungsebene, die beiden Ebenen Kompetenzen abnimmt, verkompliziert, so daß sich der deutsche Bundesstaat schließlich in der Situation einer „doppelten Politikverflechtung" (HRBEK) sowie eines zweistufigen Zentralisierungsgefälles (Länder an Bund und EU, Bund an EU) wiederfindet. Wir möchten nachfolgend zeigen, wie sich dieses spannungsreiche Gefüge seit 1949 entwickelt hat. Wir werden dabei die Unitarisierung des deutschen Föderalismus seit 1949 bis zur Gegenwart, den deutschen Föderalismus im Rahmen der europäischen Integration und die Rolle des „neuen" deutschen Föderalismus seit der deutschen Einheit mit ihren jeweiligen institutionellen Bedingungen behandeln.

Wir werden versuchen, das analytische Instrumentarium aus Teil 1 und die in Teil 2 erworbenen institutionellen Kenntnisse über den deutschen Föderalismus hierfür nutzbar zu machen. Dabei möchten wir zum einen verdeutlichen, daß die Entwicklung des deutschen Föderalismus zwar in zu heuristischen Zwecken voneinander unterscheidbaren Phasen verlaufen ist, eigentlich aber eine bemerkenswerte Kontinuität aufweist. Zum anderen werden wir innerhalb dieser Phasenentwicklung das Augenmerk auf die Brennpunkte föderalstaatlicher Entwicklung lenken, die wir in Teil 1 bereits herausgearbeitet haben, und auf ihre Relevanz für den deutschen Föderalismus seit 1949 befragen.

Wir werden im folgenden keine umfassende Analyse und Darstellung der Entwicklung sämtlicher „Brennpunkte" des deutschen Föderalismus nach 1949 leisten können. Wir werden vielmehr einige Aspekte exemplarisch behandeln, als Beispiele für Trends und Entwicklungen, die sich aus der Gesamtschau ableiten lassen.

1. Die Unitarisierung des deutschen Bundesstaates

In Teil 1 sind von uns Entwicklungstendenzen in den gegenwärtig bekannten Bundesstaaten festgehalten worden, die bis in die 70er Jahre auf einen allgemein zu verzeichnenden Unitarisierungstrend verweisen, der sich niederschlug in

- Kompetenzakkumulation bzw. Zentralisierung von Gesetzgebungs- und Verwaltungskompetenzen für als national bedeutsam erachtete Aufgabenbereiche beim Bund sowie in
- zunehmender Kooperationstätigkeit der staatlichen Ebenen untereinander.

In beiderlei Hinsicht scheint auch der Föderalismus der Bundesrepublik Deutschland einiges zu bieten zu haben, denn der Generaltrend, den alle einschlägigen Analysen und auch eine diachronische Betrachtung für den deutschen Bundesstaat seit 1949 ausweisen, ist der einer stetigen Unitarisierung. So urteilte eine vom Landtag Nordrhein-Westfalen eingesetzte Sachverständigenkommission:

Genereller Trend: Unitarisierung

„Der Trend zur Unitarisierung beherrscht den deutschen Föderalismus seit den Tagen des Deutschen Bundes, seit den Bestrebungen im 19. Jahrhundert, das staatenbündische System durch ein nationalstaatliches Deutsches Reich zu ersetzen. Dieser Trend setzte sich im Deutschen Reich von 1871 und in verstärktem Maße in der Weimarer Republik fort; die Entwicklung kulminierte in der vollständigen Abschaffung der föderativen Ordnung durch die nationalsozialistische Diktatur im Jahre 1934.
    Trotz der Rückbesinnung auf föderale Vorstellungen eröffnete auch das Grundgesetz für die Bundesrepublik Deutschland vor allem in seiner Verteilung der Gesetzgebungszuständigkeiten zwischen Bund und Ländern die Möglichkeit einer unitarischen Entwicklung. Sie hat nicht nur den Bereich der Gesetzgebung erfaßt, sondern auch den der Verwaltung und basierte hier vor allem auf einer die Tätigkeit der Länder stark beeinflussenden finanziellen Dotationspraxis des Bundes sowie in einer Bereitschaft der Länder selbst, vom Bund nicht reglementierte Bereiche durch ‚Selbstkoordination' einer einheitlichen Regelung zu unterwerfen. Das hat schon 1961 zur Bezeichnung der Bundesrepublik als eines ‚unitarischen Bundesstaats' geführt" (LT-KOMMISSION NRW I 1990: 46).

Wieso ist es in der Bundesrepublik Deutschland zu dieser Unitarisierung gekommen? In welchen Bereichen und wie hat sie sich ausgewirkt? Läßt sich diese

Unitarisierung überhaupt in einem Bundestaat rechtfertigen, stellt sie nicht einen krassen Gegensatz zum Föderalismus dar und widerspricht damit letztendlich sogar der Verfassung?

Kontroverse Bewertung unitarischer Tendenzen

Um mit der letzten Frage anzufangen: Die Erkenntnis, daß Unitarismus und Föderalismus die beiden großen Kräfte sind, die die Entwicklung eines Bundesstaates beeinflussen (KIMMINICH 1987: 1143), ist zwar durchaus verbreitet. Nur wird dem Unitarismus, dem Dominieren zentripetaler Kräfte im Bundesstaat, in der Regel immer ein schlechtes Zeugnis ausgestellt, weil er den Föderalismus schädige, entstelle, pervertiere oder ad absurdum führe. Die hier zugrundeliegende Kontroverse wird von zwei grundsätzlich divergierenden Richtungen in der deutschen Föderalismusdiskussion ausgetragen:

„Die eine legt das Schwergewicht auf die Eigenständigkeit und Eigenverantwortung der Länder. Sie beruft sich nicht nur auf das dem Grundgesetz innewohnende Prinzip der Gewaltentrennung. Sie erblickt die Rechtfertigung einer auf den föderalen Gedanken ausgerichteten Auslegung vielmehr auch darin, daß nur so die fruchtbare Vielgestaltigkeit deutscher Stämme und Landschaften vor einer zu weitgehenden Beeinflussung durch eine zentrale Staatsgewalt bewahrt und die nach unseren geschichtlichen Erfahrungen darin liegenden Gefahren gebannt werden können. (...) Die andere Richtung sieht in der übermäßigen Betonung des föderalistischen Prinzips ein Hindernis für die gesunde Fortentwicklung des staatlichen Lebens und für die Durchführung wichtiger nationaler Aufgaben. Die Aufrechterhaltung einer zu strengen Eigenstaatlichkeit der Länder hemmt nach dieser Meinung aber auch die europäische Integration, die ohne Eingriffe in die staatsrechtliche Stellung des Bundes und der Länder nicht erreichbar sei.

In manchen Erscheinungen der Verfassungswirklichkeit sieht die föderalistische Richtung eine Abweichung von der Verfassung und betrachtet sie als Fehlentwicklung; die andere Richtung erkennt darin die natürliche, den Anforderungen einer modernen Welt entsprechende Fortbildung unseres Verfassungslebens" (TROEGER-GUTACHTEN 1966: 10).

Man wird beiden Positionen ihre Berechtigung nicht absprechen können. Dabei wird man aber fragen müssen, ob die Föderalismusbefürworter den Föderalismus der Bundesrepublik nicht hypostasieren und zwar aufgrund von Verfassungsinterpretationen und normativen Annahmen, die, gemessen an der Verfassungswirklichkeit und auch am Wortlaut der Verfassung, einige Probleme aufwerfen (vgl. LHOTTA 1993). Möglicherweise ist es so, daß die Befürworter des Föderalismus in Deutschland einer Interpretation „aufgesessen" sind, die an der föderativen Struktur festhält, obwohl ihr Inhalt längst nicht mehr auf die vorgegebene Funktion hin überprüft wird (LAMBRECHT 1975: 143). Wir werden hierauf noch zu sprechen kommen.

Unitarisierung und Reföderalisierung

Festgehalten sei zunächst nur: Unitarisierung ist in einem föderalistischen System per se nicht schon etwas „Schlechtes", sondern in bestimmten Phasen eine normale Entwicklungstendenz und Form der Problemverarbeitung und -bearbeitung. Sie hat auch nichts mit Immobilität oder einer „institutionellen Sklerose" zu tun. Dieser Vorwurf kommt von Ansätzen, die aus einer modernisierungstheoretischen Perspektive argumentieren und eine „territoriale Reorganisation politischer Herrschaft" (SCHULTZE 1990) ausschließlich als „aktive" Politik in Form einer grundlegenden „Reföderalisierung" als „Strukturreform" und „politischen Zielwechsel" begreifen (vgl. SCHULTZE 1993: 231).

Bundesstaat und unitarische Zweckausrichtung

Es gilt aber zu berücksichtigen, daß neben dem bündischen Element auch das integrative und vereinheitlichende Moment bundesstaatlicher Ordnung eine wichtige Rolle spielt:

„Letztendlich nämlich – das sollte man bei allem Wert der Föderalismusrechtfertigung in Richtung Subsidiarität, Demokratie- und Freiheitssicherung sowie Gewaltenteilung berücksichtigen – soll der Bundesstaat auch eine substantielle Einheit – eine ‚more perfect union‘ – gewährleisten. Er impliziert eine nicht zu vernachlässigende unitarische Zweckausrichtung – und ganz besonders gilt dies für die Geschichte des deutschen Bundesstaates. Die Vereinheitlichung (der Lebensverhältnisse) ist eine Leistung, die dem bundesstaatlichen System in bestimmten historischen Situationen – wie etwa der deutschen Einheit (!) – abgefordert wird und auch die Verfassung beziehungsweise das auf ihr gründende institutionelle Gefüge unter einen entsprechenden Leistungsdruck setzt" (LHOTTA 1991: 254).

Zurecht erinnerte Gunter KISKER (1971: 104) daran, daß auch die Entscheidung für ein föderalistisches Gefüge der Bundesrepublik Deutschland 1949 „um der guten Ordnung des Gesamtverbandes, nicht um der Bewahrung der Unabhängigkeit und Unverletzbarkeit der Länder willen" getroffen wurde. Damit läßt sich die bereits von Rudolf SMEND gestellte Frage, wieso der Bundesstaat in einer konkreten historischen Situation ein sinnvolles politisches System – also eine sinnvolle Problemlösung – sein könne, für die Bundesrepublik nach dem Zweiten Weltkrieg auch mit der folgenden Argumentation beantworten:

„Wenn eine Gesellschaft auf dem Weg zur sozialen Vereinheitlichung und Integration nur langsam vorankommt, weil dieser Prozeß durch starke Strukturbrüche konfessioneller, sprachlich-kultureller und sozio-ökonomischer Art behindert wird, (...), dann kann der Föderalismus ein Hilfsmittel sein, um die staatliche Einheit trotz der notwendigen Konzessionen an das Selbstbestimmungsrecht der heterogenen Teile überhaupt zu erhalten. (...) Langfristig kann dann innerhalb des Bundesstaats ein Abbau infrastruktureller und ökonomischer Ungleichheiten und damit eine wachsende Vereinheitlichung der Lebensverhältnisse eher stattfinden, als es zwischen selbständigen Staaten möglich wäre" (MAYNTZ 1990: 234).

> Vereinheitlichung der Lebensverhältnisse

In der gerade beschriebenen evolutiven Unitarisierung, die den Subeinheiten des Bundesstaates einen eigenen Gestaltungsspielraum gibt, de facto aber einen asymmetrischen Dualismus mit stark intrastaatlichem Charakter und hohem Politikverflechtungsgrad zur Voraussetzung hat, scheint die besondere Attraktivität und gleichzeitig notwendige Nivellierung des Föderalismus für die Bundesrepublik gelegen zu haben. Er ist immer schon ein „Vereinigungsföderalismus" (ZEH 1977) gewesen, dessen zentrifugale bzw. interstaatliche Komponenten mehr geduldet als gewollt wurden. Dies hat sich bereits in der Ausgestaltung des Bundesstaates im Grundgesetz niedergeschlagen.

> Evolutive Unitarisierung

1.1 Unitarische „Weichenstellungen" des Grundgesetzes

Die in der deutschen Föderalismusdiskussion sehr häufig anzutreffende Annahme eines anfangs „dualen", auf der grundsätzlichen Trennung von „co-ordinate spheres" beruhenden Bundesstaats, der sich erst im Laufe der Zeit (,,leider") zum unitarisch-kooperativen Bundesstaat entwickelt habe, ist aus unserer Sicht nicht haltbar (vgl. auch HESSE/RENZSCH 1990: 562; VON BEYME 1993: 340). Wenn überhaupt, hat es sich um einen von Beginn an asymmetrischen Dualismus gehandelt. Föderalismus in Deutschland ist stets unitarisch ausgerichtet gewesen. Das Grundgesetz von 1949 hat bereits die erforderlichen Weichenstellungen vorgenommen und damit eine schon im Kaiserreich und besonders in der Weimarer Republik begonnene Entwicklung weitergeführt (vgl. BOLDT 1990a).

> Asymmetrischer Dualismus des bundesdeutschen Föderalismus

Bundesverfassungen, so auch das Grundgesetz, haben nicht nur die Aufgabe, die föderale Kompetenzverteilung zu normieren oder den Subeinheiten eines Bundesstaates unantastbare Handlungsspielräume zu reservieren. Sie sind auch – und dies im Gegensatz zu den einzelnen Landesverfassungen – ein „Instrument der Einheitsstiftung im Staat" (GRAWERT 1987: 2338) neben vielen anderen.

Möglichkeiten der Einheitsstiftung sind dem Grundgesetz in vielfältiger Weise und sicher nicht zufällig inkorporiert worden. Die Verfassungsgeber haben bereits die ursprüngliche Fassung des GG mit einem beachtlichen Vereinheitlichungspotential versehen, das durch Verfassungsänderungen und Modifikationen des „federal process" noch angereichert wurde. Dieses Vereinheitlichungspotential lag in der seit jeher normierten Dominanz des Bundes im Bereich der Gesetzgebung sowie in der Konzeption des deutschen Bundesstaates als kooperativer Bundesstaat bzw. Verbundsystem. In ihm sind die dezentralen und zentralen Institutionen bzw. Entscheidungsebenen und -funktionen verflochten, wodurch ein Einigungszwang bei fast allen wichtigen politischen Entscheidungen impliziert ist. Das Grundgesetz besaß jedoch auch einige „föderalistische Akzente", die vor allem in der Ausführung der Bundesgesetze durch die Länder und der Einrichtung eines Bundesrates zu sehen sind (REH 1989: 62). Diese föderalistischen Akzente sind aber wiederum nicht separativ, sondern kooperativ ausgestaltet und damit grundsätzlich auf eine vereinheitlichende Wirkung hin ausgelegt, wie überhaupt an JELLINEKS Bemerkung zu erinnern ist, daß der Bundesstaat per se einen unitarischen Grundzug habe, weil lediglich die Beteiligung der Länder an der Willensbildung des Bundes dessen föderalistischen Charakter ausmache, während alle anderen Organe ein durchaus unitarisches Gepräge hätten (JELLINEK 1960: 772).

Wir möchten an dieser Stelle daran erinnern, daß der deutsche Föderalismus von uns in Teil 1 und 2 dem Typus eines hochverflochtenen intrastaatlichen Föderalismus zugeordnet wurde, der sich vor allem durch die folgenden Merkmale charakterisieren läßt:

– funktionale Differenzierung nach Kompetenzarten;
– starke intrastaatliche Beteiligung der Länder(regierungen) an der Bundespolitik über den Bundesrat und dessen Gesetzgebungskompetenz (Einspruchs- und Zustimmungsgesetze);
– intrastaatliche Kooperation der Länder untereinander als auch Kooperation zwischen Ländern und dem Bund.

Alle drei hier genannten Faktoren sind geeignet, zu einer Unitarisierung im Bundesstaat beizutragen, wie sie sich am Beispiel der Bundesrepublik nachvollziehen läßt. Wir hoffen, nachfolgend aufzeigen zu können,

– daß die föderative Ordnung der Bundesrepublik seit jeher als Mittel zur Unitarisierung und nicht der Diversifikation bzw. Differenzierung verstanden wurde, und
– daß diese Zweckausrichtung auch dem institutionellen Arrangement des Grundgesetzes von 1949 schon zugrundelag, wenngleich mit Rücksicht auf die Alliierten einige föderalistische Elemente ins Grundgesetz gelangten bzw. die grundsätzliche Frage nach der Berechtigung eines föderativen Systems so explizit gar nicht gestellt werden konnte (EBKE 1965: 44), so daß, zugespitzt formuliert, dem Föderalismus zwar „Lippendienste" (STRAUß

1955: 116) erwiesen wurden und das Grundgesetz eine „föderative Fassade" (KREUTZER 1959: 19) erhielt, die aber mit „Ventilen" für eine zentralisierend-unitarische Entwicklung durchsetzt war (KATZENSTEIN 1958: 593). Bereits 1950 konstatierte deshalb Otto KIRCHHEIMER: „The federalist emphasis of the Bonn Basic Law notwithstanding, the political and administrative centralization well under way under Weimar and consummated under the Third Reich is again around the corner" (KIRCHHEIMER 1950/51: 293).

Die Entwicklung der Bundesrepublik zeigt, daß alles daran gesetzt wurde, die ambivalente und kompromißhafte Ausgangslage (im Grundgesetz) den tatsächlichen Bedürfnissen anzupassen. Wie Hartmut KLATT feststellt, erfolgte die Ausgestaltung des neuen Bundesstaates nach 1949 unter zwei Prämissen:

„Institutionell entsprach man den Bedingungen eines föderativen Systems; inhaltlich sollte die bundesstaatliche Ordnung jedoch der Vereinheitlichung der Lebensverhältnisse dienen. Das Leitbild des unitarischen Bundesstaates besagt, daß dieser nach seinen Institutionen föderativ, gemessen an der von Bund und Ländern betriebenen Politik indes unitarisch ausgerichtet ist" (KLATT 1982: 5f.).

Leitbild des unitarischen Bundesstaates

Schon im Parlamentarischen Rat dominierte eine unitarische Tendenz (HUHN 1992: 23), nicht zuletzt deswegen, weil für die Haltung seiner Mitglieder die Partei- und weniger die Landeszugehörigkeit ausschlaggebend war (vgl. Teil 2). Der Bund erhielt von Anfang an weitreichende Kompetenzen aufgrund der Annahme, daß die Beseitigung der Kriegsfolgen und der Wiederaufbau Deutschlands eine starke Zentralgewalt erfordern würden (vgl. GREWE 1948: 14f.). Wenn noch die Gemeinsame Verfassungskommission von Bundestag und Bundesrat in ihrem Abschlußbericht vom November 1993 konstatiert, daß das Grundgesetz ursprünglich nicht von einem Übergewicht des Bundes ausgegangen sei (BT-Drs. 12/6000: 32), so scheint uns dies eine Fehleinschätzung zu sein. Dabei ist auch darauf zu verweisen, daß die Alliierten und hier insbesondere die Amerikaner weniger dezidiert auf eine strikt föderative Ausgestaltung des deutschen Staates drängten als bisher angenommen. Nicht nur aus wirtschaftspolitischen Motiven, sondern auch aus der Logik des beginnenden Ost-West-Konflikts konnte ihnen an einem durch Partikularisierung und Dezentralisierung geschwächten Weststaat nicht gelegen sein (vgl. PFETSCH 1990: 242f.). Nichtsdestotrotz wurde in der bundesdeutschen Politik immer wieder von einem „oktroyierten Föderalismus" gesprochen – ein Vorwurf, der sich insbesondere im Zusammenhang mit der Finanzverfassung und den dort erfolgten Interventionen der Alliierten bis in die 60er Jahre zog (vgl. nur BMF Dr. Strauß, BR 322. Sitzung, 5.4.1968, StB 55 C bzw. BR 334. Sitzung, 7.2.1969, StB 10 C). Der Föderalismus wurde als „Irrtum" gebrandmarkt und er schien nur noch tolerierbar als ein „recht verstandener Föderalismus" – ein Föderalismus, „den man nicht spürt, was nur vollends zu erreichen ist von einem Föderalismus, den es gar nicht gibt" (FROMME 1970: 94).

Unitarische Tendenz schon im Parlamentarischen Rat

Die Entstehungsgeschichte des für die Kompetenzverteilung bei der Gesetzgebung maßgeblichen Art. 72 GG bietet hier ein beredtes Beispiel: Sowohl Herrenchiemseer Konvent als auch Parlamentarischer Rat traten für eine starke Bundesgewalt ein. Dies zeigte sich in dem nicht weniger als 37 Materien umfassenden Katalog einer „Vorranggesetzgebung" für den Bund, die durch eine Zuständigkeitsvermutung zugunsten der Länder für den (kümmerlichen) Rest ergänzt werden sollte. Es sollte von Anfang an ein möglichst umfassendes Kompetenzarsenal für den Bund geschaffen werden und durch die extensive Enumeration so gesichert sein, daß zukünftig nicht jede einzelne Frage zur Kompetenzausübung des Bundes vor dem Bundesverfassungsericht „durchgebracht" werden müsse (so die Abgeordneten Dr. MENZEL (SPD) und Dr. SCHWALBER (CSU) in: Sten. Ber. PR: 32). Auf diese großzügige Ausstattung des Bundes hin erfolgte die Intervention der Alliierten gegen den entsprechenden Art. 34 der Herrenchiemseer Empfehlungen, weil v.a. die Voraussetzung der Inanspruchnahme dieser Kompetenzen nicht hinreichend klar definiert war. Bei den großen Parteien im Parlamentarischen Rat schien aber Einigkeit darüber zu herrschen, daß eine Einschränkung der Bundesgewalt nicht hinnehmbar sei; vielmehr beharrte man auf dem Recht des Bundes, die Rechtseinheit auf allen Gebieten herzustellen oder zu wahren, „auf denen das Bedürfnis nach gleichmäßigem Inhalt der Rechtsnormen im Bundesgebiet dringlich erscheint" (zit. nach MAJER 1980: 102). Die hierauf in das GG eingeflochtene Bedürfnis-Klausel, auf die noch näher einzugehen sein wird, wurde im Parlamentarischen Rat offensichtlich als etwas Auferzwungenes betrachtet, das man „höherer Gesichtspunkte wegen irgendwie ertragen", dem man aber gleichzeitig „jede für uns unangenehme Wendung soweit wie möglich nehmen" müsse (zit. nach MAJER 1980: 102). Schon früh wurde sie deshalb als nicht justitiabel deklariert (ZINN 1949: 298) – eine Ansicht, der das BVerfG alsbald folgte.

Dies belegt, daß die Renaissance föderativen Gedankenguts, die in Deutschland unmittelbar nach dem Zweiten Weltkrieg einsetzte (MERKL 1965: 37ff.), relativiert werden muß. Jenseits solcher Motivationen wie einem starken anti-preußischen Affekt und dem nach 1945 einsetzenden Einflußzuwachs des Katholizismus (LANGE 1973: 38ff.; MERKL 1965: 37; HUHN 1991: 38ff.) liegt der entscheidende Faktor für die föderative Rückbesinnung in Deutschland wohl bei dem von den Ländern her erfolgten Wiederaufbau der Bundesrepublik und der Möglichkeit, das disparate Konzept des Föderalismus als „wohlfeile Leerformel" zu verwenden, „die in der Frühphase der Besatzungszeit als Wahrzeichen demokratischen Selbstverständnisses kaum fehlen durfte" (FOELZ-SCHRÖTER 1974: 13f.). In dem Moment aber, in dem die Eigeninteressen der Landesverwaltungen bzw. -regierungen zu einer Bedrohung für eine künftige übergreifende Verbindung werden konnten, geriet der Föderalismus bereits in den Ruch des Partikularismus und war abzulehnen – das politische Klima kühlte sich den Ländern gegenüber schnell ab und man begann, sich vor allzu stark beengten Bundeszuständigkeiten zu fürchten (SCHEUNER 1956: 33). Ganz offensichtlich war eine Betonung der Länderrechte nur dadurch legitimierbar, daß man eine „Schonzeit zur Festigung der bundesstaatlichen Struktur" gewähren mußte, während langfristig eine flexiblere Ausgestaltung des Bundesstaates anvisiert war, die zum einen über die Kompetenzakkumulation beim Bund, zum anderen aber über die intensivierte Kooperation der bundesstaatlichen Ebenen zu erreichen war (NEUNREITHER 1959: 130ff.).

Darüber hinaus ist es ausgesprochen interessant zu beobachten, daß gerade auch Parteien, wie die CDU oder die DP, die zunächst den Föderalismus auf ihre Fahnen geschrieben hatten, einmal in die Bundesregierung gelangt, schnell zum Befürworter eines „geläuterten" Föderalismus konvertierten (vgl. für die CDU HEIDENHEIMER 1958: 826f.), in dem die Länder weniger selbständige Einheiten, sondern Glieder eines Gesamtverbandes sein sollten, der wirtschaftlich, sozial und finanzpolitisch eine Einheit darstelle (LAMBRECHT 1975: 77). Von einer solchen Perspektive aus, ließ sich der Bundesrat nicht mehr als „Länderkammer" interpretieren, in der die „Länderidylle" gehütet wird, sondern als Bundesorgan, in dem die „Länder als Aufbaukörper des Ganzen ihre Verantwortung für das Ganze realisieren sollen" (RIDDER 1962: 520f.). Gleichermaßen flexibel wichen aber auch SPD und FDP von ihrem vormals zentralistisch-unitarischen Standpunkt ab. Insbesondere die SPD als Oppositionspartei – wie später die CDU/CSU – begann schon bald, auf die „Länderkarte" zu setzen und damit die Stellung des Bundesrates aufzuwerten (vgl. FLECHTHEIM 1959: 22-39) und sich als Hüter des Föderalismus zu profilieren, was sich u.a. an der zunehmenden Zustimmungsbedürftigkeit von Gesetzen manifestiert. Gerade das bundesrepublikanische Beispiel vermag zu zeigen, daß die Parteien „wichtige Vehikel des Zentralismus" sind und Streitigkeiten zwischen Bund und Ländern oftmals Parteistreitigkeiten sind, „die im Gewand des föderalistischen Streits verfassungsrechtlich ausgetragen werden" (VON BEYME 1993: 338).

Die durchaus richtig als „eigentümlich ambivalent" und in mancher Hinsicht sogar als deutlich „antiföderalistisch" und „zentralistisch" apostrophierte Ausgestaltung des Bundesstaats im Grundgesetz hat ihren Niederschlag gefunden in der umfangreichen Zuständigkeit des Bundes zur Gesetzgebung, vor allem über die konkurrierende Gesetzgebung sowie die Ausdehnung der Gesetzgebungszuständigkeit auf den Bereich der Staatseinnahmen von Bund, Ländern und Gemeinden (Art. 105 GG). Diese Bundeszuständigkeit wird föderalistisch „verbrämt" durch

Ambivalente Ausgestaltung des Bundesstaates im GG

- die Übertragung der Ausführung der Bundesgesetze und der übrigen Staatsverwaltung im wesentlichen auf die Länder und
- die Mitwirkung der Länder an der Willensbildung des Bundes durch eine Vertretung der Länderregierungen im Bund – den Bundesrat – sowie
- die verfassungsrechtliche Betonung einer Primärzuständigkeit der Länder.

Dabei zeigt sich aber schnell, daß selbst die föderalistischen Verbrämungen im Kern eine unitarische Zweckausrichtung aufwiesen: Entweder waren in ihnen von Anfang an Möglichkeiten eingearbeitet, sie auf eine unitarische Linie zu modifizieren (PFEIFFER 1949: 264) und/oder sie waren gleichzeitig in hohem Maße kooperativ und somit tendenziell unitarisierend konzipiert. Die Vorgabe eines solchen im Grundgesetz institutionell abgesicherten „Handlungskorridors", der praktisch nur einen Ausgang in Richtung „Unitarisierung" besaß, wurde dann allerdings von Rahmenbedingungen unterstützt, die eine zusätzliche unitarische Motivation herausforderten.

1.2 Strukturelle Ursachen des Unitarisierungstrends nach 1949

Das von Anfang an im Grundgesetz angelegte Unitarisierungspotential und die damit korrespondierende Dominanz des Bundes bzw. die auf Kooperation und damit Vereinheitlichung angelegten institutionellen Arrangements haben die Entwicklung des deutschen Föderalismus zum unitarisch-kooperativen Bundesstaat maßgeblich beeinflußt. So sind die Umschichtungen im Bereich der Gesetzgebung und der Finanzverfassung so extensiv gewesen, daß den Ländern ein Katalog von eigenen Gestaltungsmöglichkeiten übrig geblieben ist, der sich heute beschränkt auf:

- Organisation der Landesverwaltung
- Kommunal- und Landesdienstrecht
- Polizeirecht
- Kulturrecht, inbes. Schulrecht und Recht der neuen Medien
- Umwelt- und Gesundheitsrecht (beide partiell)
- einzelne Materien aus dem Wirtschaftsbereich und dem Verkehr sowie das
- Landesverfassungsrecht einschließlich des Haushaltsrechts der Länder.

Ein besonderes Refugium für die Länder, ja sogar das „Kernstück der Länderzuständigkeit im bundesstaatlichen System des Grundgesetzes" (FEUCHTE 1987: 124), wird im allgemeinen in ihrer Zuständigkeit für die Verwaltung, d.h. besonders die Ausführung des Bundesgesetze gesehen, die sich aus der funktionalen Aufgabenteilung des Grundgesetzes ergibt. Hier ist aber nachdrücklich darauf hinzuweisen, daß

- auch der Bereich der Verwaltung seit 1949 mit weitgehenden Ingerenzrechten des Bundes ausgestattet ist und
- der deutsche Föderalismus ganz spezifisch auf die Verwaltung zugeschnitten ist und diese seit Beginn der Bundesrepublik eine „kooperative Perpetuierung" ursprünglich zentralistischer Vereinheitlichung betreibt (LEHMBRUCH 1976: 97).

Die strukturell angelegte Fixierung des deutschen Föderalismus auf die Exekutive, die durch die Einrichtung des Bundesrats noch potenziert worden ist, führt auch dazu, daß der Parteienwettbewerb im Bundesstaat „leerläuft" und die Verwaltungen in Bund und Ländern aus ressortspezifischen Interessen oftmals Vereinheitlichungsstrategien den Vorzug geben (vgl. hierzu SCHARPF/REISSERT/SCHNABEL, 1976: 218ff.; LEHMBRUCH 1976: 91ff.).

Wir haben die institutionelle Konditionierung des „unitarischen Bundesstaats" der Bundesrepublik bereits kennengelernt. Wie sahen nach 1949 die Rahmenbedingungen aus, die die Entfaltung des unitarischen Potentials noch begünstigen sollten? Eine vom Landtag Nordrhein-Westfalen eingesetzte Gutachterkommission hat bei der Durchsicht der einschlägigen Argumente folgende Ursachen herauspräpariert, die auf eine Unitarisierung im deutschen Bundesstaat nach 1949 hinwirkten:

- das Zusammenwachsen der Lebensräume in einer modernen Industriegesellschaft mit ihren zunehmenden wirtschaftlichen und verkehrsmäßigen Verflechtungen in Verbindung mit der steigenden Mobilität der Bevölkerung;
- die aus dem Sozialstaatsgebot resultierende Forderung, für die „Einheitlichkeit der Lebensverhältnisse" im ganzen Bundesgebiet zu sorgen (Art. 72 Abs. 2 Ziff. 3 und Art. 106 Abs. 3 Ziff. 2 GG);
- die anstehende Beseitigung der Kriegsfolgen, deren Lasten allein der Bund tragen und gleichmäßig verteilen konnte;
- die intensivierte Tätigkeit der Bundesbürokratie in Bonn, die sich an traditionellen unitarischen Einstellungen und entsprechenden Handlungsmaßstäben orientierte;

- der Rückgang föderativer Wertvorstellungen im Sinne geographischer, historischer und landsmannschaftlicher Rechtfertigungen des Föderalismus, nicht zuletzt unter dem Einfluß einer sich durch den Zuzug von ca. 12 Mio. Flüchtlingen und Vertriebenen homogenisierenden Bevölkerung;
- die Unsicherheit der nach 1945 neu gegründeten Länder über ihren Bestand und das mangelnde Empfinden föderativer Eigenständigkeit in den dortigen Regierungen und Bürokratien;
- die überwiegende Konstituierung der politischen Parteien in der Bundesrepublik als Bundesparteien;
- die Etablierung der Verbände in bundesweiten Organisationen;
- die zunehmende politische Bedeutung des Bundes durch den Abbau der Besatzungsherrschaft, die Souveränitätserklärung der Bundesrepublik, den Aufbau militärischer Streitkräfte in Form der Bundeswehr sowie die zunehmende Tendenz zu großräumigen und umfassenden Planungen in den 60er Jahren (LT-KOMMISSION NRW I 1990: 47f.).

Das Grundgesetz als Rahmen des „federal process" sah sich somit seit 1949 mit einem Trend konfrontiert, der einen allgemeinen Aufgabenzuwachs für den (Zentral-)Staat mit sich brachte. Die politischen Handlungsgebote der Zeit sowie die auch in der Bundesrepublik unaufhaltsam einsetzende Entwicklung zum modernen Planungs-, Lenkungs- und Vorsorgestaat machten immer mehr staatliche Aufgaben zu Gesamtaufgaben (HESSE 1970: 141) von nationaler Bedeutung, deren Regelung den Bundesländern nicht überlassen werden konnte. Ihre überregionale Bedeutung machte eine umfassende und einheitliche Regelung notwendig (vgl. SCHEUNER 1956: 34). Darüberhinaus entstanden mit der Erfüllung dieser Aufgaben Kosten, die von den Ländern in der Regel nicht zu tragen waren. Aber wesentliche Gründe lagen, wie bereits angemerkt, in den strukturellen Vorgaben des Grundgesetzes, die dem Bund einerseits eine Dominanz bei der bundeseinheitlichen Regelung wichtiger Materien gaben und diesen hierarchischen Zentralisierungsmodus durch institutionalisierte Formen der Kooperation anreicherten.

Allgemeiner Aufgabenzuwachs des (Zentral-) Staates seit 1949

2. Strategien der Unitarisierung im deutschen Bundesstaat

Unter den gerade geschilderten Umständen entfalteten die im Grundgesetz angelegten unitarisierenden Handlungspotentiale ihre ganze Wirksamkeit. Die ohnehin zurückhaltende Differenzierung der staatlichen Entscheidungsebenen und -funktionen wurde möglicherweise sogar als ein Störfaktor empfunden, der ambivalent und verhältnismäßig schwach ausgestaltete Föderalismus im Grundgesetz von 1949 für die unitarische Zielausrichtung als hinderlich angesehen. Wolfgang ZEH hat diesen Umstand treffend so beschrieben:

„Föderalismus bedeutete von da an auch Unterschiede, die unbequem, effektivitätsstörend, nicht gerecht und, weil ihrer historischen Begründbarkeit entkleidet, allgemein schwer verständlich erscheinen. Damit wird die veränderte Rechtfertigung erst voll verständlich: Machthemmung, Dezentralisation, orts- oder bürgernahe Entscheidungsmöglichkeiten und mehrfache demokratische Beteiligungschancen gelten nunmehr als Preis, der zur Verhinderung der Nachteile einer echten Zentralisierung zu entrichten ist und sich von daher auch rational begründen läßt. (...) Damit stimmte die Ausgangslage der bundesstaatlichen Verfassung noch nicht voll überein" (ZEH 1987: 326).

Dreiteiliges Instrumentarium des GG zur Realisierung unitarischer Zielvorstellungen

Um diese Ausgangslage den unitarischen Zielvorstellungen vollständig anzugleichen, stand qua Grundgesetz ein dreiteiliges Instrumentarium zur Verfügung: Zunächst sind Regelungen des Bundes zu nennen, die für das ganze Bundesgebiet einheitliche Vorgaben machen. Dies ist von besonderer Wichtigkeit im Bereich der Gesetzgebung, aber auch die Verwaltungszuständigkeiten und die Finanzierungsbefugnisse spielen hier eine wichtige Rolle. Für ein Tätigwerden benötigt der Bund aber in jedem Fall einen Kompetenztitel im Grundgesetz oder zumindest die Möglichkeit, einen solchen Kompetenztitel abzuleiten. Hierüber entscheiden Bundestag und Bundesrat nach dem Mehrheitsprinzip, im Streitfall das Bundesverfassungsgericht.

Als zweite Möglichkeit können die bei den Ländern verbliebenen Aufgaben über gemeinsame Entscheidungen der Länder, im Sinne einer sog. „Selbstkoordination", vereinheitlicht werden.

Als weitere Möglichkeit schließlich können bestimmte Politikfelder und Befugnisse gemeinsam von Bund und Ländern durch Kooperation und Koordination ausgeübt werden. Die beiden letzten Möglichkeiten werden, abgesehen von den vorgesehenen funktionalen Verschränkungen und den Kooperationsvorschriften des GG, wie etwa in Art. 35 und 91, von der Verfassung nur vorausgesetzt und wurden 1949 nicht kodifiziert. Um die bereits herausgestellte unitarische Zielausrichtung zu verfolgen, haben sich Bund und Länder aller drei Möglichkeiten bedient und sich dabei das Vereinheitlichungspotential des Grundgesetzes als „Instrument der Einheitsstiftung" zunutze gemacht. Wir wollen uns zunächst mit der ersten Möglichkeit, der Kompetenzakkumulation beim Bund, befassen.

2.1   Akkumulation der Gesetzgebungskompetenzen beim Bund

Zentralisierung durch Konzentration staatlicher Aufgaben beim Bund

Strategien der Unitarisierung erfolgten nach 1945 über eine Konzentration staatlicher Aufgaben beim Bund, die schon sehr früh einsetzte und im Schrifttum gängigerweise als Zentralisierungsphase des deutschen Föderalismus bezeichnet wird (KLATT 1986: 6f.). Die Zentralisierungstendenzen machten sich vor allem in einer Ausschöpfung der – im Parlamentarischen Rat nicht strittigen – konkurrierenden bzw. Rahmengesetzgebung durch den Bund bemerkbar (vgl. LICHTENSTERN 1979).

Ungeachtet der länderfreundlichen Grundsatzregelungen in Art. 30 und 70 GG sind bereits 1949 dem Bund die wichtigsten Anordnungsbefugnisse zugebilligt worden. Die ausschließliche Gesetzgebungskompetenz des Bundes umfaßte schon zu Anfang elf verschiedene, zum Teil umfassend formulierte Materien, die seitdem durch weitere Zuständigkeitsübertragungen (z.B. Verteidigungsangelegenheiten, kriminalpolizeiliche Einrichtungen) erweitert worden sind. Der Bund hat seit 1949 unbestreitbar seine Kompetenzen in diesen Bereichen fast vollständig ausgeschöpft.

Im Bereich der konkurrierenden Gesetzgebung waren von vornherein einige der in Art. 74 GG genannten Materien durch Art. 125 GG einer Regelung

160

durch die Länder entzogen. Die übrigen Materien wurden vom Bund ebenfalls nachfolgend besetzt, so daß dadurch gemäß Art. 31 und 72 Abs. 1 GG eine Regelung durch die Länder nicht mehr möglich war.

Wenn nun ein überzeugter Föderalist wie der ehemalige Verfassungsrichter Willi GEIGER betonte, daß sich aus den allgemeinen Zuständigkeitsregeln des Grundgesetzes ergebe, „was den Ländern von Verfassung wegen an Gewicht, an Verantwortung, an Aufgaben und an Einfluß zukommt, was ihnen die Verfassung an Kraft und Leistungsfähigkeit zutraut, womit sie fertig werden sollen" (GEIGER 1961: 65), dann kann dieses länderfreundlich gemeinte Argument unversehens „nach hinten" losgehen, denn wenn man so will, offenbart das Grundgesetz ein erhebliches Mißtrauen gegenüber den Fähigkeiten der Länder zur wirksamen Aufgabenerfüllung. Dies wird in der Ausgestaltung der bereits erwähnten „Bedürfnis-Klausel" des Art. 72 GG deutlich.

Dort hieß es bis zur 42. GG-Änderung vom 15. November 1994, auf die noch gesondert zu kommen sein wird, daß der Bund im Bereich der konkurrierenden Gesetzgebung das Recht zur Gesetzgebung hat, „soweit ein Bedürfnis nach bundesgesetzlicher Regelung besteht, weil 1. eine Angelegenheit durch die Gesetzgebung einzelner Länder nicht wirksam geregelt werden kann oder 2. die Regelung einer Angelegenheit durch ein Landesgesetz die Interessen anderer Länder oder der Gesamtheit beeinträchtigen könnte oder 3. die Wahrung der Rechts- oder Wirtschaftseinheit, insbesondere die Wahrung der Einheitlichkeit der Lebensverhältnisse über das Gebiet eines Landes hinaus sie erfordert". Der Regelungszugriff des Bundes ist hier also konditioniert: Er darf nur unter der Voraussetzung eines bestehenden Bedürfnisses nach Bundesregelung erfolgen.

„Bedürfnisklausel" des Art. 72 GG

Diese Konditionierung war ursprünglich eigentlich als Schutz der Bundesländer vor einer ausufernden Kompetenzakkumulation des Bundes gedacht – denn was einmal in die Regelungszuständigkeit des Bundes gerät, ist nach Art. 31 und 72 Abs. 1 GG a. F. der Regelung durch die Länder entzogen. Paradoxerweise hat sich die Schutzfunktion dieser Bedürfnisklausel genau in ihr Gegenteil verkehrt.

Von den in Art. 72 Abs. 2 GG a. F. genannten drei Voraussetzungen hat in der Praxis lediglich das in Nr. 3 enthaltene Merkmal der Wahrung der Rechts- oder Wirtschaftseinheit, insbesondere der Wahrung der Einheit der Lebensverhältnisse, eine Rolle gespielt. Auf die Verwirklichung dieser Einheit der Lebensverhältnisse ist der deutsche Föderalismus sowohl durch sein institutionelles Arrangement als auch durch die historisch-gesellschaftlichen Rahmenbedingungen seiner Weiterentwicklung seit 1949 angelegt gewesen. Die eigentlich als Schutzvorkehrung verklausulierte Voraussetzung des Art. 72 Abs. 2 S. 3 GG a. F. ist dabei zum eigentlichen Träger der Vereinheitlichung geworden, denn ein Bedürfnis nach Wahrung der Einheit der Lebensverhältnisse ließ sich quasi beliebig nachweisen, zumal die Rechtsprechung des Bundesverfassungsgerichts darauf hinausläuft, das Bedürfnis nach bundesgesetzlicher Regelung mit dem Bedürfnis nach bundeseinheitlicher Regelung gleichzusetzen (vgl. BVerfGE 18, 407 [415]).

Die Feststellung dieses Bedürfnisses ist vom Bundesverfassungsgericht schon 1953 ausdrücklich in das „politische Ermessen" des Bundes(gesetzgebers) gestellt worden (BVerfGE 2, 213 [224/225]), die Möglichkeit einer gerichtlichen Überprüfung dieses Bedürfnisses für das Eingreifen des Bundes wurde somit

Kompetenzausschöpfung des Bundes im Bereich der konkurrierenden Gesetzgebung praktisch verneint. Angesichts der oben erwähnten zahlreichen Faktoren, die eine Unitarisierung begünstigten, ist es nicht schwer, sich auszumalen, wie das vorherrschende politische Ermessen die Bedürfnisklausel interpretierte: Aufgrund wachsender Leistungs- und Steuerungsanforderungen an den Gesamtstaat wurde eine weitgehende Ausschöpfung von Gesetzgebungskompetenzen für als national bedeutsam erachtete Aufgaben durch den Bund als opportun angesehen.

Postulat der Einheitlichkeit der Lebensverhältnisse als Unitarisierungsfaktor

Die Einschränkungs- und Schutzklausel wurde de facto in eine Eingriffsermächtigung umfunktioniert. Diese Eingriffsermächtigung ließ sich erfolgreich mit dem zusätzlichen Argument einer drängenden Verwirklichung des Sozialstaatsprinzips stützen. Eine fragmentierte und differenzierte Gesellschaft, territoriale Unterschiede, Heterogenität – alles Eigenschaften, die einem föderalistischen System zumindest in Ansätzen eigen sind –, kollidieren prinzipiell mit dem auf Gleichheit und Einheit der Lebensverhältnisse drängenden, konkretisierungsbedürftigen Sozialstaatprinzip und den normativen Implikationen eines intrastaatlichen Föderalismus. Letztendlich hätte die strukturelle Heterogenität eines stärker differenzierten föderativen Systems damit zu Kollisionen mit dem Gleichheitssatz des Grundgesetzes geführt. Nun ist diese strukturelle Heterogenität und Differenzierung des deutschen Föderalismus bereits durch seinen intrastaatlichen Charakter nivelliert worden, wie wir gezeigt haben. Aber man schöpfte auch noch das zusätzliche Unitarisierungsangebot der Sozialstaatlichkeit aus, um die Ambivalenz des deutschen Föderalismus endgültig auf eine unitarische Linie zu „trimmen" Auch hier konnte der Bundesgesetzgeber sich der Unterstützung des Bundesverfassungsgerichts versichern.

Ging das Bundesverfassungsgericht zunächst davon aus, daß der jeweilige Gesetzgeber lediglich verpflichtet ist, in seinem Herrschaftsbereich den Gleichheitssatz zu wahren, so hat diese Rechtsprechung gerade unter dem Postulat der Einheitlichkeit der Lebensverhältnisse und dem damit korrespondierenden Unitarisierungstrend eine Abschwächung erfahren. Das Bundesverfassungsgericht formulierte hierzu:

> „Geht es aber bei einer in die Zuständigkeit des Landesgesetzgebers fallenden Materie um einen Lebenssachverhalt, der seiner Natur nach über die Ländergrenzen hinausgreift und eine für alle Staatsbürger der Bundesrepublik in allen Bundesländern gleichermaßen gewährleistete Rechtsposition berührt, dann können einseitige Begünstigungen der Einwohner eines Landes eine Ungleichbehandlung anderer Staatsbürger bewirken" (BVerfGE 33, 303 [352]).

Grundrechtsschutz gegen bundesstaatliche Vielfalt

Sobald es also um den Grundrechtsschutz im Bundesstaat geht, müssen sich die Gesetzgeber in Bund und Ländern als eine Einheit behandeln lassen. Die Berufung auf gegebene Kompetenzen sei in diesem Falle unzulässig, in gewissen Fällen sogar eine „kooperative Verwirklichung des Grundrechtschutzes" (BVerfGE 33, 303 [357]) angezeigt. Hier wird deutlich, wie auch die Judikatur des Bundesverfassungsgerichts in einigen Bereichen zur Unitarisierung beigetragen hat, so daß manche Autoren sogar von einem „Grundrechtsschutz gegen bundesstaatliche Vielfalt" sprechen (KISKER 1984: 47ff.). Es bestätigt sich, daß das Bundesverfassungsgericht durchaus als „Vehikel des Unitarismus" bezeichnet werden kann (HESSE 1989: 731).

Prinzip der Bundestreue

Man wird in diesem Zusammenhang auch einen anderen Aspekt der Unitarisierung durch verfassungsgerichtliche Auslegung des Grundgesetzes nicht vernachlässigen dürfen, der darüber hinaus in ausgezeichneter Weise belegt, wie stark die „kooperative Verwirklichung" von Aufgaben im Bundesstaat favorisiert wird. Die Rede ist vom Prinzip der Bundestreue, das in der Bundesrepublik mittlerweile durch die Judikatur des Bundesverfassungsgerichts mit Verfassungsrang ausgestattet worden ist (allg. BAYER 1961). Mit diesem Begriff ist aber nicht eine Pflicht zum „Gehorsam" der Länder gegenüber dem Bund gemeint (dies kann durch bundesaufsichtliche Mittel oder den Grundsatz des Vorrangs des Bundesrechts vor Landesrecht erreicht werden). Vielmehr beinhaltet der Grundsatz der Bundestreue oder des bundesfreundlichen Verhaltens einen auf Gegenseitigkeit abzielenden Aspekt, der vielleicht besser mit dem Ausdruck des gemeinschaftsfreundlichen Verhaltens (bündisches Prinzip!) umschrieben wird (STERN 1984: 700). Das Bundesverfassungsgericht hat dieses Prinzip folgendermaßen ausgestaltet:

„Dem bundesstaatlichen Prinzip entspricht (...) die verfassungsrechtliche Pflicht, daß die Glieder des Bundes sowohl einander als auch dem größeren Ganzen und der Bund den Gliedern die Treue halten und sich verständigen. Der im Bundesstaat geltende verfassungsrechtliche Grundsatz des Föderalismus enthält deshalb die Rechtspflicht des Bundes und aller seiner Glieder zu bundesfreundlichem Verhalten; d.h. alle an dem verfassungsrechtlichen Bündnis Beteiligten sind gehalten, dem Wesen dieses Bündnisses entsprechend zusammenzuwirken und zu seiner Festigung und zur Wahrung seiner und der wohlverstandenen Belange seiner Glieder beizutragen (...). Der in dieser Rechtspflicht liegende Zwang zur Verständigung wirkt zwar nicht so automatisch wie das demokratische Mehrheitsprinzip. Er ist jedoch stark genug, um die notwendigen gemeinsamen Entscheidungen sachgerecht herbeizuführen. Er ist es vor allem, der auch der Übermacht des Gesamtstaates im Interesse der Glieder feste Schranken zieht" (BVerfGE 1, 299 [315]).

Dieser mittlerweile zu Verfassungsrang hochstilisierte Grundsatz dient auch dazu, für das Verhältnis zwischen Bund und Ländern eine Reihe konkreter Rechtspflichten abzuleiten. So begründet der Grundsatz des bundesfreundlichen Verhaltens nicht nur eine Unterlassungs-, sondern auch eine Tätigkeitspflicht in Form von Hilfe- und Mitwirkungspflichten. Zu diesen Hilfe- und Mitwirkungspflichten gehört als wichtigstes Beispiel der Finanzausgleich, aber auch die Pflicht zur allseitigen Verständigung, zur Rücksichtnahme auf die anderen Partner, zur Beachtung völkerrechtlicher Verträge des Bundes und zum aufsichtsrechtlichen Eingreifen. Seine größte Bedeutung hat der Grundsatz der Bundestreue jedoch als Kompetenzausübungsschranke. Eine Kompetenz darf vor allem nicht mißbräuchlich und ohne Rücksicht auf die Interessen des Gesamtstaates und die Belange der Länder ausgeübt werden. Vom Grundsatz des bundesfreundlichen Verhaltens sind schließlich auch die Verhandlungen zwischen Bund und Ländern bzw. der Länder untereinander abzuleiten.

Unverkennbar hat die starke Ausgestaltung des Prinzips der Bundestreue das bundesstaatliche Prinzip verrechtlicht, was wiederum durchaus im gewünschten Sinne zu einer Konfliktdämpfung im Verhältnis von Bund und Ländern geführt hat. Sie hat somit nicht nur dem institutionalisierten Einigungszwang im deutschen Bundesstaat korrespondiert, sondern auch einem abgestimmten und somit tendenziell einheitlichen Politikprozeß Vorschub geleistet.

Konrad HESSE hat gegen den Grundsatz der Bundestreue einige berücksichtigenswerte Einwände erhoben; so sei seine Herkunft das bündische Prinzip der alten Reichsverfassung von 1871, somit aber für die bundesstaatliche Ordnung des Grundgesetzes nicht mehr maßgeblich. Desweiteren sei dieser Grundsatz als Entscheidungsmaßstab für die föderative Streitschlichtung weitgehend ungeeignet, weil die Bund-Länder-Streitigkeiten oftmals keine echten föderativen Strei-

tigkeiten, sondern Streitigkeiten zwischen politischen Richtungen im Gesamtstaat seien. Hier könne man aber wohl kaum „Treue" verlangen, da zur Demokratie der Streit gehöre. Schließlich sei der Grundsatz der Bundestreue wegen
seiner Weite und Unbestimmtheit nur bedingt als Maßstab föderativer Streitschlichtung, vor allem im gerichtlichen Verfahren, geeignet (vgl. HESSE 1982:
103).

Kompetenzausschöpfung
des Bundes im Bereich
der Rahmengesetzgebung

Nun aber zurück zur Ausschöpfung der Gesetzgebungskompetenzen durch
den Bund: Eine ähnlich umfassende Kompetenzausschöpfung wie bei der konkurrierenden Gesetzgebung ist im Bereich der Rahmengesetzgebung zu verzeichnen gewesen. Die Rahmengesetzgebung des Bundes unterliegt nach Art. 75
GG den Voraussetzungen des Art. 72, also gleichfalls der sog. „Bedürfnisklausel". Auch hier ist eine einschränkende Wirkung der Bedürfnisklausel nicht zu
beobachten gewesen. Dabei ist auffallend, daß die Regelungen des Bundes der
Bezeichnung „Rahmengesetzgebung" teilweise krass widersprachen, indem sie,
gleichfalls mit Unterstützung des Bundesverfassungsgerichts, bis in Details gingen (z.B. Hochschulrahmengesetz von 1976, BGBl. I S. 185; Bundespersonal-
ausweisgesetz von 1986, BGBl. I S. 548; Beamtenrechtsrahmengesetz von 1957,
BGBl. I, S. 306). In einer Grundsatzentscheidung vom 1.12.1954 entschied das
Bundesverfassungsgericht:

„Rahmen (...) bedeutet, daß das Bundesgesetz nicht für sich allein bestehen kann, sondern darauf angelegt sein muß, durch Landesgesetze ausgefüllt zu werden. Wo der Bund nur die Rahmenkompetenz hat, bleibt die grundsätzlich bestehende Landeskompetenz zur Gesetzgebung
erhalten; im Interesse des Gesamtwohls werden hier aber von Bundes wegen Grenzen gesetzt,
ohne daß der Gesetzgebungsgegenstand vom Bund voll ausgeschöpft, bis in alle Einzelheiten
geordnet werden darf. Wenn der Bundesgesetzgeber Rahmenvorschriften erläßt, muß er im
Hinblick auf das zu ordnende Sachgebiet den Ländern noch etwas zu regeln übrig lassen. Das,
was den Ländern zu regeln bleibt, muß von substantiellem Gewicht sein. Die Landesvor-
schriften müssen sich zwar in den vom Bund gegebenen Rahmen einpassen. Andererseits aber
muß der vom Bund gezogene Rahmen dem Land die Möglichkeit lassen, die Materie entsprechend den besonderen Verhältnissen des Landes zu regeln. Rahmenvorschriften des Bundes
müssen, wenn auch nicht in allen einzelnen Bestimmungen, so doch als Ganzes durch Landesgesetzgebung ausfüllungsfähig und ausfüllungsbedürftig, jedenfalls auf eine solche Ausfüllung hin angelegt sein. Sie brauchen sich zwar nicht auf Normen von grundsätzlicher Bedeutung zu beschränken, andererseits aber dürfen sie ihre Zweckbestimmung, nur eine Grenze für
landesgesetzliche Eigenregelungen zu bilden, nicht überschreiten. Sie müssen dem Landesgesetzgeber Raum für Willensentscheidungen in der sachlichen Rechtsgestaltung übrig lassen
und dürfen ihn nicht darauf beschränken, nur zwischen vorgegebenen rechtlichen Möglichkeiten zu wählen" (BVerfGE 4, 115 [129ff.]).

Dem Bund wurde jedoch die Möglichkeit eröffnet, auch in den hier gezogenen
Grenzen „Vollregelungen" im Bereich der Rahmengesetzgebung zu erlassen. De
facto wurde damit die vormals gezogene Grenze für die Rahmengesetzgebung
des Bundes vom Bundesverfassungsgericht wieder erweitert bzw. zu einem guten Teil verwischt. In einer späteren Entscheidung lesen sich die erweiterten
Grenzen so:

„Bei Erlaß von Rahmenvorschriften darf der Bundesgesetzgeber für einzelne Teile einer Gesetzgebungsmaterie auch eine Vollregelung mit unmittelbarer Wirkung namentlich dann treffen, wenn an der einheitlichen Regelung dieser Frage ein besonders starkes und legitimes Interesse besteht, sofern die Einzelregelung im Zusammenhang eines Gesetzeswerkes steht, das
– als Ganzes gesehen – dem Landesgesetzgeber noch Spielraum läßt und darauf angelegt ist,
von ihm aufgrund eigener Entschließung ausgefüllt zu werden" (BVerfGE 43, 291 [343]).

Die Rahmenvorschriften können sich dann als Anweisungen an den Landesgesetzgeber richten oder aber sie greifen direkt auf jedermann durch und sind für jedermann verbindlich. Dabei kommen auch solche detailfreudigen Rahmennormen in den Genuß einer Interpretation, die davon ausgeht, daß im Zweifel der Charakter einer Bestimmung als Rahmenvorschrift dafür spricht, daß sie auf eine Ausfüllung hin angelegt ist (BVerfGE 25, 142 [152]). Einen Gestaltungsspielraum zur „Rahmenausfüllung" hatten die Länder nur in den seltensten Fällen, wie etwa im Bundesraumordnungsgesetz von 1965 (BGBl. I, S. 306), wobei die Kompetenz für die auf das gesamte Bundesgebiet bezogene Raumordnung interessanterweise auf der Annahme ungeschriebener Zuständigkeiten – „aus der Natur der Sache" – beruhte, wie das Bundesverfassungsgericht in einem Gutachten vom 16.6.1954 bestätigte (vgl. BVerfGE 3, 407 [427f.]).

All dies scheint zu belegen, daß es mit der Länderfreundlichkeit des Grundgesetzes bzw. einer grundsätzlichen Zuständigkeitsvermutung zugunsten der Länder zumindest im Bereich der Gesetzgebung nicht weit her ist. Ein Regel-Ausnahme-Verhältnis, wonach eine Gesetzgebungszuständigkeit des Bundes nur die Ausnahme, die Zuständigkeit der Länder aber die Regel sei, scheint aus Art. 30 und 70 GG entgegen der h. L. nicht zwingend ableitbar zu sein (BOTHE AK, Art. 30, Rz. 10/11). Art. 30 GG ist v.a. auch keine Kompetenznorm (LERCHE 1964: 77f.). Das Schwergewicht der Gesetzgebungskompetenzen liegt seit jeher ganz zweifelsfrei auf der Seite des Bundes. Zwar setzt die bundesstaatliche Ordnung des Grundgesetzes Bundes- und Landesgesetzgebung (sieht man von der ausschließlichen Gesetzgebung des Bundes ab) als prinzipiell gleichwertige Möglichkeiten der Rechtsetzung voraus, aber die Abgrenzung der Gesetzgebungszuständigkeiten erfolgt eigentlich danach, „ob die jeweilige Gesetzgebungsmaterie ihrer Art nach sachgerechter für das ganze Bundesgebiet einheitlich oder den örtlichen Gegebenheiten angepaßt von Land zu Land verschieden geregelt werden kann und soll" (RINCK 1970: 300). Die in Art. 72 Abs. 2 GG a. F. genannten Kriterien für den Einsatz konkurrierender Gesetzgebung durch den Bund machen dies ganz deutlich. Im Zweifelsfall läßt sich eine „wirksamere", eine dem „Gesamtinteresse" dienlichere oder eine Wahrung der Einheitlichkeit der Lebensverhältnisse sichernde Regelung durch den Bund immer begründen. Es verwundert insofern auch nicht, daß das Bundesstaatsprinzip schon so interpretiert wurde, daß es zwangsläufig den Grundsatz der Herstellung einheitlicher Lebensverhältnisse beinhalte. Man muß in Art. 72 Abs. 2 GG zwar nicht gleich einen mittelbaren Verfassungsauftrag sehen (so aber HOHMANN 1991: 194f.), aber es reicht bereits, daß hier eine politische Zielvorstellung eheblicher Attraktivität formuliert wird (BOTHE AK, Art. 72, Rz. 14).

In der Tat sind die Gesetzgebungsbefugnisse des Bundes in Deutschland seit 1948/49 ständig erweitert worden, und das Grundgesetz macht von diesem Trend keine Ausnahme (BOLDT 1991a: 316ff.). In der dem Grundgesetz innewohnenden Vorstellung, daß der Bund die Aufgaben wahrnimmt, die ihrem Wesen nach eine einheitliche Lösung erfordern, und den Ländern die Aufgaben verbleiben, die sich ihrer Natur nach von Land zu Land unterschiedlich regeln lassen, steckt damit aber eine große Flexibilität, die zumindest solange auf eine Kompetenzakkumulation durch den Bund wirkt, wie die Verwirklichung des sozialen Rechtsstaats und die vereinheitlichen Zwänge einer gesamtstaatlichen Wirtschaftspolitik dem Föderalismus entgegenwirken (vgl. RINCK 1970: 299;

LOEWENSTEIN 1959: 233). De facto traf somit die Lehre von der angeblichen Kompetenzvermutung zugunsten der Länder niemals zu:

„Das Kompetenzverteilungssystem der Art. 70ff. ist in sich geschlossen und ‚perfektioniert‘. Es verfügt eine prinzipiell lückenlose Abschichtung der Kompetenzen von Bund und Ländern, gibt einer Vorrangentscheidung im Sinne einer (generellen) Kompetenzvermutung also von vornherein keinen Raum. Daß der Verfassungsgeber das Verfahren der enumerativen Abgrenzung der Bundeskompetenzen von den Länderkompetenzen gewählt hat, ändert daran nichts. Dieses Verfahren hat zunächst allein rechtstechnische Bedeutung. Materiell-rechtliche Bedeutung wäre ihm (darüber hinaus) nur dann zugekommen, wenn die enumerative Aufzählung der Kompetenzen des Bundes zugleich mit einer inhaltlichen Fixierung im Sinne einer Status-quo-Garantie verbunden worden wäre, daß alle künftigen – vom Verfassungsgeber noch nicht übersehenen oder für ihn noch nicht kalkulierbaren – Kompetenzfragen definitiv und ausschließlich den Ländern hätten zufallen sollen. Daß dem Verfassungsgeber eine solche Festschreibung der bundeskompetenziellen Inhalte jedoch ferngelegen hat, beweisen nicht zuletzt die ausübungsqualifizierenden Kompetenzregeln des Art. 72 GG. (...)“ (SCHOLZ 1976: 255f.).

Bei der kompetenzrechtlichen Qualifikation eines Gesetzes und hier insbesondere dem Einsatz der Bedürfnisklausel muß nämlich nicht nur der Zweck eines Gesetzes, sondern v.a. seine Wirkung abgeschätzt werden, denn der Bedürfniskatalog von Art. 72 Abs 2 GG zielt genau auf solche potentiellen Rechtsfolgen ab (vgl. SCHOLZ 1976: 262), kann somit aber stets nur zu einem hypothetischen Rechtsfolgentest führen, der wiederum das Bundesverfassungsgericht zu Prognoseentscheidungen und erstrangigen „policy-decisions“ nötigen würde, denen es sich entzieht.

Die hieraus resultierende Wirkung ist aber nicht nur ein weitgehender Rückzug des BVerG aus der Beurteilung, ob ein Regelungsbedürfnis seitens des Bundes vorliegt, sondern noch weitergehender: Das Kompetenzverteilungsschema des Grundgesetzes würde hiernach nicht eine grundsätzliche „Zuständigkeit der Länder zur Gesetzgebung“ (BULLINGER 1970) vermuten, sondern eine Gleichrangigkeit der Regelungskompetenz, solange ein Regelungszugriff noch nicht erfolgt ist. Wann und v.a. auf welcher bundesstaatlichen Ebene der Regelungszugriff erfolgt, würde wiederum von einer Bedürfniseinschätzung für eine einheitliche Gesetzgebung abhängen, die sich entweder von der *bundesweiten Bedeutung* oder der *nicht-bundesweiten Bedeutung* einer zu regelnden Materie leiten läßt. Eine glatte und v.a. stets garantierte Abschottung der Gesetzgebungskompetenzen von Bund und Ländern wäre danach durch die Enumerationen im GG gar nicht möglich (vgl. PESTALOZZA 1972), da im Falle des bedürfnisorientierten und daher flexibel zu gestaltenden Regelungszugriffs die kompetenzrechtliche Qualifikation eines Gesetzes im Falle des Kompetenzkonflikts zwischen Bund und Ländern weder durch irgendwelche Regel-Ausnahme-Verhältnisse noch durch Zuständigkeitsvermutungen, sondern letztendlich durch den Vorrang des Bundesrechts nach Art. 31 GG geregelt wird (vgl. SCHOLZ 1976: 255f.).

Grundsatzgesetzgebung Eine Ergänzung der Rahmengesetzgebung ist in der sog. Grundsatzgesetzgebung des Bundes zu erblicken, die sowohl den Bund als auch die Länder an bestimmte legislative Vorgaben, etwa bei der Gestaltung des Haushaltsrechts, bindet. Außerdem ist darauf hinzuweisen, daß der Bund auch „ungeschriebene“ Kompetenzen für sich in Anspruch nehmen kann (vgl. BLECKMANN 1990). Wir haben diese „implied powers“ in Teil 1 bereits als „Zentralisierungsreserve“ bundesstaatlicher Verfassungen bezeichnet. In der Bundesrepublik sind solche Kom-

166

petenzen „aus der Natur der Sache" begründet worden (vgl. HARMS 1994). Dem Bund kommt damit in bestimmten Bereichen eine ungeschriebene allgemeine Koordinierungsfunktion zu.

Den Grundsätzen über ungeschriebene Zuständigkeiten folgte z.B. die sog. „Fondsverwaltung", bei der schon früh zweckgebundene Finanzhilfen des Bundes an die Länder (Dotationen) oder Private (Subventionen) vergeben wurden. Insbesondere im Bereich der Leistungsverwaltung beteiligte sich der Bund, gedeckt durch das Bundesverfassungsgericht (vgl. BVerfGE 22, 180ff.), hierbei finanziell an Maßnahmen der Länder, verband aber die Vergabe von Dotationen mit Auflagen. Damit hatte der Bund sich ein Instrument geschaffen, dessen Wirkung sich die Länder schlecht entziehen konnten. Vielmehr wurden sie angeregt, aus ihren Landeshaushalten Komplementärfinanzierungen für die Bundeszuschüsse aufzubringen, wodurch sie die Finanzmasse reduzierten, die ihnen für selbst gewählte Zwecke zur Verfügung steht. Der Bund begann, sie – wie ein Schlagwort es pointiert ausdrückt – „am goldenen Zügel" zu führen.

Fondsverwaltung

Die Dotationspraxis verbreitete sich auf den verschiedensten Gebieten und reichte von der Wirtschaftsförderung (Grüner Plan für die Landwirtschaft) bis zur Förderung des Sports und zur finanziellen Unterstützung von Orchestern, Kinderheimen und Heimatbünden (vgl. den Überblick hierzu im TROEGER-GUT-ACHTEN 1966, Anlage 2a-c). Um Streitigkeiten auf diesem Gebiet nach Möglichkeit zu reduzieren, wurde versucht, zwischen Bund und Ländern ein Verwaltungsabkommen über die ungeschriebenen Kompetenzen bzw. Verwaltungszuständigkeiten zustande zu bringen (sog. Flurbereinigungsabkommen). Das für 1971 geplante Abkommen kam jedoch nicht zustande. Wie KLEIN richtig anmerkt, ist die Interessenlage von Bund und Ländern in dieser Hinsicht „viel zu unterschiedlich, um hier zu einer einvernehmlichen und für das Verwaltungsabkommen nötigen einstimmigen Lagebeurteilung zu kommen. Selbst wenn man in einem Gewaltakt die Mischfinanzierungen beseitigen würde, würde es nur eine kurze Zeit dauern, bis wieder neue Mischfinanzierungen, die entweder vom Bund oder einem Land gewünscht werden, vorgenommen werden" (KLEIN 1984: 879).

„Flurbereinigungs-abkommen" ist gescheitert

Aber nicht nur die Ausschöpfung der Kompetenzen aller Art ist bemerkenswert. Der Bund vermochte sich zusätzliche, neue Kompetenzen durch Änderungen des Grundgesetzes zu verschaffen. Von den bislang (Stichtag: 15.11.1994) erfolgten 42 Grundgesetzänderungen betrafen die meisten das Bund-Länder-Verhältnis zu Lasten der Länder (vgl. Tab. 10). Verfassungsänderungen, die in umgekehrter Richtung etwa den Ländern neue Gesetzgebungskompetenzen verschafft hätten, hat es trotz zahlreicher Reformvorschläge in diesem Sinne nicht gegeben. Erst die Verfassungsänderungen vom 15. November 1994 (BGBl. I, S. 3146ff.) im Gefolge der Arbeit der Gemeinsamen Verfassungskommission von Bundestag und Bundesrat lassen hier einen, allerdings sehr moderaten, Gegentrend erkennen.

Verfassungsänderungen zugunsten des Bundes

Tabelle 10: Änderungen des Grundgesetzes 1949-1994

Lfd Nr.	Änderndes Gesetz	Datum	BGBl. I Seite	Geänderte Artikel
1.	StrafrechtsänderungsG	30.08.51	739	143
2.	G. z. Einfügung v. Art.120a in das GG	14.8.52	445	120a
3.	G. z. Änderung des Art.107 des GG	20.4.53	130	107 S.1
4.	G. z. Ergänzung des GG	26.3.54	45	73 Nr.1; 79 Abs.1 S.2; 142a
5.	2. G. z. Änderung des Art.107 des GG	25.12.54	517	107 S.1
6.	FinanzverfassungsG.	23.12.55	817	106, 107
7.	G. z. Änderung des GG (Wehrverfassung)	19.3.56	111	1 Abs. 3; 12; 17a; 36; 45a; 45b; 49; 59a; 60 Abs.1; 65a; 87a; 87b; 96 Abs.3; 96a; 137 Abs.1; 143
8.	G. z. Änderung und Ergänzung des Art.106 des GG	24.12.56	1077	106 Abs.2; 6-8
9.	G. z. Einfügung eines Art.135a in das GG	22.10.57	1745	135a
10.	G. z. Ergänzung des GG	23.12.59	813	74 Nr.11a; 87c
11.	G. z. Einfügung eines Art. über die Luftverkehrsverwaltung in das GG	6.2.61	65	87d
12.	12. G. z. Änderung des GG	6.3.61	141	96 Abs.3; 96a
13.	13. G. z. Änderung des GG	16.6.65	513	74 Nr.10; 74 Nr.10a
14.	14. G. z. Änderung des GG	30.7.65	649	120 Abs.1
15.	15. G. z. Änderung des GG	8.6.67	581	109
16.	16. G. z. Änderung des GG	18.6.68	657	92; 95; 96; 96a Abs.3; 99; 100
17.	17. G. z. Ergänzung des GG (Notstandsverfassung)	24.6.68	709	9 Abs.3; 10; 11 Abs.2; 12; 12a; 19 Abs.4 S.3; 20 Abs.4; 35 Abs.2 u. 3; Abschn.IVa (53a); 59a; 65a Abs.2; 73 Nr.1; 80a; §87a; 91; Abschn.Xa (115a-115l); 142a; 143
18.	18. G. z. Änderung des GG	15.11.68	1177	76 Abs.2 S.2; 77 Abs.2 S.1; 77 Abs.3 S.1; 77 Abs.3 S.2
19.	19. G. z. Änderung des GG	29.1.69	97	93 Abs.1; 94 Abs.2 S.2; Nr.4 u. 4b
20.	20. G. z. Änderung des GG	12.5.69	357	109 ABs.3; 110; 112; 113; 114; 115
21.	21. G. z. Änderung des GG (Finanzverfassungsreform)	12.5.69	359	Abschn.VIIIa (91a, 91b); 104a; 105 Abs.2; 105 Abs.2a; 106; 107; 108; 115c Abs.3; 115k Abs.3
22.	22. G. z. Änderung des GG	12.5.69	363	74 Nr.13 u.22; 74 Nr.19a; 75 Abs.1 Nr.1a; Abs.2 u.3; 96 Abs.4;
23.	23. G. z. Änderung des GG	17.7.69	817	76 Abs.3 S.1
24.	24. G. z. Änderung des GG	28.7.69	985	120 Abs.1 S.2
25.	25. G. z. Änderung des GG	19.8.69	1241	29
26.	26. G. z. Änderung des GG	26.8.69	1357	96 Abs.5
27.	27. G. z. Änderung des GG	31.7.70	1161	38 Abs.2; 91a Abs.1; Nr.1
28.	28. G. z. Änderung des GG (Art.74a GG)	18.3.71	206	74 a; 75; 98 Abs.3
29.	29. Gessetz z. Änderung des GG	18.3.71	207	74 Nr.20
30.	30. G. z. Änderung des GG (Art.74 GG - Umweltschutz)	12.4.72	593	74 Nr.24
31.	31. G. z. Änderung des GG	28.7.72	1305	35 Abs.2; 73 Nr. 10; 74 Nr. 4a; 87 Abs.1 S.2
32.	32. G. z. Änderung des GG (Art.45c)	15.7.75	1901	45c

168

33.	33. G. z. Änderung des GG (Art.29 u. 39)	23.8.76	2381	29; 39 Abs.1 u.2; 45; 45a Abs.1 S.2; 49
34.	34. G. z. Änderung des GG (Art.74 Nr. 4a)	23.8.76	2383	74 Nr. 4a
35.	35. ÄndG (Art.21 Abs. 1)	21.12.83	1418	21 Abs.1
36.	Einigungsvertrag (Art. 4)	31.8.90	II 889	Präambel, 51 Abs.2, 146, 23, 135 a Abs. 2, 143
37.	37. G. zur Änderung. des GG	14.7.92	1254	87 d Abs. 1
38.	38. G. zur Änderung des GG (EUV)	21.12.92	2086	23, 24 Abs. 1a, 28 Abs. 1 Satz 3, 45, 52 Abs. 3a, 50, 115c Abs.2 Satz 2, 88 Satz 2
39.	39. G. zur Änderung des GG (Asylrechtsreform)	28.6.93	1002	16 Abs. 2 Satz 2, 16a, 18 Satz 1
40.	40. G. zur Änderung des GG (Bahnreform)	20.12.93	2089	73 Nr. 6, 80 Abs.2, 87 Abs. 1 Satz 1, 73 Nr.6a, 87e, 106a, 143a, 74 Nr. 23
41.	41. G. zur Änderung des GG (Post)	10.8.94	2245	87 f., 143 b
42.	42. G. zur Änderung des GG	27.10.94	3146	3, 20a, 28, 29, 72, 74, 75, 76, 77, 80, 87, 93, 118a, 125a,

Ausweitung der
Bundeskompetenzen bei
gleichzeitiger Stärkung
des Bundesrates

Allerdings sollte man folgendes nicht außer Acht lassen: Was der Bund bis 1968 durch Verfassungsänderungen an Zuständigkeiten hinzugewonnen hatte, ging zumeist *nicht* direkt auf Kosten der herkömmlichen Landeszuständigkeit, sondern betraf neuartige Sachverhalte wie Kernenergie (Art. 74 Ziff. 11a), die Luftverkehrsverwaltung (Art. 87 d) oder Sachverhalte, mit denen die Länder wenig zu tun hatten oder haben wollten, z.B. die Beseitigung von Kriegsfolgen (Art. 74 Ziff. 10 und 10 a; Art. 120a) oder die Landesverteidigung (Art. 73 Ziff. 1, Art. 87b) (KISKER 1977: 19). Insofern ist auch die immer wieder beklagte sukzessive Aushöhlung der Länderkompetenzen durch Ausschöpfung der Gesetzgebungskompetenzen des Bundes und Verfassungsänderungen, die zu einer Kompetenzbereicherung des Bundes führten, zu relativieren: Diese Entwicklungen erfolgten ohne eine nennenswerte Gegenwehr der Bundesländer und des Bundesrats. Die Möglichkeit, Kompetenzabflüsse zu blockieren, wäre hier gegeben gewesen, wurde jedoch nicht genutzt. Der Bundesrat sicherte sich vielmehr ein ausgedehntes Mitbestimmungsrecht, indem die Ausübung neuer Gesetzgebungskompetenzen durch den Bund an die Zustimmung des Bundesrates geknüpft wurde und sich somit ein ausgedehntes „volles Mitgesetzgebungsrecht" des Bundesrates etablierte (vgl. LT-KOMMISSION NRW I 1990: 52). Bedeutsamer noch als das Zustimmungsbedürfnis des Bundesrates bei der Schaffung neuer Gesetzgebungskompetenzen wirkte sich seine Mitbestimmung jedoch auf dem Bereich der Verwaltung aus, wo insbesondere Art. 84 Abs. 1 GG dafür sorgte, daß der Anteil zustimmungsbedürftiger Gesetze rasant anstieg und sich auf einem hohen Level stabilisierte (vgl. Teil 2). Gerade der Verwaltungsföderalismus ist das Feld, wo sich die Verflechtung im deutschen Bundesstaat mit ihren unitarisierenden Wirkungen besonders gut demonstrieren läßt, wobei sich hier eine interessante Mischung aus subordinations- und koordinationsrechtlichen Elementen feststellen läßt, die es dem Bund ermöglichen, im Falle eines Konsensverlustes einzugreifen und die Länderverwaltungen ggf. auf Einheitlichkeit zu verpflichten.

2.2 Die unitarische Überlagerung des Verwaltungsreservats der deutschen Bundesländer

Weitreichende Ingerenzrechte des Bundes

Obwohl schon früh betont wurde, daß der moderne Staat immer weniger reiner Gesetzgebungsstaat, zunehmend jedoch Verwaltungsstaat sei (ZINN 1950: 522), ist die Verwaltung lange Zeit als „sprödes Thema" (GRAWERT 1979: 251) für das Bund-Länder-Verhältnis unterbelichtet geblieben. Auch bei der Arbeit von Reformkommissionen in Sachen Föderalismus ist dieses Thema regelmäßig vernachlässigt worden, weil der Bereich Verwaltung als eigentlich unproblematisch angesehen wurde. Möglicherweise wurde eine Gefährdung durch unitarische Entwicklungen im Bereich der Verwaltung auch als nicht so gravierend empfunden, weil die Zustimmungsvorbehalte des Bundesrates aus Art. 84 Abs. 1 und Art. 85 GG die Position der Länderexekutiven stärken und der Verwaltungsunitarismus insoweit v.a. im Wege der Koordination und Kooperation realisiert wird. Somit existiert gerade im Bereich der Verwaltung eine breit angelegte „Kontaktsphäre" (KÖTTGEN 1955: 487) zwischen Bund und Ländern, die koordinationsrechtlich normierte Handlungskorridore eröffnet, zum anderen aber (subordinationsrechtliche) Elemente aufweist, die die SCHMITT'sche Feststellung belegen, es könne keinen Bundesstaat ohne Einmischung des Bundes in Angelegenheiten der Mitgliedstaaten geben (SCHMITT 1993: 370).

Gesetzesakzessorische Verwaltung

Spricht man von der Verwaltung im Bund-Länder-Verhältnis, so ist damit meistens die sog. gesetzesakzessorische Verwaltung, also die Ausführung von Gesetzen, gemeint, die auch in der Bundesrepublik dem bereits im 19. Jahrhundert etablierten, typisch deutschen Muster der funktionellen Aufteilung folgt, nach dem die meisten Gesetze vom Bund erlassen, dafür aber in der Mehrzahl von den Ländern ausgeführt werden, da es dem Bund an einem Verwaltungsunterbau fehlt. Generell lassen sich im deutschen Bundesstaat folgende Formen des Gesetzesvollzugs unterscheiden:

- bundeseigene Verwaltung durch oberste Bundesbehörden (Ministerien) mit einem mehr oder weniger stark ausgeprägten Unterbau in Form von Mittel- und Unterbehörden (Art. 87 Abs. 1 S. 1 GG bzw. Art. 87 Abs. 3 S. 2 GG); durch Bundesoberbehörden, also den Bundesministerien nachgeordnete Behörden, deren Zuständigkeit sich für den jeweiligen Sachbereich auf das ganze Bundesgebiet erstreckt (Art. 87 Abs. 3 S. 1 GG); durch Zentralstellen, die den Bundesbehörden in der organisatorischen Klassifikation gleichen, allerdings besondere Beziehungen zu den Landesverwaltungen haben (Art. 87 Abs. 1 S. 2 GG); durch verselbständigte Verwaltung etwa in Form von bundesunmittelbaren Körperschaften und Anstalten des öffentlichen Rechts (Art. 87 Abs. 2 und 3, S. 1 GG).
- Landesverwaltung im Bundesauftrag (Art. 85 GG) mit intensivierter Bundesaufsicht.
- Ausführung der Bundesgesetze durch die Länder in eigener Angelegenheit (Art. 84 Abs. 1 GG) unter abgeschwächter Aufsicht des Bundes.
- Landesvollzug von Landesgesetzen (Art. 30 GG).

Der Regelfall des Vollzugs von Bundesgesetzen ist der Landesvollzug unter Bundesaufsicht, weswegen die Fälle der landeseigenen Verwaltung im Gegensatz zu den vom Grundgesetz detailliert vorgesehenen anderen Verwaltungstypen nicht enumeriert werden.

170

Die funktionelle Aufgabenteilung des Grundgesetzes bringt eine Dominanz des Bundes bei der Gesetzgebung und der Bundesländer bei der (gesetzesakzessorischen) Verwaltung mit sich – so sagte man jedenfalls (ZINN 1949: 298). Wir haben bereits erfahren, daß schon im Deutschen Reich von 1871 als auch in der Weimarer Republik dem Reich zum einen weitreichende Ingerenzrechte eingeräumt wurden, zum anderen sich auch, insbesondere in der Weimarer Republik, eine umfangreiche reichseigene Verwaltung und Reichsauftragsverwaltung herausbildete. Das Grundgesetz versuchte in bewußter Abgrenzung zu Art. 14 WRV den Ländern ihr Übergewicht in der Verwaltung zurückzugeben. Dies geschah in der „praktisch wohl bedeutsamsten Konkretisierung von Art. 30 GG" (BULL, AK, Art. 83, Rz. 4), nämlich Art. 83 GG. Hiernach besitzt der Bund nur die ihm zugewiesenen Verwaltungskompetenzen, während der unbenannte Rest den Ländern verbleibt. Desweiteren erfolgt die Ausführung der Bundesgesetze regelmäßig in Form der Landeseigenverwaltung. Andere Verwaltungsformen sind nur aufgrund einer Regelung im Grundgesetz möglich (JARASS/PIEROTH 1992: Art. 83, Rz. 1).

In der Tat überwogen nach 1949 im Bereich der Verwaltung qua Grundgesetz zunächst die Zuständigkeiten der Länder (Art. 83ff. GG). Die Wahrnehmung von Verwaltungsaufgaben durch bundeseigene Behörden wurde in Art. 87 Abs.1 GG auf wenige Bereiche (z.B. auswärtiger Dienst, Bundeseisenbahnen, Bundespost) beschränkt, wobei allerdings dem Bund bereits das Recht eingeräumt wurde, in Angelegenheiten, für die ihm die Gesetzgebung zusteht, selbständige Bundesoberbehörden und neue bundesunmittelbare Körperschaften und Anstalten des öffentlichen Rechts, ggf. mit eigenem Verwaltungsunterbau, zu errichten (vgl. Art 87 Abs.3 GG). Für den Bereich der Sozialversicherung sah das Grundgesetz von Anfang an eine bundeseigene Verwaltung durch bundesunmittelbare Körperschaften des öffentlichen Rechtes vor (Art. 87 Abs. 2 GG). In einigen Fällen, wie etwa der Verwaltung der Bundesautobahnen und der Bundesstraßen des Fernverkehrs, wurden die Länder verpflichtet, Bundesgesetze im Auftrag des Bundes auszuführen (Art. 85 GG), wobei der Regelfall aber die Ausführung der Gesetze in eigener Sache sein sollte (Art. 83, 84 GG). Auch für diesen Fall hatte das Grundgesetz schon ein Vereinheitlichungsinstrument parat: Um die einheitliche Ausführung der Bundesgesetze zu gewährleisten, räumt das Grundgesetz dem Bund das Recht ein, allgemeine Verwaltungsvorschriften unter Zustimmung des Bundesrates zu erlassen (Art. 84 Abs. 2 GG) und eine Rechtsaufsicht über die Ausführung der Gesetze durch die Länder auszuüben (Art. 84 Abs. 3ff. GG). Im Falle der erwähnten Bundesauftragsverwaltung erstreckt sich diese Aufsicht jedoch auch auf die Zweckmäßigkeit der Gesetzesausführung (Fachaufsicht). Hier kann der Bund ohne weiteres den obersten Landesbehörden Weisungen erteilen (Art. 85 Abs. 2ff. GG).

Bereits in den 50er Jahren wurde die durch das GG begünstigte Entstehung eines „föderalen Verwaltungsstaats" (KÖTTGEN 1955: 486) konstatiert, in dem es einen zunehmenden „Einfluß des Bundes auf die deutsche Verwaltung und die Organisation der bundeseigenen Verwaltung" (KÖTTGEN 1954 bzw. 1962) zu verzeichnen galt.

Darüberhinaus war gerade der Bereich der Verwaltung wegen seiner Kostenintensität für die Länder prädestiniert für gemeinschaftliche Lösungen, was den unitarischen Trend noch verstärkte.

Nutzung des Unitarisierungspotentials durch den Bund

Das auch hier angelegte Unitarisierungspotential ist rigoros ausgenutzt worden, so daß die Frage, „ob und inwieweit die Dominanz der Länder in der Verwaltung tatsächlich besteht", heute nicht mehr so einfach zu beantworten ist (OSSENBÜHL 1989b: 1232). Das „Übergewicht" der Länder ist nicht unerheblich zugunsten des Bundes modifiziert worden. So wurde beispielsweise extensiv von der Möglichkeit Gebrauch gemacht, Bundesoberbehörden zu errichten, wie etwa das Statistische Bundesamt, das Bundeskartellamt, das Kraftfahrtbundesamt etc. Die Bundesanstalt für Arbeit verfügt sogar über einen eigenen und dichten Verwaltungsunterbau, wie auch andere Bundesoberbehörden zum Teil regionale Außendienststellen besitzen.

Unitarisierung durch
Bundesauftrags-
verwaltung

Gleichzeitig ist eine Ausdehnung der Bundesauftragsverwaltung zu beobachten, bei der der Bund ein besonderes Weisungsrecht gegenüber den Ländern besitzt (Art. 87 a-d GG (Bundeswehrverwaltung); Art. 120 GG (Lastenausgleichverwaltung); Art. 104 a Abs.3 GG (Ausführung von Geldleistungsgesetzen)). Die Bundesauftragsverwaltung ist insofern eine Besonderheit, als sie gewissermaßen zwischen bundeseigener und landeseigener Verwaltung steht. Zwar sind auch hier Landesbehörden für die Ausführung zuständig, aber der Bund hat die bereits erwähnten Möglichkeiten der Rechts- und Fachaufsicht sowie ein Weisungsrecht, wodurch die obersten Bundesbehörden praktisch als oberste Verwaltungsspitze über den Landesbehörden stehen.

Die kooperative Ausgestaltung des deutschen Bundesstaates, die durch die funktionale Aufgabenverteilung, die Mitwirkung des Bundesrates sowie vertikale Ressortverflechtungen erzwungen wird, sorgte und sorgt in der Regel dafür, daß die Verwaltung im deutschen Bundesstaat, lies: die Ausführung der Bundesgesetze durch die Bundesländer konfliktfrei und reibungslos abläuft, da mögliche Konfliktpunkte vorher abgearbeitet werden. Nichtsdestotrotz kann die Parteienkonkurrenz im deutschen Bundesstaat dazu führen, daß insbesondere bei divergierenden Mehrheiten in Bund und Ländern Probleme bei der Ausführung von Bundesgesetzen auftreten. Ein schönes Beispiel hierfür bietet das Atomrecht: Nachdem Mitte der 80er Jahre der parteiübergreifende Energiekonsens zerbrach, weil die SPD sich programmatisch auf einen Ausstieg aus der Kernenergie orientierte und einzelne SPD- bzw. SPD/GRÜNE-Landesregierungen atomrechtliche Genehmigungsverfahren blockierten, schien die „Nahtstelle föderaler Konsensbereitschaft im modernen Bundesstaat" (TSCHENTSCHER 1988: 1) aufgerissen zu sein. Offensichtlich werden die koordinationsrechtlichen Strategien in solchen Fällen vom Parteienwettbewerb im Bundesstaat überlagert, wodurch wiederum die von Art. 84 GG und mehr noch von Art. 85 GG intendierte Sicherung der Einheitlichkeit des Gesetzesvollzugs gefährdet ist.

Versagen konsensualistische Strategien im nicht immer „harmonischen Bundesstaat" (RONELLENFITSCH 1975: 191ff.), kommen subordinationsrechtliche Elemente zum Einsatz, mit denen der Bund die Folgsamkeit der Länder ggf. erzwingen kann. Besonders weitreichende Befugnisse hat der Bund hier auf den Gebieten der Bundesauftragsverwaltung.

Der Typus der Bundesauftragsverwaltung ist in der föderalen Praxis von erheblicher Bedeutung, weil dort so wichtige Angelegenheiten wie die Verwaltung der Bundesautobahnen und Bundesfernstraßen (vgl. REH 1988) oder die Ausführung des Atomgesetzes lokalisiert sind. Bei dieser Verwaltungsform übernimmt der Bund die Kosten, allerdings nicht die Verwaltungskosten, sondern nur die

Zweckausgaben. Zur Klarstellung: Verwaltungsausgaben sind zum Betrieb und zur Erhaltung des Staatsapparates aufzuwenden und vom Dienstherrn der jeweiligen Einrichtung zu tragen. Die Zweckausgaben liegen bei der Seite, die die Verwaltungsverantwortung für eine Aufgabe trägt – bei der Bundesauftragsverwaltung, also beim Bund. Somit bedarf es bei der Bundesauftragsverwaltung regelmäßig einer genauen Differenzierung. Nähere Regelungen sind nach Art. 104a Abs. 5 S. 2 GG durch Bundesgesetz mit Zustimmung des Bundesrates zu treffen, was in Art. 1 des Finanzanpassungsgesetzes vom 30. August 1971 erfolgte (BGBl. I: 1426). Die Abgrenzung der Verwaltungs- und Zweckausgaben erfolgt jeweils von Fall zu Fall.

Interessant ist die Bundesauftragsverwaltung v.a. aber auch deswegen, weil man auf diesem Gebiet zu zeigen vermag, daß es quasi unmöglich ist, von einer klaren Trennung zwischen Bund und Ländern auszugehen – es gibt „keinen allgemeinen verfassungsrechtlichen Grundsatz, wonach Verwaltungsaufgaben ausschließlich vom Bund oder von den Ländern wahrzunehmen sind, sofern nicht ausdrückliche Regeln etwas anderes zulassen" (BVerfGE 63, 1 [39]). Die gleichfalls vom Ideal des dualen Bundesstaates abgeleitete Lehre von „Typenzwang" des Grundgesetzes scheint sich angesichts der weithin verbreiteten Mischverwaltungstatbestände kaum aufrechterhalten zu lassen (vgl. RONELLENFITSCH 1975). Der Bereich der Bundesauftragsverwaltung zeigt darüberhinaus, wie der unitarische Grundzug des Grundgesetzes sich auch in der Verwaltung Bahn bricht, indem subordinations- und koordinationsrechtliche Elemente zum Einsatz kommen, die beide auf eine Vereinheitlichung hinwirken. Zwar bringt die funktionale Aufgabenteilung im deutschen Bundesstaat zwangsläufig einen erhöhten Koordinations- und Kooperationszwang mit sich, dem Bund ist aber zur Wahrung der Einheitlichkeit ein Aufsichtsrecht eingeräumt, das in der Auftragsverwaltung mit erheblichen Schärfen ausgestattet ist.

Das zentrale prägende Merkmal der Bundesauftragsverwaltung ist die Weisung als „Mittel zur Steuerung des Gesetzesvollzugs in all seinen Phasen" (BVerfGE 81 310 [335f.]). Die Weisung ist im Bund-Länder-Verhältnis ein genuin politisches Steuerungsinstrument (BULL AK, Art. 87c, Rz. 18; STEINBERG 1985: 430), das nach Zweckmäßigkeitserwägungen eingesetzt werden kann und somit dafür sorgt, „daß die Einzelstaaten das im Dienste gewisser Zwecke Notwendige tun, das mit den Zwecken Unverträgliche unterlassen" (TRIEPEL 1917: 450). Im Unterschied zu der moderateren Einzelweisung nach Art. 84 GG sind die Länder bei der Weisung in der Bundesauftragsverwaltung Befehlsempfänger und befinden sich im Status einer „allgemeinen Unterordnung" (BVerfGE 81, 310 [332]) – die Landesbehörden, an die sich die Weisung richtet, werden behandelt wie nachgeordnete Behörden des Bundes (BULL, AK, Art. 85, Rz. 3f.) bzw. entpuppen sich als „bloße Substituten einer bundeseigenen Behördenorganisation und damit als Bundesorgane" (KLEIN 1961: 141) – von der vielbeschworenen Eigenstaatlichkeit der Länder bleibt hier nicht viel übrig (vgl. ABROMEIT 1992: 69). Wie auch das Bundesverfassungsgericht konstatiert, ist die Verwaltungskompetenz der Länder in der Bundesauftragsverwaltung bereits nach der ursprünglichen Zuweisung eingeschränkt:

„Unentziehbar steht dem Land nur die sogenannte Wahrnehmungskompetenz zu: das Handeln und die Verantwortlichkeit nach außen, im Verhältnis zu Dritten bleibt stets Landesangelegenheit; ein Eintrittsrecht des Bundes sieht Art. 85 GG nicht vor. Für die Sachbeurteilung und

Auseinanderfallen von Wahrnehmungs- und Sachkompetenz

173

Sachentscheidung, die sog. Sachkompetenz, gilt dies dagegen nicht. Zwar liegt auch sie zunächst beim Land. Aber der Bund kann sie, indem er das ihm zuerkannte Weisungsrecht in Anspruch nimmt, nach eigener Entscheidung an sich ziehen. Diese Inanspruchnahme ist nicht auf Ausnahmefälle begrenzt und auch nicht weiter rechtfertigungsbedürftig; sie ist, wie Art. 85 Abs. 3 GG erkennen läßt, als reguläres Mittel gedacht, damit sich bei Meinungsverschiedenheiten das hier vom Bund zu definierende Gemeinwohlinteresse durchsetzen kann. Mithin steht die Sachkompetenz dem Lande von vornherein nur unter dem Vorbehalt ihrer Anspruchnahme durch den Bund zu" (BVerfGE 91, 310 [332]).

Demzufolge könnten die Länder durch eine Weisung des Bundes nur dann in ihrem Recht auf Wahrnehmung der eigenen Kompetenzen verletzt sein, wenn gerade die Inanspruchnahme der Weisungsbefugnis gegen die Verfassung verstößt. Sie können nicht geltend machen, der Bund übe seine im Einklang mit der Verfassung wahrgenommene Weisungsbefugnis inhaltlich rechtswidrig aus. In diesem Falle würde in eine Sachkompetenz des Landes gar nicht eingegriffen, weil es an einer Sachkompetenz gerade fehlt, wenn der Bund seine Weisungsbefugnis berechtigterweise in Anspruch genommen hat. Das hat weitreichende Konsequenzen:

„Daß das Land eine Weisung, deren Inhalt es für rechtswidrig hält, ausführen muß und für den nach außen wirkenden Weisungsvollzug insoweit einzustehen hat, als es selbst als Beklagter gerichtlich in Anspruch zu nehmen ist, ist nur die Folge des Auseinanderfallens von Wahrnehmungs- und Sachkompetenz, begründet darüber hinaus aber keine eigene Verantwortung des Landes für die nach Weisung getroffene Sachentscheidung. (...) Eine Verletzung des Landes in seinen kompetentiellen Rechten liegt auch dann nicht vor, wenn der Inhalt der Weisung, die das Land auszuführen hat, wegen eines Verfassungsverstoßes, insbesondere einer Grundrechtsverletzung, rechtswidrig ist. Ein Land kann kraft seiner Kompetenz vom Bund nur die Achtung solcher Verfassungsnormen einfordern, die die Bundesgewalt in ihrer Auswirkung auf das Verfassungsleben der Länder beherrschen und damit eine rechtliche Beziehung zwischen Bundesgewalt und Landesgewalten herstellen. (...) Die Länder haben also dem Bund gegenüber kein einforderbares Recht, daß dieser einen Verstoß gegen Grundrechtsbestimmungen unterläßt. Die Länder sind nicht Träger von Grundrechten. Sie können auch nicht deshalb, weil sie Aufgaben im Interesse der Allgemeinheit wahrnehmen, ,Sachwalter' des Einzelnen bei der Wahrnehmung seiner Grundrechte sein" (BVerfGE 91, 310 [333f.]).

Eine Grenze für die Weisungsbefugnis ergibt sich nach Auffassung des BVerfG lediglich in dem äußersten Fall, „daß eine zuständige oberste Bundesbehörde unter grober Mißachtung der ihr obliegenden Obhutspflicht zu einem Tun oder Unterlassen anweist, welches im Hinblick auf die damit einhergehende allgemeine Gefährdung oder Verletzung bedeutender Rechtsgüter schlechterdings nicht verantwortet werden kann" (BVerfG 1991, 310 [334]). Das Bundesverfassungsgericht legt ausdrücklich fest, daß eine Weisung sich auf jede Gesetzesmaterie beziehen kann, die vom Land in Auftragsverwaltung auszuführen ist, wobei von der Weisungskompetenz die gesamte Vollzugstätigkeit des Landes erfaßt wird. Zum Prinzip der Bundestreue äußert sich das Gericht dahingehend, daß der Bund sich zwar bei der Ausübung seiner Weisungskompetenz an die Pflicht zum bundesfreundlichen Verhalten zu halten habe, aber nicht schon hiergegen verstoße, wenn er von einer ihm durch das Grundgesetz eingeräumten Kompetenz Gebrauch macht. Der Bund muß sich aber nicht um ein Einvernehmen mit dem Land bemühen, bevor er zum Mittel der Weisung greift – der Grundsatz des bundesfreundlichen Verhaltens ändert nichts an der im Grundgesetz festgelegten Kompetenzverteilung. Neben der Pflicht zur Bundestreue gibt es nach Auffassung des BVerfG keine Verfassungsgrundsätze, aus denen Schranken für die

Kompetenzausübung in dem von Staatlichkeit und Gemeinwohlorientierung geprägten Bund-Länder-Verhältnis gewonnen werden könnten. Insbesondere ist die Meinung des Gerichts hervorzuheben, daß aus dem Rechtsstaatsprinzip abgeleitete Schranken für Einwirkungen des Staates in den Rechtskreis des Einzelnen im kompetenzrechtlichen Bund-Länder-Verhältnis nicht anwendbar sind und dies in besonderem Maße für den Grundsatz der Verhältnismäßigkeit gelte.

Mit dieser Interpretation des Weisungsrechts hat das Gericht den unitarischen Trend im deutschen Föderalismus zum wiederholten Mal gestärkt. Die praktisch unbeschränkte Weisungsbefugnis des Bundes im Bereich der Bundesauftragsverwaltung macht deutlich, daß die Staatsqualität der Länder zumindest in Konfliktfällen auf den Status nachgeordneter Verwaltungseinheiten zurückgestuft werden kann. Es ist insofern auch bezeichnend, daß sowohl die Verfassungskommission des Bundesrats (BR-Drs. 360/92, Rz. 79ff.) als auch die Gemeinsame Verfassungskommission von Bundestag und Bundesrat (BT-Drs. 12/6000: 43) sich erstmals im Rahmen einer Reformkommission mit der Bundesauftragsverwaltung befaßten, wenngleich eine Stärkung der Länderposition aufgrund fehlender Mehrheiten in der Gemeinsamen Verfassungskommission nicht durchsetzbar war.

2.3 Die Aufwertung des Bundesrats im unitarischen Bundesstaat

So wie der Bund seine Durchgriffe im Bereich der Auftragsverwaltung intensiviert hat, ist auch das „Reservat" der Ausführung der Bundesgesetze in eigener Angelegenheit durch die Länder dem Zugriff des Bundes nicht entzogen geblieben. Durch den Erlaß von Rechtsverordnungen und allgemeinen Verwaltungsvorschriften durch die Bundesregierung wurde in zunehmendem Maße von der Möglichkeit Gebrauch gemacht, die Einrichtung von Behörden sowie das Verwaltungsverfahren für die Gesetzesausführung zu regeln.

Unitarisierungspotential

Nicht zuletzt durch den Hang der Ministerialbürokratie des Bundes, Bundesgesetze mit (vereinheitlichenden) Verfahrensvorschriften zu versehen, ist die Stellung des Bundesrats, der wichtigsten föderativen „Verbrämung" des Grundgesetzes, stark aufgewertet worden. Der Verfassungsgeber hatte 1949 die Einrichtung von ausführenden Behörden und die Regelung des Verfahrens sowie den Erlaß bestimmter Rechtsverordnungen an die Zustimmung des Bundesrats gebunden. Von diesem Zustimmungsrecht hat der Bundesrat – natürlich – regen Gebrauch gemacht (vgl. schon früh KRATZER 1951/52; HELD 1955/56). Sein Interesse galt dabei weniger dem Ziel, Bundeseinflüsse zu verhindern, als sich Einfluß auf das jeweilige Gesetz als Ganzes zu sichern.

Bundesrat als Mitgesetzgeber

Wir haben die Rolle und vor allem den Bedeutungszuwachs des Bundesrates in föderativer Hinsicht bereits in Teil 2 ausführlich behandelt und im Rahmen der Akkumulation von Gesetzgebungskompetenzen beim Bund auf seine Rolle als „Mitgesetzgeber" hingewiesen. Tatsache ist, daß bereits seit der 3. Legislaturperiode die Zahl der Zustimmungsgesetze die sog. Einspruchsgesetze überstieg. Allein aufgrund der ausgenutzten Regelung des Art. 84 Abs.1 GG sind etwa 90% der Bundesgesetze von Bedeutung zu Zustimmungsgesetzen geworden. Dies lag auch daran, daß der Bundesrat sein Mitspracherecht in erheblichem Umfang auszudehnen vermochte und zwar vor allem durch eine extensive Auslegung des Art. 84 Abs.1 GG (vgl. ANTONI 1989). Diese Regelung sollte eigentlich „nur" gegen eine einseitige Aushöhlung der Verwaltungszuständigkeit der Länder schützen und war als eine Sicherungsklausel für Ausnahmefälle gedacht.

Extensive Auslegung von Art. 84 Abs. 1 GG

„Nun ergab sich aber in der Folgezeit, daß ein großer Teil der Bundesgesetze auch Vorschriften über die Ausführung durch die Landesbehörden enthielt, und der Bundesrat hat mit Erfolg den Anspruch geltend gemacht, daß dies dann immer seiner Zustimmung bedürfe. Noch mehr fiel ins Gewicht, daß nach Auffassung des Bundesrates das gesamte Gesetz zustimmungspflichtig wurde, also auch dessen materielle Teile und nicht nur die Verfahrensvorschriften, die die Länderverwaltung tangierten. Und daraus leitete er das Recht ab, nicht nur die Verfahrensvorschriften, sondern auch materielle Bestimmungen in solchen Gesetzen abzulehnen, also unter Umständen einem Gesetz auch dann die Zustimmung zu versagen, wenn er nicht gegen Verfahrensvorschriften Einwände hatte, die die Länder tangierten, sondern wenn er die materiellen Gesetzesvorschriften mißbilligte" (LEHMBRUCH 1976: 75).

Überschneidung zwischen Konfliktmuster eines parlamentarischen Systems und Bundesstaat

Diese Auslegung wurde auch nachfolgend durch das Bundesverfassungsgericht gedeckt. Dadurch hat nicht nur die im Bundesrat vertretene Länderbürokratie ein Instrument zur Kontrolle des Bundeswillens erhalten. Auch die Opposition hat den Bundesrat in Gesetzgebung und Verwaltungspraxis zu einem Organ ihrer Interessen umfunktioniert, was besonders effektiv sein kann, wenn die Opposition bzw. die von ihr regierten Bundesländer im Bundesrat die Mehrheit gegenüber den Regierungsparteien besitzen. Damit kommt es zu einer Überschneidung zwischen den Konfliktregelungsmustern eines parlamentarischen Systems und eines Bundesstaates (LEHMBRUCH 1976: 125ff.). Zwar belegt eine Bilanz der Gesetzgebung, daß der Vorwurf, Mehrheitspositionen im Bundesrat würden zu parteipolitischen Zwecken mißbraucht, pauschal nicht aufrechtzuerhalten ist, jedoch führen unterschiedliche Mehrheitsverhältnisse in Bundestag und Bundesrat zu Willensbildungs- und Entscheidungsprozessen, die stark in eine kooperative Richtung tendieren. Wenn nämlich der Opposition die Möglichkeit gegeben ist, über den Bundesrat in der Bundespolitik mitzuregieren, werden zur Konfliktregelung und Konsensbildung regelmäßig Wege des Aushandelns beschritten, an deren Ende ein Kompromiß aller politischen Kräfte, also de facto eine Allparteien-Koalition steht (LEHMBRUCH 1976: 133ff.). Warum ist dies so?

„In parlamentarischen Regierungssystemen gilt üblicherweise das Konfliktregelungsmuster parteipolitischer Konkurrenz nicht nur zum Zeitpunkt der Wahlen, sondern in mehr oder weniger ausgeprägter Form auch danach. So findet diese oftmals betont wettbewerbsorientierte Strategie im Gegenüber der von den Parteien bzw. parlamentarischen Fraktionen organisierten Verfassungsinstitutionen Regierungsmehrheit und Opposition ihren Ausdruck. Sind lediglich zwei Parteien im Parlament vertreten – was in einigen Ländern der Bundesrepublik gelegentlich der Fall war und ist –, so werden diese die Kontrahenten stellen. Andernfalls sind auf Regierungsseite Koalitionen erforderlich und/oder auf seiten der Opposition mehr als eine parlamentarische Parteigruppierung vertreten. Die öffentlich dramatisierten Konfliktlinien werden in parlamentarischen Systemen erfahrungsgemäß vornehmlich entlang der Gegenüberstellung von Regierungsmehrheit und Opposition verlaufen.

Im Bundesstaat wird demgegenüber dem strukturellen Kooperationsbedürfnis der verschiedenen Länder sowie zwischen dem Bund und diesen Ländern üblicherweise mittels einer dem Verhandlungsprinzip folgenden Konfliktregelungsstrategie entsprochen. Im parlamentarischen Bundesstaat dominieren somit zwei primäre, einander teils ergänzende, teilweise hemmende Konfliktregelungsmuster: der Parteienwettbewerb einerseits, das kooperative Aushandeln andererseits" (STEFFANI 1990: 146f.).

Überlagerung des Parteienwettbewerbs durch kooperative Aushandlungsmechanismen

Der Bundesrat mit seiner starken Position hat dazu geführt, daß der Konfliktregelungsmechanismus des Parteienwettbewerbs von kooperativen Aushandlungsmechanismen überlagert wurde. Mit der erheblich gesteigerten Mitwirkung des

Bundesrates korrespondiert die Ausdehnung der Bundeseinflüsse im Bereich der Verwaltung – auch diese goutierten die Länder, um sich auf diesem Wege wenigstens eine Mitsprache an der Willensbildung des Bundes zu erhalten. Wie Fritz W. SCHARPF nachgewiesen hat, ist dieser Trend bereits seit 1949 zu verzeichnen gewesen. Die Ursache hierfür lag seiner Interpretation zufolge in den Unterschieden der Problembelastung und der Leistungsfähigkeit der neugeschaffenen Länder und führte dazu, daß die Länder schon früh „die heilige Kuh" der deutschen Bundesstaatslehre – die aus der Eigenstaatlichkeit der Länder resultierende Autonomie und Individualität – „für das Linsengericht der Mitbestimmung im Bund" über den Bundesrat eintauschten.

Von Anfang an gingen alle Beteiligten an den Verfassungsberatungen von einem wünschenswerten oder zumindest unvermeidlichen Übergewicht des Zentralstaats im politischen und fiskalischen Bereich aus. Mit der Schaffung des Bundesrates hatten die Länder bzw. die Landesregierungen jedoch ein Instrument gewonnen, mit dem der Inhalt von Bundesgesetzen und Rechtsverordnungen des Bundes nach den administrativen und fiskalischen Interessen der Bundesländer mitgestaltet werden konnte. Gleichzeitig können die Länder über den Bundesrat Verfassungsänderungen verhindern, welche die Gesetzgebungszuständigkeiten des Bundes erweitern und ihn an der Ausübung übertragener Zuständigkeiten hindern, sofern sie sich einig sind.

Aufwertung des Bundesrats im unitarischen Bundesstaat

„Damit haben sie es faktisch in der Hand, bestimmte Aufgaben entweder (1) der separaten Zuständigkeit der einzelnen Länder vorzubehalten, oder sie (2) gemeinsam mit anderen Ländern auf der dritten Ebene oder (3) unter finanzieller Beteiligung des Bundes in der Form der vertikalen Politikverflechtung wahrzunehmen, oder schließlich (4) die Regelung durch Gesetze und Verordnungen des Bundes zu akzeptieren und mitzugestalten" (SCHARPF 1989: 36f.).

Die unter (2) und (3) genannten Möglichkeiten der Aufgabenwahrnehmung im Bundesstaat sollen uns nachfolgend näher beschäftigen. Sie sind der Kern dessen, was heute unter dem Begriff des kooperativen Föderalismus bzw. Politikverflechtung verstanden wird, denn der Begriff des „kooperativen Föderalismus" hat erst Mitte der 60er Jahre Eingang in die deutsche Diskussion gefunden (KUNZE 1968). Der Begriff wurde im Zuge der Verfassungsreform 1969 dann vor allem auf die neu installierten Gemeinschaftsaufgaben der Art. 91 a/b GG sowie die Investitionshilfen nach Art. 104a GG angewendet, bei denen es zu einer intensiven Kooperation zwischen Bund und Ländern kam. Sie sind auch deshalb von besonderer Bedeutung, weil sie durch die hier extensiv praktizierten Mischfinanzierungen eine Durchbrechung des Lastenverteilungsgrundsatzes und des damit verbundenen Trennsystems darstellen. Zwar hat es den kooperativen Föderalismus und die intensive Verflechtung der verschiedenen Politikebenen im deutschen Bundesstaat als wichtiges Element der bundesstaatlichen Unitarisierung – wie bereits gezeigt – im weiteren Sinne von Anfang an gegeben – und zwar sowohl zwischen Bund und Ländern als zwischen den Ländern untereinander (KISKER 1971; KUNZE 1968 sowie GRAWERT 1967 und SCHNEIDER 1957 und 1961). Durch die mit der Finanzreform von 1969 etablierten Kooperationsmöglichkeiten erhielt der deutsche Föderalismus aber eine neue Qualität.

177

3. Der „neue" kooperative Föderalismus im deutschen Bundesstaat nach 1969

Versuchen wir, uns zunächst noch einmal vor Augen zu führen, was der Begriff der Kooperation im Bundesstaat eigentlich aussagt: Er bedeutet de facto eine Verwischung der für den Bundesstaat traditionell als essentiell angesehenen Kompetenz- und Funktionsdifferenzierung. Kompetenzen werden nicht klar zugeteilt, hier Bund, dort Länder; vielmehr kommt es zu einer offensichtlich gewollten und von Sachzwängen herbeigeführten Überschneidung bei der Wahrnehmung staatlicher Aufgaben, die eine Differenzierung und Aufteilung nach dem Modell eines „dualen" Bundesstaates unmöglich macht. *Intrastaatlicher* Föderalismus zeichnet sich gegenüber dem Modell des *interstaatlichen* Föderalismus durch ein Überwiegen kooperativer, auf Konsens und Koordination sowie Konfliktminimierung ausgerichteter Politikmechanismen aus (THAYSEN 1985). Er birgt damit die Tendenz zur Vereinheitlichung bereits in sich, da Konkurrenzmechanismen, aus denen Heterogenität überhaupt erst erwachsen kann, nicht so stark zum Zuge kommen (vgl. RUDZIO 1991: 352ff.).

Gemeinhin werden als wichtigste Gründe der ständige Aufgabenzuwachs für den Staat und die zunehmende Komplexität von Problemen genannt, die ein gemeinschaftliches Vorgehen aller staatlichen Ebenen zur Effektivierung des staatlichen Systems notwendig machten. Kooperativer Föderalismus erscheint insoweit als Mittel der Anpassung der bundesstaatlichen Ordnung an die Erfordernisse des modernen Planungs-, Lenkungs- und Vorsorgestaates. Kooperation wirkt darüber hinaus in der Regel unitarisierend, weil sie zwar den Notwendigkeiten des modernen Sozialstaates entgegenkommt, zum anderen aber einige Grundzüge föderativer Ordnung abschwächt, so vor allem die Vielfalt der Gestaltungsmöglichkeiten, den Wettbewerb zwischen den Ländern und die Möglichkeit des Experiments im „kleinen" Rahmen (HESSE 1970: 144ff.). Wir müssen aber auch darauf verweisen, daß Kooperation oftmals verwaltungsspezifischen Interessen entgegenkommt und ein Konfliktregelungsmechanismus ist, der reibungslosere, wenn auch durch Verhandlungen langwierigere und letztendlich minimalistische Problemlösungen im Bundesstaat mit sich bringt. Damit weisen Kooperationsmechanismen deutliche Elemente administrativer Nutzenmaximierungs- und Abwehrstrategien auf. Hinzu kommt, daß durch die Verlagerung föderativer Politikgestaltung in die Exekutiven die Zuständigkeits- und Verantwortlichkeitsgrenzen verschoben werden, weil die Parlamente, insbesondere auf Landesebene, von Entscheidungsfindungen ausgeschlossen werden und am Ende über bereits „festgezurrte" Verhandlungs- und Kompromißpakete abzustimmen haben, auf die sie in keiner Phase ihres Zustandekommens Einfluß hatten.

Dies ist ein entscheidender Sachverhalt: Zwar bedeutet Politikverflechtung eine Machtverteilung durch die institutionalisierte Einbeziehung einer Vielzahl staatlicher (und auch nicht-staatlicher) Entscheidungsebenen, aber aus diesem „Beteiligungsföderalismus" bleiben auch einige Ebenen ausgeschlossen. Der durch die Politikverflechtung etablierte Einigungszwang, bei dem alle Beteiligten sozusagen ein Stück Macht abgeben und auf dem Verhandlungs- und Konsensweg einen für alle akzeptablen, kleinsten gemeinsamen Nenner suchen, ist auf einen spezifischen Akteur in der Politikverflechtung zugeschnitten – die

Exekutive in Bund und Ländern. Diese tendiert oftmals aus ressortspezifischen Interessen zu unitarisierenden Verhandlungs- und Politikstrategien mit undemokratischem und antiparlamentarischem Charakter. Gerade die Länderexekutiven haben sich schon früh auf diese Strategie eingelassen und damit zum einen die institutionell angelegte Unitarisierung des deutschen Föderalismus verstärkt und zum anderen die Landesparlamente aus dem Prozeß der Politikverflechtung ausgeschlossen.

So haben die Bundesländer bereits in den Anfangsjahren der Bundesrepublik *Selbstkoordination der Länder* dem Unitarisierungsdruck dadurch Rechnung getragen, daß sie auch dort bundeseinheitliche Regelungen anstrebten, wo eine Entscheidungsbefugnis des Bundes gar nicht vorlag. Damit versuchten sie teilweise, zentralisierenden Eingriffen des Bundes durch eigene Vereinheitlichungsaktionen zuvorzukommen. Fritz W. SCHARPF hat darüber hinaus aufgezeigt, daß diese Selbstkoordination der Länder sowohl von faktischen Zwängen als auch von Interessen der Länder geleitet war: So gingen bereits in Herrenchiemsee sogar Verfechter der Senatslösung und des Trennprinzips davon aus, daß auch in den Bereichen, die ausschließlich den Ländern vorbehalten bleiben sollten, die Rechtseinheit durch zwischenstaatliche Vereinbarungen zwischen den Ländern gesichert werden sollte. Zusammengefaßt führte dies zur folgenden Konsequenz:

„Die Länder hatten zwar einen zeitlichen Vorsprung gegenüber dem Bund, aber sie waren nach Belastungen und Leistungsfähigkeit untereinander zu ungleich und aus politischen Gründen zu vorsichtig, um wichtige Aufgaben des früheren Zentralstaats für sich als autonome Landeskompetenz zu beanspruchen. Zugleich aber waren sie im Prozeß der Verfassungsgebung einflußreich genug, um die in den Nachkriegsjahren gewonnene politische Bedeutung erfolgreich verteidigen zu können. Solange der Zentralstaat noch gar nicht existierte, kamen als Defensiv-Strategien nur die horizontale Selbstkoordination auf der ‚dritten Ebene‘ nach dem Muster der Kultusministerkonferenz und die gemeinsame Finanzierung überregionaler Aufgaben nach dem Muster des Königsteiner Abkommens in Betracht. Freilich ging auch dabei die politische Gestaltungsfreiheit des einzelnen Landes verloren.
Wenn aber wirkliche Autonomie ohnehin nicht angestrebt werden durfte, sprach aus der Sicht der Länder erst recht nichts für ein Trennprinzip, das ihnen zwar gewisse Politikfelder vorbehalten, die übrigen aber – als Konsequenz der Senatslösung – der autonomen Politik des Zentralstaats überlassen hätte. Die wahrscheinliche Folge wäre eine eher galoppierende als schleichende Zentralisierung gewesen. Schon die Verhandlungen über das Königsteiner Abkommen hatten ja gezeigt, wie schwer die Verteilungskonflikte zwischen den Geber- und Nehmerländern zu regeln waren, und man brauchte nicht viel politische Phantasie, um die Attraktivität einer parlamentarisch legitimierten und handlungsfähigen Politik des Bundes zu kontrastieren mit dem Überdruß an den unendlichen Verhandlungen und undurchschaubaren Kompromissen, in die die Länder untereinander verstrickt gewesen wären. Auf Dauer waren deshalb, so kann man rückblickend leicht prophezeien, auch die in Selbstkoordination auf der dritten Ebene wahrgenommenen Landeszuständigkeiten nur zu verteidigen, wenn die Länder unmittelbaren Einfluß auf die Willensbildung des Bundes gewannen" (SCHARPF 1989: 34f.).

3.1 Finanzverfassung als Ursache und strukturelles Merkmal des unitarisch-kooperativen Bundesstaates

Der wirklich interessante und für die Entwicklung des deutschen Föderalismus *Herausgehobene Bedeutung der Finanzverfassung* maßgebliche Teil der Bund-Länder-Kooperation beruht auf der planerischen und finanziellen Verflechtung, die sich aus der gemeinschaftlichen Erledigung staatlicher Aufgaben ergibt. Hier kann es zu Machtverschiebungen zugunsten des Bundes kommen, weil die Länder aufgrund mangelnder Finanzausstattung auf seine Hilfe angewiesen sind. Dies wiederum führt zum Problem der Finanzverfassung, die als ursächlicher Kern der Entwicklung zum unitarisch-kooperativen Bundesstaat betrachtet werden kann. Es kommt nicht von ungefähr, daß die wirkliche Etablierung und verfassungsrechtliche Institutionalisierung des „kooperativen Föderalismus" im Zuge der Finanzverfassungsreform von 1969 erfolgte und föderative Streitigkeiten um Kompetenzen regelmäßig in eine Auseinandersetzung um die Finanzausstattung der Länder und die Finanzverfassung schlechthin münden, da Machtverteilung immer auch Steuerverteilung ist.

Warum ist dies so? Dazu bedarf es einiger Überlegungen zum Begriff der Kooperation und dessen Zusammenhang mit der Finanzverfassung. Kooperation bedeutet im Föderalismus der Bundesrepublik nicht nur die Zusammenarbeit gleicher und aufeinander angewiesener Partner, wie es der Begriff vielleicht suggeriert (vgl. hierzu die Problematisierung bei HESSE 1970). Der Bund hat im intrastaatlichen Föderalismus der Bundesrepublik – wie wir bereits erfahren haben – im Bereich der Gesetzgebung und staatlichen Aufgabenerfüllung das eindeutige Übergewicht und verfügt auch über genügend Mittel, um im Bereich der Verwaltung Einfluß im Sinne einer Unitarisierung auf die Bundesländer zu nehmen. Die im Grundgesetz angelegte funktionale Verflechtung von Bund und Ländern hat letzteres begünstigt. Die auf dieser Grundlage bereits institutionalisierte Kooperation wurde – einmal als zusätzliches Vereinheitlichungsinstrument erkannt – ausgedehnt und darüber hinaus in einer Vielzahl von Formen institutionalisiert, die von der Verfassung zunächst nicht vorgesehen waren oder – wenn man es freundlicher ausdrücken will – einfach vorausgesetzt wurden (vgl. zur bundesverfassungsrechtlich vorausgesetzten Kooperation KISKER 1977: 47ff.).

Föderaler Zankapfel: Finanzverfassung

So sind Verträge und Verwaltungsabkommen seit jeher im Bundesstaat ein Mittel, um Kooperation auf bestimmten Sachgebieten zwischen den Ländern oder zwischen Bund und Ländern zu etablieren. Mit der Ausweitung des kooperativen Föderalismus vergrößerten sich aber gleichzeitig das Unitarisierungspotential und die Einflußmöglichkeiten des Bundes. Wir haben betont, daß durch das System der Politikverflechtung im intrastaatlichen Föderalismus der Bundesrepublik Wiederverflechtungen von Entscheidungsebenen und -funktionen zustandekommen, die eine ursprünglich angelegte föderative Differenzierung überlagern und relativieren. Dieses Phänomen läßt sich besonders gut am föderalen Zankapfel schlechthin im deutschen Bundesstaat veranschaulichen – der Finanzverfassung. Wir haben in Teil 1 auf die besondere Bedeutung der Finanzverfassung als föderativem Entwicklungsbrennpunkt hingewiesen. Jede Kompetenz im Bundesstaat ist auch mit Kosten verbunden. Wenn die Finanzverfassung zur Kompetenzverteilung querliegt, die Verfassung also z.B. den Ländern Kompetenzen zuweist, die diese sich aber gar nicht (mehr) leisten können, weil die Finanzverfassung ihnen für die Wahrnehmung dieser Kompetenzen nicht genug Geld zur Verfügung stellt, dann nützen den Ländern die schönsten Kompetenzen nichts. Verschärft wird diese Situation natürlich, wenn ein Bundesstaat starke Asymmetrien aufweist, also große und einkommensstarke auf der einen und kleine einkommensschwache Länder auf der anderen Seite existieren. Nahezu zwangsläufig müssen sich zumindest die schwachen Länder nach Hilfe und Un-

terstützung umsehen und diese dort suchen, wo die meisten Einnahmen hinflie-
ßen – beim Bund. Auf diese Weise kommt es wiederum zu Verflechtungen und
Vermischungen, bei denen der Bund durch seine „Spendierfreudigkeit" in ursprünglich genuine Länderaufgaben hineinregieren kann, indem er z.B. die Vergabe von Geldern mit bestimmten Auflagen an die Länder verbindet. Das gerade
für die Finanzverfassung immer wieder in seiner Wichtigkeit betonte Trennprinzip wird auf diese Weise flagrant unterlaufen und durchbrochen.

Diesem Trennprinzip zufolge tragen Bund und Länder gesondert die Ausgaben, die sich aus der Wahrnehmung ihrer Aufgaben ergeben, soweit das Grundgesetz nicht etwas anderes bestimmt. Das Trennprinzip bedeutet nicht nur die
Abgrenzung der Finanzierungsverantwortung, sondern darüber hinaus auch das
Verbot, Aufgaben einer anderen staatlichen Ebene zu finanzieren. Dieses Prinzip
ist seit der Frühphase des deutschen Bundesstaates nach Schaffung des Grundgesetzes regelmäßig durchbrochen worden, und dies ist der entscheidende Punkt:
Die Fähigkeit der Länder, einer Unitarisierung via kooperativer Erledigung –
und das heißt in der Regel auch: Finanzhilfe – bei zum Teil genuinen Länderaufgaben durch den Bund zu widerstehen, fand und findet regelmäßig in der eigenen Finanzausstattung ihre Grenzen. Die Verteilung der Finanzen im Bundesstaat auf die verschiedenen staatlichen Hoheitsträger erweist sich hier als noch
wichtiger als die Kompetenzverteilung zwischen Bund und Ländern,

„denn was bedeutet für den Bund oder die Gliedstaaten die Zuschreibung umfangreicher Zuständigkeiten, wenn der Bund finanziell von den Zuschüssen seiner Länder abhängig ist oder
wenn die Länder zur Erfüllung ihrer Aufgaben den Bund um finanzielle Hilfen bitten müssen?" (BOLDT 1989: 78).

Wenn wir im folgenden also die Entwicklung des zweiten Unitarisierungsstrangs
im deutschen Föderalismus, der innerbundesstaatlichen Kooperation, verfolgen,
so gilt es immer zu beachten, daß das für viele entscheidende Merkmal eines
grundsätzlich dualen Bundesstaates, die Eigenstaatlichkeit von Bund und Ländern, elementar von der Gestaltung der Finanzverfassung abhängt.

Gemäß Art. 105 GG a.F.wurde die Gesetzgebung im Bereich der Finanzen
so zwischen Bund und Ländern aufgeteilt: Zölle und Finanzmonopole unterlagen
der ausschließlichen Gesetzgebung des Bundes. Die Einkommens-, Vermögens-,
Erbschafts- und Realsteuern (Grund- und Gewerbesteuer) sowie die Verbrauchs-
und Verkehrssteuern hingegen unterlagen der Regelung des Bundes im Wege
der konkurrierenden Gesetzgebung für den Fall, daß der Bund diese ganz oder
zum Teil zur Deckung seiner Ausgaben verwenden wollte, oder wenn ein besonderes Bedürfnis im Sinne von Art. 72 Abs.2 GG a. F. für deren bundeseinheitliche Gestaltung vorlag. Ein Recht zur eigenen Steuergesetzgebung hatten die
Länder also in diesen Fällen nur, solange der Bund von seiner Regelungsbefugnis keine Verwendung gemacht hatte. Das ausschließliche Recht zur Gesetzgebung stand den Ländern für die Steuern mit örtlich bedingtem Wirkungskreis zu.
Aufgrund ihres grundsätzlich unbeschränkten Gesetzgebungsrechts hatten sie
aber auch die – schwer zu realisierende – Möglichkeit, neue Steuern in vom Art.
105 GG a.F nicht genannten Bereichen zu erfinden und gesetzlich zu regeln.

Die Tatsache, daß der Bund den größten Teil der Steuergesetzgebung somit
bereits seiner Legislation unterworfen hatte bzw. unterwerfen konnte, bedeutete
jedoch nicht, daß ihm auch aus all diesen Steuern die Erträge zufließen sollten.
Das Grundgesetz versuchte hier eine Unterscheidung von Regelungs- und Er-

Durchbrechung des
Trennsystems in der
Finanzverfassung von
Anfang an

Bis 1955: Nur vorläufige
Regelung der
Finanzverfassung im GG

Unterscheidung:
Regelungs- und
Ertragshoheit

181

tragshoheit und bediente sich hierfür eines – durchbrochenen – Trennprinzips im Sinne einer Einteilung der zu erwartenden Einkünfte in Steuerarten. Danach sollten dem Bund die Zölle, die Finanzmonopole, die Verbrauchssteuern, die Beförderungssteuer, die Umsatzsteuer und die einmaligen Zwecken dienenden Vermögensabgaben, den Ländern die Biersteuer, die Einkommen- und Körperschaftssteuer, die Vermögenssteuer, die Erbschaftssteuer, die Realsteuern, die Steuern mit örtlich bedingtem Wirkungskreis sowie die Verkehrssteuern mit Ausnahme der Beförderungs- und Umsatzsteuer zufließen. Wenn man so will, erhielt der Bund die Erträge aus den indirekten, die Länder die Erträge aus den direkten Steuern. Man ging jedoch davon aus, daß der Bund aufgrund der anstehenden Aufgaben mit den ihm zugeschriebenen Steuern nicht auskommen würde und räumte ihm deshalb von vornherein die Möglichkeit ein, einen Teil der Einkommen- und Körperschaftssteuer zur Deckung seiner durch andere Einkünfte nicht gedeckten Ausgaben in Anspruch zu nehmen. Eine endgültige Verteilung der Steuern blieb jedoch zunächst einem späteren Zeitpunkt vorbehalten (Art. 107 GG a. F.).

Unitarische Züge der Finanzverfassung

Bei alldem bleibt zu beachten, daß schon damals die Finanzgesetzgebung fast ausschließlich dem Bund überlassen wurde, weil er über die konkurrierende Gesetzgebung nicht nur die Legislation über die wichtigsten Steuern, sondern mehr noch die Möglichkeit erhielt, das Aufkommen der Steuern festzulegen, die den Ländern zufließen sollten – womit das Trennprinzip durchbrochen wurde. Dem Fazit von Hans BOLDT kann deshalb nur zugestimmt werden:

„Die Länder konnten nun nicht mehr über die Höhe ihrer Steuern selbst bestimmen. Zwar durfte der Bund die Gesetze, mit denen er die Ländersteuern regelte, nur unter Zustimmung des Bundesrates erlassen, aber dadurch erhielten die Länder nur insgesamt ein Mitbestimmungsrecht. Ein einzelnes Land, das seine Steuern abweichend von der Mehrheit der anderen regeln wollte, konnte und kann dies nicht tun. Anders als bei den Gemeinden üblich, hatte man den Ländern noch nicht einmal Hebesätze zugestanden, um die Höhe der für sie bestimmten Steuern zu variieren. Man wird daher sagen müssen, daß schon in ihrem provisorischen Ansatz von 1949 die Finanzverfassung des Grundgesetzes in einem erheblichen Maße unitarisch angelegt war. Die für die bundesrepublikanische Staatsauffassung grundlegende Idee, daß trotz Föderalismus die ‚Einheitlichkeit der Lebensverhältnisse‘ im ganzen Bundesgebiet zu sichern sei, fand schon damals in diesen Regelungen ihren Ausdruck" (BOLDT 1989: 79f.).

Auch in diesem Bereich wurde das im Grundgesetz angelegte Unitarisierungspotential konsequent instrumentalisiert. Der Bund nutzte sein Gesetzgebungsrecht nach 105 GG a.F. und regelte auch die Steuern, deren Erträge den Ländern zufließen sollten. Auch hier erwies sich die Bedingung des Vorliegens der Voraussetzungen von Art. 72 Abs.2 GG a. F. als wirkungslos im Sinne eines Länderschutzes, wie in allen anderen Bereichen der konkurrierenden Gesetzgebung. Von der Möglichkeit, einen Teil der Einkommen- und Körperschaftsteuer zu beanspruchen, machte der Bund bereits 1951 Gebrauch und belegte hier einen Anteil von 27% mit Beschlag. Durch eine Neuregelung im Jahre 1955 kam es zu einer prozentualen Aufteilung der Einkommen- und Körperschaftsteuer, womit der Bund fortan feste Sätze an beiden Steuern beanspruchen durfte. Bis 1958 betrug dieser Anteil ein Drittel, danach 35%, während der 60er Jahre erreichte er sogar wegen der steigenden Prosperität 39%.

Die Ausgabenlast des Bundes stieg durch Kriegsfolgelasten und Wiedergutmachung vor allem im Sozialhaushalt stark an. Hinzu kamen der politische Wille von Bundesregierung und Bundestag sowie das Streben der Ministerialbürokratie des Bundes nach Einfluß und Vereinheitlichung, mit dem Erfolg, daß der Bund mit Finanzzuweisungen zunehmend reine Länderaufgaben mitfinanzierte, wobei der Anstoß hierzu aber auch oft aus den Länderbürokratien kam. Diese Finanzierungen wurden mit sachlichen oder Mitfinanzierungsauflagen für die Länder versehen.

3.2 Die Große Finanzreform 1969 und ihre Folgen

3.2.1 Geschichte der Finanzreform

Das Budget der Länder ist gegenüber dem Bundeshaushalt immer wesentlich geringer gewesen. In der Frühphase der Bundesrepublik betrug der Anteil der Länder am Gesamtsteueraufkommen noch über 30%, sank danach aber deutlich ab. Aufgrund einer sehr starken Belastung mit den Kosten des Verwaltungsvollzugs, ist der Haushalt der Länder regelmäßig durch Personalausgaben geprägt. Dies galt besonders in den 60er Jahren, als die Ausgaben für das Bildungswesen erheblich gesteigert wurden und über ein Drittel des Gesamthaushaltes der Länder vereinnahmten, mit der Folge, daß die Personalausgaben der Länderhaushalte auf über 40% kletterten. Ein großer Teil dieser Aufwendungen wurde von den Ländern über die Einkommen- und Körperschaftssteuer gedeckt, deren Anteil auf Länderseite im Jahre 1966 61% betrug und bis 1969 auf 65% gesteigert werden konnte. Allerdings war es dem Bund nicht zumutbar, auf Einkünfte einfach zugunsten der Länder zu verzichten, zumal die Rezession von 1967 ihm einen Rückgang der für ihn wichtigsten Steuer, der Umsatzsteuer, bescherte.

Hinzu kam die seit den 50er Jahren um sich greifende Mischfinanzierung auf der Grundlage einer Fondswirtschaft des Bundes, über die er den einzelnen Bundesländern mit Auflagen verbundene Dotationen offerierte und sie, wie man sagt, am „goldenen Zügel" führte. Die eigentlich unsystematisch erfolgende Förderung bestimmter Aufgaben in den Haushalten von Bund und Ländern sowie die unterschiedliche Entwicklung des Aufkommens der (relativ stabilen) Umsatzsteuer für den Bund und der wachstumskräftigen Einkommen- und Körperschaftssteuer für die Länder (2/3) führte zur immer nachdrücklicher in der Öffentlichkeit vorgetragenen Forderung nach einer großen Finanzreform. Bezeichnenderweise haben die Ministerpräsidenten den Anfang gemacht, indem sie auf ihrer Konferenz vom 10.-12. Juni 1963 in Saarbrücken in einer gemeinsamen Erklärung „eine klare Abgrenzung von Bundesaufgaben, Länderaufgaben und gemeinschaftlichen Aufgaben" sowie die Beendigung der „unsystematischen Förderung der verschiedensten Aufgaben in den Haushalten des Bundes und der Länder" forderten (vgl. MEYERS 1963). Die neue Bundesregierung war bemüht, das schlechter gewordene Verhältnis zwischen Bund und Ländern zu verbessern. So forderte Bundeskanzler ERHARD in seiner Regierungserklärung vom 18. Oktober 1963 gleichfalls eine klare Abgrenzung der Finanzverantwortlichkeit zwischen Bund, Ländern und Gemeinden (BT.Sten.Ber.4/90: 4200). Am 30. Oktober 1963 bereits verständigten sich Bund und Länder in der ersten Besprechung des neuen Bundeskanzlers mit den Ministerpräsidenten der Länder darauf, daß eine umfassende Finanzreform gemeinsam in Angriff ge-

1963 – Forderung der Ministerpräsidenten nach Reform der Finanzverfassung

1964 – Einsetzung der TROEGER-Kommission

nommen werden sollte. Am 20.3.1964 setzten der Bundeskanzler und die Ministerpräsidenten eine Sachverständigenkommission für die Finanzreform unter
dem Vorsitz des ehemaligen hessischen Finanzministers und Vizepräsidenten der
Deutschen Bundesbank, Heinrich TROEGER, ein (zur Arbeit der Kommission
vgl. umfassend HEINSEN 1989, hier bes. S. 191ff.). Gleichzeitig wurde eine
Bund-Länder-Kommission aus zwei Bundesministern und vier Ministerpräsidenten zur Unterstützung der Sachverständigen gebildet.

Die TROEGER-Kommission erstattete ihr Gutachten am 10.2.1966. Der
Schwerpunkt ihrer Reformvorschläge konnte unter dem „Zauberwort" des kooperativen Föderalismus rubriziert werden. Während sich die Bund-Länder-
Kommission darauf einigte, fünf genuine Länderaufgaben – Ausbau der Hochschulen, Verbesserung der Agrarstruktur, Förderung „zurückgebliebener" Wirtschaftsregionen, Städtebau, Küstenschutz – künftig als sog. „Gemeinschaftsaufgaben" von Bund und Ländern gemeinsam erfüllen zu lassen, ging die TROE-
GER-Kommission in ihrem Gutachten weiter und forderte eine durch einen Art.
85a neu in das Grundgesetz einzufügende Generalklausel, nach der „bei der Erfüllung staatlicher Aufgaben, deren Ausführung Sache der Länder ist, (...) Bund
und Länder zusammen (wirken), wenn die Aufgaben für die Gesamtheit bedeutsam sind und einer langfristigen, gemeinsamen Planung bedürfen" (TROEGER-
GUTACHTEN 1966: 173, Anlage 1). Über die „Aufwertung" solcher Länderaufgaben zu Gemeinschaftsaufgaben sollte durch ein zustimmungspflichtiges Bundesgesetz entschieden werden. Pläne und Richtlinien für die Erfüllung der Gemeinschaftsaufgaben sollten von Bundesregierung und Bundesrat gemeinsam
aufgestellt werden. Die Bundesregierung sollte weiterhin die Aufsicht darüber
ausüben, daß diese Pläne und Richtlinien eingehalten würden. Die Gemeinschaftsaufgaben sollten zur Hälfte durch den Bund finanziert werden, wobei
25% jeweils auf das Sitzland und die Ländergemeinschaft entfallen. Geplant war
auch ein gemeinsames konjunkturpolitisches Vorgehen nach dem neu zu fassen-
den Art. 109 Abs.3 GG, wonach die Bundesregierung mit Zustimmung des Bundesrates das Recht erhalten sollte, „zur Abwehr von Gefahren für das gesamt-
wirtschaftliche Gleichgewicht" durch Rechtsverordnung „bis zur Dauer eines
Jahres, Vorschriften über Ausmaß und Art der öffentlichen Verschuldung zu erlassen" (TROEGER-GUTACHTEN 1966: 177).

Als weiteren Reformvorschlag regte die TROEGER-Kommission an, den
Grundsatz der Trennung der Ausgaben von Bund und Ländern durch eine Regelung zu ergänzen, nach der der Bund dort, wo er allein die Durchführung bestimmt, grundsätzlich auch die Zweckausgaben zu tragen hat. Dies galt bis dahin
als Kann-Vorschrift für die in Bundesauftragsverwaltung durchzuführenden Gesetze, sollte nunmehr aber auch auf die sog. Geldleistungsgesetze ausgedehnt
werden, bei denen ein Bundesgesetz den Ländern Empfänger, Voraussetzungen
und Höhe der Leistung vorschreibt, so daß den Landesverwaltungen kein eigener
Entscheidungsspielraum mehr verbleibt.

Aus dem Aufkommen der Einkommen-, Körperschafts- und Umsatzsteuern
sollte ein „großer Steuerverbund" gebildet werden, aus dem durch ein einfaches
Zustimmungsgesetz der Bedarf von Bund und Ländern befriedigt werden sollte.
Der Länderanteil am Aufkommen der Verbundsteuern sollte weiterhin nach dem
sog. örtlichen Aufkommen, aber auch nach dem Verhältnis der Einwohnerzahl
der Länder aufgeteilt werden. Verbleibende Verzerrungen in der Steuerkraft der

184

Länder waren weiterhin durch einen horizontalen Länderfinanzausgleich und durch Ergänzungszuweisungen des Bundes auszugleichen.

Die Auseinandersetzungen, die nachfolgend um die Finanzreform entbrannten, können hier nicht im Detail wiedergegeben werden (vgl. PATZIG 1966; KONOW 1966; KÖLBLE 1967; GRAWERT 1968). Die Tatsache, daß es mittlerweile zur Bildung der sog. „Großen Koalition" gekommen war, modifizierte die politische Situation dahingehend, daß die Konkurrenz zwischen Bund und Ländern von der Tatsache überlagert wurde, daß die gleichen Parteien (CDU/CSU, SPD) sowohl die Regierung im Bund als auch in allen elf Bundesländern stellten. Die Parteienkonkurrenz wiederum wurde überlagert durch das gemeinsame Ziel, mit der Verwirklichung der Finanzreform einen der wesentlichen Gründe für die Bildung der Großen Koalition nachträglich zu rechtfertigen (HEINSEN 1989: 187). Die Verhandlungen um das Reformpaket wurden aber maßgeblich dadurch geprägt, daß die Kluft zwischen sechs steuerstarken und den vier steuerschwachen Bundesländern quer durch die Parteifronten verlief (HEINSEN 1989: 188).

Große Koalition und Steuerreform

Nach längeren Auseinandersetzungen wurde eine grundsätzliche Einigung über die sog. Gemeinschaftsaufgaben (vgl. PATZIG 1981; MARNITZ 1974) gefunden, die nunmehr nach dem Enumerationsprinzip ausdrücklich im Grundgesetz genannt werden sollten. Die für diese Aufgaben vorzunehmenden Planungen sollten durch Bund-Länder-Ausschüsse erledigt werden, in denen jedes Land eine Stimme erhalten sollte.

Art. 91 a/b GG: Gemeinschaftsaufgaben

Größere Schwierigkeiten machte die Einigung über den großen Steuerverbund: Sollte der Bund unter Einbringung seiner Umsatzsteuer künftig größere Anteile an der als wachstumsintensiv eingeschätzten Einkommen- und Körperschaftssteuer erhalten? Betrachtet man sich die wesentlichen Kernpunkte des Verfassungsreformgesetzes von 1969, so zeigt sich, daß eigentlich ein typischer Bund-Länder-Kompromiß bei dem Projekt der Finanzverfassungsreform herausgekommen ist:

Großer Steuerverbund – ein typischer Bund-Länder-Kompromiß

- Es blieb bei der Schaffung eines großen Steuerverbundes aus Einkommen-, Körperschafts- und Umsatzsteuer, allerdings wurde der Zugriff des Bundes auf Einkommen- und Körperschaftssteuer auf 50% begrenzt, abzüglich eines Anteils an der Einkommensteuer, der den Gemeinden zufließen sollte. Die Verteilung der Umsatzsteuer dagegen blieb flexibel – sie wird in den sog. „Elefantenrunden" festgelegt – und entwickelte sich fortan zu einem Dauerstreitpunkt zwischen Bund und Ländern.
- Sollte die Verteilung des Umsatzsteueraufkommens zwischen Bund und Ländern nach Bedarfsgesichtspunkten erfolgen, war dies für die Verteilung des Länderanteils an den Gemeinschaftssteuern nicht mehr vorgesehen. Einkommen- und Körperschaftssteuer sollten wie schon früher nach dem örtlichen Aufkommen, die Umsatzsteuer nach der Einwohnerzahl erfolgen. Die verbleibenden Disparitäten zwischen den Ländern sollten weiterhin durch einen horizontalen (Länder-)Finanzausgleich und/oder durch Ergänzungszuweisungen bis zu einem bestimmten Grad ausgeglichen werden – auch hierüber entstand in den folgenden Jahren regelmäßig Streit.
- Es wurden genau bestimmte Gemeinschaftsaufgaben durch die neu ins Grundgesetz eingefügten Artikel 91a/b eingeführt, wodurch einem grenzenlosen Ausbau dieses kooperativen Instruments durch Generalklauseln ein Riegel vorgeschoben war. Die Planung der Gemeinschaftsaufgaben sollte

Bund und Ländern gemeinsam obliegen, die Kosten waren von Bund und Ländern je zur Hälfte zu tragen.

– Einige ursprünglich als Gemeinschaftsaufgaben projektierten Aufgabenbereiche, wie etwa die Städtebauförderung, der Krankenhausbau und die Gemeindeverkehrsfinanzierung, wurden nicht in die Art. 91a/b GG aufgenommen, sondern blieben reine Ländersache, wobei der Bund aber „den Ländern Finanzhilfen für besonders bedeutsame Investitionen der Länder und Gemeinden (Gemeindeverbände) gewähren" kann, „die zur Abwehr einer Störung des gesamtwirtschaftlichen Gleichgewichts oder zum Ausgleich unterschiedlicher Wirtschaftskraft im Bundesgebiet oder zur Förderung des wirtschaftlichen Wachstums erforderlich sind" (Art. 104a Abs.4 GG). Die hier zu gewährenden Finanzhilfen waren jeweils gesetzlich zu regeln.

Stabilitätsgesetz 1967   Die Finanzreform 1969 wäre unvollständig behandelt, wenn man nicht auch einen Blick auf die im Vorfeld ergangene Grundgesetzänderung vom 8. Juni 1967 werfen würde. Durch Änderung des Art. 109 GG sowie dem Erlaß eines darauf beruhenden „Stabilitätsgesetzes" sollte ein abgestimmtes Vorgehen von Bund und Ländern in ihrer Haushaltspolitik erzielt werden, wobei dem Bund, d.h. vornehmlich der Bundesregierung, Eingriffsrechte zu konjunkturpolitischen Zwecken eröffnet wurden. Hierzu zählt vor allem die Ermächtigung, unter Zustimmung des Bundesrates die Länder über Rechtsverordnung zur Bildung von Konjunkturausgleichsrücklagen zu nötigen bzw. ihre Kreditaufnahme zu begrenzen. Das abgestimmte konjunkturpolitische Handeln in der Haushaltspolitik sollte durch die Schaffung eines Konjunkturrates und eines Finanzplanungsrates sowie die berühmt gewordene „konzertierte Aktion" gewährleistet werden. Unverkennbar kaprizierten sich die bundesstaatlichen Problemlösungsansätze in dieser Zeit, in der die Vorstellung einer globalen Aufgabenplanung viele Anhänger gewann, auf deutlich korporatistische Lösungen.

3.2.2   Vertikaler Finanzausgleich

Der Effekt der großen Finanzreform und der hiermit etablierten neuen Formen der Politikverflechtung für den deutschen Föderalismus ist beträchtlich gewesen. Die in Art. 109 Abs. 1 GG vorgeschriebene Grundsatzregelung einer Selbständigkeit und Unabhängigkeit der Haushaltswirtschaft von Bund und Ländern entspricht vollends nicht mehr der Realität. Die öffentlichen Haushalte von Bund, Ländern und Gemeinden sind auf vielfältigste Weise miteinander verflochten, darüber hinaus existieren Vorgaben zur Koordinierung wie etwa in Art. 109 Abs. 2 GG (Erfordernisse des gesamtwirtschaftlichen Gleichgewichts). Arrangements wie der vertikale Finanzausgleich, der horizontale Finanzausgleich, Investitionshilfen des Bundes sowie Gemeinschaftsaufgaben von Bund und Ländern haben für eine zusätzliche Vernetzung gesorgt. Mit welchen Folgen, wollen wir kurz am Beispiel der Gemeinschaftsaufgaben und Investitionshilfen und der Steuerpolitik bzw. -verteilung nachzeichnen.

Wir haben darauf hingewiesen, daß die Gesetzgebungskompetenz für die wichtigsten Steuern beim Bund liegt, bei der Gesetzgebung und Aufteilung der Steuereinnahmen ist der Bund aber gleichfalls mit den Ländern verwoben. Die meisten Steuern werden Bund und Ländern nach dem sog. Trennsystem separat

186

zugewiesen, aber dabei handelt es sich nicht um die interessanten einträglichen Steuern. Diese werden nämlich über den Großen Steuerverbund auf Bund, Länder und Gemeinden verteilt. Bis 1969 erhielten die Länder ungefähr zwei Drittel der Einkommen- und Körperschaftssteuer. Die Finanzreform reduzierte ihren Anteil hieran auf 50% und entschädigte die Länder durch eine Beteiligung an der Gewerbesteuerumlage und der Umsatzsteuer. Die konfliktträchtige Festlegung der Umsatzsteuer erfolgt über ein Bundesgesetz, das der Zustimmung des Bundesrates bedarf. Die verbleibenden Differenzen hinsichtlich der Finanzausstattung der einzelnen Bundesländer bleiben aber nach der Verteilung immer noch groß – hier tritt ganz deutlich das zentrale Problem der Asymmetrie im Bundesstaat zutage. Der vertikale Finanzausgleich ermöglicht eine Auffüllung der Steuereinnahmen der Länder auf mindestens 92% des Länderdurchschnitts. Hinzu kommen die Ergänzungszuweisungen des Bundes an wirtschaftlich schwächere Länder sowie in jüngster Zeit die Finanzhilfen des Bundes zum Ausgleich unterschiedlicher Wirtschaftskraft in den Ländern, die kritische Beobachtern als eine Art verfassungswidrigen „Nebenfinanzausgleich" betrachten.

Das Steueraufkommen von Bund und Ländern ist durch die 1969 vorgenommene Neuregelung weitgehend vergemeinschaftet worden. Diese Einnahmeverteilung hat zu einer Stabilisierung der Haushalte beigetragen, wovon insbesondere die Gemeinden profitierten, die durch den Zufluß von Anteilen an der Einkommensteuer nicht mehr nur auf die Gewerbesteuer fixiert waren. Die Zunahme der sog. Mischfinanzierungen führte jedoch zu einer immer stärkeren Abhängigkeit der Länder vom Bund (vgl. ABROMEIT 1992: 48ff.). So hat der Bund in den Jahren nach der Finanzreform seine durch Art. 104a Abs.4 GG erlaubten Mitfinanzierungen von Länderaufgaben ausgedehnt, wovon etwa die Bereiche des Gemeindeverkehrs, der Stadtentwicklung, der Krankenhäuser, des Wohnungsbaus und die Wohnraummodernisierung erfaßt wurden. Wenn man noch die Geldleistungen aufgrund der Gemeinschaftsaufgaben aus Art. 91a/b GG hinzurechnet, erreicht man jährliche Beträge, die durchschnittlich 10% und mehr des Haushaltes der Länder ausmachen und sich in einem Jahrzehnt (1970-1980) fast verdreifacht haben. Zusammengerechnet dürfte der Bund den Ländern zwischen 1970 und 1981 ca. 300 Mrd. DM zugewandt haben. Weil die Länder bei der Erfüllung ihrer Aufgaben immer stärker von Zuwendungen des Bundes sowie dessen Finanz- bzw. Steuergesetzgebung abhängig wurden, kam es in den 70er und 80er Jahren immer wieder zu Streitigkeiten, die teilweise vor dem BVerfG geklärt werden mußten. Immer dringender wurde der Wunsch der Länder nach einer Neuverteilung der Finanzen vorgebracht.

So ging es etwa um die Frage, ob Sonderlasten und Sondererträge wie der niedersächsische Ölförderzins im Finanzausgleichsverfahren angerechnet werden müßten bzw. darum, ob nicht der Bund einen Anteil der durch die hohe Dauerarbeitslosigkeit enorm gestiegenen Sozialhilfekosten mittragen sollte (vgl. BVerfGE 72, 330).

Mischfinanzierung: Immer stärkere Abhängigkeit der Länder vom Bund

3.2.3 Horizontaler Finanzausgleich

Von besonderer Bedeutung für die Finanzverfassung ist aber nicht nur der vertikale Finanzausgleich. Er allein stellt noch nicht sicher, daß die Länder eine gleichmäßige Steuerausstattung erhalten, womit der Grundsatz der Wahrung der

Einheitlichkeit der Lebensverhältnisse verletzt sein würde. Der hier ansetzende horizontale Finanzausgleich zwischen den Ländern intendiert, daß jedes Land, trotz wirtschaftlicher Unterschiede, seinen Bürgern annähernd die gleichen Leistungen bieten kann. Lag das Volumen des horizontalen Finanzausgleichs in der Bundesrepublik anfangs bei 200 Mio. DM, so stieg er bis Mitte der 80er Jahre auf fast 3 Mrd. DM. Seit 1967 zahlt der Bund sog. Ergänzungszuweisungen, die zunächst $^1/_{10}$ des Finanzausgleichsvolumens entsprachen. Mitte der 80er Jahren beliefen sie sich bereits auf über 1,5 Mrd. DM, also mehr als die Hälfte des Volumens der Finanzausgleichszahlungen zwischen den Ländern. Ganz offensichtlich differiert die Finanzkraft der einzelnen Bundesländer infolge der unterschiedlichen Wirtschaftsstrukturen ganz erheblich. Dies korrespondiert mit dem Finanzbedarf, der in Ballungsräumen und ländlichen Gebieten verschieden groß ist.

Verfahren

Im Prinzip handelt es sich hier um einen vertikalen Finanzausgleich mit horizontalem Effekt: Die Ausgleichsmasse wird dem Länderanteil an der Umsatzsteuer entnommen, wobei 75% des Länderanteils nach der Einwohnerzahl verteilt werden und 25% die eigentliche Ausgleichsmasse bilden. Zunächst muß hier eine sog. Ausgleichsmeßzahl ermittelt werden, die den Finanzbedarf eines jeden Landes ausdrückt. Sie ergibt sich aus einer einigermaßen komplizierten Formel, nach der die Zahl der Landeseinwohner, multipliziert mit den bundesdurchschnittlichen Landessteuereinnahmen je Einwohner zuzüglich der nach Gemeindegrößeklassen gewichteten Summe der Gemeindeeinwohner, multipliziert wird mit den bundesdurchschnittlichen Gemeindesteuereinnahmen je Einwohner. Dieser Ausgleichsmeßzahl wird die Steuerkraftmeßzahl als Maßstab der Finanzkraft gegenüber gestellt. Diese Steuerkraftmeßzahl ergibt sich aus der Summe der Steuereinnahmen der Gemeinden. Das Verhältnis zwischen Ausgleichsmeßzahl und Steuerkraftmeßzahl ergibt seine Deckungsrelation. Im Länderfinanzausgleichsgesetz wird dann festgesetzt, in welchem Maße Abweichungen von einem bestimmten Mittelwert ausgeglichen werden sollen. Hier stehen sich dann die Gruppen der Nehmer- und Geberländer gegenüber.

Das Ergebnis dieser komplizierten Verfahren ist eine Anhebung der finanzschwachen Länder durch Ausgleichszahlungen auf etwa 95% dessen, was im Bundesdurchschnitt pro Einwohner an Steuereinnahmen erzielt wird.

Ergänzt wird dieser Finanzausgleich zwischen den Ländern durch die bereits erwähnten Bundesergänzungszuweisungen. Durch die deutsche Einheit wurde das komplizierte Gefüge gerade des horizontalen Finanzausgleichs vollkommen aus dem ohnehin „wackligen" Gleichgewicht gehoben, eine Neuregelung ist deshalb durch den Einheitsvertrag zwingend vorgeschrieben (PATZIG 1991) worden. Favorisiert wurden vor allem eigene Steuerhebungsrechte der Länder sowie generell eine Verbesserung der Finanzautonomie der Länder, denn augenscheinlich ist die folgende Feststellung mehr als zutreffend:

Asymmetrie im deutschen Bundesstaat

„Offenbar zwingt jene Leitvorstellung der Verfassung, daß die Lebensverhältnisse im ganzen Bundesgebiet ,einheitlich' sein müßten, dazu, mit einer Fülle von Maßnahmen divergierende Entwicklungen in allen möglichen Bereichen auszutarieren. Bis zu welchem Grade das geschehen kann, ohne die Selbständigkeit der einzelnen Länder zu berühren, erscheint fraglich. Sicherlich läßt sich die erfolgreiche, auch finanziell zu Buche schlagende Politik eines Landes nicht einfach dadurch durchkreuzen, daß man die von ihm erzielten Überschüsse einfach auf andere, weniger erfolgreiche Länder verteilt. Das Finanzsystem der Bundesrepublik ist jedoch so angelegt, daß Nivellierungstendenzen deutlich Vorschub geleistet wird. Das beginnt mit der einheitlichen Finanzgesetzgebung für die Länder durch den Bund, erreicht seinen Höhe-

188

Tabelle 11: Zuweisungen im Länderfinanzausgleich – Nehmer-Länder –
in Mio. DM

Jahr	NRW	Bayern	Nieder-sachsen	Rhein-land-Pfalz	Schles-wig-Hol-stein	Saarland	Bremen
1950	–	37,6	81,2	50,7	105,3	–	–
1951	–	14,2	26,8	29,2	102,7	–	–
1952	–	15,9	56,1	33,1	116,3	–	–
1953	–	27,3	60,1	19,2	139,6	–	–
1954	–	40,7	72,7	18,1	135,0	–	–
1955	–	102,2	127,7	91,2	220,4	–	–
1956	–	109,7	180,8	119,7	257,1	–	–
1957	–	139,0	208,0	173,1	273,2	–	–
1958	–	220,3	266,8	224,6	242,9	–	–
1959	–	233,1	258,0	280,0	254,5	–	–
1960	–	185,0	259,6	256,7	213,3	–	–
1961	–	219,3	466,6	332,8	305,2	127,9	–
1962	–	228,9	491,4	347,7	355,9	144,4	–
1963	–	194,1	398,5	355,0	335,8	162,0	–
1964	–	232,6	430,7	325,5	356,2	176,7	–
1965	–	188,8	509,9	323,1	349,7	208,5	12,0
1966	–	140,6	501,0	351,1	382,2	220,1	9,0
1967	–	122,1	678,0	335,6	371,4	231,8	–
1968	–	100,7	612,4	362,5	392,7	257,1	–
1969	–	232,9	888,2	489,1	520,2	303,0	–
1970	–	148,2	407,3	228,4	199,1	142,8	89,5
1971	–	198,9	450,5	238,7	207,9	143,0	50,3
1972	–	178,3	610,7	291,5	246,9	155,6	72,6
1973	–	167,0	679,4	247,7	276,7	184,6	70,5
1974	–	346,4	742,8	298,6	272,7	194,8	54,8
1975	–	368,5	717,6	294,3	239,4	178,9	45,4
1976	–	332,1	768,3	340,7	269,3	195,6	51,5
1977	–	399,3	929,1	286,6	321,8	210,9	144,7
1978	–	299,0	885,7	355,5	354,4	216,0	154,8
1979	–	327,9	1.002,2	291,1	401,6	228,0	235,0
1980	–	402,6	753,5	246,7	323,0	287,3	178,2
1981	–	268,3	1.007,0	302,9	423,0	260,8	160,7
1982	–	162,2	1.128,6	278,3	428,1	262,7	239,2
1983	–	134,5	704,2	255,5	486,1	304,6	261,3
1984	–	41,3	835,8	284,1	524,6	333,0	311,5
1985	90,7	27,5	826,8	374,3	564,1	359,2	332,7
1986	–	48,8	854,5	378,9	614,4	381,7	445,7
1987	165,9	–	1.115,5	477,9	598,9	337,1	503,8
1988	28,4	–	1.577,8	311,9	595,8	333,4	512,7
1989	–	–	1.673,8	303,6	578,7	328,8	630,3
1990a)	–	–	1.937,2	493,3	606,5	370,2	641,1

a) aktualisierte Zahlen

Nach: Finanzministerium des Landes Nordrhein-Westfalen Heft 35, 1987 sowie LAUFER
1991: 320

Tabelle 12: Beiträge im Länderfinanzausgleich – Geber-Länder – in Mio. DM

Jahr	NRW	Baden-Württem-berg	Hessen	Hamburg	Bremen	Bayern
1950	133,6	73,0	30,0	36,5	4,5	–
1951	81,8	33,0	18,7	36,2	4,6	–
1952	135,2	45,4	–	40,2	–	–
1953	145,6	78,2	–	22,4	–	–
1954	151,4	79,9	–	33,6	0,9	–
1955	271,5	116,2	9,4	131,9	12,6	–
1956	331,1	140,8	–	159,5	35,8	–
1957	354,9	174,1	46,3	199,4	18,6	–
1958	486,6	119,7	72,2	265,2	11,0	–
1959	500,0	149,7	56,0	318,5	1,4	–
1960	517,9	107,8	67,9	221,1	–	–
1961	752,5	191,1	155,3	333,0	–	–
1962	722,9	275,7	191,8	376,9	–	–
1963	525,6	301,2	228,5	390,0	–	–
1964	492,8	358,1	311,4	359,5	–	–
1965	539,3	367,3	361,6	322,9	–	–
1966	406,8	434,2	409,8	353,9	–	–
1967	422,9	467,4	421,3	422,8	4,6	–
1968	372,1	431,1	437,6	481,8	2,7	–
1969	486,4	619,2	624,2	690,6	12,9	–
1970	316,6	314,4	290,0	294,0	–	–
1971	368,1	380,4	195,8	345,0	–	–
1972	343,8	592,4	309,6	309,9	–	–
1973	341,2	590,3	363,1	331,2	–	–
1974	572,2	508,4	321,4	508,0	–	–
1975	433,5	660,5	206,1	544,2	–	–
1976	504,6	719,3	192,0	541,5	–	–
1977	357,8	1.057,9	258,4	618,2	–	–
1978	122,2	1.087,4	471,2	584,6	–	–
1979	–	1.135,6	517,7	832,5	–	–
1980	76,3	1.504,1	297,7	313,2	–	–
1981	–	1.638,3	357,7	426,7	–	–
1982	–	1.788.7	279,9	430,9	–	–
1983	–	1.428,5	331,7	386,0	–	–
1984	–	1.461,0	574,8	294,4	–	–
1985	–	1.444,1	724,6	406,7	–	–
1986	–	1.742,8	783,2	198,1	–	–
1987	–	1.912,7	1.228,1	58,2	–	–
1988	–	1920,0	1.439,9	–	–	–
1989	98,9	1.412,6	1.926,5	12,4	–	64,7
1990a)	55,9	2.503,3	1.446,1	7,0	–	36,1

a) aktualisierte Zahlen

Nach: Finanzministerium des Landes Nordrhein-Westfalen Heft 35, 1987, sowie LAUFER 1991: 320

190

punkt bei der ‚Mischfinanzierung' und endet beim horizontalen Finanzausgleich. Eine selbständige Finanzpolitik zu betreiben, ist den Ländern in diesem Rahmen kaum möglich. Sie haben weder genügend Spielraum zur Bestimmung ihrer Einnahmen, noch sind sie – angesichts der starken, vor allem (bundes-)gesetzlichen Fixierung ihrer Ausgaben – in der Lage, sich durch Umschichtungen Luft für wirklich eigenständige Politik zu verschaffen" (BOLDT 1989: 97).

Hier sollte aber nicht außer Acht gelassen werden, daß die Asymmetrie im deutschen Bundesstaat eine wesentliche Rolle spielt: Es existieren mittlerweile 16 durch Größe und Wirtschaftskraft denkbar unterschiedliche Bundesländer. Stadtstaaten wie Bremen und Hamburg, Flächenländer wie Bayern und Nordrhein-Westfalen, kleine und wirtschaftsschwache Länder im Osten Deutschlands – diese Schieflage überfordert den Finanzausgleich und könnte auch nicht durch eine Umverteilung der Steuergesetzgebung kompensiert werden, weil auch hier sich die gegebenen Unterschiede potenziert in den Einnahmen der Länder spiegeln würden (vgl. hierzu eingehend den Bericht Teil 2 der LT-KOMMISSION NRW 1990: 14ff.). Vorschläge, diesem Defizit durch eine Neugliederung der deutschen Bundesländer zu begegnen, sind immer wieder vorgebracht worden, allerdings auch immer wieder gescheitert.

Der Streit um den Länderfinanzausgleich steht im übrigen seit jeher im Zentrum des Interesses der Landesregierungen. Seit den 70er und 80er Jahren konnte offensichtlich ein angemessener Ausgleich im Sinne des Art. 107 GG nicht mehr mit dem gegebenen Instrumentarium gewährleistet werden. Zu verzeichnen war ein Auseinanderdriften von Bundesländern hinsichtlich ihrer Wirtschafts- und Steuerkraft, das v.a. auf die unterschiedlichen regionalen Wirtschaftsstrukturen mit alten krisenanfälligen Industrien auf der einen Seite und prosperierenden Wirtschaftszweigen auf der anderen Seite zurückzuführen ist (Stichwort: Nord-Süd-Gefälle). Nordrhein-Westfalen, das zunächst ein traditionell ausgleichspflichtiges Land war, wechselte Ende der 70er Jahre in die „tote Zone" und zählte seit Mitte der 80er Jahre zu den ausgleichsberechtigten Ländern, während Baden-Württemberg und Hessen den Löwenanteil des Ausgleichs zu tragen hatten. Aufgrund eines Urteils des Bundesverfassungsgerichts wurde der Bundesgesetzgeber nunmehr verpflichtet, bei der Steuerkraftberechnung der Länder auch Förderabgaben auf Erdöl und Erdgas (Niedersachsen) sowie andere bislang nicht berücksichtigte Steuerarten in den Finanzausgleich einzubeziehen und die Bundesergänzungszuweisungen anders zu verteilen. (vgl. BVerfGE 72, 330). Auf der Basis dieses Urteils kam es zum 8. Gesetz zur Änderung des Gesetzes über den Finanzausgleich zwischen Bund und Ländern vom 18.12.1987.

Aber der Streit kam nicht zur Ruhe und im April 1988 brachten die norddeutschen Länder ein Gesetz zur Änderung des Bundessozialhilfegesetzes und des Gesetzes über den Finanzausgleich im Bundesrat ein, um damit die Hälfte der Sozialhilfeaufwendungen der Länder und Gemeinden auf den Bund abzuwälzen; als Gegenleistung wollten diese Länder auf 4% ihres Umsatzsteueranteils verzichten. Der Antrag passierte den Bundesrat gegen die Stimmen der süddeutschen Länder, stieß aber auf erbitterte Gegenwehr bei der Bundesregierung und der CDU/CSU-Fraktion des Bundestages. Hier kam es dann zu einem Aufbrechen der Parteisolidarität, als der damalige niedersächsische Ministerpräsident ALBRECHT (CDU) seinen Parteifreunden in Bonn drohte, zusammen mit den SPD-regierten Bundesländern die von der Bundesregierung geplante Steuerreform im Bundesrat zu kippen. Um diese Blockade zu umschiffen, einigte man

191

sich im Juli 1988 auf den sog. Strukturfonds, der in den folgenden 10 Jahren jährlich 2,4 Mrd. DM für die Länder vorsah, die aufgrund ihrer Haushaltsprobleme Schwächen ihrer Wirtschaftsstruktur sowie die Arbeitslosigkeit nicht überwinden konnten. Das hierzu erlassene Gesetz zum Ausgleich unterschiedlicher Wirtschaftskraft in den Ländern wurde im Dezember 1988 vom Bundestag angenommen; die einzig Benachteiligten hierbei waren die „Champions" des Länderfinanzausgleichs – Baden-Württemberg und Hessen.

Diese Beispiele zeigen, daß es in Fragen des Geldes letztendlich nicht nur um parteipolitische Differenzen und parteipolitische Solidarität über die Ländergrenzen geht, sondern um „Cash". Hatte sich die Finanzverfassung bereits in der „alten" Bundesrepublik als extrem umstritten und konfliktanfällig erwiesen, mußte die deutsche Einheit, mit der fünf weitere Bundesländer die Verteilungskonflikte verschärften, das hergebrachte System der Finanzverfassung endgültig sprengen – mit der Folge eines weiteren Zentralisierungsschubs:

„Denn wenn – wie zu erwarten – die Rekonstruktion des alten horizontalen Länderfinanzausgleichs scheitert, wird mit erheblicher Wahrscheinlichkeit der Bundesstaat auch institutionell in ein reiches und ein armes Segment gespalten bleiben, wobei im ersten der horizontale Finanzausgleich weiterhin die Länderautonomie schlecht und recht absichert, während im zweiten die vom Bund alimentierten Länder entsprechend auch am ‚goldenen Zügel' geführt werden (...). Daraus wird sich wahrscheinlich eine Gleichgewichtsverlagerung zugunsten des Zentralstaats ergeben, bei der per saldo das föderative Gleichgewicht und mittelbar auch die alten Länder die Verlierer sein werden" (LEHMBRUCH 1991: 599).

Inwieweit diese Prognose zutraf, soll an dieser Stelle aber noch nicht erörtert werden, da wir uns mit den einheitsbedingten Reformen im deutschen Bundesstaat in einem gesonderten Kapitel weiter unten beschäftigen werde. Dabei wird die Finanzverfassung als ein typisches Beispiel föderativer Problembewältigung im deutschen Bundesstaat thematisiert werden.

3.2.4 Gemeinschaftsaufgaben nach Art. 91 a/b GG

Wenden wir uns nun noch kurz einem weiteren Problembereich zu, den Gemeinschaftsaufgaben und Finanzhilfen des Bundes. Mit der Großen Finanzreform wurde dem deutschen Föderalismus ein ganz neuartiges Instrument der Politikverflechtung hinzugefügt: die Gemeinschaftsaufgaben nach Art. 91a/b GG. Dem neu in das Grundgesetz aufgenommenen Art. 91a zufolge wirkt der Bund an folgenden Aufgaben mit:

– Ausbau und Neubau von Hochschulen einschließlich Hochschulkliniken
– Verbesserung der regionalen Wirtschaftsstruktur
– Verbesserung der Agrarstruktur und des Küstenschutzes.

Starke Stellung der Bundesexekutive

Diese Mitwirkung des Bundes erfolgt, „wenn diese Aufgaben für die Gesamtheit bedeutsam sind und die Mitwirkung des Bundes zur Verbesserung der Lebensverhältnisse erforderlich ist" (Art. 91a Abs.1 GG). Der Bund soll dabei die Hälfte und bei der Verbesserung der Agrarstruktur mindestens die Hälfte der Kosten der Gemeinschaftsaufgaben tragen. Diese Gemeinschaftsaufgaben werden jeweils durch Bundesgesetze geregelt, die die Zustimmung des Bundesrates und somit die Mitwirkung der Länder erfordern. Für die einzelnen Gemeinschaftsaufgaben bestehen sog. Planungsausschüsse, in denen der für das Sachgebiet zuständige Bundesminister den Vorsitz führt. Mitglieder sind desweiteren der Bundesfinanzminister und die jeweiligen Fachminister der Länder. Bis zum Hinzukommen der „neuen" ostdeutschen Bundesländer im Zuge der deutschen Einheit hatte jedes Land eine Stimme, der Bund elf Stimmen, die einheitlich abzugeben waren bzw. sind. Beschlüsse finanzieller Art sind nur mit 3/4-Mehrheit möglich, so daß de facto nie gegen den Bund entschieden werden kann. Für die Förderung eines Projekts ist allerdings die Zustimmung des jeweiligen Sitzlandes obligatorisch; andererseits muß das einzelne Land nicht nur die Mitsprache des Bundes, sondern auch der anderen Länder hinnehmen.

Der Planungsausschuß leitet den von ihm beschlossenen Rahmenplan der Bundesregierung und den Landesregierungen zu. Diese sind wiederum verpflichtet, die für die Durchführung des Plans notwendigen Ansätze in ihre jährlichen Haushaltsplanentwürfe aufzunehmen, wobei es den Parlamenten grundsätzlich freisteht, die erforderlichen Haushaltsmittel zu genehmigen, teilweise zu genehmigen oder ganz zu versagen (zum Procedere vgl. besonders MARNITZ 1974: 88ff.). Voraussetzung für ein reibungsloses Funktionieren der gemeinsamen Finanzierung von Gemeinschaftsaufgaben ist allerdings eine angemessene Finanzausstattung aller am Planungsverfahren Beteiligten. In dem Augenblick, wo es an der entsprechenden Finanzkraft eines Partners fehlt, entstehen Abhängigkeiten, die das für das Planungsverfahren angestrebte Gleichgewicht zerstören, wobei aber nicht verkannt werden sollte, daß schon das Planungsverfahren durch die starke Stellung der Bundesexekutive einen zentralistischen Zug erhält (REUTER 1983: 60).

Die große Bedeutung der Gemeinschaftsaufgaben zeigt sich auch aktuell an dem hier aufgebrachten Finanzvolumen. Der Bund hat für den Finanzplan 1994-1998 bei der Gemeinschaftsaufgabe „Ausbau und Neubau von Hochschulen einschließlich Hochschulkliniken" in den 24. Rahmenplan einen Betrag von ca. 9 Mrd. DM vorgesehen, wobei seit Einbeziehung der neuen Bundesländer in die Gemeinschaftsaufgabe bereits 750 Mio. DM nach Ostdeutschland geflossen sind und die Ausgaben auch weiterhin schwerpunktmäßig dort konzentriert sein werden.

In der Gemeinschaftsaufgabe Verbesserung der regionalen Wirtschaftsstruktur standen 1994 7,1 Mrd. DM für die neuen Länder sowie 700 Mio. DM für die strukturschwachen westdeutschen Regionen zur Verfügung, die ergänzt werden durch befristete Sonderprogramme in Höhe von 112 Mio. DM für Regionen mit sektoralen Anpassungsproblemen.

Die Verbesserung der Agrarstruktur und des Küstenschutzes schlug 1994 mit ca. 4,699 Mrd. DM zu Buche, wobei der Bund bei der Agrarstrukturverbesserung einen Anteil von 60% (Länder 40%) und beim Küstenschutz bzw. bei Maßnahmen zur Anpassung an die Marktentwicklung durch den Sonderrahmenplan insgesamt 2,892 Mrd. DM beisteuert. Für 1995 beträgt der vorgesehene Bundesanteil 2,740 Mrd. DM.

Mit Art. 91 b GG wurde durch die Verfassungsreform 1969 ein spezifischer Schwerpunkt im Bereich der Forschung gesetzt. Auf der Grundlage dieses Artikels können Gemeinschaftsaufgaben zur Förderung von Einrichtungen und Vorhaben der wissenschaftlichen Forschung von überregionaler Bedeutung eingerichtet werden (Rahmenvereinbarung Forschungsförderung 1975). Hierzu können etwa die Förderung von Modellversuchen im Bildungswesen gehören, aber auch die Förderung der Deutschen Forschungsgemeinschaft (DFG), des Kernforschungszentrums Heidelberg, der Max-Planck-Gesellschaft, der Fraunhofer-Gesellschaft und der Deutschen Forschungs- und Versuchsanstalt für Luft- und Raumfahrt. Die Durchführung obliegt hierbei der Bund-Länder-Kommission für Bildungsplanung und Forschungsförderung.

Die fünf neuen Länder sind dem Verwaltungsabkommen über die Errichtung der gemeinsamen Kommission für Bildungsplanung vom 25.6.1970 mit Wirkung vom 1.1.1991 beigetreten, wobei auch hier die nach wie vor große Bedeutung der Gemeinschaftsaufgaben durch das finanzielle Volumen der entsprechenden Programme illustriert wird.

Im Rahmen des durch eine Verwaltungsvereinbarung am 10.3.1989 beschlossenen ersten Hochschulsonderprogramms stellen Bund und Länder für die gemeinsame Förderung der Hochschulforschung von 1989 bis 1995 jährlich ca. 150 Mio. DM zur Verfügung; ergänzt wurde dieses Programm durch das am 2.10.1990 verabschiedete zweite Hochschulsonderprogramm, wonach Bund und Länder in einem Zeitraum von 10 Jahren ab 1991 insgesamt 4 Mrd. DM zur Verfügung stellen, woran der Bundesanteil ca. 2,4 Mrd. DM beträgt.

Für die Neuordnung der Wissenschaften in den neuen Bundesländern wurde am 11.7.1991 das Hochschulerneuerungsprogramm beschlossen, das bei einem Volumen von 2,427 Mrd. DM bis 1996 läuft und einen Bundesanteil von 1,82 Mrd. DM aufweist.

3.2.5   *Investitionshilfekompetenz des Bundes*

Die Investitionshilfekompetenz des Bundes aus Art. 104a Abs.4 GG ist ein weiterer, durch die Verfassungsreform von 1969 eröffneter Weg, die Länder aus konjunktur- oder strukturpolitischen Gründen mit Finanzhilfen zu unterstützen und somit Einfluß auf sie zu gewinnen. Die Finanzhilfen des Bundes sollen besonders wichtige Investitionen der Länder und Gemeinden fördern, sofern diese mindestens einem der in Art. 104a GG genannten Ziele dienen, nämlich erstens der Abwehr einer Störung des gesamtwirtschaftlichen Gleichgewichts, zweitens dem Ausgleich unterschiedlicher Wirtschaftskraft im Bundesgebiet und drittens der Förderung des wirtschaftlichen Wachstums. Die Befugnis des Bundes beschränkt sich hier im wesentlichen auf seine Finanzierungsfunktion. Aber auch diese sollte man nicht unterschätzen, zumal seine Beschränkung hierauf erst durch die Rechtsprechung des Bundesverfassungsgerichts erzielt wurde. Bundesfinanzhilfen nach Art. 104a Abs.4 GG wurden nach 1969 vorgesehen im Krankenhausfinanzierungsgesetz vom 29. Juni 1973 (BGBl. I: 1009), im Städtebauförderungsgesetz von 1971, im Modernisierungs- und Energieeinsparungsgesetz vom 12. Juli 1978 (BGBl. I: 993) sowie im Gesetz über Finanzhilfen des Bundes zur Förderung des Baus von Erdgasleitungen vom 29. Januar 1980 (BGBl. I: 109). Diese Gesetze wurden durch entsprechende Verwaltungsvereinbarungen konkretisiert.

Investitionshilfen des Bundes: Beispiel Städtebauförderung

Ein schönes Beispiel bietet der Bereich der Städtebauförderung, zumal hier alle bundesstaatlichen Ebenen, Bund, Länder und Gemeinden, einbezogen sind. Schon in den 50er Jahren gab es aufgrund der umfangreichen Aufgaben der Stadtentwicklungspolitik im Bereich des Wiederaufbaus und der Wohnungsversorgung das Verlangen nach einer bundeseinheitlichen Regelung. Als immer dringender wurden städtebauliche Sanierungen empfunden, die jedoch die Investitionshaushalte der meisten Kommunen überfordert hätten. Gerade struktur-

194

und finanzschwache Länder waren hier potentiell benachteiligt – nicht zuletzt ein Resultat der Finanzverfassung. Deshalb wurde immer häufiger eine gesamtstaatliche Verantwortung für Städtebau und Stadtentwicklung gefordert – Städtebaupolitik sollte zum Bestandteil einer umfassenden Raumordnungs-, Struktur- und Wirtschaftspolitik des Bundes werden (vgl. LHOTTA 1989).

Interessanterweise kristallisierte sich anfangs der 60er Jahre auf diesem Problemgebiet eine Allianz von Bund und Kommunen gegen die Bundesländer heraus. Forderungen der Kommunen nach einem das Bundesbaugesetz ergänzenden Sanierungsrecht und einer hiermit verbundenen staatlichen Kostenbeteiligung wurden 1962 und 1963 in Entwürfen des Bundesministeriums für Wohnungswesen, Städtebau und Raumordnung sowie 1965 in einem Regierungsentwurf für ein „Städtebaufinanzierungsgesetz" aufgegriffen, stießen aber auf die Ablehnung der Bundesländer. Strittig war dabei vor allem die Finanzverantwortung von Bund und Ländern. Diese wurde durch die Neuregelung der Finanzverfassung, insbesondere durch die Einführung des Art. 104a Abs.4 in das GG geklärt. 1971 wurde das Städtebauförderungsgesetz als örtlich und zeitlich begrenztes Sonderrecht neben das Baugesetzbuch gestellt. Wolfgang ZEH hat dieses Gesetz zutreffend als besonders „durch ein über das Finanzierungssystem vermitteltes inhaltliches Einwirkungsbemühen des Bundes" charakterisiert (ZEH 1984: 86). Das StBauFG sah die Vorbereitung, Förderung und Durchführung von städtebaulichen Entwicklungs- und Sanierungsmaßnahmen unter Beteiligung von Bund, Ländern und Gemeinden vor. Der Bund konnte hierbei auf der Grundlage von Art. 104a Abs.4 GG und §§ 71/72 StBauFG Finanzhilfen „nach räumlichen oder sachlichen Schwerpunkten gemäß der Bedeutung der Investitionen für die wirtschaftliche und städtebauliche Entwicklung im Bundesgebiet" gewähren. Der Einsatz der Finanzhilfen des Bundes war durch Bundesprogramme festzulegen, die für die Steuerungsabsichten des Bundes das entscheidende Instrument bilden sollten, jedoch in den Gesetzgebungsberatungen bereits umstritten waren.

Die Frage, ob die Aufstellung des Bundesprogramms im Einvernehmen mit den Ländern und auf der Grundlage von Landesprogrammen zu erfolgen habe, führte trotz einer entsprechenden Erklärung des Bundes zu verfassungsrechtlichen Bedenken, die sich an seinem Anspruch entzündeten, einzelne Maßnahmen und Projekte nicht in das Bundesprogramm zu übernehmen. Das hierauf von Bayern angerufene Bundesverfassungsgericht bestätigte einerseits den bisherigen Weg der Programmaufstellung als verfassungskonform, versuchte aber gleichzeitig, den Steuerungsgelüsten des Bundes Schranken zu setzen: So sei die in Art. 104a Abs.4 S.1 GG angelegte Befugnis des Bundes „kein Instrument direkter oder indirekter Investitionssteuerung zur Durchsetzung allgemeiner wirtschafts-, währungs-, raumordnungs- oder strukturpolitischer Ziele des Bundes in den Ländern", desweiteren seien „Bedingungen" und „Dotationsauflagen finanzieller oder sachlicher Art seitens des Bundes bei dem Einsatz der Finanzhilfen, die unmittelbar oder mittelbar darauf abzielen, die Planungs- und Gestaltungsfreiheit der Länder außerhalb der Grenzen des Art. 104a Abs. 4 Satz 1 GG und ohne Grundlage im Gesetz nach Art. 104a Abs. 4 Satz 2 an bundespolitische Interessen und Absichten zu binden", nicht zulässig (BVerfGE 39, 96). Die Steuerungsintensität des Bundes wurde damit zwar reduziert. Man darf aber nicht außer Acht lassen, daß die Finanzhilfen des Bundes einen erheblichen Anstoß für

Einwirkung des Bundes über Finanzierungssystem

Streit über Aufstellung der Bundesprogramme

städtebauliche Aktivitäten in den Ländern gegeben haben. Dies galt besonders dort, wo aufgrund einer schwachen Finanzausstattung nur kleine oder gar keine landeseigenen Programme zum Städtebau existierten – zumal der Verteilungsschlüssel der Bundesprogramme sich nach dem Bevölkerungsanteil der Bundesländer und nicht nach deren Finanzkraft berechnete.

"Angebotsdiktatur" des Bundes

Knappe Mittel, gerade auf Länderseite, machen es außerordentlich attraktiv, den eigenen Politikbereich in die Politikverflechtung einzubringen, weil dies die Möglichkeiten der Programmdurchsetzung wesentlich erleichtern kann. Hier ist die Städtebauförderung nochmals ein gutes Beispiel: Mit Ausnahme Nordrhein-Westfalens hatte es bis 1971 in der Bundesrepublik keine Landesprogramme zur Stadtentwicklung gegeben. Sobald aber die Beteiligung des Bundes gesichert war, gaben auch andere Länder und Gemeinden erhebliche Mittel für die Stadtentwicklung aus und bauten auf diesen Politikbereich spezialisierte bürokratische Einheiten auf. Andererseits führte dies dazu, daß die Länder, einmal in die Politikverflechtung "eingeklinkt", einem faktischen Zwang zur Bereitstellung von eigenen Mitteln ausgesetzt sind. Aufgrund dieser "Angebotsdiktatur" des Bundes kommt es dazu, daß große Finanzmassen in den Länderhaushalten von vornherein nicht disponibel sind. Weil man Mittel des Bundes aber nicht verfallen lassen will, sind die Landesparlamente letztendlich gezwungen, die Haushaltsansätze für die Rahmenpläne stets "abzusegnen". Dies wiederum entlastet die Regierungsseite davon, in den jährlichen Haushaltsverhandlungen ihre Mittelanforderungen jedesmal neu zu begründen und durchzusetzen (vgl. SCHARPF/REISSERT/SCHNABEL 1976: 236ff.).

Auch im Bereich der Investitionshilfen hat die deutsche Vereinigung einen signifikanten Finanzierungsschub für die ostdeutschen Bundesländer nach sich gezogen. Insbesondere das Investitionsförderungsgesetz mit der dazu gehörigen Verwaltungsvereinbarung vom 9.6.1994 soll den infrastrukturellen Nachholbedarf der neuen Länder ausgleichen. Ab 1995 gewährt der Bund zweckgebundene Mittel in Höhe von 6,6 Mrd. DM jährlich. Die Finanzhilfen für Stadtsanierung und -entwicklung erreichten von 1991-1994 eine Höhe von ca. 4 Mrd. DM, von denen 3,2 Mrd. DM auf die neuen Länder entfielen. Der jährliche Verpflichtungsrahmen von 1995 bis 1998 soll 700 Mio DM betragen, von denen wiederum allein 620 Mio. DM an die neuen Länder gehen. Der soziale Wohnungsbau wurde von 1991 bis 1994 mit einem Verpflichtungsrahmen von insgesamt 14 Mrd. DM unterstützt, von dem 4,3 Mrd. auf die neuen Bundesländer entfielen. Für 1995 bis 1998 sind jährliche Verpflichtungsrahmen von 2.760 Mio. DM avisiert, an denen die neuen Länder einen konstanten Anteil von ca. 1 Mrd. DM erhalten sollen.

3.2.6 Finanzverfassung und „kooperativer" Bundesstaat seit 1969

Die verfassungsrechtliche Fixierung von Gemeinschaftsaufgaben und Finanzhilfen legalisierte genaugenommen nur die bis dahin vom Grundgesetz nicht gedeckte, aber bereits seit den 50er Jahren praktizierte Mitfinanzierung von Länderaufgaben durch den Bund. Angeleitet von dem damals noch mit positiven Assoziationen verbundenen Begriff des „kooperativen Föderalismus" sollte die unsystematische und unkoordinierte Praxis nunmehr gestrafft und auf gesamtstaatliche Ziele ausgerichtet werden. Die Ungleichgewichte in der Finanzausstattung

196

der Gebietskörperschaften sollten ausgeglichen werden. Daneben erhoffte sich der Bund mittels dieser Instrumente einen gesteigerten Steuerungs- und Koordinationseinfluß. Diese ehrgeizigen Ziele konnten in der Folgezeit, wie sich zeigen sollte, nicht eingelöst werden. Zunächst schien es aber so, als wären die neu eingerichteten Kooperationsinstrumente ein durchschlagender Erfolg: Die anhaltende Rechtsunsicherheit wurde für das Feld der Mischfinanzierungen beseitigt. Desgleichen konnte nun der Bund nicht mehr wie vor 1969 einzelne Länder begünstigend „herauspicken" und die Länder gegeneinander ausspielen. In den Gemeinschaftsaufgaben muß der Bund nunmehr mit allen Ländern zusammen verhandeln und entscheiden. Was die Steuerungseffizienz anlangt, konnten z.B. im Bereich der regionalen Wirtschaftspolitik Verbesserungen für die schwachen Wirtschaftsregionen der Bundesrepublik erzielt werden. Je länger aber die Gemeinschaftsaufgaben und Finanzierungshilfen existierten, desto mehr wurde die von SCHARPF/REISSERT/SCHNABEL 1976 in der Politikverflechtungs-Theorie geäußerte Kritik aufgenommen. Danach haben die Gemeinschaftsaufgaben und Finanzhilfen die Politikverflechtung über ein ohnehin schon bestehendes Maß hinaus intensiviert, wodurch die Zahl der am Entscheidungsprozeß beteiligten politischen Akteure zunimmt. Damit wächst gleichzeitig die Größe der Interessengegensätze und die Zahl der Entscheidungsalternativen, womit wiederum das Konfliktniveau in den einzelnen Verhandlungsprozessen erheblich erhöht wird.

Hartmut KLATT hat drei Konfliktlagen herausgestellt, die, kombiniert mit der jeweiligen Zahl der Verhandlungspartner, die Schwierigkeit der Einigung und den faktischen Zwang zum Minimalkompromiß deutlich machen. Es treffen aufeinander:

Konfliktlagen

- aus dem bundesstaatlichen System resultierende Interessengegensätze (föderative Konfliktlagen);
- unterschiedliche Fach- bzw. Ressortinteressen (sektorale Konflikte);
- parteipolitische Differenzen (KLATT 1982: 6f.).

Im Prinzip könnte man nun davon ausgehen, daß Konflikte durch Machtstrategien und auf Kosten irgendeines Konfliktgegners geregelt werden könnten, der dann „dran glauben" müßte. Genau hier „klinkt" sich jedoch die von uns bereits thematisierte und durch die Politikverflechtung institutionalisierte Machtverteilung ein: Das institutionelle Arrangement, die politisch-gesellschaftlichen Rahmenbedingungen und der politische Stil der politischen Eliten drängen im Beteiligungsföderalismus auf die konsensuale Einigung. Sobald man sich jedoch hierauf einläßt, drohen Gefahren für die Handlungs- und Entscheidungsfähigkeit. Man muß sich in einem solchem Beteiligungsföderalismus dann nämlich auf Konfliktminimierungsstrategien verlegen, die nach SCHARPF/REISSERT/SCHNABEL (1976) bestehen in

Konsensualismus

- der Gleichbehandlung aller Beteiligten,
- der Besitzstandwahrung,
- der Konfliktvertagung und
- dem Verzicht auf Eingriffe in bestehende Programme und Interessen der Beteiligten.

Damit aber wird die Anpassungsfähigkeit des föderativen Systems an neue Problemlagen, die innovative und schnelle Entscheidungen mit möglichen Verlusten für die Beteiligten erfordern, außerordentlich schwierig, denn alle Beteiligten sind über die etablierte Politikverflechtung in einer „Rationalitäts-Falle" gefangen – dem von uns bereits geschilderten Zustand, „der zwar durch die zweckrationale Verfolgung von Eigeninteressen herbeigeführt wurde, dem sich aber niemand durch einseitige Aktionen entziehen könnte, ohne seine Lage zunächst noch weiter zu verschlechtern" (SCHARPF 1989: 122). Die Politikverflechtung erzeugt auf diese Weise eine „Entscheidungsstruktur, die aus ihrer institutionellen Logik heraus systematisch (...) ineffiziente und problemunangemessene Entscheidungen erzeugt, und die zugleich unfähig ist, die institutionellen Bedingungen ihrer Entscheidungslogik zu verändern – weder in Richtung auf mehr Integration noch in Richtung auf Desintegration" (SCHARPF 1985: 350) SCHARPF/ REISSERT/SCHNABEL (1976) haben genau dies für verschiedene verflechtungsintensive Politikbereiche nachgewiesen, und Forschungen im Gefolge der Politikverflechtungstheorie belegten, daß Konsensfindungsprobleme gerade im Bereich der Gemeinschaftsaufgaben eine systematische Reformpolitik behinderten, die Konfliktminimierungstechniken in „vertikale Ressortkumpaneien" (WAGENER 1977) der beteiligten Fachressorts in Bund und Ländern mutierten und die Haushaltspolitik des Bundes über die Politikverflechtung in einem Maße eingebunden wurde, daß sowohl Bund als auch Länder erhebliche Dispositionsverluste in ihren Etats hinnehmen mußten.

Kontaktprivileg der Exekutiven

Ein wesentliches Defizit wurde vor allem aber auch in der Exekutivlastigkeit der neuen Politikverflechtung gesehen, die die demokratisch-parlamentarische Komponente des Bundesstaats durch ihre konsensorientierte Ressortkumpanei qua „Kontaktprivileg der Exekutiven" auszuhöhlen drohte. Schon seit Ende der 60er Jahre ist eine sich immer stärker artikulierende Kritik laut geworden, die in dem System der Politikverflechtung als Exekutivföderalismus eine Schwächung und Aushöhlung der Kompetenzen und Funktionen der Landesparlamente sieht.

3.3 Funktionswandel und Funktionsverlust der Landesparlamente

Zu den notorisch Leidtragenden der Entwicklung des deutschen Föderalismus gehören nach landläufiger Meinung die Landesparlamente. „Den Landtagen schwimmen die Felle davon", „Schwächung der Landtage durch den kooperativen Föderalismus", „Die Dauerkrise der Landesparlamente" sind nur einige der Überschriften, die konstant seit dem Ende der 60er Jahre von „Machtverlust", „Ohnmacht", „Depossedierung", „Schwächung" und der „Auszehrung" der Landesparlamente, der „Entparlamentarisierung" des deutschen Föderalismus in Richtung auf einen „Regierungenbundesstaat", der Reduktion der Landesparlamente auf die Funktion „staatsnotarieller Ratifikationsämter" und „Legitimationsbeschaffer" für Entscheidungen, über die sie keinen Einfluß haben, Kunde geben.

Machtverlust der Landesparlamente im kooperativen Bundesstaat

Die Diskussion um den sog. „Machtverlust der Landesparlamente" umfaßt eigentlich alle für die Nachkriegsentwicklung des deutschen Föderalismus typischen und wichtigen Symptome. Hier können exemplarisch die Auswirkungen der oben skizzierten Unitarisierungsprozesse qua Zentralisierung und kooperativen Föderalismus nachvollzogen werden, denn gerade die Ausschöpfung der konkurrierenden Gesetzgebungsmöglichkeiten des Bundes, die intensive Rahmengesetzgebung des Bundes, die Kompetenzerweiterung des Bundes durch

198

Grundgesetzänderungen, die extensive Interpretation der Bundeszuständigkeiten durch das Bundesverfassungsgericht sowie die im Rahmen des „Regierungsföderalismus" getroffenen Abmachungen im Bereich der Gemeinschaftsaufgaben, der Gewährung von Finanzhilfen sowie der Aushandlung von Staatsverträgen und Verwaltungsabkommen beschneiden die Landesparlamente erheblich in ihren Gestaltungsmöglichkeiten. Nicht zu vergessen ist auch, daß die Landesparlamente durch die Entwicklung des deutschen Föderalismus Einbußen in ihrer Etathoheit hinnehmen mußten. Zum einen läßt die dominierende Rolle, die der Bund aufgrund Art. 105 GG in der Finanzgesetzgebung spielt, eine landeseigene Steuergesetzgebung praktisch gegenstandslos werden, zum anderen wird durch langfristige gesetzliche und vertragliche Festlegungen die Ausgabenseite des Staatshaushalts der Entscheidung der Landtage weitgehend entzogen.

Daß bestimmte Funktionen der Parlamente im Bundesstaat der Bundesrepublik einer Einschränkung unterlagen, vor allem seitdem eine Entwicklung zum unitarisch-kooperativen Bundesstaat immer deutlicher wurde, ist bereits früh angemerkt worden (LEISNER 1968; LIESEGANG/PLÖGER 1971). Die Tatsache, daß die Länder über den Bundesrat an all diesen Entscheidungen beteiligt waren und somit eine Art Kompensation erhielten, ist für die Landtage nicht stichhaltig. Im Bundesrat sitzen die jeweiligen Landesregierungen. Auch wenn sie ihren Machtanteil über eine ständige Ausweitung der Zustimmungsgesetze vergrößert haben, gehen die Landesparlamente leer aus, da ihnen nach herrschender Meinung kein Recht zusteht, den Landesregierungen für ihr Abstimmungsverhalten im Bundesrat bindende Weisungen zu erteilen. Daß hier die Regierungen zu den Hauptakteuren des deutschen Föderalismus werden, findet seine nahtlose Fortsetzung in der schon früh einsetzenden Koordinations- und Kooperationspraxis im deutschen Bundesstaat, die im wesentlichen von den Regierungen und Exekutiven ausgeht.

Keine Kompensation für Machtverlust

Die Diskussion um den Kompetenz- und Funktionsverlust der Landesparlamente ist nicht zuletzt von solcher Bedeutung, weil sie den strukturellen Gegensatz zwischen Bundesstaat und parlamentarischem System in der Bundesrepublik illustriert. Dieser Gegensatz geht soweit, daß insbesondere von staatsrechtlicher Seite gelegentlich argumentiert wird, die Bestandsgarantie für die Bundesstaatlichkeit aus Art. 79 Abs. 3 GG sei bereits gefährdet. Zu diesem Schluß gelangt man über eine Reflexion zu Standort und Stellenwert der Landesparlamente in der staatlichen Ordnung des GG sowie zum Bundesstaatsprinzip. Danach läßt sich aus der Eigenstaatlichkeit der Länder deren Anspruch auf einen Mindestbestand an eigenen Gesetzgebungsbefugnissen ableiten. Weil diese Gesetzgebung wiederum genuine Aufgabe der Landesparlamente sei, müßten diese auch zum konstitutiven Teil der bundesstaatlichen Ordnung gehören (vgl. exemplarisch EICHER 1988: 46ff.). Mit diesem Argument wird vor allem der Kompetenzverlust der Landesparlamente qua Kompetenzakkumulation beim Bund attackiert.

Mindestbestand an eigenen Gesetzgebungsbefugnissen

Aus dem in Art. 20 GG verankerten Prinzip der Gewaltenteilung wird vor allem folgende Argumentation abgeleitet: Danach könne es nicht angehen, daß der gesetzgeberische Kompetenzverlust sich mit exekutivischem Kompetenzgewinn kompensieren ließe – eine Tendenz, die wir ausführlich am Beispiel des Bundesrates sowie generell am Beispiel der Politikverflechtung erläutert haben. Insofern sei an der idealtypischen Gegenüberstellung von Parlament und Regierung festzuhalten, wenngleich diese durch das faktische Gegeneinander von Regierungs- und Oppositionsfraktion relativiert werde. Dieses Argument richtet sich also mehr gegen den über die Politikverflechtung und die Bedeutungssteigerung des Bundesrates etablierten „Regierungenbundesstaat".

Abbau demokratischer Strukturen

Schließlich kann auch noch das grundgesetzlich verankerte Prinzip demokratischer Staatsorganisation angeführt werden: Die unitarisch-zentralistischen Tendenzen in der Entwicklung des deutschen Bundesstaats hätten danach zwar zu einer Stärkung der Mitwirkung der Länder an der Bundesgesetzgebung über den Bundesrat geführt, aber damit sei ein Abbau demokratischer Strukturen einhergegangen: Zwar seien auch die Mitglieder des Bundesrates mittelbar als Vertreter der parlamentarisch verantwortlichen Regierungen demokratisch legitimiert, der Bezugspunkt dieser demokratischen Legitimation sei jedoch die Aktivbürgerschaft im jeweiligen Bundesland. Eine Beteiligung des Bundesrates an der Ausübung der Bundesstaatsgewalt beinhalte deshalb eine demokratiefeindliche Fremdbestimmung, weil dessen Mitglieder eben nicht in einem Legitimationszusammenhang zur Aktivbürgerschaft des Bundes stehen (BÖCKENFÖRDE 1980: 190).

Schwächung der Kontroll- und Öffentlichkeitsfunktion

Die unitarisch-kooperativen Tendenzen in Form der Selbstkoordination der Länder als auch der Bund-Länder-Kooperation haben gleichfalls zu einer Gewichtsverlagerung zwischen Parlamenten und Regierungen geführt, da letztere ausschließlich die Aufgaben der Kooperation und Koordination wahrnehmen und ihren Parlamenten – und d.h. wiederum: ihren Regierungsfraktionen – nur noch die fertigen Ergebnisse zur Absegnung vorlegen. Sowohl Kontroll- als auch Öffentlichkeitsfunktion der Parlamente werden durch diese Praxis in empfindlicher Weise geschwächt: Durch die fortschreitende Verlagerung der Entscheidungsmacht von den Parlamenten auf die Regierungen werden wichtige Entscheidungen in einer der Öffentlichkeit nicht zugänglichen Grauzone gefällt bzw. präjudiziert. Ein Sichtbarmachen von Verantwortlichkeit – wesentliches Element parlamentarischer Kontrolle – wird dadurch erschwert. Das gilt übrigens nicht nur für die Bereiche der Kooperation auf der „Dritten Ebene" und die Bund-Länder-Kooperation, sondern auch für den Entscheidungsprozeß im Bundesrat, weil die Landesparlamente ihre Landesregierungen bei den Abstimmungen im Bundesrat nicht binden können. Eine Bindung kann auch nicht im Bereich der europäischen Rechtsetzung erfolgen (zur Beteiligung der Gliedstaaten in der EG-Rechtsetzung vgl. das folgende Kapitel).

„Bypass" der Landesparlamente

Im einzelnen betrachtet, präsentiert sich eine eindrucksvolle Liste von Entscheidungsbereichen, bei denen die Landtage zwar tangiert, aber nicht beteiligt sind: So kann der Bund gemäß Art. 80 Abs. 1 GG die Landesregierungen zum Erlaß von Rechtsverordnungen ermächtigen, gleichzeitig werden damit aber die Landesparlamente von diesen Regelungsbereichen ausgeschlossen. Die Präjudizierung der Landesparlamente durch den Einigungszwang im System der Politikverflechtung ist bereits weiter oben angeschnitten worden: Staatsverträge der Gliedstaaten untereinander als auch völkerrechtliche Verträge (sofern sie Gegenstände der Landesgesetzgebung tangieren) bedürfen zwar der Zustimmung der Landesparlamente, eine Beteiligung in Form einer begleitenden Kontrolle, d.h. einer laufenden Information z.B. über den jeweiligen Verhandlungsstand, die Absichten der Regierung etc. ist aber rechtlich nicht einklagbar und in das Belieben der Regierungen gestellt. Eine präjudizierende Wirkung geht auch von den Fachministerkonferenzen und anderen Koordinationsgremien aus, etwa über

200

Mustergesetzentwürfe oder Vereinbarungen. Zu nennen sind weiterhin die Auswirkungen der Bund-Länder-Kooperation, etwa durch Verwaltungsabkommen,
sowie die in Bund-Länder-Gremien getroffenen Entscheidungen. Besonders der
Bereich der Gemeinschaftsaufgaben macht deutlich, daß den Landesparlamenten
ein Widerspruch zu den im Bund-Länder-Verbund getroffenen Planungsent-
scheidungen (die ja haushaltswirksam sind) schwerfällt, weil sie nur mit dem fertigen Ergebnis aus langwierigen Abstimmungverhandlungen konfrontiert sind
und auf eine vorhergehende Beteiligung keinen Anspruch haben.

Es hat in der Bundesrepublik eine Reihe von Versuchen gegeben, diesen
Defiziten abzuhelfen. Die Konferenz der Landtagspräsidenten, die Enquete-
Kommission Verfassungsreform, die Martin-Kommission und eine Kommission
des nordrhein-westfälischen Landtags haben Reformvorschläge unterbreitet, die
vor allem auf eine bessere laufende Beteiligung der Landesparlamente sowie
eine Rückholung von Kompetenzen zielen (vgl. die Stellungnahme der Präsidenten der deutschen Länderparlamente zu dem Schlußbericht der Enquete-Kommission Verfassungsreform vom 20. April 1978, LT Rheinland-Pfalz, Vorl.
8/516; Standortbestimmung und Perspektiven der Landesparlamente – Entschließung der Konferenz der Präsidenten der deutschen Landesparlamente vom
14. Januar 1983, abgedr. in: ZParl 14 (1983): 357-361; Entschließung der Martin-Kommission „Sicherung der Ländereigenstaatlichkeit und Stärkung der Landesparlamente", abgedr. in ZParl 16 (1985): 179-187 sowie Berichte Teil 1 und
2 der LT-Kommission NRW). Das Ergebnis ist indessen ausgesprochen dürftig
geblieben. Letztendlich wird der nordrhein-westfälische Landtagsabgeordnete
Ottmar POHL mit seiner Einschätzung zur Umsetzung dieser Reformvorschläge
richtig liegen, nämlich „gleich Null, so daß auf diese Entschließungen die Definition der Dienstaufsichtsbeschwerde zutrifft, die bekanntlich lautet: Formlos,
fristlos, nutzlos" (LT NW, PlPr. 10/90: 8241 (B)).

Mangelnde Umsetzung von Reformvorschlägen

Die Frage liegt nahe, warum dies so ist, und ihre Beantwortung muß mit
einbeziehen, daß die Landesparlamente nicht nur die „armen", von der Entwicklung des deutschen Föderalismus gebeutelten Leidtragenden sind. Zu dieser
Entwicklung haben die Landesparlamente durch eine nicht zu vernachlässigende
„Selbstentmachtung" beigetragen, die erst in letzter Zeit herausgearbeitet wurde
(vgl. LHOTTA 1991: 261ff. sowie ausführlich KLATT 1990; HAHN 1987). Gerne
üben sich die Landesparlamentarier in Larmoyanz – man würde ja so gerne
Kompetenzen wahrnehmen, aber wenn sie doch fast alle weg sind.... Genauso
wahr ist aber, daß ein Teil der bei den Länder verbliebenen Kompetenzen sich
keiner großen Beliebtheit erfreut (MEYER 1990) und die Kontrollintensität und -
bereitschaft gegenüber den eigenen Landesregierungen nur sehr gering ist. So
konstatierte der Abgeordnete BÜSSOW im Landtag Nordrhein-Westfalen ganz
treffend:

Selbstentmachtung der Landesparlamente

„Nur der einzelne Parlamentarier – oder in der Summe das Parlament – ist an sich der eigentliche Störfaktor im deutschen parlamentarischen System. So verhalten wir uns dann ja auch,
wir Abgeordneten: ängstlich, abwartend, demütig, jedes Rahmengesetz des Bundes gehorsam
ausfüllend oder auch immer in Bereitschaft stehend, jeden Exekutiverlaß der Europäischen
Kommission in ein Landesgesetz umzuschreiben" (LT NW PlPr. 10/90: 8243 (C)).

Die Schwächung und Aufweichung des Parlamentarismus als Konsequenz der
institutionellen Struktur und Entwicklung des deutschen Bundesstaates ist somit
nicht unbedingt zwingend. Gewiß, die Kompetenzverlagerungen auf den Bund

und das System der Politikverflechtung haben gravierende Nebenwirkungen, aber in einem parlamentarischen System sind die potentiellen Möglichkeiten des Parlaments immer noch groß. Die Erkenntnis, daß Repräsentation des Volkes und Zugriff auf die Staatsleitung Kernbestand der parlamentarischen Demokratie sind (OBERREUTER 1990: 525f.), hat sich bislang offensichtlich nicht durchsetzen können. Solange die Landesparlamente nicht einmal in der Lage sind, die ihnen zustehenden Handlungsmöglichkeiten (beispielsweise im Bereich der Kontrolle) intensiver wahrzunehmen und dadurch ihren Gestaltungsspielraum zu erweitern, macht es wenig Sinn, über neue Zuständigkeiten oder die Rückholung von Kompetenzen zu diskutieren (vgl. LHOTTA 1991: 263f.). In gewisser Hinsicht scheint hier auch eine föderative Bequemlichkeit zu greifen, denn es ist allemal angenehmer, konfliktträchtige Regelungsbereiche z.B. dem Bund zu überlassen und die Verantwortung auf diesen abzuschieben oder lieber einheitliche Regelungen in Form von Mustergesetzentwürfen zu akzeptieren, als sich selbst der Mühe einer möglicherweise gegenüber Bund und anderen Ländern konfliktträchtigen eigenen Regelung auszusetzen (vgl. die Belege in LT-KOMMISSION NRW I 1990: 251ff.). Eine besondere Problematik ergibt sich allerdings aus der Einbindung des deutschen Bundesstaats in den europäischen Integrationsprozess. Diese ist jedoch nicht nur für die Landesparlamente, sondern für das gesamte institutionelle Gefüge des deutschen Bundesstaates schlechthin von Bedeutung, so daß wir uns in einem eigenen nachfolgenden Kapitel damit auseinandersetzen werden.

Besonders harsche Kritiker gehen sogar soweit, die Landesparlamente im System der Politikverflechtung als bloße „staatsnotarielle Ratifikationsämter" (LENZ 1977) anzusehen, die im Prinzip nur noch die „Sündenbockfunktion der Politik" (JÄNICKE 1987: 41ff.) übernehmen, indem sie über (oftmals äußerst kostenintensive) (Regierungs-) Entscheidungen abstimmen, deren Zustandekommen sie nicht beeinflussen und erst recht nicht gefährden dürfen. Sie entscheiden eigentlich in einer „Ratifikationslage", die in der Regel nichts anderes ermöglicht, als den z.B. auf dem Wege von Regierungverhandlungen gefundenen Kompromiß zu akzeptieren und zwar aus folgenden Gründen: Das System des Exekutivföderalismus beruht auf einem „Kontaktprivileg der Exekutiven" und einer besonders hervorgehobenen Rolle der Landesregierungen und der Bundesregierung – je nachdem, ob es zu Kooperationsformen in horizontaler oder vertikaler Richtung kommt. Der institutionalisierte Einigungszwang erfordert mühsame Abstimmungsprozesse, und Kompromisse kommen oftmals erst nach langwierigen Verhandlungen zustande. Solche Verhandlungsergebnisse sollten nicht mehr gefährdet werden, wenn sie einmal erreicht sind. Die Landesparlamente, faktisch mit den Ergebnissen exekutiver Aushandlungen konfrontiert, werden es nur ganz selten wagen, diese Kompromisse dadurch „kaputtzumachen", daß sie z.B. die Zustimmung verweigern (vgl. etwa KLATT 1982 und 1986). Im übrigen wird die Regierungsfraktion im jeweiligen Parlament nicht ihre Regierung dadurch desavouieren wollen, daß sie deren Verhandlungsergebnisse im Parlament nicht mitträgt. Diese Zwangslage könne, so viele Kritiker, bis zu einer Aufgabe des Etatrechts der Landesparlamente gehen, denn wenn es um haushaltswirksame Beschlüsse geht, dann handelt es sich oft genug z.B. um die Beteiligung eines Landes an gemeinsam mit dem Bund finanzierten Projekten. Eine Ablehnung etwa der in den Planungsausschüssen abgestimmten Eigenbeteiligung des Landes durch das Landesparlament würde automatisch den Verlust der Komplementärfinanzierung durch den Bund bedeuten: Also lieber zustimmen, als der Zuwendungen verlustig zu gehen.

3.4 Die Bundesrepublik Deutschland – „dualer Bundesstaat" oder „Verbund-Föderalismus"?

Wir haben dargelegt, wie die föderative Differenzierung des politischen Systems der Bundesrepublik durch eine parallel institutionalisierte Wiederverflechtung der Entscheidungsstrukturen überlagert und durch die Asymmetrie bei der Kompetenzverteilung zugunsten des Bundes zusätzlich relativiert worden ist. Beide institutionell programmierten Strukturentwicklungen sind der Schlüssel für die unitarische Entwicklung des deutschen Bundesstaates. Gleichzeitig liefert uns diese Interpretation den „Aufhänger" für die Auseinandersetzung mit der Annahme eines dualen Bundesstaates als Grundkonzept der Verfassung, die die Föderalismusdiskussion stark beeinflußt hat und aus der Staats- und Verfassungsrechtslehre übernommen worden ist (vgl. KLATT 1982: 4; GRIMM 1991: 346f.; STERN 1975: 23; LT-KOMMISSION NRW I 1990: 46ff.).

Versuchen wir noch einmal kurz zu umschreiben, was mit dem Konzept des dualen Bundesstaates gemeint ist und aus welchen grundgesetzlichen Normen Indikatoren für ein solches Bundesstaatskonzept abgeleitet werden:

Konzept des dualen Bundesstaates:

Der duale Bundesstaat ist ein aus der amerikanischen Föderalismusdiskussion entlehntes Konzept und beruht auf der zentralen Annahme von grundsätzlich selbständigen, getrennten „co-ordinate spheres" der jeweiligen staatlichen Ebenen, die gegenüber Zugriffen der anderen Ebene geschützt sind. Praktiziert wird danach ein weitgehendes Trennsystem im Bereich von Kompetenzen, Aufgaben und Finanzen.

Striktes Trennsystem

Letztendlich ist die Eigenstaatlichkeit von Bund und Ländern der entscheidende Kernpunkt, wobei sich diese Eigenstaatlichkeit wiederum über die jeweils ausgeübten Kompetenzen sowie über das Vorhandensein von bestimmten Strukturelementen wie einer eigenen Legislative, einer eigenen Gerichtsbarkeit, einer eigenen Verwaltung, der Beteiligung der Gliedstaaten an der Willensbildung des Bundes und der Bestandsgarantie für die Gliedstaaten in der Bundesverfassung definiert.

Eigenstaatlichkeit von Bund und Ländern

Wir haben darauf hingewiesen, daß es eine Standardkompetenzverteilung nicht gibt, wie überhaupt die Entwicklung der modernen Bundesstaaten eindeutige Kompetenzzuweisungen und Trennsysteme – zumindest in der politischen Praxis – selten aufweist. Die Tatsache, daß Aufgabenbereiche sich oft überschneiden und eine gemeinsame Problembearbeitung aller bundesstaatlichen Ebenen erfordern, verwässert die klare Trennung der Kompetenzsphären. Kann man trotzdem beim intrastaatliche Föderalismus der Bundesrepublik mit seiner intensiven Politikverflechtung von einem „dual federalism" sprechen? Eine durchaus gängige Interpretation der Entwicklung des bundesdeutschen Föderalismus legt dies zumindest für seine Anfangsphase nahe. So konstatiert etwa Fritz OSSENBÜHL:

„Sieht man über die Jahrzehnte in einem grob gerafften Blick, so ist die Entwicklung deutlich gekennzeichnet durch die Wandlung vom grundgesetzlichen Ursprungskonzept eines jeden-

203

falls im Grundmuster dualistischen und die Länderstaatlichkeit betonenden Bundesstaates zum unitarisch-kooperativen Bundesstaat der Gegenwart. Im Jahre 1949 war das Grundgesetz von einer relativ klaren Trennung von Kompetenzen und Finanzen zwischen Bund und Ländern ausgegangen" (OSSENBÜHL 1989b: 1232).

Merkmale des dualen Föderalismus im GG

Bekanntlich verbietet der Art. 79 Abs. 3 des Grundgesetzes eine Verfassungsänderung, „durch welche die Gliederung des Bundes in Länder" sowie „die grundsätzliche Mitwirkung der Länder bei der Gesetzgebung" berührt werden. Die bestimmende und damit durch Art. 79 Abs. 3 GG einer Verfassungsänderung entzogene Eigenart der bundesstaatlichen Ordnung der Bundesrepublik wird somit offensichtlich in einer organisatorischen Ausgestaltung erblickt, deren bestimmendes Merkmal die Selbständigkeit, und das heißt vor allem die Eigenstaatlichkeit der Länder ist. Das Bundesverfassungsgericht hat die deutschen Bundesländer als Staaten mit eigener (gegenständlich beschränkter), nicht vom Bunde abgeleiteter, sondern von ihm anerkannter Hoheitsmacht bezeichnet. Durch Art. 79 Abs. 3 GG sind sie vor Verfassungsänderungen geschützt, durch die sie die Qualität von Staaten oder Essentiale der Staatlichkeit einbüßen würden. Aus dieser Eigenstaatlichkeit resultiert auch, daß den Ländern somit ein unentziehbarer Bestand von nicht abgeleiteten, ausschließlichen Kompetenzen als „Hausgut", insbesondere auf dem Gebiet der Gesetzgebung gewährleistet ist. Dazu gehört im übrigen auch die Gewährleistung einer finanziellen Mindestaustattung, die es den Ländern ermöglicht, ihre staatlichen Aufgaben selbständig zu erfüllen. In der Tat scheint eine solche Interpretation der von K. C. WHEARE (1963) beschriebenen „method of dividing powers so that the general and regional governments are each, within a sphere, co-ordinate and independent" sehr nahe zu kommen (vgl. Teil 1).

Position des Staatsrechtlers STERN

Der Kölner Staatsrechtler Klaus STERN nennt als Beleg für den „im Grundtenor dualistischen Föderalismus" des Grundgesetzes folgende Merkmale:

1. Bundesverfassungsänderungen sind nicht ohne Zustimmung von zwei Dritteln der den Ländern im Bundesrat zugewiesenen Stimmen zulässig (Art. 79 Abs. 2 GG).
2. Bundesrechtsnormen bedürfen in stattlichem Umfang der Zustimmung der Mehrheit der den Ländern im Bundesrat zugewiesenen Stimmen.
3. Die Verfassungsautonomie der Länder ist, vom Homogenitätsgrundsatz abgesehen (Art. 28 Abs. 1 GG), gewahrt, so daß die politische Willensbildung in den Ländern geringen Auswirkungen des Bundes unterliegt.
4. Bundesaufsicht und Bundeszwang sind gegenüber früheren Verfassungen reduziert (Art. 28 Abs. 3; 37; 84; 85; 91 GG), so daß die Verwaltungshoheit der Länder substantiell wenig angetastet ist.
5. Das Bund/Länder-Verhältnis ist ein Rechtsverhältnis, das der verfassungsgerichtlichen Entscheidungsgewalt unterliegt (Art. 93 Abs. 1 Nr. 2,3,4 GG).
6. Das Haushaltswesen von Bund und Ländern besitzt eine – wenngleich nicht unbeschränkte – Unabhängigkeit (Art. 109 Abs. 1 GG) bei freilich mehr und mehr anwachsenden konjunktursteuernden Festlegungen durch den Bund (Art. 109 Abs. 2-4 GG).
7. Im Bundesrat kann sich der Länderwille an der politischen Leitungsgewalt des Gesamtstaates relativ stark entfalten (STERN 1975: 23).

Dieser Katalog suggeriert ein zumindest in relevanten Bereichen durchgehaltenes „Trennsystem" bzw. eine weitreichende Autonomie insbesondere der Bundesländer. Er orientiert sich deutlich an der verfassungsrechtlich geprägten Checkliste für den Bundesstaat (vgl. Teil 1). Grundlegender Gedanke ist dabei die Staatsqualität der Länder und damit die Garantie einer eigenen autonomen Sphäre. So zutreffend dies vielleicht auf den ersten Blick sein mag, man kann diese Indikatoren auch anders lesen. STERN räumt selber ein, daß sein Indikatorenkatalog, also das genuin verfassungsrechtliche Bild, „gegenüber der Wirklichkeit als retuschiert empfunden werden kann" und dies mit guten – und zwar institutionellen – Gründen, die im Grundgesetz selbst zu finden sind, nicht nur in einer die Verfassung umbildenden Verfassungswirklichkeit.

„Dualer Bundesstaat" – ein retuschiertes Bild?

Das deutsche Grundgesetz normiert keinen dualen Bundesstaat und es hat dies auch nicht 1949 getan. Die als Charakteristika für einen dualen Bundesstaat ausgegebenen institutionellen Arrangements können auch anders gelesen werden. Wir wollen dies an dem von STERN vorgelegten Katalog nachvollziehen. Die Punkte (1), (2) und (7) bei STERN sind eigentlich spezifische Merkmale der Kooperation und Verflechtung im deutschen Bundesstaat, die von vornherein nicht auf Konkurrenz, Dualität und Trennung, sondern auf Zusammenwirken der föderalstaatlichen Ebenen zielen. Merkmal (3) ist juristisch zwar zutreffend, angesichts der Bedeutungslosigkeit des gliedstaatlichen Verfassungsrechts im deutschen Bundesstaat (BOLDT 1990b: 63ff. und allgemein VITZTHUM 1988: 7ff.) aber kaum relevant. Argument (4) „zieht nicht", weil der Bund über andere Mittel der Einflußnahme auf die Verwaltung der Länder verfügt und gerade auf der Verwaltungsebene der größte Teil bundesstaatlicher Zusammenarbeit geleistet wird. Argument (6) erledigt sich angesichts der engen Verzahnung der Haushaltswesen von Bund und Ländern fast von selbst.

These: Unitarisierung im GG angelegt

Die „klare" Trennung von Kompetenzen und Finanzen ist seit jeher durchbrochen. Einen dualen Föderalismus mit Bundesländern, die dem Bund ebenbürtig und von der Kompetenzfülle gleichwertig gegenüberstehen, hat es in der Bundesrepublik nie gegeben. Unbeschadet der grundsätzlichen Selbständigkeit der Verfassungsorgane in Bund und Ländern (VOGEL 1984: 817f.), der „länderfreundlichen" Grundsatzregelungen der Art. 30 und 70 GG, der als Schutz gedachten „Bedürfnisklausel" und des Schutzes der bundesstaatlichen Ordnung in Art. 79 Abs. 3 GG, war der so gerne für die ursprüngliche Fassung des Grundgesetzes konstatierte „Dualismus" bestenfalls ein äußerst asymmetrischer Dualismus, der das Schwergewicht auf den Bund verlagert hat und durch seine Politikverflechtung zu einer Machtverteilung an alle sowie einem immanenten Einigungszwang geführt hat.

Asymmetrischer Dualismus des bundesdeutschen Föderalismus

Das Argument eines dualen Bundesstaates ist gerade mit Blick auf diese beiden Sachverhalte schwer aufrechtzuerhalten. In der Regel wird ja das Verschwinden oder zumindest die Verwässerung dieses postulierten dualen Prinzips zunächst der Kompetenzakkumulation beim Bund angelastet. Insofern handelt es sich um einen Erklärungsansatz, der die zentralistischen Trends des „unitarischen Bundesstaats" betont und damit bereits die Schieflage dieses Dualismus zugunsten eines Übergewichts des Bundes impliziert. Hinzu kommt die gleichfalls im Grundgesetz angelegte, ihre volle Wirkung aber erst Ende der 60er Jahre entfaltende bundesstaatliche Kooperation. So betont auch Gerhard LEHMBRUCH:

„Insgesamt zeichnet sich also die institutionelle Rekonstruktion des Föderalismus in der Bundesrepublik zunächst dadurch aus, daß sie weitgehend an die tragenden Prinzipien des Bismarckschen Bundesstaates anknüpft, mit den dafür charakteristischen Verflechtungen der Verwaltungs- und Regierungsorganisation von Zentralstaat und Gliedstaaten. Ferner gibt es erstmals ein ziemlich ausgeprägtes Gleichgewicht der Länder untereinander, damit aber auch eine stärkere institutionelle Ausgangsposition der Länder im Verhältnis zum Bund. Daraus erklärt sich, daß – verglichen mit dem Bismarckeschen Bundesstaat – das Verhältnis zwischen hierarchischer und kooperativer Konfliktregelung und Problemlösung sich weiter zugunsten des kooperativen Moments verschoben hat, daß, mit anderen Worten, die Aushandlungszwänge noch stärker ins Gewicht fallen" (LEHMBRUCH 1976: 83).

These vom deutschen Verbund-Föderalismus

Der bundesdeutsche Föderalismus ist seit jeher als Verbund- und nicht als „dualer" Föderalismus" konzipiert (HESSE/RENZSCH 1990: 562; STEFFANI 1990: 44ff.), ein großer Teil des bundesstaatlichen Unitarisierungspotentials resultiert aus dieser strukturellen Vorgabe. Durch die funktionale Aufgabenteilung ist ein enges Zusammenwirken der bundesstaatlichen Ebenen erforderlich. Gunter KISKER hat dies in aller Klarheit folgendermaßen umrissen:

„Unsere bundesstaatliche Ordnung ist von ihrem Beginn (1867) an sehr viel stärker durch das Moment der Kooperation von Bund und Ländern geprägt worden als die Ordnung anderer Bundesstaaten. Das wird besonders deutlich, wenn man die bundesstaatliche Konzeption des Grundgesetzes mit der der US-amerikanischen Verfassung vergleicht. Bei der US-amerikanischen Verfassung fällt ein deutliches Bemühen um weitgehende Autarkie des Zentralstaats einerseits und der einzelnen Subsysteme andererseits auf. Die deutschen Verfassungen hingegen, beginnend mit den noch der alten Fürstenherrlichkeit verpflichteten Verfassungen von 1867 und 1871, haben stets Reich und Einzelstaaten (bzw. Bund und Länder) durch konsequente Verzahnung zu intensiver Kooperation genötigt.

Das gilt einmal für den Vollzug der Bundesgesetze: Dieser ist in der Regel nicht Sache des Bundes, sondern Sache der Länder. Die Bundesgesetzgebung ist also für ihre Realisierung auf die Mitarbeit der Länder angewiesen. Gewiß: Der Bundesregierung steht zur Sicherung korrekter Gesetzesausführung durch die Länder ein tief gestaffeltes Kontroll- und Weisungsinstrumentarium zur Verfügung. Dies verdichtet sich bei der Bundesauftragsverwaltung in solchem Ausmaß, daß man verfassungstheoretisch die Frage aufwerfen kann, ob es eigentlich sachgerecht ist, insoweit von Landesverwaltung zu sprechen. Aber, abgesehen davon, daß Bundesauftragsverwaltung immer noch ein Ausnahmefall ist, wird man doch registrieren müssen, daß schon allein das Fehlen einer Dienstaufsicht des Bundes gegenüber den seine Gesetze ausführenden Landesbeamten den Bund von der Kooperationsbereitschaft der Länder weitgehend abhängig macht.

Andererseits bewirkt aber die Gewöhnung des deutschen Landesbeamten an den Vollzug von Bundesgesetzen auch eine von der dienstrechtlichen Zuordnung unabhängige Bundesoffenheit der Landesbürokratien, die für andere Bundesstaaten keineswegs so selbstverständlich ist.

Beides (Abhängigkeit des Bundes von den Ländern beim Gesetzesvollzug und die dadurch bewirkte Bundesoffenheit der Landesbürokratie) schafft ein Milieu, in dem harte Konfrontationen zwischen Bund und Ländern nach dem Muster des „dual federalism" von vornherein kaum zu erwarten sind" (KISKER 1977: 689f.).

Sonderstellung des Bundesrates

Hinzu kommt die im Vergleich zu anderen Bundesstaaten einmalige Art der unmittelbaren Mitwirkung der deutschen Bundesländer an der Willensbildung des Bundes über den durch die gliedstaatlichen Regierungen beschickten Bundesrat (vgl. hierzu eingehend Teil 2). Gerade das hieraus folgende Erfordernis eines Zusammenwirkens von Bund und Ländern bei der Bundesgesetzgebung und anderen Rechtsvorschriften „kennzeichnet das deutsche Bundesstaatsrecht als überdurchschnittlich intensiv auf Kooperation angelegt" (KISKER 1977: 690). Wer meint, unter Hinweis auf die Zunahme von Kooperations- und Koordinationsfor-

206

men im deutschen Bundesstaat argumentieren zu können, der Bundesstaat der Verfassungsgeber mit seinen „klaren" Abgrenzungen in Form einer Schichttorte habe dem kooperativen Föderalismus in Form eines Marmorkuchens Platz gemacht, dem ist entgegenzuhalten, daß der im Grundgesetz der Bundesrepublik von Anbeginn festgeschriebene Verbundföderalismus niemals dem Bild einer „Schichttorte", d.h. einer „klaren Aufgabenverteilung" entsprochen hat (STEFFANI 1990: 45).

Zu registrieren ist überdies eine gewisse Selektivität des Systems der Politikverflechtung hinsichtlich derjenigen, die am föderativen Politikprozeß entscheidungswirksam teilhaben dürfen. Man muß sorgfältig nach Akteuren differenzieren, wenn es in Analysen des bundesdeutschen Föderalismus z.B. um die Rolle „der Länder" geht. Rolle der Länder im Bundesrat bedeutet de facto: Rolle der Landesregierungen; Rolle der Länder im Verhandlungssystem der Politikverflechtung und des kooperativen Föderalismus bedeutet gleichfalls: Rolle der Landesregierungen. Die parlamentarisch-demokratische Komponente ist im System der Politikverflechtung ganz offensichtlich deutlich geschwächt, wenn nicht sogar „völlig inferior" (ZELLER 1994: 150). Insofern hat sich aus der besonders seit 1969 intensivierten Politikverflechtung eine Konfliktlage zwischen bundesstaatlichem System einerseits und parlamentarischem System andererseits herausgeschält. Die neuen Kontrahenten im deutschen Bundesstaat sind die Bürokratien und die Parlamente. Grund hierfür ist die Gegenläufigkeit der institutionalisierten Konliktregelungsmuster: Während das parlamentarische System „an sich" auf der Parteienkonkurrenz und der Konfliktbeilegung durch Mehrheitsentscheid beruht, ist dieser Konfliktregelungsmechanismus im Beteiligungsföderalismus der Bundesrepublik unattraktiv und wird durch Konfliktabarbeitung auf exekutiver Ebene sowie dem institutionalisierten Einigungszwang überlagert.

Selektivität des Beteiligungsföderalismus

Zusammengefaßt greifen nach dem bisher Gesagten zwei Thesen zur Entwicklung des deutschen Föderalismus ineinander: Die These einer Blockade, Ineffizienz und institutionellen Sklerose des deutschen Föderalismus aufgrund des etablierten System der Politikverflechtung würde ergänzt durch die These einer Aushöhlung des Bundesstaats durch die stetige Unitarisierung im Wege der Kompetenzakkumulation beim Bund sowie der aus der Politikverflechtung resultierenden Entparlamentarisierung. Beide hängen insofern zusammen, als gerade die Politikverflechtung durch ihre spezifischen Handlungsmechanismen sowohl zur Ineffizienz als auch zur Überbürokratisierung und somit zur Entparlamentarisierung des Föderalismus beiträgt, wobei letztere ergänzt wird durch einen generellen Aufgabenverlust der Landesparlamente infolge der bereits beschriebenen Kompetenzverschiebungen zugunsten des Bundes. Letztendlich haben beide Thesen zentral mit der Frage nach der Anpassungs- und Existenzfähigkeit des deutschen Bundesstaates zu tun.

Zwei Thesen zur Entwicklung des Föderalismus in Deutschland

Um dieses Problem besser beurteilen können, werden wir nunmehr nicht nur die bisher skizzierte Entwicklung des deutschen Föderalismus berücksichtigen müssen, die sich auf die vereinfachte Formel „Kompetenzakkumulation beim Bund *und* Politikverflechtung = Unitarisierung" bringen läßt, sondern auch die Herausforderungen, die dem deutschen Bundesstaat aus seiner Integration in die europäische Gemeinschaft und aus der deutschen Einheit erwachsen.

4. Der deutsche Föderalismus und die Herausforderungen der europäischen Integration

4.1 Von der Montanunion zur Europäischen Union

Europäische Integration: Wandel von der Außen- zur Innenpolitik

Haben wir bisher die vielfältigen Aspekte und die Dynamik des Verhältnisses von Bund und Ländern untersucht, wollen wir jetzt diese Binnenperspektive des bundesdeutschen Föderalismus erweitern und uns einem neuen Kapitel zuwenden, der Entwicklung des deutschen Föderalismus im Rahmen der europäischen Integration. Der Bogen, den wir dabei spannen, ist weit. Historisch reicht er von der Gründung der Montanunion im Jahre 1951 bis zum Einstieg in die Politische Union Europa durch das Inkrafttreten des Vertragswerks von Maastricht zu Jahresbeginn 1993. Im bundesstaatlichen Binnenverhältnis führte der Prozeß der europäischen Integration zu einer widersprüchlichen Entwicklung, zu Kompetenzeinbußen der Länder einerseits, die durch eine stetige Zunahme der Mitwirkungsrechte der Länder andererseits kompensiert worden sind. Daß sich Europapolitik kontinuierlich von der klassischen Außenpolitik zur europäischen Innenpolitik gewandelt hat, hat sich Ende Dezember 1992 gezeigt, als im Zusammenhang mit der Ratifizierung des Maastrichter Vertragswerks durch Bundestag und Bundesrat auch das Grundgesetz durch Einfügung eines „Europa-Artikels" in Art. 23 GG n.F. geändert worden ist. Gleichzeitig werden wir feststellen, daß der Prozeß der europäischen Integration als supranationaler Zentralisierungsprozeß vielfältigen Gegentendenzen hin zur Dezentralisierung und Regionalisierung aus den EG-Mitgliedstaaten selbst ausgesetzt ist. Diese Gegentendenzen haben – nicht zuletzt aufgrund des deutschen Forderungskataloges – mit der Verankerung des Subsidiaritätsprinzips und der Gründung eines „Ausschusses der Regionen" im Vertragswerk von Maastricht ihren Niederschlag gefunden.

Fragestellungen

Wenn wir uns im folgenden mit dem deutschen Föderalismus im Rahmen der europäischen Integration beschäftigen, wird im Mittelpunkt unserer Überlegungen einerseits die Frage stehen, welche Auswirkungen die Zugehörigkeit der Bundesrepublik Deutschland zu den Europäischen Gemeinschaften auf die institutionelle Entwicklung des deutschen Föderalismus gehabt hat bzw. hat. Andererseits werden wir auch den Spuren folgen, die in die Gegenrichtung gegangen sind. Insbesondere wenn wir uns mit den Maastrichter Verträgen vom 7. Februar 1992 beschäftigen, werden wir die Frage nach der spezifisch „föderalistischen Handschrift der Bundesrepublik Deutschland" stellen. Beide Fragestellungen sind „typisch deutsch" insofern, als die Bundesrepublik – neben neuerdings auch Belgien und Österreich – zur Minderheit der EG-Mitgliedstaaten mit einer bundesstaatlichen Verfassung gehören. Wenn wir im folgenden vom „dreistufigen Bundesstaat" sprechen, geht es um das Zusammenwirken von Institutionen der Länder, des Bundes und der Europäischen Gemeinschaften bei der Willensbildung im Bereich von EG-Angelegenheiten.

Drei Europäische Gemeinschaften

In der wissenschaftlichen, politischen und publizistischen Debatte findet man die Bezeichnungen „Europäische Gemeinschaft" wie auch „Europäische Gemeinschaften". Die letztere ist die korrektere, da Grundlage der europäischen Integration drei „Europäische Gemeinschaften" sind, die Europäische Gemeinschaft für Kohle und Stahl (EGKSt), die Europäische Wirtschaftsgemeinschaft

208

(EWG) und die Europäische Atomgemeinschaft (Euratom bzw. EAG). Die drei Gemeinschaften stellen nach wie vor eigenständige Organisationen dar. Allerdings besitzen sie seit 1967 gemeinsame, fusionierte Organe zur Rechtsetzung, Vollziehung und Rechtsprechung. Im folgenden werden wir von „Europäischen Gemeinschaften" sprechen bzw. die Abkürzung „EG" verwenden. Grundkenntnisse über die Zusammensetzung, Legitimation und Kompetenzen der EG-Organe Europäischer Rat, Kommission, Europäischer Gerichtshof und Europäisches Parlament setzen wir als bekannt voraus (vgl. dazu STERN 1984: 528ff.; BOLDT 1995).

Im Prozeß der europäischen Integration können bis heute im wesentlichen fünf Phasen unterschieden werden:

Historische Entwicklung:

– Die erste Phase begann 1950 mit der Verkündung des sog. „Schumann-Plans" der französischen Regierung, der vorsah, die Gesamtheit der französisch-deutschen Kohle- und Stahlproduktion unter eine gemeinsame oberste Aufsichtsbehörde zu stellen. Sie endete mit der Gründung der Europäischen Gemeinschaft für Kohle und Stahl, der sog. „Montanunion", durch Vertrag vom 18. April 1951. Unterzeichnerstaaten waren die Benelux-Staaten, Frankreich, Italien und die Bundesrepublik Deutschland. Zweck der Montanunion war und ist, durch Zusammenlegung von Hoheitsrechten einen gemeinsamen Markt für Kohle und Stahl zu bilden. Damit war der Grundstein für den europäischen Einigungsprozeß gelegt.

– Phase 1: Bildung der Montanunion

– Die zweite Phase umfaßte die Jahre 1952 bis 1957 und endete mit dem Abschluß der sog. „Römischen Verträge" im März 1957, den beiden Verträgen zur Gründung der Europäischen Wirtschaftsgemeinschaft (EWG) und zur Gründung der Europäischen Atomgemeinschaft (EURATOM bzw. EAG). Nach der Ratifizierung in den Parlamenten der sechs Unterzeichnerstaaten sind EWG und EAG am 1. Januar 1958 in Kraft getreten. Globales Ziel des EWG-Vertrages ist die Errichtung eines gemeinsamen Marktes und die schrittweise Annäherung der Wirtschaftspolitik der Mitgliedstaaten. Mit dem EAG-Vertrag soll die westeuropäische Zusammenarbeit beim Aufbau der Kernforschung und der Nutzung der Kernenergie sichergestellt werden.

– Phase 2: Bildung von EWG und EAG

– Während der dritten Phase wurden Montan-Union, EWG und EAG durch Fusionsvertrag vom 8. April 1965 zusammengeschlossen. Mit dem Vertrag war die Einsetzung eines gemeinsamen Rates, einer gemeinsamen Versammlung und einer gemeinsamen Kommission der Europäischen Gemeinschaften verbunden. Der Vertrag trat nach Ratifizierung durch die Mitgliedstaaten am 1. Juli 1967 in Kraft. Ende 1969 lief die zur Verwirklichung des gemeinsamen Marktes gesetzte Übergangzeit ab. Der zweite Teil dieser Phase war geprägt von der EG-Erweiterung durch den Betrit weiterer sechs Staaten im Zeitraum von 1973 bis 1986 (Dänemark, Irland, Vereinigtes Königreich Großbritannien und Nordirland, Griechenland, Portugal und Spanien).

– Phase 3: Konsolidierung und Erweiterung

– War die dritte Phase der europäischen Integration gekennzeichnet durch die Konsolidierung der wirtschaftlichen Vereinheitlichung und die Erweiterung zur Zwölfergemeinschaft, so stand die vierte Phase ganz im Zeichen der Vorbereitungen zur Schaffung einer „Europäischen Union", d.h. der politischen Integration der Europäischen Gemeinschaften. Wesentliche Stationen dieser Phase waren die „Feierliche Deklaration zur Europäischen Union" der

– Phase 4: Annäherung an eine „Europäische Union"

209

Staats- und Regierungschefs der EG-Mitgliedstaaten vom Juni 1983, der „Vertragsentwurf des Europäischen Parlaments zur Gründung der Europäischen Union" vom Februar 1984 und – schließlich – die „Einheitliche Europäische Akte" (EEA) vom Februar 1986, die die erste grundlegende Änderung der Gründungsverträge darstellt. Darin ist die Schaffung der Europäischen Union als ausdrückliches Ziel proklamiert, die schrittweise Verwirklichung des europäischen Binnenmarktes bis zum 31. Dezember 1992 vereinbart und werden Politikbereiche, die bisher über Art. 235 EWGV geregelt waren, primärrechtlich in die EG-Zuständigkeit übertragen. Dazu zählen Währungspolitik, Sozialpolitik, Regionalpolitik, Forschung und technologische Entwicklung sowie Umweltschutz.

– **Phase 5: Das Vertragswerk von Maastricht – Kontinuum und Zäsur im europäischen Integrationsprozeß** – Die jüngste Phase im europäischen Integrationsprozeß begann formell am 7. Februar 1992 mit der Unterzeichnung der Maastrichter Verträge. Mit diesem Vertragswerk sind die rechtlichen Grundlagen für die weitere Entwicklung der europäischen Integration gelegt worden. Es steht voll in der Kontinuität des bisherigen Integrationsprozesses, insb. in der Kontinuität der Entwicklung seit 1986. Und dennoch: Die Logik des europäischen Integrationsprozesses wurde ab der zweiten Hälfte des Jahres 1989 abrupt überlagert von einer völlig veränderten „europäischen Großwetterlage" (MÜLLER-BRANDECK-BOCQUET 1991: 13) infolge der gewaltigen Umbrüche in Mittel- und Osteuropa und des Auseinanderbrechens der Sowjetunion wie auch infolge der Grenzöffnungen zwischen beiden deutschen Staaten und der Wiedervereinigung Deutschlands am 3. Oktober 1990.

„Heimlicher Lehrplan" des Maastrichter Vertragswerks — Nicht zuletzt aufgrund dieser gesamteuropäischen Entwicklungen hat der Europäische Rat auf gemeinsame Initiative des französischen Staatspräsidenten Mitterand und des deutschen Bundeskanzlers Kohl hin am 25./26. Juni 1990 in Dublin beschlossen, zwei Regierungskonferenzen zur Vorbereitung einer Europäischen Wirtschafts- und Währungsunion (am 13. Dezember 1990) wie zur Schaffung einer Europäischen Union (am 14. Dezember 1990) anzusetzen. Der Zeitpunkt der Initiierung wie auch die beiden initiierenden Personen können als „heimlicher Lehrplan" der Verhandlungen gedeutet werden: Mit den Maastrichter Verträgen wird – vor allem von französischer Seite – durchaus das Ziel „einer definitiven und alle Seiten beruhigenden Einbindung des größer gewordenen Deutschland" (BOHLEY 1993:44) verfolgt. Im Gegenzug sollte mit dieser Initiative der unverminderte Integrationswillen der Bundesrepublik signalisiert werden, „denn der nur mangelhaft mit den EG-Partnern abgesprochene deutsche Einigungsprozeß hatte gewisse Zweifel an Deutschlands Europatreue aufkommen lassen" (MÜLLER-BRANDECK-BOCQUET 1991: 46). In diese (vorerst) letzte Phase der europäischen Integration fällt auch die Erweiterung der Europäischen Union durch den Beitritt Schwedens, Finnlands und Österreichs zum 1. Januar 1995.

4.2 *EG-Integration unter Wahrung des bundesstaatlichen Ewigkeitsgebots – die Quadratur des Kreises?*

Außenpolitik gehört zum Kompetenzbereich des Bundes — Wie wir in Teil 2 gesehen haben, wird die Bundesrepublik Deutschland dem Kompetenzverteilungsmodell des Interdependenzsystems zugeordnet. Bundes-

210

und Länderkompetenzen sind im System der bundesdeutschen Politikverflechtung aufs engste miteinander verschränkt. Nur für den Bereich der Auswärtigen Politik hat das Grundgesetz eine Sonderregelung getroffen. In Art. 32 Abs. 1 GG heißt es: „Die Pflege der Beziehungen zu auswärtigen Staaten ist Sache des Bundes". STERN (1984, Bd.1: 692) nennt diese Bestimmung eine lex specialis zum „Soweit-Satz" des Art. 30 GG, der lautet: „Die Ausübung der staatlichen Befugnisse und die Erfüllung der staatlichen Aufgaben ist Sache der Länder, soweit dieses Grundgesetz keine andere Regelung trifft oder zuläßt". In der Praxis bedeute dies, daß die Bundesrepublik Deutschland ein Bundesstaat sei, der im völkerrechtlichen Verkehr nach außen grundsätzlich als Einheitsstaat auftrete. Es liege in der Logik dieser lex specialis, daß nach Art. 24 Abs. 1 GG der Bund durch Gesetz Hoheitsrechte auf zwischenstaatliche Einrichtungen übertragen dürfe.

Wer glaubt, daß wir uns mit der europäischen Integration nun endlich einem Bereich zuwenden, in dem die Kompetenzverteilung zwischen Bund und Ländern eindeutig geklärt wäre, muß enttäuscht werden. Das Gegenteil ist der Fall: Neben der bundesstaatlichen Finanzverfassung und der deutschen Einheit ist die EG-Integration derjenige Politikbereich, der die Dynamik des föderativen Systems der Bundesrepublik Deutschland nachhaltig herausfordert. Doch befassen wir uns zunächst mit dem verfassungsrechtlichen Rahmen, den das Grundgesetz für den Prozeß der EG-Integration abgesteckt hat. Zwei wichtige Bestimmungen kennen wir bereits: Außenpolitik gehört zum Kompetenzbereich des Bundes; das Hauptinstrument zur Schaffung der EG war bis Ende 1992, dem Zeitpunkt des Inkrafttretens des „Europa-Artikels" 23 GG n.F., Art. 24 Abs. 1 GG. In letzterem sieht STERN (1984, Bd.1: 517f) die „Abkehr von der Idee des geschlossenen Nationalstaates" und zugleich eine normative Grundentscheidung, die ohne Vorbild im deutschen Verfassungsrecht ist.

Jahrzehntelanges Hauptinstrument der EG-Integration: Art. 24 Abs. 1 GG

Art. 24 Abs. 1 GG hat in der wissenschaftlichen und politischen Debatte konträre Bewertungen erfahren. Während der Verfassungsrechtler IPSEN ihn als „Integrationshebel" bezeichnet (zit. nach TOMUSCHAT 1988: 25), nannte ihn der Vertreter Bayerns in der abschließenden Bundesratsdebatte zum Ratifizierungsgesetz der Einheitlichen Europäischen Akte „eine offene Flanke des Föderalismus" (abgedruckt in: BUNDESRAT UND EUROPÄISCHE GEMEINSCHAFTEN 1988: 377). Beide Wertungen sind gleichermaßen plausibel. Die Schaffung zwischenstaatlicher Einrichtungen im Prozeß der europäischen Integration ist logischerweise mit der Übertragung von Kompetenzen der Mitgliedstaaten an die supranationalen Institutionen verknüpft. Für das EG-Mitgliedsland Bundesrepublik ist damit aber in zweifacher Hinsicht „eine offene Flanke des Föderalismus" geschaffen: Indem die Bundesregierung eigene Kompetenzen an zwischenstaatliche Institutionen abgibt, beschneidet sie Länderkompetenzen, die nach Art. 50 GG über den Bundesrat bei der Gesetzgebung und Verwaltung des Bundes mitwirken. In all den Fällen, in denen Bundeskompetenzen auf die EG übergegangen sind, findet die Rechtsetzung nun im Rat der EG statt, in dem die Bundesrepublik durch ein Mitglied der Bundesregierung vertreten ist. Die Mitwirkungsmöglichkeiten des Bundesrats sind damit obsolet. Zum zweiten ist inzwischen unstrittig, daß Art. 24 Abs. 1 GG auch die Übertragung von Hoheitsrechten der Länder zuläßt (vgl. TOMUSCHAT 1988: 25 mit zahlreichen Belegen). MÜLLER-BRANDECK-BOCQUET (1992: 60) konstatiert, daß „die europäische Integration

„Integrationshebel" oder „offene Flanke des Föderalismus"

(...) für die Bundesrepublik Deutschland seit jeher eine föderative Erosion ihres föderativen Staatsgefüges" bedeutet.

Die supranationale Option des Grundgesetzes steht damit in einem widersprüchlichen Verhältnis zum Bundesstaatsprinzip als einer Kernentscheidung der Verfassung, die zudem durch die „Ewigkeitsgarantie" des Art. 79 Abs. 3 GG abgesichert ist. Wie TOMUSCHAT (1988: 24) zu Recht betont, stehen im Grundgesetz das Bekenntnis zu Europa und die Festschreibung des Bundesstaatsprinzips unverbunden nebeneinander, da „ein vereintes Europa (...) im Jahre 1949 noch den Charakter einer utopischen Wunschvorstellung" hatte. Für die Bund-Länder-Beziehungen mußte das „unverbundene Nebeneinander" von Integrations- und Bundesstaatsprinzip Probleme aufwerfen, deren Lösung der Quadratur des Kreises gleichkam. Positiv formuliert forderte und – wie wir weiter unten sehen werden – förderte die Erfüllung beider Verfassungsprinzipien in der politischen Praxis die Suche nach Verfahren, die es sowohl der Bundesregierung erlaubten, ihre außenpolitischen Kompetenzen im Prozeß der EG-Integration konstruktiv wahrzunehmen als auch die Länder in angemessener Form beteiligten. Kurzum: Die EG-Integration war und ist eine besondere Herausforderung für den Föderalismus als dynamisches System.

Nebeneinander von Bundesstaats- und Integrationsprinzip im GG

4.3 Kompetenzverlagerungen im dreistufigen Bundesstaat

Informationsmangel und Kompetenzverluste als beständige Klagen im Bundesrat

Blättert man in den Plenarprotokollen des Bundesrats und liest die Debatten nach, die im Zusammenhang mit Verträgen und Ratifikationsgesetzen zur EG-Integration geführt worden sind, stellt man fest, daß die Bundesratsmitglieder über Jahrzehnte hinweg stetig und beredt Klage über zweierlei geführt haben: über die – nach Ländermeinung – unzureichende Information durch die Bundesregierung während der verschiedenen Phasen der Aushandlung von EG-Verträgen und der Entwicklung von Ratifikationsgesetzen sowie über die Kompetenzverluste, die den Ländern künftig durch die Übertragung von Hoheitsrechten des Bundes auf die EG entstünden.

Solche Passagen finden wir in der legendären Rede, die der damalige Ministerpräsident von Nordrhein-Westfalen, Karl ARNOLD, im Juni 1951 anläßlich der Beratung des Bundesrats zum Entwurf eines Ratifikationsgesetzes zum Gründungsvertrag der Europäischen Gemeinschaft für Kohle und Stahl gehalten und dabei die oft zitierte Befürchtung formuliert hat, die Länder würden „zu reinen Verwaltungseinheiten herabgedrückt" (in: BUNDESRAT UND EUROPÄISCHE GEMEINSCHAFTEN 1988: 46). Wir finden sie 35 Jahre später, anläßlich der Bundesratsberatungen zum Entwurf eines Gesetzes zur Einheitlichen Europäischen Akte, sinngemäß wieder in des Rede des damaligen Ministerpräsidenten von Rheinland-Pfalz, Bernhard VOGEL. Hier lesen wir:

„Mit den schon vorgenommenen und erst recht mit den durch die Europäische Akte vorgesehenen Übertragungen von Hoheitsrechten sind ganz erhebliche Eingriffe in die föderale Struktur der Bundesrepublik Deutschland verbunden. Die Länder sind sowohl in ihrem eigenen Hoheitsbereich als auch in ihren grundgesetzlich gewährleisteten Mitwirkungsrechten an der Bundesgesetzgebung betroffen. Das erfordert eine bessere Beteiligung der Länder am innerstaatlichen Willensbildungsprozeß (...) Der Bund muß sich mehr um eine gemeinsame Entscheidungsfindung mit den Ländern im Rahmen der Europäischen Gemeinschaft bemühen und den Ländern Raum geben, ihre Interessen und Belange geltend zu machen" (in: BUNDESRAT UND EUROPÄISCHE GEMEINSCHAFTEN 1988: 315).

Dramatischer hat es in derselben Debatte der damalige Vertreter der bayerischen Staatsregierung ausgedrückt:

„Bei den möglichen weiteren Eingriffen in die Zuständigkeiten der deutschen Länder handelt es sich nicht nur um den Verlust einzelner Kompetenzen. Die Staatsqualität der Länder selbst gerät in Gefahr. Die Länder drohen zu bloßen, von Brüssel und Bonn abhängigen Verwaltungseinheiten zu degenerieren. Damit wird unsere bundesstaatliche Verfassungsordnung grundsätzlich in Frage gestellt" (in: BUNDESRAT UND EUROPÄISCHE GEMEINSCHAFTEN 1988: 323).

In der verfassungsrechtlichen und politikwissenschaftlichen Literatur wird dieser Sachverhalt, zumindest was die Kompetenzverluste der Länder betrifft, anders bewertet. So sieht der Verfassungsrechtler FROWEIN (1989) in der Verfassungsrealität der Bundesrepublik Deutschland heute eher eine Bedeutungszunahme der Länder im Vergleich zu den 50er Jahren. Gegenüber der Einschätzung, die deutschen Bundesländer hätten seit 1949 eine wesentliche Schwächung ihrer Stellung durch den Verlust von Kompetenzen an den Bund sowie an die Europäischen Gemeinschaften zu verzeichnen, meldet er bezüglich der EG Skepsis an und spricht nur von der *„Möglichkeit* (Hervorh.d.V.), daß nach der Einheitlichen Akte die Rechtsetzung der Gemeinschaft stärker in die Kompetenzen der Länder eingreift" (FROWEIN 1989: 285). Auch der Politikwissenschaftler HRBEK (1986: 24) kommt zu dem Ergebnis, daß ein Blick auf die Praxis und auch das wissenschaftliche Schrifttum zeige, daß Klagen über Defizite in der Länderbeteiligung bei EG-Angelegenheiten unzutreffend wären.

Andere Bewertungen durch Politikwissenschaftler und Verfassungsrechtler

Tabelle 13: Kompetenzaufteilung zwischen EG und Mitgliedstaaten (Beispiel EWGV)

Ausschließliche Gemeinschaftskompetenzen	Konkurrierende Gemeinschaftskompetenzen (die wichtigsten Bereiche)
Zolltarife (Art. 28 EWGV)	Zollunion - Anwendung des gemeinsamen Zolltarifs (Art. 28 EWGV)
Fischerei - Erhaltungsmaßnahmen (Art. 102 Beitrittsakte 1972)	Agrarpolitik (Art. 38 ff EWGV)
Verkehr - Internationaler Verkehr aus oder nach dem Hoheitsgebiet eines oder mehrerer Mitgliedstaaten (Art. 75 Abs.1 Buchstabe a des EWGV)	Verkehr - soweit es sich nicht um eine ausschließliche Gemeinschaftskompetenz handelt (Art. 75 Abs. 1c des EWGV)
Verkehr - Dienstleistungsfreiheit von Verkehrsunternehmen (Art. 75 Abs. 1 Buchstabe b des EWGV)	
Gemeinsame Handelspolitik (Art. 113. Abs. 1)	Freizügigkeit im Personen- und Kapitalverkehr (Art. 48 ff. EWGV)
	Staatliche Beihilfen (Art. 92 ff des EWGV)
	Steuerliche Vorschriften (Art. 95 ff des EWGV)
	Rechtsangleichung (Art. 100 EWGV)
	Konjunkturpolitik (Art. 103 EWGV)
	Umweltschutz (Art. 130 r ff des EWGV)
	Sozialpolitik (Art. 118 a EWGV)

Nach: LT-Kommission NRW I 1990, S. 109 ff.

Die Kontroverse zwischen Politikern und Wissenschaftlern können wir an dieser Stelle noch nicht klären. Wir werden sie am Schluß des Kapitels nochmals aufgreifen. Was wir aber festhalten können, ist zweierlei: Unstrittig ist, daß Bund und Länder im Prozeß der EG-Integration Kompetenzen an die EG abgegeben haben bzw. abgeben. Dies liegt in der Natur der Sache. Der raison d'être der EG liegt nun einmal die Überzeugung zugrunde, „daß bestimmte Aufgaben mit Aussicht auf Erfolg nicht mehr im engen nationalstaatlichen Rahmen bewältigt werden können" (TOMUSCHAT 1988: 30). Damit ist aber noch überhaupt nichts darüber ausgesagt, ob und wie die Länder bei der (innen-)politischen Willensbildung in EG-Angelegenheiten beteiligt werden. Mit anderen Worten: Die „Verlierer" der EG-Integration können erst dann ausgemacht werden, wenn das Verfahren, das zur Kompetenzabgabe an die EG geführt hat, einer Prüfung unterzogen worden ist.

Wenden wir uns nun der Frage zu, welche Kompetenzen zur Rechtsetzung die Bundesrepublik bisher an die EG abgegeben hat. Anders als die Parlamente der EG-Mitgliedstaaten, die eine sog. Kompetenz-Kompetenz besitzen, d.h. grundsätzlich jede Materie gesetzlich regeln und auch hinsichtlich der Form (Verfassung, Gesetz, Verordnungsermächtigung) wählen können, gilt für Rat und Kommission der EG das „Prinzip der begrenzten Einzel-Ermächtigung". Sie können nur in den Bereichen Recht setzen, die in den Verträgen ausdrücklich genannt sind. Analog zur Verteilung der Gesetzgebungskompetenzen im Bund-Länder-Verhältnis wird auch bei der Kompetenzaufteilung zwischen EG und Mitgliedstaaten zwischen ausschließlichen und konkurrierenden Kompetenzen unterschieden. Im Bereich der ausschließlichen Gemeinschaftskompetenzen ist der Kompetenzverlust der Mitgliedstaaten vollkommen, da alle Zuständigkeiten mit Inkrafttreten der Verträge auf die Gemeinschaften übergegangen sind. Im Bereich der konkurrierenden Gemeinschaftskompetenzen sind die Mitgliedstaaten solange zur Rechtsetzung befugt, solange die EG diese Kompetenzen nicht wahrnimmt. Erst wenn eine EG-Richtlinie erlassen worden ist, sind die Mitgliedstaaten verpflichtet, ihre innerstaatlichen Rechts- und Verwaltungsvorschriften anzugleichen. Die oben gezeigte Tabelle gibt einen Überblick über die – selteneren – ausschließlichen und – häufigeren – konkurrierenden Gesetzgebungskompetenzen, die der EG auf Grundlage des EWGV zugewiesen worden sind.

Wenden wir uns nun der Frage zu, welche Kompetenzeinbußen die Länder bisher infolge der EG-Integration erlitten haben. Die Kommission „Erhaltung und Fortentwicklung der bundesstaatlichen Ordnung innerhalb der Bundesrepublik Deutschland – auch in einem Vereinten Europa" des Landtags NRW hat sich im ersten Teil ihres Kommissionsberichts (LT-KOMMISSION NRW I 1990: 139ff.) der Mühe unterzogen, solche Kompetenzverluste exemplarisch für die Politikbereiche Wirtschaft, Bildung und Wissenschaft, Kultur und Umweltschutz aufzulisten. Wer erwartet, nach der Lektüre der entsprechenden Passagen eindeutige Aussagen treffen zu können, wird enttäuscht. Für die Wirtschaftspolitik werden eher mögliche Ausstrahlungswirkungen beschrieben, denn eindeutig identifizierte Kompetenzverluste genannt. Für die im bundesdeutschen Föderalismus originär der Länderkompetenz zugeordnete Bildungs- und Kulturpolitik werden eher marginale EG-Kompetenzen konstatiert. Für den Umweltschutz – neben der Wirtschaftspolitik das zweite „Einfallstor" für Gemeinschaftsaktivitäten – werden für die Regelungsbereiche Immissionsschutz, Wasserrecht und Ab-

---

Marginalien (linke Spalte):

Unstrittig: Kompetenzabgabe von Bund und Länder an EG

Prinzip der begrenzten Ermächtigung für Rat und Kommission der EG

Absolute Kompetenzeinbuße der Länder: Fehlanzeige!

214

fall durchaus immer noch erhebliche Spielräume für eigenständige Länderaktivitäten gesehen.

Dieser Befund mag auf den ersten Blick erstaunen – zumal wir der Kommission des nordrhein-westfälischen Landtags unterstellen können, in Anbetracht ihres Auftrags hier besonders gründlich recherchiert zu haben. Versuchen wir, dafür Erklärungen zu finden.

Ein Erklärungsansatz ist sicherlich in der Tatsache zu suchen, daß die Gesetzgebungskompetenzen der Länder seit Bestehen der Bundesrepublik kontinuierlich dezimiert worden sind. Unter dem Verfassungsgebot der Schaffung einheitlicher Lebensverhältnisse hat der Bund die konkurrierende Gesetzgebung systematisch aus- und damit Länderkompetenzen abgebaut. Wo es keine Länderkompetenzen mehr gibt, können sie auch nicht an eine supranationale Institution übertragen werden. Allerdings haben wir in Teil 2 auch erfahren, daß dieser Kompetenzverlust durch die zunehmende Mitwirkung des Bundesrats an der Bundesgesetzgebung kompensiert worden ist. Daß die Zahl der Zustimmungsgesetze in der Bundesgesetzgebung kontinuierlich zunimmt, ist nicht zuletzt auf die Stärkung der Länderposition gegenüber dem Bundesgesetzgeber zurückzuführen.

Erklärung 1: Konzentration der Gesetzgebungskompetenzen beim Bund

Ein weiterer Erklärungsansatz muß in dem für den bundesdeutschen Föderalismus typischen System der Politikverflechtung zwischen Gesamt- und Gliedstaaten gesehen werden. Das System des horizontalen und vertikalen Finanzausgleichs, die Gemeinschaftsaufgaben nach Art. 91 a und b GG sowie die vielfältigen, formellen und informellen Verfahren der Bund-Länder- und Länderkoordinierung haben im zweistufigen Bundesstaat die Zuordnung von Zuständigkeiten und Verantwortlichkeiten immer weniger transparent werden lassen (vgl. dazu Teil 2 und Teil 3, Kapitel 3). Obwohl die Bundesrepublik in EG-Angelegenheiten formal als Zentralstaat handelt und aus EG-Sicht auch so behandelt wird, hat der dreistufige Bundesstaat in der (innen-)politischen Praxis das System der Politikverflechtung verdoppelt. Von daher halten wir es für angemessener, von Kompetenzverlagerungen anstatt von Kompetenzverlusten im dreistufigen Bundesstaat zu sprechen. Wie schon gesagt: Daß im Zuge der EG-Integration die Mitgliedstaaten Kompetenzen an die EG abgeben, liegt in der Natur der Sache. Für ein föderativ verfaßtes Staatswesen wie die Bundesrepublik ist entscheidend, welche Verfahren entwickelt werden, um die innenpolitische Machtbalance zwischen Bund und Ländern zu wahren und die Mitwirkungsdefizite der Länder bei der EG-Rechtsetzung zu kompensieren.

Erklärung 2: System der Politikverflechtung

4.4   Die Beteiligung des Bundesrats an der europäischen Integration

Die tatsächlichen Kompetenzeinbußen der Länder infolge der EG-Integration sind im System der bundesdeutschen Politikverflechtung nur schwer identifizierbar. Umso eindeutiger ist die prinzipielle Kompetenzbeschränkung, die der Bundesrat durch die EG-Mitgliedschaft erfahren hat. Wo Bundeskompetenzen auf die EG übergegangen sind, findet die Rechtsetzung im Rat der EG statt. Die Länder verlieren Mitwirkungsrechte, sei es das Recht des Einspruchs oder der Zustimmungsverweigerung, die sie bis dahin bei der Bundesgesetzgebung ausgeübt haben.

Prinzipielle Kompetenzbeschränkung des BR

Bereits beim Ratifizierungsverfahren des Montan-Union-Vertrages im Jahre 1951 hatte deshalb das Land Nordrhein-Westfalen einen Gesetzentwurf einge-bracht, der Mitwirkungsrechte der Länder bzw. des Bundesrats gesetzlich veran-kern sollte. Vorgeschlagen war die Bestellung eines Länderausschusses durch den Bundesrat, der von der Bundesregierung konsultiert werden sollte, bevor sie Weisung an ihren Vertreter im Rat erteilte. Der Vorstoß ist gescheitert. In Art. 2 des Ratifikationsgesetzes zu den „Römischen Verträgen" wurden schließlich 1957 nur ein Informationsanspruch von Bundestag und Bundesrat sowie die In-formationsverpflichtung der Bundesregierung festgeschrieben. Dies ist aber nicht mehr als die Bekräftigung bzw. Konkretisierung von Art. 53 GG, in dem es heißt: „Der Bundesrat ist von der Bundesregierung über die Führung der Ge-schäfte auf dem laufenden zu halten". Trotz wiederholter Versuche der Länder, bei der innerstaatlichen Meinungsbildung in EG-Angelegenheiten wirkungsvol-ler beteiligt zu werden, war ihnen bis zur Ratifizierung der EEA im Jahre 1986 kein Erfolg beschieden.

4.4.1   Das Bundesratsverfahren nach Art. 2 EEAG

Der Prozeß der Verabschiedung des Gesetzes zur Ratifikation der Einheitlichen Europäischen Akte (EEAG) markiert eine neue Phase der Bund-Länder-Bezie-hungen im EG-Integrationsprozeß. Zwei Vereinbarungen sind dabei von Interes-se, Art. 2 EEAG sowie die sog. „Bund-Länder-Vereinbarung" vom 17.12.1987 mit dem bedeutungsvollen Titel: „Vereinbarung zwischen der Bundesregierung und den Regierungen der Länder über die Unterrichtung und Beteiligung des Bundesrates und der Länder bei Vorlagen im Rahmen der Europäischen Ge-meinschaften in Ausführung von Artikel 2 des Gesetzes vom 19. Dezember 1986 zur Einheitlichen Europäischen Akte (EEAG) vom 28. Februar 1986".

Schon die Vorgeschichte der Ratifikation der EEA wirft ein bezeichnendes Licht auf die Stellung des Bundesrats im Gesetzgebungsprozeß und – darüber vermittelt – auf die Stellung der Länder im System der bundesdeutschen Politik-verflechtung. Befassen wir uns deshalb zunächst mit dieser Vorgeschichte.

Sie beginnt mit der „Entschließung des Bundesrats zur Änderung der Römi-schen Verträge" vom 21. Februar 1986, die ihrerseits auf einen Antrag Bayerns vom 21. Januar 1986 zurückgeht. Für unseren Zusammenhang besonders inter-essant sind die Ziffern 12 und 13 der BR-Entschließung:

„12. Die Position der Länder bei der Übertragung von Hoheitsrechten auf zwischenstaatliche Einrichtungen muß verbessert werden. Der Bundesrat spricht sich daher für eine Änderung des Artikels 24 Abs. 1 des Grundgesetzes aus. Entsprechend dem Vorschlag der Enquete-Kommission ‚Verfassungsreform' und dem Vorschlag einer von den Fraktionsvorsitzenden-Konferenzen einberufenen interfraktionellen Arbeitsgruppe vom 9. Januar 1985 sollte daher zumindest die Übertragung von Hoheitsrechten der Länder von der Zustimmung des Bundes-rates abhängig gemacht werden.

13. Darüber hinaus hält es der Bundesrat für erforderlich, die innerstaatliche Willensbildung im Zusammenhang mit der Haltung der Vertreter der Bundesrepublik Deutschland in den zwischenstaatlichen Einrichtungen zu verbessern" (in: BUNDESRAT UND EUROPÄISCHE GE-MEINSCHAFTEN 1988: 303f.).

Nüchtern und sachlich haben die Länder damit ihren Anspruch auf Mitwirkung im Prozeß der supranationalen Integration angemeldet, mithin in einem Bereich, der verfassungsrechtlich der Außenpolitik zugerechnet wird und damit in die alleinige Kompetenz der Bundesregierung fällt. Wie in einer späteren Bundesrats-Debatte der damalige Vertreter des Landes Nordrhein-Westfalen bemerkte, hat diese Bundesrats-Entschließung „in der Öffentlichkeit einer sehr breite politische Echowirkung" hervorgerufen. „Dabei war die Rede von Nebenaußenpolitik, von europafeindlich, von Kleinstaaterei, von Kirchturmspolitik, von Obstruktion, von ersehnter Sperrfunktion des Bundesrates in EG-Angelegenheiten (...)" (so der damalige nordrhein-westfälische Bundesratsminister EINERT in der 564. Sitzung des Bundesrats am 16.5.1986, in: BUNDESRAT UND EUROPÄISCHE GEMEINSCHAFTEN 1988: 318).

EEAG als Zustimmungsgesetz

Die Bundesrats-Entschließung vom 21.2.1986 hat eines bewirkt: Die Bundesregierung hat ihren Gesetzentwurf zur Einheitlichen Europäischen Akte von vornherein als Zustimmungsgesetz behandelt und damit – wie FROWEIN (1989: 291) anmerkt – die Länderforderung nach Verfassungsänderung von Artikel 24 GG „als geltendes Verfassungsrecht behandelt". FROWEIN interpretiert diese Entscheidung der Bundesregierung als Beweis der Stärke der Bundesländer. Die Bundesregierung habe die Zustimmungsbedürftigkeit bejaht, „in der wohl richtigen Erkenntnis, daß sie sonst die Kraftprobe der Ratifizierung nicht überstehen würde" (FROWEIN 1989: 291).

Gesetzentwurf der Bundesregierung

Eines hat die Bundesrats-Entschließung vom 21.2.1986 allerdings nicht bewirkt: Daß nämlich die Bundesregierung in ihren Gesetzentwurf bereits die Länder-Forderungen nach Mitwirkung aufgenommen hätte. Der Gesetzentwurf der Bundesregierung ist vielmehr äußerst knapp in drei Artikeln gehalten:

„Artikel 1

Der in Luxemburg am 17. Februar 1986 von der Bundesrepublik Deutschland unterzeichneten Einheitlichen Europäischen Akte und der Schlußakte vom 28. Februar 1986 wird zugestimmt. Die Einheitliche Europäische Akte und die Schlußakte werden nachstehend veröffentlicht.

Artikel 2

Dieses Gesetz gilt auch im Land Berlin, sofern das Land Berlin die Anwendung dieses Gesetzes feststellt.

Artikel 3

(1) Dieses Gesetz tritt am Tage nach seiner Verkündung in Kraft.
(2) Der Tag, an dem die Einheitliche Europäische Akte nach ihrem Artikel 33 Abs. 2 für die Bundesrepublik Deutschland in Kraft tritt, ist im Bundesgesetzblatt bekanntzugeben."

„Politischer" Durchgang im Bundesrat

Der weitere Gang der Gesetzgebung zeigt anschaulich, was es heißt, wenn von der „starken" Stellung des Bundesrats im Gesetzgebungsprozeß und von der Bedeutung des „politischen" Durchgangs im Bundesrat die Rede ist. Erinnern wir uns: Gesetzentwürfe, die von der Bundesregierung eingebracht werden, sind nach Art. 76 Abs. 2 GG zunächst dem Bundesrat zuzuleiten. Innerhalb von sechs Wochen kann der Bundesrat zu diesem Gesetzentwurf Stellung nehmen; Gesetzentwurf der Bundesregierung und ggf. die Bundesrats-Stellungnahme gehen dann an den Bundestag. Das „eigentliche", parlamentarische Gesetzgebungsverfahren beginnt.

Im Falle des EEAG nun hat der Bundesrat seine Kompetenzen voll ausgeschöpft und nach einer ausführlichen Debatte im Bundesratsplenum eine umfangreiche Stellungnahme verabschiedet. Kern der Stellungnahme bilden zwei
Forderungen:

Bundesrat formuliert
Kompetenzansprüche

- Es soll ein Artikel 1a eingeführt wrden, in dem die Mitwirkungsrechte des
  Bundesrats in EG-Angelegenheiten detailliert geregelt sind.
- Gefordert wird eine Verfassungsänderung dahingehend, daß die Übertragung von Hoheitsrechten nach Art. 24 GG auf zwischenstaatliche Einrichtungen in Zukunft nicht ohne Zustimmung des Bundesrats möglich sein soll,
  zumindest dann nicht, wenn es um Hoheitsrechte der Länder geht.

Bundesrat setzt sich
durch

Darüber hinaus hat der Bundesrat ein Junktim aufgestellt: „Der Bundesrat stellt
die Zustimmung zu dem Gesetz zur Einheitlichen Europäischen Akte in Aussicht, wenn die von ihm verlangte Änderung des Gesetzentwurfs durch Einfügung eines neuen Artikels 1a erfüllt wird" (in: BUNDESRAT UND EUROPÄISCHE
GEMEINSCHAFTEN 1988: 343). Mit diesem Junktim hat der Bundesrat im wahr-
sten Sinne des Wortes „seine Muskeln spielen" lassen – und dies mit Erfolg. In
seinem Gesetzesbeschluß zur EEA ist der Bundestag der Forderung des Bundesrats nach Einfügung eines Artikels 1a voll entgegengekommen und hat – bei ge-
ringfügigen Formulierungsänderungen – die Bundesratsvorlage übernommen.

Nach Art. 1a des Ratifizierungsgesetzes – dem späteren Art. 2 EEAG – muß
die Bundesregierung

- vor ihrer Zustimmung zu Beschlüssen der Europäischen Gemeinschaften bei
  Vorhaben, die ganz oder teilweise in die ausschließliche Gesetzgebungskompetenz der Länder fallen oder deren wesentliche Interessen berühren,
  die Stellungnahme des Bundesrates einholen,
- diese Stellungnahme bei den Verhandlungen berücksichtigen.

Sie kann

- davon nur aus zwingenden außen- und integrationspolitischen Gründen ab-
  weichen, soweit ausschließliche Gesetzgebungskompetenzen der Länder berührt sind.

Sie muß

- im Falle einer Abweichung vom Bundesrat die maßgeblichen Gründe mittei-
  len und
- auf Verlangen Vertreter der Länder zu den Verhandlungen in den Bera-
  tungsgremien der Kommission und des Rates hinzuziehen, soweit dies möglich ist. Einzelheiten sollen in einem Abkommen zwischen Bund und Ländern geregelt werden.

Mit diesem Erfolg hat der Bundesrat seine Stärke unter Beweis gestellt, und auch
Bayern, dessen frühzeitige Initiative die Bundesrats-Stellungnahme maßgeblich
beeinflußt hat, hat seinem Ruf als „Fahnenträger des Föderalismus" alle Ehre
gemacht.

Kritische Bewertung aus
verfassungsrechtlicher
Sicht

Art. 2 EEAG und die Bestimmungen der Bund-Länder-Vereinbarung vom
17.12.1987 „sprengen" den Rahmen, den das Grundgesetz den Bund-Länder-Beziehungen gezogen hat. Insbesondere in Art. 2 Abs. 3 EEAG, der die Bun-

218

desregierung in Angelegenheiten, die ausschließlich Gesetzgebungsmaterien der Länder betreffen, weitgehend an Stellungnahmen des Bundesrats bindet, sieht er einen „Eingriff in verfassungsrechtliche Zuständigkeiten der Bundesregierung" (FROWEIN 1989: 292f). Der Bindungswirkung von Art. 2 Abs. 3 EEAG attestiert FROWEIN Verfassungswidrigkeit. Als „ganz ungewöhnlich" bewertet er Art. 2 Abs. 6 EEAG, wonach Einzelheiten der Unterrichtung und Beteiligung des Bundesrats einer Vereinbarung zwischen Bund und Ländern vorbehalten bleiben sollen, da damit das Verfassungsorgan Bundesrat „unmittelbar der Zwischenländerebene zugerechnet" (FROWEIN 1989: 296) würde. Den kooperativen Föderalismus „auf die Spitze getrieben" sieht FROWEIN (1989: 296) in den Bestimmungen der „Bund-Länder-Vereinbarung", wenn es heißt: „Vertreter der Länder sind Mitglieder der deutschen Delegation. Sie sind inhaltlich an Stellungnahmen des Bundesrats gebunden. (...) Delegationsleitung und Sprecherrolle liegen bei der Bundesregierung. Ein Ländervertreter kann in Arbeitsausschüssen und -gruppen mit Zustimmung des Delegationsleiters Erklärungen abgeben". Mit anderen Worten: Den Ländervertretern in der deutschen Delegation wird ein doppelter Status zuerkannt. „Nach außen" treten sie als Vertreter der Bundesregierung auf. Im Innenverhältnis der deutschen Delegation sind sie Vertreter der Länder.

Wenn FROWEIN der Bindungswirkung von Art. 2 Abs. 3 EEAG Verfassungswidrigkeit bescheinigt, die Regelung des Verhältnisses von Bundesregierung und Bundesrat durch eine „Bund-Länder-Vereinbarung" als „ganz ungewöhnlich" wertet und die Gewaltentrennung zwischen Bundesrat und Bundesregierung in der Zuordnung der Ländervertreter in der deutschen Delegation faktisch aufgehoben sieht, dies aber gleichwohl Verfassungsrealität und politische Praxis ist, wirft dies ein bezeichnendes Licht auf die Dynamik des bundesdeutschen Föderalismus. Bund und Länder nehmen sowohl in ihrer politischen Praxis wie in ihren formalisierten Regelungen eine Vielzahl von Anpassungen an neue Gegebenheiten vor – eine Tatsache, die FROWEIN als Beleg dafür gilt, „wie stark auch unser Verfassungsrecht im englischen Sinne von ‚constitutional conventions" durchsetzt ist" (FROWEIN 1989: 301).

„federalism at work"

Mit Inkrafttreten des „Gesetzes über die Zusammenarbeit von Bund und Ländern in Angelegenheiten der Europäischen Union", das am 12. März 1993 vom Bundestag beschlossen worden ist und das die bisher erreichten Mitwirkungsrechte der Länder im Zusammenhang mit dem Maastrichter Vertragswerk ausgebaut und weiter präzisiert hat, ist Art. 2 EEAG außer Kraft getreten.

Länderbeteiligungsgesetz 1993 setzt Art.2 EEAG außer Kraft

4.4.2 Bundesrats-Gremien für EG-Angelegenheiten

Novellierung der GO BR

Mit der Verabschiedung von Art. 2 EEAG und mit der „Bund-Länder-Vereinbarung" haben die Länder über den Bundesrat Kompetenzen eingefordert, deren Wahrnehmung die Bundesratskapazitäten zur Informationsvermittlung, Länderkoordination, Meinungsbildung und Beschlußfassung schlichtweg zu überfordern drohte. Die Metaphern von der „immensen Informationsflut", die sich über den Bundesrat und die Länder „ergieße" (so der damalige amtierende Bundesratspräsident in den Beratungen zur Novellierung der GO BR am 10.6.1988, in: BUNDESRAT UND EUROPÄISCHE GEMEINSCHAFTEN 1988: 450) bzw. von der „wahren Papierflut", die über den Bundesrat „hereinbreche" (JASPERT 1988: 93), versinnbildlichen einen Zustand des eher passiven Ausgeliefertseins bzw. die Gefahr des Nicht-Bewältigen-Könnens.

Der Bundesrat hat auf diese Herausforderung mit der Ergänzung seiner Geschäftsordnung umgehend reagiert und einen neuen Teil IV a („Das Verfahren in Angelegenheiten der Europäischen Gemeinschaften") mit den Paragraphen 45a-45k eingefügt.

Zwei BR-Gremien für EG-Angelegenheiten:

Wenn wir uns nochmals mit dem Schaubild „Organisationsplan des Bundesrates" (Teil 2) beschäftigen, sehen wir, daß der Bundesrat über zwei Gremien verfügt, die sich mit EG-Angelegenheiten befassen: den Ausschuß für Fragen der Europäischen Gemeinschaften sowie die Kammer für Vorlagen der Europäischen Gemeinschaften, kurz „EG-Kammer" genannt.

1. EG-Ausschuß

Das ältere der beiden Gremien ist der Ausschuß für Fragen der Europäischen Gemeinschaften, der sog. EG-Ausschuß, der 1965 aus dem seit 1957 bestehenden Bundesrats-Sonderausschuß „Gemeinsamer Markt und Freihandelszone" hervorgegangen ist. Der EG-Ausschuß hat die Federführung für die Beratung aller EG-Vorlagen inne, d.h. von Vorschlägen der Kommission für Verordnungen und Richtlinien sowie von Vorlagen an den Rat, die die Bundesregierung dem Bundesrat zuleitet. Ein Blick in die Statistik zeigt, daß er in der Tat ein überaus beachtliches Arbeitspensum erfüllt. Von 1957 bis 1994 sind dem Bundesrat insgesamt 6.355 Vorlagen aus den Europäischen Gemeinschaften zugeleitet und von ihm beraten worden (HANDBUCH DES BUNDESRATES 1994/95: 302). Für nahezu alle Vorlagen sind im EG-Ausschuß – da prinzipiell federführend – Beschlußempfehlungen erarbeitet worden. Sind von 1957 bis 1961 (3. Wahlperiode) ganze 24 EG-Vorlagen beim Bundesrat eingegangen, waren es in den folgenden vier Jahren (4. Wahlperiode) bereits 478. Die bisherige „Spitze" war in den Jahren 1972 bis 1976 (7. Wahlperiode) mit 1.017 EG-Vorlagen erreicht (HANDBUCH DES BUNDESRATES 1990/91: 277). Zum Vergleich: Von 1949 bis 1994 sind dem Bundesrat vom Bundestag insg. 4.934 Gesetzesvorlagen zugeleitet und von ihm beschlossen worden (HANDBUCH DES BUNDESRATS 1994/95: 298). Für das Geschäftsjahr 1989 hat der scheidende Bundesratspräsident im Rückblick 193 Vorlagen der Europäischen Gemeinschaften gezählt, mit denen sich der Bundesrat befaßt hat, bei „nur" 88 Gesetzentwürfen der Bundesregierung und je 21 Gesetzentwürfen und Entschließungsanträgen einzelner Bundesländer (in: Bulletin des Presse- und Informationsamt der Bundesregierung Nr. 126 vom 14.11.1989: 1074). Die Zahl der EG-Vorlagen im Bundesrat übertraf und übertrifft also die Zahl der bundesdeutschen Gesetzesvorlagen ganz erheblich.

Daß die „Papierflut", die sich insbesondere seit 1989 täglich über den Bundesrat „ergießt" (die Verwaltung des Bundesrats rechnet durchschnittlich mit der Zuleitung von 70 bis 80 EG-Dokumenten täglich, vgl. JASPERT, 1988: 98), einen immensen Vermittlungs- und Koordinationsaufwand erfordert, liegt auf der Hand. Wir haben bereits darauf hingewiesen, daß der Bundesrat auf diese Herausforderung mit der Novellierung seiner Geschäftsordnung reagiert hat. Wie die Informationsbewältigung im Detail aussieht, hat ein Insider der Bundesratsverwaltung anschaulich geschildert:

„Die beim Bundesrat nach Art. 2 Abs. 1 EEAG eingehenden Dokumente (...) werden mit Hilfe eines neuen Datenverarbeitungssystems in eine Eingangsliste aufgenommen. Es wird dabei angegeben, ob nach der Beurteilung des Büros des EG-Ausschusses, das sich in Zweifelsfällen mit den jeweils federführenden Ländern und den Büros der Fachausschüsse abstimmt, ein

220

Umdruck als BR-Drucksache vorgesehen ist, eine Verteilung allgemein zur Kenntnisnahme oder lediglich auf eine gezielte Anforderung durch die Länder erfolgt.

Gleichzeitig wird eine Zuordnung zu bereits verteilten Drucksachen oder zur Kenntnis übersandter Papiere vorgenommen. Auf den zur Kenntnis übersandten Dokumenten werden die betroffenen Sachgebiete angegeben und, soweit schon eine BR-Drucksache vorliegt, die beteiligten Ausschüsse.

Für jede Drucksache aus dem EG-Bereich erstellt das Büro des Ausschusses ferner einen Konkordanzbogen mit einer Zusammenfassung der verfügbaren Daten zu der Vorlage. Er enthält die BT-Drucksache, die Drucksachen des Europäischen Parlaments und die dort beteiligten Ausschüsse, Folgedokumente des Rates, die Berichte des Beobachters der Länder, Veröffentlichungen und bei Richtlinien die Umsetzungsfristen. Die Bogen werden ständig ergänzt und danach neu verteilt.

Im Rahmen des Art. 2 Abs. 2 werden bei Vorlagen, die die ausschließliche Gesetzgebung der Länder betreffen oder deren wesentliche Interessen berühren, die Mitteilungen der Bundesregierung über den zeitlichen Rahmen der Behandlung in den Ratsgremien an die Länder weitergeleitet, und es wird im Sekretariat des Bundesrates darauf zu achten sein, daß die Beratungsverfahren in den Ausschüssen und im Bundesrat oder in dem besonderen Beschlußgremium dann auch rechtzeitig erfolgen.

Die Regelungen des Art. 2 Absätze 3 und 4 über die Berücksichtigung der Stellungnahmen des Bundesrates erfordern eine ständige Verfolgung des Beratungsstandes und eine enge Zusammenarbeit mit der Bundesregierung, damit deren Berichtspflichten bei Abweichungen von Stellungnahmen des Bundesrates in den Verhandlungen in jedem Fall und möglichst zeitnah erfolgen" (JASPERT 1988: 96f).

Der spontane Eindruck, daß hier Organisations- und Koordinationsfähigkeiten abverlangt werden, die jenseits des menschlich zu Bewältigenden liegen, mag sich nach der Lektüre dieser Textpassage aufdrängen. Jedenfalls legt sie beredtes Zeugnis davon ab, was es heißt, im dreistufigen Bundesstaat Beteiligungsverfahren zu praktizieren.

Ein institutionelles Novum ist die 1988 eingerichtete EG-Kammer (seit 26.11.1993: Europakammer), die über eilbedürftige oder vertrauliche EG-Vorlagen zu entscheiden hat. Sie ist ein „Bundesrat en miniature" insofern, als nach Art. 45 b Abs. 2 GO BR die Beschlüsse der EG-Kammer die Wirkung von Beschlüssen des Bundesrats haben. Es ist von daher nur konsequent, wenn nach Art. 45 b Abs. 3 GO BR jedes Land nur ein Mitglied oder ein stellvertretendes Bundesratsmitglied, d.h. ein Regierungsmitglied, aber keine Ministerialbeamten in die EG-Kammer entsenden kann. Auch der Vorsitz der EG-Kammer ist analog zur Bundesratspräsidentschaft geregelt: Aus der Mitte der Mitglieder der EG-Kammer wählt der Bundesrat den Vorsitzenden sowie die drei stellvertretenden Vorsitzende ohne Aussprache für ein Jahr.

2. EG-Kammer: Bundesrat en miniature als institutionelles Novum

Im Zusammenhang mit der Ratifizierung des Maastrichter Vertragswerks und der Aufnahme des „Europa-Artikels" als Art. 23 GG n.F. in die Verfassung hat auch die EG-Kammer des Bundesrats Verfassungsrang bekommen. Nach Art. 52 Abs. 3 GG wurde folgender Absatz 3a eingefügt:

„(3a) Für Angelegenheiten der Europäischen Union kann der Bundesrat eine Europakammer bilden, deren Beschlüsse als Beschlüsse des Bundesrates gelten; Artikel 5a Abs. 2 und 3 Satz 2 gilt entsprechend."

Bei den Beratungen zur Ergänzung der GO BR hat der damals amtierende Bundesratspräsident betont, daß der Bundesrat mit der Einrichtung der EG-Kammer „Neuland auf dem Terrain des deutschen Parlamentarismus" betrete (in: BUNDESRAT UND EUROPÄISCHE GEMEINSCHAFTEN 1988: 450). Bei dem Verfassungs-

Kritische Bewertung aus verfassungsrechtlicher Sicht

rechtler FROWEIN stößt die Konstruktion der EG-Kammer als „Bundesrat en miniature" eher auf Skepsis. Die Rede ist von einer „verfassungsrechtlichen Merkwürdigkeit": „Nach herkömmlichem staatsrechtlichem Verständnis kann sich ein Verfassungsorgan nicht durch Geschäftsordnungsregeln seiner Kompetenzen begeben. Die EG-Kammer ist nicht der Bundesrat" (FROWEIN 1988: 295). Die politische Praxis zeigt, daß sich der Bundesrat der Sonderstellung der EG-Kammer bzw. Europakammer bewußt ist und – bisher jedenfalls – dieses Instrument ganz restriktiv einsetzt. In der 12. Wahlperiode (1990 bis 1994) hat die Europakammer 24 EG-Vorlagen behandelt, bei insgesamt 783, die dem Bundesrat in diesem Zeitraum zum Beschluß vorgelegt worden sind (HANDBUCH DES BUNDESRATES 1994/95: 302).

4.5 Das Maastrichter Vertragswerk – Kontinuum und Zäsur im europäischen Integrationsprozeß

Mit der Vorbereitung und Unterzeichnung der Maastrichter Verträge ist der europäische Integrationsprozeß zu Beginn der 90er Jahre in ein neues Stadium getreten. Bereits in der Einführung zu diesem Kapitel haben wir die Vielschichtigkeit dieses Vorhabens angedeutet und davon gesprochen, daß es Kontinuum und Zäsur im europäischen Integrationsprozeß darstellt, je nach den Zusammenhängen, in denen es betrachtet wird.

Maastrichter Verträge als Zäsur

Eine Zäsur ist das Maastrichter Vertragswerk hinsichtlich der gesamteuropäischen Situation nach dem „Wendejahr 1989". Wir haben vom „heimlichen Lehrplan" gesprochen, der das ganze Geschehen mitgelenkt hat und darauf abzielte, nicht nur die bisherige Zwölfergemeinschaft angesichts der fundamentalen Umbrüche in Mittel- und Osteuropa enger zusammenzuschließen, sondern auch das größer gewordene Deutschland nach der Wiedervereinigung fester in die EG einzubinden.

Hohes Tempo der Vertragsvorbereitung

Für diese Deutung spricht das Tempo, mit dem das Maastrichter Vertragswerk angekündigt, vorbereitet, unterzeichnet und ratifiziert worden ist. Um die wichtigsten Stationen zu nennen: „Dubliner Gipfel" im Juni 1990. Erste Regierungskonferenz zur Europäischen Wirtschafts- und Währungsunion am 13. Dezember 1990, die zweite zur Politischen Union einen Tag später, am 14. Dezember 1990. Abschluß der Verhandlungen auf der Tagung des Europäischen Rates am 9./10. Dezember 1991 in Maastricht. Unterzeichnung der beiden Verträge am 7. Februar 1992 durch die Außen- und Finanzminister der 12 EG-Mitgliedstaaten. Ratifizierung der Verträge in den EG-Mitgliedstaaten im Laufe des Jahres 1992. Inkrafttreten zum 1. Januar 1993.

Inhaltliche Essentials

Wie geradezu atemberaubend dieses Tempo war, wird deutlich, wenn man sich mit der inhaltlichen Bedeutung der beiden Verträge auseinandersetzt. Auch hier nur das Wichtigste in Stichworten: Gründung einer Europäischen Union; Schaffung eines Wirtschafts- und Sozialraumes ohne Binnengrenzen; Errichtung einer Europäischen Wirtschafts- und Währungsunion; Einleitung einer gemeinsamen Außen- und Sicherheitspolitik; Zusammenführung der Bereiche „Justiz und Inneres"; Einschränkung der Befugnisse der Bundesbank zugunsten der Europäischen Zentralbank; Einführung einer gemeinsamen Unionsbürgerschaft mit kommunalem Unionsbürgerwahlrecht.

222

Daß mit dem Inkrafttreten der Maastrichter Verträge nicht nur die schon bestehenden Vertragsgrundlagen der Europäischen Gemeinschaften geändert worden sind, sondern „ein prinzipieller Qualitätssprung" (SCHOLZ 1992: 2594) eingeleitet worden ist, zeigt die innenpolitische Resonanz, die die Verträge im Ratifizierungsprozeß in einigen EG-Mitgliedstaaten hervorgerufen haben. In Dänemark sind die Verträge bei einem Referendum mit knapper Mehrheit abgelehnt, in Frankreich mit hauchdünner Mehrheit angenommen worden. In der Bundesrepublik haben sie zur 41. Novellierung der Verfassung geführt.

Andererseits: Die politische Integration Europas, die Europäische Union, wird seit 1983 von den EG-Institutionen wie von den Repräsentanten der EG-Mitgliedstaaten offiziell angestrebt. Mit der EEA ist der Weg dafür systematisch geebnet worden. Diese Kontinuität spiegelt sich auch im Zusammenwirken von Bund und Ländern bei der Vorbereitung und Aushandlung der Maastrichter Verträge wider. Ähnlich wie bei der Ratifizierung der EEA ist für unser Thema auch hier die Vorgeschichte aufschlußreich, zeigt sie doch zweierlei: Daß der Bundesrat die Beteiligungs- und Mitwirkungsrechte im europäischen Integrationsprozeß, die er mit Art. 2 EEAG errungen hatte, offensiv und extensiv nutzte, und daß am Ende des Ratifizierungsprozesses Mitwirkungsrechte in der Verfassung verankert waren, um die der Bundesrat schon bei der Ratifizierung der EEA gerungen hatte, damals noch vergeblich.

Noch ein Hinweis zur Sprachregelung: Auch wenn in Publizistik und wissenschaftlicher Literatur hin und wieder vom „Maastrichter Vertrag" die Rede ist – in Maastricht sind am 7. Februar 1992 zwei Verträge unterzeichnet worden: der „Vertrag zur Gründung der Europäischen Gemeinschaft", mit dem der EWG-Vertrag in einen EG-Vertrag umfirmiert wurde mit dem Ziel der Schaffung einer Europäischen Wirtschafts- und Währungsunion, sowie der „Vertrag über die Europäische Union" (Abdruck beider Verträge in: EUROPÄISCHE GEMEINSCHAFT – EUROPÄISCHE UNION 1992). Im folgenden sprechen wir deshalb vom „Vertragswerk von Maastricht" bzw. von den „Maastrichter Verträgen".

4.5.1 Die Vertragsverhandlungen zu den Maastrichter Verträgen als „Härtetest" der neuen Länderbeteiligung

Als mit dem Beschluß des Dubliner EG-Gipfeltreffens im Sommer 1990 die Vorbereitungen zur Europäischen Wirtschafts- und Währungsunion wie zur Europäischen Union offiziell eröffnet waren, waren die Länder für diese Phase der europäischen Integration bereits gut gerüstet. Nicht nur, daß sie aufgrund von Art. 2 EEAG wie aufgrund des „Bund-Länder-Abkommens" vom 17. Dezember 1987 juristisch in der Lage waren, sowohl bei der Formulierung der deutschen Verhandlungsposition wie bei den Regierungskonferenzen selbst aktiv mitzuwirken. Sie haben zudem seit 1987, seit die Ministerpräsidenten auf ihrer Münchner Konferenz vom 21. bis 23. Oktober 1987 die sog. „10 Münchner Thesen zur Europapolitik" beschlossen hatten (abgedruckt in: BAUER 1991: 13ff), das Thema „Europäische Integration" kontinuierlich auf die Tagesordnung gesetzt. So haben die Ministerpräsidenten auf ihrer Jahreskonferenz vom 25. bis 27. Oktober 1989 beschlossen, eine Arbeitsgruppe der Staats- und Senatskanzleien einzusetzen, die einen Bericht zum Thema „Europa der Regionen – Beteiligung der Länder an der interregionalen Zusammenarbeit sowie Fortentwick-

(Marginalien:)

Maastrichter Verträge als Kontinuum

Zwei Verträge bilden das „Maastrichter Vertragswerk"

Länder sind für neue Phase der EG-Integration gut gerüstet

lung der Rechte und politischen Wirkungsmöglichkeiten der Regionen in Europa" zu erarbeiten hatte. Dieser Bericht, der am 22. Mai 1990 vorgelegt worden ist (abgedruckt in: BAUER 1991: 41 ff), hat nicht nur die bisherigen Erfahrungen mit Art. 2 EEAG zusammengefaßt und ausgewertet, sondern auch wesentliche Eckpunkte einer künftigen Europäischen Union formuliert, die im weiteren Verlauf der Willensbildung der Länder bestätigt worden sind. So haben die Ministerpräsidenten am 7. Juni 1990, also noch vor dem „Dubliner Gipfel", die Resultate des Berichts in einem Beschluß bekräftigt und ihre Forderungen nach einer Institutionalisierung und rechtlichen Absicherung der Mitwirkung von Ländern und Regionen auf europäischer Ebene als vordringlich formuliert.

Auch der Bundesrat war schon vor dem „Dubliner Gipfel" aktiv geworden. In zwei Entschließungen vom 6. April 1990 und vom 13. Juni 1990 hat er bereits eine entsprechende Mitwirkung der Länder an der Weiterentwicklung der Europäischen Gemeinschaft verlangt.

Parallel zu diesen Länder- und Bundesratsaktivitäten lief ein Prozeß, der sowohl vom Europäischen Parlament wie von Regionalrepräsentanten der 12 EG-Mitgliedstaaten getragen worden ist und die Beteiligung von Ländern und Regionen am Integrationsprozeß zum europäischen Thema machte (vgl. dazu Kapitel 4.7).

Vor dem Hintergrund dieser beiden Entwicklungen – Länder- und Bundesratsaktivitäten seit 1987 einerseits, Debatte in den EG-Mitgliedstaaten unter dem Schlagwort „Europa der Regionen" andererseits – erklärt sich, daß die Länder und der Bundesrat in den Verhandlungen um die Maastrichter Verträge den „Härtetest" der Länderbeteiligung bestanden haben. Nach anfänglichem Zögern hat sich die Bundesregierung schließlich im Spätsommer 1990 bereit erklärt, die Länder sowohl an den innerstaatlichen Vorbereitungen wie an den Regierungskonferenzen selbst zu beteiligen. Je ein Vertreter der Länder Baden-Württembergs und Nordrhein-Westfalens haben daraufhin die Länder bei der Regierungskonferenz zur Vorbereitung der Europäischen Union vertreten, je ein Vertreter Bayerns und Hamburgs bei der Regierungskonferenz zur Vorbereitung der Europäischen Wirtschafts- und Währungsunion. Neben Belgien war die Bundesrepublik damit der einzige EG-Mitgliedstaat, der die Länder bzw. Regionen bei beiden Regierungskonferenzen unmittelbar in die Verhandlungsvorbereitung und Verhandlungsführung eingebunden hat. Parallel dazu hat übrigens der Bundesrat eine Europa-Kommission eingerichtet, in der auf Beamtenebene alle 16 Länder mitarbeiteten und an der auch regelmäßig Vertreter der Bundesregierung teilnahmen.

Die inhaltlichen Positionen der Länder, die der Bundesrat in seinem Beschluß vom 24. August 1990 verabschiedet hat (abgedruckt in: BAUER 1991: 95ff), lassen sich in vier Kernforderungen zusammenfassen:

– Verankerung des Subsidiaritätsprinzips in den Gemeinschaftsverträgen unter ausdrücklicher Nennung der „Dritten Ebene", d.h. der Länder und Regionen;
– Öffnung des Ministerrats für Vertreter von Ländern und Regionen;
– Schaffung eines besonderen Regionalrats, um zu gewährleisten, daß die Vertreter aller Regionen Europas die spezifischen Regionalinteressen unmittelbar in den Rechtsetzungsprozeß auf europäischer Ebene einbringen können, und

– Einräumung eines eigenständigen Klagerechts für Länder und Regionen, um sie in die Lage zu versetzen, im Streitfall das in den Gemeinschaftsverträgen zu verankernde Subsidiaritätsprinzip auch durchsetzen zu können.

Auf der Münchener Ministerpräsidenten-Konferenz im Dezember 1990, der ersten gesamtdeutschen nach 1947, ist dieser Bundesratsbeschluß bekräftigt worden.

In die Verhandlungen zur Schaffung der Europäischen Union ist von deutscher Seite schließlich eine Position eingebracht worden, die auf einem Kompromiß zwischen den Vorstellungen der Bundesregierung und des Bundesrats beruhte: Übernommen worden ist die Forderung nach der Institutionalisierung eines Regionalorgans, allerdings nur mit beratender Funktion. Die Länder haben dem Konzept der Bundesregierung zugestimmt, diese Institution an den Wirtschafts- und Sozialausschuß der EG anzubinden. Eingebracht wurde die Forderung nach der Verankerung des Subsidiaritätsprinzips in den Gemeinschaftsverträgen. Nicht übernommen wurde das Verlangen nach regionalen Beteiligungsmöglichkeiten im Ministerrat. Die Forderung nach einem Klagerecht der Regionen und Länder wurde in ein Klagerecht des neu zu schaffenden Regionalorgans insgesamt umgewandelt.

Deutsche Verhandlungsposition als Kompromiß zwischen Bundesregierung und Bundesrat

4.5.2   Die „deutsche Handschrift" in den Maastrichter Verträgen

4.5.2.1 Das Subsidiaritätsprinzip

In beiden Maastrichter Verträgen wird erstmalig in den Gemeinschaftsverträgen das Prinzip der Subsidiarität (vgl. oben Teil 1, Kap.2) als Grundsatz der Kompetenzverteilung zwischen EG und Mitgliedstaaten genannt. So heißt es in der Präambel des EU-Vertrages:

Erstmalige Nennung in den Gemeinschaftsverträgen

„Entschlossen, den Prozeß der Schaffung einer immer engeren Union der Völker Europas, in der die Entscheidungen entsprechend dem Subsidiaritätsprinzip möglichst bürgernah getroffen werden, weiterzuführen ..."

Konkretisiert wird diese Bestimmung in Art. 3b des EG-Vertrages i.d.F.v. 7.2. 1992, der lautet:

„ ... In den Bereichen, die nicht in ihre ausschließliche Zuständigkeit fallen, wird die Gemeinschaft nach dem Subsidiaritätsprinzip nur tätig, sofern und soweit die Ziele der in Betracht gezogenen Maßnahmen auf Ebene der Mitgliedstaaten nicht ausreichend erreicht werden können und daher wegen ihres Umfangs oder ihrer Wirkungen besser auf Gemeinschaftsebene erreicht werden können."

Prima vista hat damit eine der zentralen, seit 1987 immer wieder formulierten Forderungen der deutschen Länder ihren Niederschlag in den Gemeinschaftsverträgen gefunden.

Wir wollen uns im folgenden mit dreierlei beschäftigen: Wir werden uns zunächst die Vorstellungen der Ministerpräsidenten zur künftigen Struktur der Politischen Union Europas vergegenwärtigen, um die Forderung nach Verankerung des Subsidiaritätsprinzips in den Gemeinschaftsverträgen angemessen verstehen zu können. Dazu werden wir die „Münchner Erklärung zum Föderalismus in Europa", die die Ministerpräsidenten auf ihrer Konferenz am 20./21. Dezember

Drei Fragen an das Subsidiaritätsprinzip

1990 verabschiedet haben, heranziehen. Wir werden dann in einem zweiten Schritt uns mit dem Kompromißcharakter der Aussagen zum Subsidiaritätsprinzip in den Maastrichter Verträgen zu beschäftigen. Im dritten Schritt schließlich wollen wir uns mit der Frage auseinandersetzen, ob bzw. wie politisch tragfähig das Subsidiaritätsprinzip im Alltag des europäischen Integrationsprozesses sein wird.

Studiert man die Positionen, die die Ministerpräsidenten in ihrer „Münchner Erklärung" zur Struktur der künftigen Politischen bzw. Europäischen Union entwickelt haben, schälen sich fünf Kernaussagen heraus:

1. Föderalismus und Subsidiarität, die sich als prägende Strukturelemente deutscher Politik seit Jahrzehnten bewährt haben, müssen auch die Architekturprinzipien der Politischen Union sein.
2. Die Politische Union ist dreistufig aufgebaut, was in der Konsequenz bedeutet, daß in jedem Mitgliedsland unterhalb der Ebene der Mitgliedstaaten eine staatliche Ebene existent sein bzw. geschaffen werden muß.
3. Zwischen den drei Ebenen der Politischen Union besteht eine klare Aufgabentrennung. Sowohl bei der Verteilung der Kompetenzen als auch bei der Ausübung von Befugnissen ist das Subsidiaritätsprinzip ein grundlegendes Strukturelement. Es ist als justitiabler Grundsatzartikel vertraglich zu verankern.
4. Die dritte Staatsebene, d.h. Länder und Regionen, haben Mitwirkungsrechte sowohl in einem eigenständigen Regionalorgan als auch im Ministerrat.
5. Die dritte Staatsebene hat bei Kompetenzstreitigkeiten ein Klagerecht beim Europäischen Gerichtshof.

Es liegt in der Logik und Systematik dieser Argumentation, wenn es in der „Münchner Erklärung heißt: „Föderalismus in Europa (...) zwingt zu der Erkenntnis, daß Europapolitik nicht mehr Außenpolitik, sondern europäische Innenpolitik in einem gemeinsamen Europa darstellt" (zit. nach BAUER 1991: 120).

Erst im Zusammenhang mit dieser Vision von einem geeinten Europa als dreistufigem Bundesstaat, mit föderalistisch verfaßten Mitgliedstaaten, wird die Stoßrichtung deutlich, die die Ministerpräsidenten mit ihrer Forderung nach Verankerung des Subsidiaritätsprinzips verfolgt haben. Sie wollten das Subsidiaritätsprinzip als Kompetenzsperre gegen weitere, unerwünschte Inanspruchnahmen von Länderzuständigkeiten durch die EG genutzt sehen. Explizit verfolgten sie das Anliegen, „institutionelle Vorkehrungen gegen eine ,schleichende Kompetenzaneignung' zu treffen, die im Widerspruch zu einer föderativen Struktur Europas steht" (zit. nach BAUER 1991:124). Dies ist – nebenbei bemerkt – insbesondere ein Seitenhieb auf die Generalermächtigungsklausel des Art. 235 EWGV.

Was ist nun von dieser „großen" Vision einer Europäischen Union als dreistufigem Bundesstaat in den Maastrichter Verträgen übriggeblieben? Wir haben gesehen: In beiden Verträgen taucht erstmalig der Begriff der Subsidiarität auf. Wenn wir nochmals den Wortlaut beider Bestimmungen nachlesen, fällt allerdings zweierlei auf: Erstens wird das Subsidiaritätsprinzip dahingehend interpretiert, daß (supranationale) Entscheidungen „möglichst bürgernah" getroffen werden – so der EU-Vertrag – und zweitens, daß die Gemeinschaft nur tätig wird, „sofern und soweit die Ziele der in Betracht gezogenen Maßnahmen auf Ebene

226

der Mitgliedstaaten nicht ausreichend erreicht werden können und daher wegen ihres Umfangs oder ihrer Wirkungen besser auf Gemeinschaftsebene erreicht werden können". Wie REICHARDT (1994) nachweist, hat in dieser Formulierung der „Effektivitätsgrundsatz" – die höherrangige Ebene zieht immer dann eine Entscheidung an sich, wenn sie die Aufgaben besser und effektiver erfüllen kann als die niederrangige – den „Notwendigkeitsgrundsatz" – prinzipieller Vorrang der niederrangigen Ebene – verdrängt. RENZSCH (1993: 108) kommentiert dazu:

„Daß zentrale Organe wirksamer und besser vereinheitlichen können als dezentrale, dürfte kaum zweifelhaft sein. In diesem Sinne dürfte das Subsidiaritätsprinzip im Hinblick auf die Schaffung vereinheitlichter Marktbedingungen die Gemeinschaftsorgane eher zu mehr Aktivitäten ermuntern als diese bremsen."

Damit ist eine Befürchtung konkret geworden, die die Ministerpräsidenten der deutschen Länder in ihrer „Münchner Erklärung" so formuliert haben:

„Eine politische Absichtserklärung würde der Bedeutung des Anliegens nicht entsprechen. Auch kann nach diesem Grundsatz die höhere Ebene nicht bereits dann zuständig sein, wenn sie eine Aufgabe ‚besser‘ erledigen kann. Notwendig ist, daß die Aufgabe die Kräfte der unteren Ebene übersteigt. Ansonsten würde das Subsidiaritätsprinzip als Mittel zur Verlagerung von Aufgaben auf die Gemeinschaftsebene mißverstanden" (zit. nach BAUER 1991:124).

Ähnlich argumentiert der Züricher Ökonom BOHLEY, wenn er schreibt: „Das Subsidiaritätsprinzip ist auf Interpretationshilfe aus der Föderalismustheorie angewiesen, denn ohne eine solche kann es sowohl als Bremse als auch als Motor der Zentralisierung dienen, ‚was die Beliebtheit des Prinzips in verschiedensten politischen Lagern ungemein steigert‘" (BOHLEY 1993: 37).

Für RENZSCH (1993: 111) ist in den Maastrichter Verträgen das Subsidiaritätsprinzip „auf eine inhaltsarme Formel" verkürzt worden; die Bestimmung dessen, was „nicht ausreichend" oder „besser" ist, sieht er „im Regelfall kaum einvernehmlichen Kriterien zugänglich". In der rechtswissenschaftlichen Literatur (vgl. RENZSCH 1993: 111, Anm.27) hat sich deshalb die Meinung durchgesetzt, daß das Subsidiaritätsprinzip in den Maastrichter Verträgen einer rechtlichen Prüfung nicht zugänglich und damit nicht justitiabel ist, weil es auf unbestimmten Rechtsbegriffen beruht.

Kommen wir zur dritten Frage, ob bzw. wie politisch tragfähig das Subsidiaritätsprinzip im Alltag des europäischen Integrationsprozesses sein wird. RENZSCH (1993) diskutiert in diesem Zusammenhang drei verschiedene Fälle von möglichen Kompetenzkonflikten: 1. echte Zuständigkeitskonflikte; 2. politische Zielkonflikte und 3. Mittelkonflikte, d.h. Kontroversen darüber, welche Mittel zum Erreichen von Vertragszielen angemessen sind. Er kommt zu dem Ergebnis, daß bei allen drei Kompetenzkonflikten nicht erkennbar ist, wie

„angesichts der unterschiedlichen politischen, rechtlichen und wirtschaftlichen Strukturen der einzelnen Mitgliedstaaten der EG aus dem Subsidiaritätsprinzip greifbare Sachkriterien zum Bestimmen der Kompetenz- und Regelungsspielräume der einzelnen Ebenen der Europäischen Gemeinschaft abgeleitet werden können" (RENZSCH 1993: 115).

Schon bei echten Zuständigkeitskonflikten sieht er die Anwendung des Subsidiaritätsprinzips angesichts der Heterogenität der EG-Mitgliedstaaten erschwert. Er argumentiert: „Was in einem Land erfolgreich auf nationaler oder regionaler Ebene geregelt werden kann, bedarf in einem anderen einer europäischen Zuständigkeit" (RENZSCH 1993: 113). Am Beispiel der Fernsehrichtlinie der Ge-

Forderung nach Justitiabilität nicht erfüllt

Heterogenität der EG-Mitgliedschaft steht Anwendung des Subsidiaritätsprinzips entgegen

227

meinschaft vom 3.10.1989 wie am Beispiel der „Gemeinschaftscharta sozialer Grundrechte" zeigt er auf, daß das Subsidiaritätsprinzip auch bei politischen Ziel- wie bei Mittelkonflikten keine hinreichenden Entscheidungsgrundlagen zur Klärung von Kompetenzkonflikten bieten kann. In der politikwissenschaftlichen Literatur ist deshalb die Meinung eindeutig, daß die Verankerung des Subsidiaritätsprinzips in den Maastrichter Verträgen von deutscher Seite „mit Inhaltsarmut, Vagheit und Unverbindlichkeit" (so RENZSCH 1993: 115) erkauft worden ist.

Interpretation des Subsidiaritätsprinzips im „Maastricht-Urteil" des BVerfG

Auch das Bundesverfassungsgericht nimmt in seinem „Maastricht-Urteil" vom 12. Oktober 1993 zum Subsidiaritätsprinzip Stellung, und zwar im Zusammenhang mit der Handhabung des Prinzips der beschränkten Einzelermächtigung von Einrichtungen und Organen der Europäischen Gemeinschaft. Prinzipiell geht das Bundesverfassungsgericht davon aus, daß Zweck des Subsidiaritätsprinzips die Wahrung der nationalen Identität der Mitgliedsstaaten und Erhaltung ihrer Befugnisse ist. In diesem Sinne formuliert es:

„Besteht eine vertragliche Handlungsbefugnis, so bestimmt das Subsidiaritätsprinzip, ob und wie die Europäische Gemeinschaft tätig werden darf. Will der Gemeinschaftsgesetzgeber eine ihm zugewiesene Gesetzgebungsbefugnis ausüben, so muß er sich zunächst vergewissern – und dies gem. Art. 190 EGV auch nachvollziehbar darlegen-, daß die Ziele der in Betracht gezogenen Maßnahme durch ein Tätigwerden der Mitgliedstaaten auf nationaler Ebene nicht ausreichend erreicht werden können. Sodann muß dieser Befund den weiteren Schluß rechtfertigen, daß die Ziele in Anbetracht des Umfangs oder der Wirkungen der Maßnahme besser auf Gemeinschaftsebene zu erreichen sind" (Dokumentation des „Maastricht-Urteils" in: NJW 1993, H.37: 3047ff., hier: 3057).

Allerdings konzediert auch das Bundesverfassungsgericht, daß es maßgeblich von der Praxis des Rats als dem eigentlichen Gesetzgebungsorgan der Gemeinschaft abhängen wird, und hier wiederum ganz besonders vom Einfluß der Bundesregierung, „inwieweit das Subsidiaritätsprinzip einer Erosion mitgliedstaatlicher Zuständigkeiten und damit einer Entleerung der Aufgabe und Befugnisse des Bundestages entgegenwirken wird" (NJW 1993, H. 37: 3057). Das Bundesverfassungsgericht erinnert alle drei an der Bundesgesetzgebung beteiligten Organe an ihre durch Art. 23 GG n.F. auferlegte Verfassungspflicht: Die Bundesregierung hat nach Art. 23 Abs. 1 Satz 1 GG n.F. die Pflicht, über einer strikten Handhabung des Art. 3b Abs.2 EGV zu wachen; der Bundestag hat die Möglichkeit, über Art. 23 Abs. 3 GG n.F. an der internen deutschen Willensbildung mitzuwirken und damit die Ratspraxis im Sinne des Subsidiaritätsprinzips zu beeinflussen. „Im übrigen" – heißt es im „Maastricht"-Urteil weiter – „ist zu erwarten, daß sich auch der Bundesrat des Subsidiaritätsprinzips besonders annehmen wird" (NJW 1993; H. 37: 3057).

Notwendig: Europäischer Verfassungsgebungsprozeß

Wir wollen dieses Kapitel mit zwei Bemerkungen abschließen. Erstens: Die Forderung nach einem dreistufigen europäischen Bundesstaat mit eindeutigen Kompetenzabgrenzungen zwischen den einzelnen Ebenen, die die Ministerpräsidenten in ihrer „Münchner Erklärung" im Zusammenhang mit dem Subsidiaritätsprinzip erhoben haben, ist eine föderalistische Fiktion, die, wie wir oben verschiedentlich gesehen haben, der deutschen Realität in keiner Weise entspricht. Insofern ist ihr Selbstbekenntnis: „Die deutschen Länder betrachten es als Aufgabe und Herausforderung, ihre positiven Erfahrungen im Umgang mit föderalen Strukturen in die europäische Integration einzubringen" (zit. nach BAUER 1991: 119) nur die halbe Wahrheit. Zweitens: Die Ministerpräsidenten haben völlig zutreffend ihre Forderung nach Subsidiarität als Strukturprinzip der Europäischen Union in den Kontext viel weitergehender Verfassungsüberlegungen gestellt. Sie sind damit den Verhandlungen zu den Maastrichter Verträgen aber weit vorausgeeilt. Erst im Zusammenhang eines europäischen Verfassungsgebungsprozesses wird es möglich sein, die notwendige und eindeutige Abgrenzug der Kompetenzen zwischen der Gemeinschaft und den Mitgliedstaaten zu leisten.

4.5.2.2 Der Ausschuß der Regionen

Obwohl diese, mit Art. 198a-e EG-Vertrag i.d.F.v. 7.2.1992 neugeschaffene Institution zu den am häufigsten zitierten Ergebnissen der Regierungskonferenzen zur Vorbereitung des Maastrichter Vertragswerks gehört, gibt es über sie (noch) wenig zu sagen. Der Ausschuß der Regionen besteht aus 222 Vertretern der regionalen und lokalen Gebietskörperschaften der 15 EG-Mitgliedstaaten. Die Bundesrepublik Deutschland hat im Ausschuß 24 Vertreter, darunter drei Vertreter lokaler Gebietskörperschaften. Die Ausschußmitglieder wie auch deren Stellvertreter werden auf Vorschlag des jeweiligen Mitgliedstaates vom Rat durch einstimmigen Beschluß für vier Jahre ernannt. Der Ausschuß der Regionen ist dem Wirtschafts- und Sozialausschuß angegliedert. Im Unterschied zum bereits bestehenden „Beirat der regionalen und lokalen Gebietskörperschaften" kann der Ausschuß selbständige Initiativen entwickeln und ist seine Anhörung in bestimmten Bereichen obligatorisch. Gegenüber Kommission und Rat hat der Ausschuß Beratungsfunktion.

Vergleicht man diese Angaben mit den Forderungen, die die Ministerpräsidenten in ihrer „Münchner Erklärung" im Dezember 1990 in bezug auf ein „eigenständiges Regionalorgan" formuliert haben, ist die Bilanz eher mager. Weder ist ein eigenständiges noch ein homogenes Regionalorgan als Vertretung von Ländern und Regionen geschaffen worden, noch hat es maßgebliche Kompetenzen. Also „eine neue Institution als Feigenblatt für die Föderalisten" (SCHLÖTZER-SCOTLAND 1992: 10) oder doch „Mehr als ein Alibi" (CLEMENT 1993)?

Ohne die Frage zum jetzigen Zeitpunkt schon beantworten zu können, soll an dieser Stelle die symbolische Bedeutung des Ausschusses der Regionen hervorgehoben werden. Ein richtiger Kern steckt unseres Erachtens in der Einschätzung von KALBFLEISCH-KOTTSIEPER (1994: 138f.), wenn sie schreibt, daß die Bedeutung des Ausschusses der Regionen gegenwärtig darin liegen könnte, „... daß mit ihm eine physisch vorstellbare Veränderung verbunden ist, das Entstehen einer neuen Institution der dritten Ebene" (ähnlich BENZ 1994: 28, Anm. 2).

4.5.3 Art. 23 GG n.F. – „die Handschrift" der Maastrichter Verträge im Grundgesetz

Welche Zäsur das Vertragswerk von Maastricht für das Bund-Länder-Verhältnis bedeutet, läßt sich auch daran ablesen, daß sich die Gemeinsame Verfassungskommission von Bundestag und Bundesrat, die sich am 16.1.1992 konstituiert hat, den Komplex „Europa und Grundgesetz" zum ersten Reformthema gewählt hat. Kern der Empfehlungen, die am 26. Juni 1992 in der Verfassungskommission verabschiedet worden sind, ist der Vorschlag, einen „Europa-Artikel" neu in das Grundgesetz aufzunehmen. Hinter dieser Empfehlung steht die einmütige Auffassung der Kommission, daß Art. 24 Abs.1 GG, der bisherige „Integrationshebel" der Verfassung, künftig als Rechtsgrundlage für die europäische Einigung, d.h. für die Übertragung nationaler Hoheitsrechte auf Institutionen der Europäischen Union, nicht mehr ausreiche. Die Kommission hat sich deshalb darauf verständigt, die Position des Art. 23 GG, die im Zusammenhang mit der deutschen Einigung freigemacht worden war, dafür zu besetzen. Art. 23 GG n.F. ist am 2. bzw. am 18. Dezember 1992 zeitgleich mit der Ratifizierung der Maastrichter Verträge wie auch mit weiteren Verfassungsänderungen, die im Zusammenhang mit der europäischen Integration formuliert worden sind (vgl. BGBl 1992 I: 2086f.), vom Bundestag bzw. Bundesrat mit der erforderlichen Zwei-Drittel-Mehrheit verabschiedet worden.

Wir wollen uns im folgenden mit den Bestimmungen des Art. 23 GG n.F. beschäftigen. Als Interpretationshilfe verweisen wir auf die Lektüre eines Beitrages des Verfassungsrechtlers SCHOLZ, der als Vorsitzender der Gemeinsamen Verfassungskommission auf informative Weise den Werdegang wie die Meinungsverschiedenheiten zwischen Bundesrat, Bundestag und Bundesregierung um diese Reformempfehlung schildert (SCHOLZ 1992).

Der erste Absatz von Art. 23 GG n.F. lautet:

Wortlaut Art. 23 Abs. 1
GG n.F.

„(1) Zur Verwirklichung eines vereinten Europas wirkt die Bundesrepublik Deutschland bei der Entwicklung der Europäischen Union mit, die demokratischen, rechtsstaatlichen, sozialen und föderativen Grundsätzen und dem Grundsatz der Subsidiarität verpflichtet ist und einen diesem Grundgesetz im wesentlichen vergleichbaren Grundrechtsschutz gewährleistet. Der Bund kann hierzu durch Gesetz mit Zustimmung des Bundesrates Hoheitsrechte übertragen. Für die Begründung der Europäischen Union sowie für Änderungen ihrer vertraglichen Grundlagen und vergleichbare Regelungen, durch die dieses Grundgesetz seinem Inhalt nach geändert oder ergänzt wird oder solche Änderungen oder Ergänzungen ermöglicht werden, gilt Artikel 79 Abs. 2 und 3."

Zwei Bestimmungen des ersten Absatzes sind für unsere Fragestellung besonders relevant:

Struktursicherungsklausel

1. Die sog. Struktursicherungsklausel, die u.a. das verfassungsrechtliche Bekenntnis zur föderativen Struktur und zum Subsidiaritätsprinzip in seinem Gewährleistungsanspruch auf die Europäische Union ausdehnt.

Bundesratsbeteiligung

2. Die Bindung der Übertragung von Hoheitsrechten an die Institutionen der Europäischen Union an die Zustimmung des Bundesrates. Damit ist die Forderung, die der Bundesrat schon in seinem Entschluß zum 21. Februar 1986 zur Änderung der Römischen Verträge erhoben hatte, schließlich doch noch erfüllt worden.

Wortlaut Art. 23 Abs. 5
und 6 GG n.F.

Die Absätze 5 und 6 des Art. 23 GG n.F. regeln in gestufter Form die Beteiligung der Länder am europäischen Integrationsprozeß:

„(5) Soweit in einem Bereich ausschließlicher Zuständigkeiten des Bundes Interessen der Länder berührt sind oder soweit im übrigen der Bund das Recht zur Gesetzgebung hat, berücksichtigt die Bundesregierung die Stellungnahme des Bundesrates. Wenn im Schwerpunkt Gesetzgebungsbefugnisse der Länder, die Einrichtung ihrer Behörden oder ihre Verwaltungsverfahren betroffen sind, ist bei der Willensbildung des Bundes insoweit die Auffasung des Bundesrates maßgeblich zu berücksichtigen; dabei ist die gesamtstaatliche Verantwortung des

230

Bundes zu wahren. In Angelegenheiten, die zu Ausgabenerhöhungen oder Einnahmeminderungen für den Bund führen können, ist die Zustimmung der Bundesregierung erforderlich.

(6) Wenn im Schwerpunkt ausschließliche Gesetzgebungsbefugnisse der Länder betroffen sind, soll die Wahrnehmung der Rechte, die der Bundesrepublik Deutschland als Mitgliedstaat der Europäischen Union zustehen, vom Bund auf einen vom Bundesrat benannten Vertreter der Länder übertragen werden. Die Wahrnehmung der Rechte erfolgt unter Beteiligung und in Abstimmung mit der Bundesregierung; dabei ist die gesamtstaatliche Verantwortung des Bundes zu wahren."

D.h. mit anderen Worten: Sind Interessen der Länder in einem Bereich berührt, die ausschließlich in die Zuständigkeiten des Bundes fallen, hat die Bundesregierung die Stellungnahme des Bundesrates zu berücksichtigen. Sind Gesetzgebungsbefugnisse der Länder betroffen, ist die Auffassung der Bundesrates bei der Willensbildung des Bundes maßgeblich zu berücksichtigen. Sind ausschließliche Gesetzgebungs- oder exekutive Befugnisse der Länder betroffen, soll die Wahrnehmung der Rechte auf einen vom Bundesrat benannten Ländervertreter übergehen. Damit ist den Ländern prinzipiell der Zugang zum Europäischen Ministerrat eröffnet und die verfassungsrechtlichen Grundlagen für Art. 146 EG-Vertrag n.F. geschaffen worden, der es den Ländern ermöglicht, die Bundesrepublik Deutschland im Ministerrat in Politikfeldern direkt zu vertreten, in denen sie innerstaatlich zuständig sind. Wie SCHOLZ (1992: 2600) betont, präsentiert diese Soll-Bestimmung eine Kompromißlösung. Sie läßt in der prinzipiellen Außenvertretung der Bundesrepublik Deutschland durch den Bund eine Ausnahmeregelung zu, allerdings unter dem Vorbehalt, daß diese Rechte unter Beteiligung und in Abstimmung mit der Bundesregierung wahrgenommen werden und dabei die gesamtstaatliche Verantwortung des Bundes gewahrt wird.

Abgestufte Länderbeteiligung

Darüber hinaus ist im „Gesetz über die Zusammenarbeit von Bund und Ländern in Angelegenheiten der Europäischen Union", das am 12. März 1993 vom Bundestag beschlossen worden ist, festgelegt worden, daß bei Entscheidungen der Europäischen Union, die in den Kompetenzbereich der ausschließlichen Landesgesetzgebung fallen, sich die Länder mit einer Zwei-Drittel-Mehrheit im Bundesrat sogar gegen den Willen des Bundes durchsetzen und diesen an ihre Position binden können.

Länderbeteiligungsgesetz 1993

SCHOLZ (1992: 2595) resümiert, daß die Entstehungsgeschichte des Art. 23 GG n.F. „auch den Mut zum Beschreiten einiger sehr prinzipiell neuer Wege innerhalb der bundesstaatlichen Struktur der Bundesrepublik Deutschland bedingte." In der Tat: Mit Art. 23 GG n.F. ist das Argument der Länderrepräsentanten, „daß die Europapolitik längst keine ‚klassische Außenpolitik' mehr sei, daß sie sich vielmehr und immer stärker zu einer Form ‚europäischer Innenpolitik' – mit entsprechenden Auswirkungen für die innerstaatliche Kompetenzaufteilung von Bund und Ländern – entwickelt habe" (SCHOLZ 1992: 2596), Verfassungsrealität geworden. BENZ (1994: 25) betont, daß Art. 23 GG n.F. den deutschen Ländern, und damit der dritten Ebene, eine derart weitgehende Mitwirkung an der innerstaatlichen Vorbereitung von Ratsentscheidungen sichert, die in der Gemeinschaft einmalig ist.

Einmalige Mitwirkungsrechte der dritten Ebene

4.6 Weitere Formen der Ländermitwirkung

Neben dem formalisierten Bundesratsverfahren nach Art. 2 EEAG und den Beteiligungs- und Mitwirkungsrechten nach Art. 23 GG n.F. haben sich die Länder in den vergangenen Jahre weitere, eher indirekte Einflußmöglichkeiten auf die EG geschaffen. Dazu zählen die Institution des „Beobachters der Länder bei der EG", aber auch eigenständige und direkte EG-Aktivitäten der Länder, die nicht zuletzt ihren Ausdruck in der Binnenstruktur der Landesregierungen gefunden haben.

Beobachter der Länder bei der EG seit 1956

Befassen wir uns zunächst mit der ältesten Institution, dem „Beobachter der Länder bei der EG", auf die sich Länder und Bundesregierung schon während der Verhandlungen über die „Römischen Verträge" geeinigt haben. Ernannt wird der jeweilige „Länderbeobachter" von der Konferenz der Länderwirtschaftsminister. Er ist offiziell Mitglied der deutschen Ratsdelegation. Daraus leiten sich seine Kompetenzen ab, sowohl an den Ratssitzungen selbst wie auch an den vorbereitenden Sitzungen im Bundeswirtschaftsministerium teilzunehmen, in denen Weisungen an die Ständige Vertretung der Bundesrepublik bei der EG vorbereitet werden. Die Rolle des Länderbeobachters ist – wie der Name schon sagt – rein beobachtend und passiv. Er hat kein Interventionsrecht. Trotzdem ist er eine wichtige Kommunikationsinstanz der Länder im dreistufigen Bundestaat, ohne – wie HRBEK (1986: 26) betont – „eine zentrale Schaltstelle im EG-bezogenen Kommunikationsprozeß" sein zu können, da seine personelle und technisch-administrative Ausstattung dem Machbaren enge Grenzen setzen. HRBEK bestimmt denn auch die Funktion des Länderbeobachters eher symbolisch, wenn er schreibt: „Seine Präsenz, gerade in Ratsgremien in Brüssel, signalisiert der Bundesregierung allerdings kontinuierlich das Vorhandensein von Länderinteressen und mahnt die Bundesregierung und ihre Vertreter, diese Interessen zu berücksichtigen" (HRBEK 1986: 27).

Verbindungsbüros der Länder in Brüssel

Was die eigenständigen und direkten EG-Aktivitäten der Länder betrifft, zeigt sich auch hier, daß der „federalism at work" den Rahmen der Verfassung immer wieder sprengt – ein Umstand, auf den insbesondere Publizisten, aber auch Verfassungsrechtler verweisen. So war in Zusammenhang mit der Einrichtung von besonderen Länderbüros in Brüssel – quasi parallel zur deutschen Ständigen Vertretung – immer wieder die Rede von „Lobbyismus" bzw. „Nebenaußenpolitik". Bei der Anhörung des Bundesrats im November 1985 hat der Verfassungsrechtler KAISER dazu festgestellt: „Die wiederholt ins Gespräch gebrachte Repräsentanz der Länder durch Vertreter bei den europäischen Organen nach Art von Lobbyisten steht nicht im Einklang mit dem Charakter und dem Verantwortungsbereich der Länder als Staaten" (in: BUNDESRAT UND EUROPÄISCHE GEMEINSCHAFTEN 1988: 238). Die Realität hat die verfassungsrechtlichen Bedenken ignoriert. Nahezu alle Bundesländer haben inzwischen eigene Verbindungsbüros in Brüssel eröffnet, die als eine Art Public-Relations-Einrichtung vielfältige Informations-und Kommunikationsleistungen für die Länder erfüllen.

Veränderungen im Binnenbereich der Landesregierungen

Der Prozeß der EG-Integration hat aber nicht nur das außenpolitische Kompetenzmonopol des Bundes unterlaufen bzw. partiell aufgehoben, sondern auch zu Veränderungen im Binnenbereich der Landesregierungen geführt. Nahezu alle Fachressorts der Landesregierungen haben inzwischen neue Referate eingerichtet, die sich ausschließlich mit EG-Angelegenheiten befassen. Desgleichen sind in nahezu allen Landesregierungen die bisher zersplitterten EG-Zuständigkeiten in einem Ministerium zentralisiert und gebündelt worden. Das „Handbuch des Bundesrates 1990/91" nennt acht Bundesländer, die dezidiert „Europa"-Minister ernannt haben („Minister resp. Senator für Bundes- und Europaangelegenheiten" (Baden-Württemberg, Bayern, Berlin, Niedersachsen, Sachsen-Anhalt); „Minister des Innern und für Europaangelegenheiten" (Hessen); „Minister für Justiz, Bundes- und Europaangelegenheiten" (Mecklenburg-Vorpommern); „Bevollmächtigter des Freistaates Sachsen für Bundes- und Europaangelegenheiten beim Bund" (Sachsen)). Sogar die Landesparlamente sind in dieser Hinsicht aktiv geworden und haben – wie etwa der Landtag von Nordrhein-Westfalen – Sachverständigen-Kommissionen berufen und Vorschläge für eine Bundesstaatsreform sowie für institutionelle Reformen im Parlament selbst entwickelt.

„Europafähigkeit" und „Schwachstellen" der Länder

Die Beteiligung der Länder am innenpolitischen Willensbildungsprozeß in EG-Angelegenheiten stellt nicht nur enorme Anforderungen an die Organisationskompetenzen der Verwaltung des Bundesrats, sondern in gleicher Weise an die Länder selbst. Wolfgang WESSELS vom Bonner Institut für Europäische Politik hat dafür den Begriff von der „Europafähigkeit" der Länder geprägt (WESSELS 1986: 1). HRBEK nennt stichwortartig sechs Felder, in denen er die „Europafähigkeit der Länder" auf den Prüfstand gestellt sieht:

„– Dauer der Meinungsbildung der Länder untereinander. Dieser Zeitfaktor kann die Mitwirkung der Bundesregierung in den Brüsseler Gremien gegebenenfalls nachhaltig belasten, nämlich ihre Verhandlungsfähigkeit vermindern.
- Forderung der Länder nach einer größeren Zahl von Ländervertretern als Repräsentanten in EG-Gremien. Hier wird die Bundesregierung unter Hinweis auf eine dann unvermeidliche Überlastung der Gremien in Brüssel nicht zustimmen.
- Die Länder bestreiten die Zuständigkeit der Gemeinschaft.
- Die Länder sind untereinander uneins, sei es aus sachlichen Gründen, sei es, weil sich parteipolitische Differenzen zeigen.
- Sprachprobleme, die in dieser vielsprachigen Gemeinschaft trotz effizienter Dolmetscher- und Übersetzerdienste auftreten können.
- Rückkopplungsprobleme zur Ebene der Länder, wenn Vertreter der Länder bei den Verhandlungen in Brüssel nicht über den notwendigen Verhandlungsspielraum verfügen" (HRBEK 1986: 28f.).

4.7 Chancen für die Bundesländer: Regionalisierung und Europäisches Verfassungsrecht

„Europa der Regionen"

Einen wichtigen Markstein auf dem Weg zu einer europäischen Verfassungsreform hat das Europäische Parlament mit dem Konzept vom „Europa der Regionen" gesetzt. Seit Mitte der 80er Jahre sind auf EG-Ebene Institutionen geschaffen worden, die als Instrumente zur Schaffung eines demokratischen und dezentralisierten „Europas der Bürger" wirken sollen. Dazu gehörten in der zweiten Hälfte der 80er Jahre im wesentlichen drei Institutionen:

- die „Versammlung der Regionen Europas" (VRE) mit der Aufgabe, die Zusammenarbeit auf regionaler Ebene in Europa zu fördern sowie die Interessen der Regionen gegenüber den Organen der EG und des Europarats zu vertreten;
- das „Centre Européen de Développement Régional" (CEDRE), das u.a. grenzüberschreitende Forschungsvorhaben mit Bezügen zur regionalen Entwicklung vorbereiten und durchführen soll;

– der 1988 durch Beschluß der Kommission eingesetzte „Beirat der regionalen und lokalen Gebietskörperschaften", der die EG-Kommission in allen Fragen der Regionalpolitik sowie der regionalen und lokalen Auswirkungen der übrigen Politiken der Gemeinschaft zu beraten hat.

Seit Inkrafttreten des Maastrichter Vertragswerks muß in diesem Zusammenhang auch der „Ausschuß der Regionen" genannt werden.

Zwei wichtige Dokumente

Wir wollen uns im folgenden mit zwei Dokumenten näher beschäftigen, in denen sich die Debatte um Grenzen, Institutionen und Kompetenzen von Regionen innerhalb der EG niedergeschlagen hat: die „Gemeinschafts-Charta der Regionalisierung" sowie die „Entschließung zur Regionalpolitik der Gemeinschaft und zur Rolle der Regionen", beide Ende 1988 vom Europäischen Parlament beschlossen.

Die Gemeinschafts-Charta definiert Region als ein Gebiet,

„das aus geographischer Sicht eine deutliche Einheit bildet, oder aber ein gleichartiger Komplex von Gebieten, die ein in sich geschlossenes Gefüge darstellen und deren Bevölkerung durch bestimmte gemeinsame Elemente gekennzeichnet ist, die die daraus resultierenden Einheiten bewahren und weiterentwickeln möchte, um den kulturellen, sozialen und wirtschaftlichen Fortschritt voranzutreiben" (Art. 1, Ziffer 1).

Als „gemeinsame Elemente" einer Bevölkerung werden „gemeinsame Merkmale hinsichtlich der Sprache, der Kultur, der geschichtlichen Tradition und der Interessen im Bereich der Wirtschaft und des Verkehrswesens" definiert (Art. 1, Ziffer 2).

Leitbild

Beide Dokumente sind geprägt von der Leitvorstellung, daß der Prozeß der EG-Integration, d.h. der sukzessiven Übertragung von Zuständigkeiten der Mitgliedstaaten auf supranationale Institutionen, gekoppelt sein müsse mit dem Prozeß der Dezentralisierung innerhalb der Mitgliedstaaten, d.h. der Verlagerung von bisherigen Zentralstaats-Kompetenzen auf die Regionen respektive Kommunen (Gemeinschafts-Charta Art. 14; Entschließung Ziffer 21).

Ansatzpunkt des Konzepts ist die Kritik an der bisher praktizierten EG-Wirtschafts- und Sozialpolitik, der es nicht nur nicht gelungen sei, einen Prozeß der Annäherung zwischen den Regionen der Gemeinschaft in die Wege zu leiten, sondern diesen Prozeß in der Zwischenzeit sogar umgekehrt habe. So heißt es in der Entschließung, „daß sich in den letzten zehn Jahren die regionalen Ungleichgewichte hinsichtlich der Arbeitslosigkeit beträchtlich verstärkt haben, unter der vor allem die weniger entwickelten Regionen und die Regionen mit rückläufiger Industrieentwicklung zu leiden haben" (Entschließung Ziffer 3). Vom Prozeß der Regionalisierung in der Gemeinschaft werden entscheidende Impulse für das wirtschaftliche Wachstum und die Vereinheitlichung der Arbeits- und Lebensverhältnisse in der EG erwartet. Zwei Chancen, die sich das Europäische Parlament von einer Regionalisierung erhofft, sollen besonders hervorgehoben werden: Zum einen könnten EG-Interventionen künftig an die lokalen und regionalen Erfordernisse angepaßt werden und somit das endogene Entwicklungspotential in den Regionen aktivieren. Zum anderen könnten die produktiven und sozialen Kräfte vor Ort und in der Region stärker beteiligt werden (Entschließung Ziffer 18 b und c).

Diese Verschränkung wirtschaftspolitischer Interventionen „von (ganz) oben" mit Erfordernissen und Initiativen „von unten" soll nach den Vorstellungen des Europäischen Parlaments Hand-in-Hand gehen mit der zunehmenden Verzahnung von politischem Einigungsprozeß auf EG-Ebene und politischer Artikulation und Beteiligung des „Volkswillens" auf Regionalebene. Politische Vision ist die Information und Miteinbeziehung der europäischen Bürger in die Gemeinschaftspolitiken, da „die Erstrebung der politischen Einheit Europas sich nicht auf die Zusammenarbeit zwischen staatlichen Strukturen beschränken darf, sondern auch auf den regionalen Gemeinschaften und der Anerkennung sowie Stärkung ihrer Eigenständigkeit beruhen muß" (Entschließung Ziffer 21). Kulturelle Vision ist die Schaffung einer europäischen kulturellen Identität durch die Aufwertung und Pflege der regionalen Besonderheiten sowie des historischen, linguistischen und kulturellen Erbes jeder einzelnen Region (Entschließung Ziffer 22).

Wenn das Europäische Parlament seine Mitgliedstaaten auffordert, auf ihren Hoheitsgebieten Regionen zu institutionalisieren bzw. beizubehalten, wo sie bereits bestehen (Gemeinschafts-Charta Art. 2; Entschließung Ziffer 23 und 24), ist damit nicht mehr und nicht weniger als die Transformation der Zentralstaaten in föderative Systeme intendiert. „Regionen" im Sinne der Gemeinschafts-Charta sollen Staatscharakter haben, mit einer eigenen Verfassung (Art. 5, Ziffer 1), einem eigenen, nach demokratischen Grundsätzen gewählten Parlament (Art. 6/7), einer dem Parlament verantwortlichen Regierung (Art. 6/8), mit Gesetzgebungsbefugnissen im Rahmen der nationalen Rechtsordnung (Art. 7, Ziffer 2 und Art. 11, Ziffer 2) sowie eigener Verwaltung (Art. 11, Ziffer 1), eigenen Finanzquellen und Finanzmitteln (Art. 17ff.). *Möglicher Impuls für Föderalisierung der EG-Mitgliedstaaten*

Wir können an dieser Stelle zweierlei festhalten: Zwar werden im deutschen Sprachgebrauch „Regionen" in anderen räumlichen Grenzen definiert als in den Dokumenten des Europäischen Parlaments – „Regionen" sind in der Bundesrepublik Deutschland territoriale Einheiten unterhalb der Länder –, trotzdem sind Affinitäten zur föderativen Verfassung der Bundesrepublik Deutschland überdeutlich. Dies veranlaßt SCHARPF zu der Feststellung, daß „unter den Regionen der europäischen Gemeinschaft (...) allein die deutschen Bundesländer die Qualität demokratisch verfaßter Staatlichkeit (haben)" (SCHARPF 1988: 1). RENZSCH (1989) zitiert denn auch den damals amtierenden Präsidenten der EG-Kommission, Jacques DELORS, anläßlich eines Treffens mit den deutschen Ministerpräsidenten im Mai 1988 mit den Worten, „die Bundesrepublik sei (...) unter vielen Gesichtspunkten ein Modell für die künftige Dezentralisierung und Regionalisierung Europas" (RENZSCH 1989: 585). *Vision: BRD als Modell des künftigen Europas*

Im Zusammenhang mit der fortschreitenden wirtschaftlichen und politischen Einigung Europas sieht SCHARPF (1990) denn auch neue Chancen für den deutschen Föderalismus – unter der Vorbedingung einer „vernünftigen Länderneugliederung". Seine Überlegungen lassen sich wie folgt zusammenfassen: Mit der Vollendung des Europäischen Binnenmarkts werden die Nationalstaaten ihre Bedeutung als Wirtschaftseinheiten verlieren. Gleichzeitig wird die Konkurrenz zwischen den europäischen Produktionsstandorten wachsen. Im internationalen Vergleich sieht SCHARPF die Bundesrepublik als ein Land mit verhältnismäßig hohen Arbeits-, Sozial- und Umweltkosten, die aus Gründen der politischen Legitimität und der ökologischen Überlebensfähigkeit auch kaum vermindert werden könnten. Die künftige internationale Wettbewerbsfähigkeit hängt nach SCHARPFS Einschätzung in hohem Maße vom Erhalt des Produktivitätsvor- *Euro-Optimismus: die Schaffung europäischer Wirtschaftsregionen*

235

sprungs der deutschen Wirtschaft ab. Den sieht er vorwiegend in Standortfaktoren begründet, die wiederum weitgehend in der Zuständigkeit der Länder liegen: in der Qualität von Schulen, Berufsschulen, Fachhochschulen und Universitäten, in Einrichtungen der fachlichen Weiterbildung, in wirtschaftsnaher Forschung und Technologietransfer, in Verkehrserschließung, kurzum: in der Qualität der öffentlichen Infrastruktur. Angesichts der „doppelte(n) Erschütterung der deutschen Vereinigung und der Vollendung des europäischen Binnenmarkts nach 1992" (SCHARPF 1990: 14), der das föderalistische System in der Bundesrepublik gegenwärtig ausgesetzt sei, sieht SCHARPF die wirtschaftliche Dringlichkeit und – für die Länder – die politische Chance, daß die Länder „ihre alten Zuständigkeiten (...) koordinieren und für industriepolitisch akzentuierte regionale Entwicklungsprogramme ein(...)setzen, die genau auf die jeweiligen Chancen und Defizite der Region im europäischen Wettbewerb zugeschnitten sind" (SCHARPF 1990: 14). Auch FROWEIN bezweifelt, daß der europäische Binnenmarkt geschaffen werden könne, ohne von Seiten des Bundes und der EG-Kommission „die Erfahrung der deutschen Bundesländer in der Wirtschaftsverwaltung intensiv zu nutzen" (FROWEIN 1989: 300).

Voraussetzung: Länderneugliederung

Der Status der Bundesländer im föderativen System der Bundesrepublik Deutschland wird durch die Regionalisierungsdebatte des Europäischen Parlaments eine Aufwertung erfahren, allerdings – um SCHARPF (1990) zu wiederholen – unter der Vorbedingung einer „vernünftigen Länderneugliederung". Mit anderen Worten: Der Trend zur Regionalisierung Europas im Zusammenhang mit dem Europäischen Binnenmarkt wird nicht nur die Grenzen der Nationalstaaten zunehmend obsolet machen, sondern auch die Neuordnung der Ländergrenzen verlangen. SCHARPF selbst diskutiert diesen Zusammenhang vor allem im Hinblick auf struktur- und finanzschwache Bundesländer wie etwa das Saarland, Schleswig-Holstein und Bremen in Westdeutschland bzw. die neuen Bundesländer in Ostdeutschland. Für eine regional differenzierte Entwicklungspolitik sieht er im gegenwärtigen System des deutschen Föderalismus vor allem drei Hindernisse:

– entwicklungsfähige Wirtschaftsregionen würden durch die Grenzen zu kleiner Länder auseinandergerissen;
– es dominierten bundeseinheitliche Regelungen und
– von der Bund-Länder-Koordination ginge ein Zwang zu bundeseinheitlichem Vorgehen selbst in Bereichen aus, für die die Länder noch zuständig sind.

Zielsetzung und Kriterium einer „vernünftigen" Länderneugliederung wäre also die Schaffung von Bundesländern, die strukturell und finanziell annähernd gleich stark wären und damit der Abhängigkeit leistungsschwacher Länder von Bundeszuweisungen das Fundament entziehen würden.

Skepsis gegenüber „Europa der Regionen"

Eine dezidiert andere Einschätzung zum Charakter der Debatte über die Föderalisierung und Regionalisierung Europas vertritt MÜLLER-BRANDECK-BOCQUET (1991). Sie beurteilt die Brüsseler Bekenntnisse zum „Europa der Regionen" wesentlich skeptischer als SCHARPF. Die Gemeinschafts-Charta ist für sie eine „Auflistung von Minimalforderungen an den Status der europäischen Regionen", der „allenfalls eine deklamatorische Bedeutung" zukomme (MÜLLER-BRANDECK-BOCQUET 1991: 20). Angesichts der gewaltigen Unterschiede zwi-

236

schen den europäischen Regionalstrukturen bzw. angesichts der Tatsache, daß es innerhalb der EG kaum gleichwertige föderale Strukturen gebe, sieht sie das Hauptdefizit der Gemeinschafts-Charta darin, daß auf eine „echte Europäisierung der Regionen im Sinne einer Angleichung ihres innerstaatlichen Gewichts und ihrer Befugnisse" verzichtet werde. Sie kommt zu der Schlußfolgerung:

„Wie sehr jede Region innerhalb dieses ‚Europas der Regionen' ihr eigenes Süppchen kocht, läßt sich beispielsweise auch daran ablesen, daß sich die autonome Region Südtirol von einem EG-Beitritt Österreichs und einer föderalistischen Gliederung der EG an erster Stelle ein Ende der ‚künstlichen Grenze am Brenner' erhofft und ‚ganz Tirol' als einen der ersten Bausteine in das gemeinsame Europa einbringen will" (MÜLLER-BRANDECK-BOCQUET 1991: 21).

Der Trend und die Notwendigkeit zur Herausbildung transnationaler europäischer (Wirtschafts-)Regionen fordert aber nicht nur die Länderneuordnung in der Bundesrepublik Deutschland, sondern schafft selbst originär neue (Wirtschafts-) Regionen mit neuen Institutionen. Seit der Schaffung des Gemeinsamen Marktes durch den EWGV haben sich in Europa über 40 transnationale Grenzregionen konstituiert; an 15 dieser Grenzregionen ist die Bundesrepublik bzw. sind die Bundesländer beteiligt. Ein bekanntes Beispiel für eine solche Grenzregion ist etwa die Ende der 70er Jahre gegründete „Euregio Maas-Rhein", die aus der niederländischen Provinz Süd-Limburg, aus den belgischen Provinzen Limburg und Lüttich sowie aus der zu Nordrhein-Westfalen gehörenden Region Aachen besteht. Mit den Euregios bilden sich vollkommen neuartige, territoriale Verwaltungseinheiten, die „quer" zum dreistufigen Bundesstaat liegen. Anschaulich geschildert hat dies Ottokar HAHN, ehem. Minister für Bundesangelegenheiten und besondere Aufgaben des Saarlandes. „Aus der Notwendigkeit der Region, über die Grenzen hinaus europäisch zusammenzuarbeiten" (HAHN 1986: 108), ist der „Saar-Lor-Lux-Raum" mit innovativen Ansätzen regionaler, grenzüberschreitender Kooperation geschaffen worden. Zum Zeitpunkt der Berichterstattung HAHNS (1986) war die Schaffung einer Regionalkasse für Gelder aus EGKSt-Globaldarlehen für die Umstrukturierung der regionalen Montanindustrie geplant sowie die Einrichtung eines gemeinsamen öffentlichen Nahverkehrs. Realisiert war die Gründung einer europäischen Universität mit den Hauptstandorten in Saarbrücken, Metz, Nancy und Luxemburg mit gemeinsamen Studiengängen und gegenseitiger Anerkennung der Diplome. Diese Entwicklung ist durch den neu in das Grundgesetz eingefügten Art. 24 Abs.1a berücksichtigt worden, demzufolge die Länder, soweit sie für die Ausübung der staatlichen Befugnisse und die Erfüllung der staatlichen Aufgaben zuständig sind, mit Zustimmung der Bundesregierung Hoheitsrechte auf „grenznahe Einrichtungen" übertragen können.

Parallel zum Prozeß der europäischen Integration durch Übertragung von Kompetenzen der Mitgliedstaaten an die EG verläuft also die Schaffung eines „Europas der Regionen" durch vielfältige Formen der regionalen, grenzüberschreitenden Zusammenarbeit, die wesentlich von den Ländern als Gliedstaaten betrieben wird.

Bundestag und Bundesrat haben übrigens im Zusammenhang mit der Grundgesetz-Novellierung vom Dezember 1992 dieser Entwicklung Rechnung getragen. Nach Art. 24 Abs. 1 GG ist ein Absatz 1a eingefügt worden, der die Länder ermächtigt, „mit Zustimmung der Bundesregierung Hoheitsrechte auf grenznachbarschaftliche Einrichtungen (zu) übertragen." Zutreffend schlägt des-

Konstituierung von über 40 transnationalen Grenz regionen

„Europa mit den Regionen"

237

halb LEONARDY (1992: 133) vor, künftig statt von einem „Europa der Regionen" von einem „Europa mit den Regionen" zu sprechen.

Angesichts der Heterogenität der regionalen Untergliederungen in den EG-Mitgliedstaaten sieht denn auch der Politik- und Verwaltungswissenschaftler BENZ gerade in der Intensivierung der interregionalen Kooperation bzw. in der Verdichtung der horizontalen Netzwerke zwischen den Regionen die entscheidenden Entwicklungsperspektiven, die in Zukunft eine weitere Regionalisierung bewirken werden. Er schreibt: Diese Entwicklungsperspektiven

„ergeben sich aus der Dynamik der informalen Kooperationsbeziehungen zwischen EU, nationalen Regierungen und Regionen. Je mehr die Regionen in politische Entscheidungs- und Vollzugsprozesse einbezogen werden, desto mehr werden die Mitgliedstaaten veranlaßt, ihre Regionen mit dem dafür notwendigen Organisations- und Ressourcenrahmen auszustatten. Dies wird die Fähigkeit der Regionen, ihre Interessen zu vertreten, verbessern mit der Folge, daß sie mehr und mehr als Machtfaktor in den Strukturen der EU relevant werden. Auf dieser Basis können sie dann möglicherweise weitere Beteiligungsforderungen realisieren, die ihre Stellung auch institutionell absichern können" (BENZ 1994: 34).

Es ist MÜLLER-BRANDECK-BOCQUET (1992) zuzustimmen, wenn sie es als einen großen Erfolg der deutschen Bundesländer wertet, daß mit dem Maastrichter Vertragswerk „die Themen Subsidiarität, Bundesstaatlichkeit und Europa der Regionen langfristig und mit großem Nachdruck auf die europäische Tagesordnung gesetzt wurden" (MÜLLER-BRANDECK-BOCQUET 1992: 179). Trotzdem – so ihr Plädoyer – muß „an der Idee einer demokratieverträglichen Föderalisierung der EG weitergearbeitet werden". Denn:

„die Beziehung zwischen deutschem Föderalismus und europäischer Integration wird zumindest solange hochproblematisch bleiben, wie nicht eine politische Ordnung in Europa geschaffen ist, die dringliche (z.B. umweltpolitische) Probleme angemessen lösen, Freiheitsräume schützen und demokratische Mitsprache- und Kontrollrechte gewähren kann" (MÜLLER-BRANDECK-BOCQUET 1992: 179).

Nach diesem Überblick über Kompetenzverlagerungen im dreistufigen Bundesstaat, über Formen und Verfahren der Ländermitwirkung an der europäischen Integration, über einige Bestimmungen des Maastrichter Vertragswerks und die Konsequenzen für das innerstaatliche Bund-Länder-Verhältnis wie auch über Visionen und Tendenzen zur Schaffung eines „Europas der Regionen", wollen wir uns wieder der Kontroverse zuwenden, ob die Länder nun eher als Verlierer oder als Gewinner der EG-Integration zu betrachten seien.

Nochmals zur Erinnerung: Im Mittelpunkt dieses Kapitels hat die Frage gestanden, welche Auswirkungen die Zugehörigkeit der Bundesrepublik Deutschland zu den Europäischen Gemeinschaften auf die institutionelle Entwicklung des deutschen Föderalismus hat bzw. gehabt hat. Wenn wir aus den vorhergehenden Seiten ein Resümee ziehen wollen, können wir vor allem drei Punkte festhalten:

–   Die tatsächlichen Kompetenzeinbußen der Länder infolge der EG-Integration sind im System der bundesdeutschen Politikverflechtung nur schwer identifizierbar. Eindeutig ist die prinzipielle Kompetenzbeschränkung, die der Bundesrat durch die EG-Mitgliedschaft erfahren hat. Wo Bundeskompetenzen auf die EG übergegangen sind, findet die Rechtsetzung im Rat der EG statt, in dem die Bundesrepublik über ein Mitglied der Bundesregierung vertreten ist.

238

- Ländervorschläge, die darauf abzielten, die Erosion der Länderkompetenzen im Zuge der EG-Integration aufzuhalten oder zu verlangsamen, zielten im wesentlichen darauf, die Bundesregierung an die Zustimmung des Bundesrats zu binden, wenn Länderkompetenzen an die EG übertragen bzw. wenn in den Europäischen Gemeinschaften Rechtsmaterien behandelt werden, die Länderkompetenzen betreffen. Mit der Verabschiedung des EEAG, der „Bund-Länder-Vereinbarung" vom 17.12.1987 sowie mit Art. 23 GG n.F. sind diese Länderforderungen im wesentlichen erfüllt worden.
- Durch die Regionalisierungsdebatte des Europäischen Parlaments sowie die zunehmende Bedeutung, die europäische Wirtschaftsregionen im Zusammenhang mit dem Europäischen Binnenmarkt bekommen, wird der Status der Länder im föderativen System der Bundesrepublik eine Aufwertung erfahren. Parallel zum Prozeß der europäischen Integration durch Übertragung von Kompetenzen der Mitgliedstaaten an die EG verläuft die Schaffung eines „Europas der Regionen" durch vielfältige Formen der regionalen, transnationalen Zusammenarbeit, die wesentlich von den Ländern als Gliedstaaten betrieben wird.

Es ist HRBEK zuzustimmen, wenn er angesichts der beschriebenen Tendenzen eine Vielzahl von Anpassungen – und zwar sowohl von Bund und Ländern wie von Seiten der EG-Kommission – konstatiert und dies als „eine erneute Bestätigung für die Dynamik des Föderalismus" (HRBEK 1986: 34) wertet. Einig sind sich Politikwissenschaftler und Verfassungsrechtler in der Einschätzung, daß die Bundesländer dann zu „Gewinnern" der EG-Integration werden, wenn sie ihre Chancen vor allem in der informellen Mitwirkung am EG-Geschehen und weniger in der formellen Bindung des Bundes an Beschlüsse des Bundesrats sehen, d.h. „die föderale Fessel" (TOMUSCHAT 1988: 35) der außenpolitischen Handlungsfreiheit der Bundesregierung mit Sachverstand und politischer Klugheit nutzen. FROWEIN stimmt SCHARPF (1985) zu,

„daß Verwaltungskompetenzen bei Herstellung des Binnenmarktes kaum in nennenswertem Umfang auf Brüssel übergehen werden. Die starke Stellung der deutschen Bundesländer in der Verwaltung wird nicht in Frage gestellt werden. Auch hinsichtlich der Gesetzgebungskompetenzen wird der Verlust hauptsächlich zu Lasten des Bundes gehen" (FROWEIN 1989: 300).

Auch wenn vieles dafür spricht, daß die Landesregierungen mit ihren Ministerialverwaltungen eher zu den „Gewinnern" der EG-Integration gehören werden – auf der „Verliererseite" werden sich die Landesparlamente finden.

5. Der Föderalismus und die Herausforderungen der deutschen Einheit

Im vorigen Kapitel haben wir festgestellt: „Neben der bundesstaatlichen Finanzverfassung ist die EG-Integration derjenige Politikbereich, der die Dynamik des föderativen Systems der Bundesrepublik Deutschland nachhaltig herausfordert". Wenn wir uns jetzt dem jüngsten Kapitel deutscher Geschichte zuwenden, dem

Jüngste Herausforderung des deutschen Föderalismus

239

Prozeß der Vereinigung der beiden deutschen Staaten, der mit der Öffnung „der Mauer" in der Nacht vom 8. auf den 9. November 1989 unwiderruflich in Gang gesetzt worden war, müssen wir diese Aussage erweitern: Der Beitritt der DDR bzw. der fünf neuen Bundesländer zur Bundesrepublik nach Art. 23 GG a. F. hat das bisherige System der innenpolitischen Politikverflechtung derart verändert, daß Prognosen über das Resultat nur unter allergrößtem Vorbehalt gewagt werden können .

Unzweifelhaft war zu Beginn der 90er Jahre lediglich, daß aus der deutschen Einheit nachhaltiger Reformbedarf für das bundesstaatliche System resultieren würde (BENZ 1991; DONNER/BERLIT 1992). Nicht wenige sahen gerade in der deutschen Einheit eine willkommene Gelegenheit, die bereits über die „Europa-Schiene" lancierte Stärkung der Länderposition im deutschen Bundesstaat weiter zu forcieren und eine umfassende „Re-Föderalisierung" in die Wege zu leiten – aber wie Robert LEICHT, Redakteur bei der ZEIT, anmahnte: „Wer den Föderalismus stärken will, muß genauer sagen, was er damit meint" (DIE ZEIT 14 vom 27.3.1992: 3). Dies aber gestaltete sich als ausgesprochen schwierig, denn der deutsche Föderalismus ist seit der Vereinigung von sechs Konfliktlinien geprägt, die sich überlagern und teilweise gegenläufig sind, in jedem Fall aber nachdrücklich die Frage aufwerfen, ob der Zuwachs der ostdeutschen Länder „lediglich eine quantitative Dimension besitzt, die durch bloße Umverteilung abgefedert werden kann, oder ob hier eine kritische Masse entsteht, die zu einer Reform der Struktur und der Praxis der deutschen Bundesstaatlichkeit führt" (MUSZYNS-KI 1994: 60):

Konfliktlinien

1. Zum ersten Mal kommt es in der bislang weitgehend von Homogenität geprägten Bundesrepublik zu einem Konflikt zwischen entwickelten und unterentwickelten bzw. – jetzt in sehr ausgeprägter Form – zwischen armen und reichen Ländern; 2. stärker als zuvor macht sich auch ein regional-kultureller Konflikt zwischen den alten und neuen Bundesländern bemerkbar; 3. verstärkt wird der bereits aus der „alten" Bundesrepublik bekannte Konflikt zwischen großen, leistungsstarken und kleinen, leistungsschwachen Bundesländern sowie 4. zwischen Flächenstaaten und Stadtstaaten; 5. generell – dies hat etwa die Frage der Einbeziehung der neuen Länder in den bundesdeutschen Finanzausgleich gezeigt – gibt es auch einen Konflikt zwischen alten und neuen Ländern; nicht zuletzt aber hat sich 6. der Konflikt zwischen SPD-geführten und CDU/CSU-geführten Landesregierungen vertieft (SCHULTZE 1993: 233). Damit kommt dem Bundesrat eine nochmals gesteigerte Bedeutung zu, da er entweder zu einem Oppositionsinstrument oder zu einem Instrument der Mitregierung der Opposition im Bund werden kann. Der nach der Bundestagswahl im Oktober 1994 auf 10 Stimmen geschrumpfte Vorsprung der Regierungskoalition von CDU/CSU und FDP im Bundestag wird den faktischen Zwang zu informellen Großen Koalitionen von Bundestags- und Bundesratsmehrheit forcieren.

Zwei Prognosen zur Entwicklung des deutschen Föderalismus nach der Einheit waren somit möglich, die sich an den Leitbildern „Weiter wie bisher" oder „Grundlegende Strukturreform" orientierten (vgl. HESSE 1993: 438).

Reföderalisierung

Die Apologeten einer Strukturreform, die sich v.a. auf (landes-)politischer Seite fanden, äußerten die Hoffnung, daß mit dem Hinzukommen von fünf neuen Bundesländern eine Stärkung des Föderalismus einhergehen könnte. Diese Position resultiert vor allem aus der nicht zu leugnenden Tatsache, daß das Hin-

240

zukommen der „neuen" Bundesländer das bisherige föderalistische System „sprengen" würde und deshalb dringend institutionelle Reformen im Bundesstaat nötig wären (vgl. etwa Bericht Teil I LT-KOMMISSION NRW 1990: 13ff.).

Verschärfung des Unitarisierungstrends

Zum anderen ist eine eher pessimistische Richtung auszumachen, die einerseits von einer „institutionellen Sklerose" und strukturell angelegten Immobilität des deutschen Föderalismus, andererseits von der politisch-finanziell-administrativen Schwäche der neuen Bundesländer auf eine Beibehaltung, wenn nicht gar Verschärfung des Unitarisierungstrends im (neuen) deutschen Föderalismus schließt (SCHARPF 1989).

Wenn wir uns im folgenden mit dem Prozeß der deutschen Einheit aus der „Föderalismus-Perspektive" beschäftigen, müssen wir uns allerdings immer wieder vergegenwärtigen, daß hier zwei miteinander verschränkte Föderalisierungsprozesse ablaufen: Zum einen wurde mit der ehemaligen DDR ein Staatsgebilde reföderalisiert, das seit 1952, also fast vierzig Jahre lang, nach zentralstaatlichen Prinzipien gegliedert und verwaltet war; zum anderen waren bis 1989 die Bundesrepublik und die DDR zwei Staaten, die seit dem Grundlagenvertrag von 1972 international als zwei souveräne Staaten mit gänzlich unterschiedlichen Wirtschafts- und Sozialverfassungen sowie Rechtssystemen anerkannt waren, und die sich in den letzten vierzig Jahren nicht nur auseinander-, sondern unter den Vorzeichen des Kalten Krieges und der Systemkonfrontation zwischen West und Ost sogar gegeneinander entwickelt hatten. Es ist also mitnichten so, daß mit der Übernahme oder „Überstülpung" westdeutscher föderativer Institutionen und der Wiedereinführung der Länder in der ehemaligen DDR bereits ein fertiges und einheitliches institutionelles Gefüge unter dem nunmehr gemeinsamen Dach des Grundgesetzes geschaffen worden wäre, genauso wenig, wie mit der Einführung der Marktwirtschaft allein eine umfassende Integration erreicht wurde (vgl. LEHMBRUCH 1991).

Immerhin aber konnte man bei der „Re-Föderalisierung" der vormaligen DDR auf eine Ländertradition zurückgreifen, die es zu revitalisieren galt (vgl. CZYBULKA 1990). Bevor wir uns einigen „Brennpunkten" der möglichen „Reföderalisierung" zuwenden, wollen wir uns mit den „Wurzeln" beschäftigen, auf die die Volkskammer der DDR am 22. Juli 1990 bei der Verabschiedung des „Verfassungsgesetzes zur Bildung von Ländern in der Deutschen Demokratischen Republik" zurückgreifen konnte, und der Frage nachgehen, welche föderativen Elemente in Verfassung und Staatsaufbau der DDR bis 1952 bestanden haben (vgl. FÖRST 1990). Wir müssen uns dabei auf eine Darstellung der Verfassungsnormen beschränken, da Untersuchungen über die Verfassungswirklichkeit bzw. die politische Praxis des Zusammenwirkens der Institutionen der Länder und des Zentralstaats für die ohnehin kurze Zeitspanne von 1949 bis 1952 nicht vorliegen. Mit der Überführung des DDR-Staatsarchivs in das Bundesarchiv Koblenz öffnet sich der staatsrechtlichen und politikwissenschaftlichen Föderalismusforschung ein vollkommen neues Gebiet. Hinweise in den seit 1990 erscheinenden Memoiren und Dokumentationen ehemaliger Oppositioneller innerhalb der SED lassen zudem vermuten, daß in der Geschichte der Bemühungen um eine Annäherung der beiden deutschen Staaten in den 50er Jahren Pläne zur Reföderalisierung der DDR immer wieder auftauchen.

5.1 Die Reföderalisierung der ehemaligen DDR

Fünf Länder in der ehemaligen SBZ

Als sich mit der Verabschiedung der Verfassung am 7. Oktober 1949 die DDR gegründet hatte, zeigte sich im Staatsaufbau der beiden deutschen Staaten zunächst eine auffallende Parallele: Beide Staaten waren in Länder gegliedert. So heißt es in Art. 1 Abs. 1 der DDR-Verfassung 1949: „Deutschland ist eine unteilbare demokratische Republik; sie baut sich auf den deutschen Ländern auf". Auf Befehl der Sowjetischen Militäradministration in Deutschland (SMAD) waren fünf Länder bzw. Provinzen gebildet worden. Ähnlich wie in den Westzonen hatten die ostdeutschen Länder Staatsqualität mit eigenem Staatsvolk, eigenen Landesverfassungen, eigenen Landesregierungen und Landtagen. Genau wie in den Westzonen hat sich auch in der Sowjetischen Besatzungszone (SBZ) die spätere Republik von den Ländern her aufgebaut. Während wir für die Westzonen festgestellt haben, daß sich die Länderbildung und damit die Übertragung der Verwaltungshoheit von den Militärregierungen auf die deutschen Länderverwaltungen zu unterschiedlichen Zeitpunkten und uneinheitlich vollzogen haben, erfolgte sie in der DDR zu einem denkbar frühen Zeitpunkt: Am 1. Juli 1945 hatte die Sowjetische Armee das Territorium der ihr zugewiesenen Zone vollständig besetzt; am 9. Juli 1945 wurden durch Befehl Nr. 5 der SMAD die fünf Landesverwaltungen eingerichtet. Am 20. Oktober 1946 haben in allen fünf Ländern der SBZ Landtagswahlen stattgefunden. In der Zeit vom 20. Dezember 1946 bis 28. Februar 1947 sind in den fünf Ländern die Länderverfassungen verabschiedet worden:

– am 20.12.1946: Verfassung der Provinz Thüringen (seitdem: Land Thüringen)
– am 10.01.1947: Verfassung der Provinz Sachsen-Anhalt (seit 21.7.1947: Land Sachsen-Anhalt)
– am 16.01.1947: Verfassung des Landes Mecklenburg
– am 06.02.1947: Verfassung der Provinz Brandenburg (seit 21.7.1947: Land Brandenburg)
– am 28.02.1947: Verfassung des Landes Sachsen.

Spannungsverhältnis zwischen föderativen und zentralistischen Tendenzen

In seiner „Verfassungsgeschichte der Nachkriegszeit" schreibt der Heidelberger Politikwissenschaftler PFETSCH, daß „die Landesverfassungen in der Ostzone (...) den Charakter demokratisch repräsentativer Systeme wie in den Westzonen zeigen, aber auch Unterschiede: stärker gegen Rassenhaß, nazistische und militärische Betätigung; Betonung von Wirtschaftslenkung und Plan; Eigentum (nicht Privateigentum) wird gewährleistet; Stabilisierungselemente der Regierung (konstruktives Mißtrauensvotum in engerem und weiterem Sinne)" (PFETSCH 1985: 114, Anm. 84). Für die weitere Entwicklung der DDR sollte allerdings ein anderer Unterschied zu dem politischen System in den Westzonen bzw. der Bundesrepublik, auf den ROGGEMANN (1989: 37) aufmerksam macht, entscheidend werden:

„... die bürokratische Konzentration der Verwaltungsbefugnisse bei den über Provinzen und Ländergrenzen hinwegreichenden Zentralverwaltungen in der Bildung einer ständigen Wirtschaftskommission im Januar 1947 (...) Deren Hauptaufgabe bestand in der ‚Aufstellung und Durchführung der Produktions- (Wirtschafts-) und Verteilungspläne'. Diese mit umfangreichen Weisungsrechten gegenüber Ländern und Landtagen ausgestattete Verwaltungszentrale, die Keimzelle der künftigen Regierung der DDR, erhielt erst im Herbst 1947 durch die Aufnahme von Ländervertretern einen gewissen demokratischen Unterbau".

Wenden wir uns jetzt der Frage zu, wie die Kompetenzen zwischen Republik und Ländern aufgeteilt waren und über welche Institutionen die Länder am Willensbildungs- und Entscheidungsprozeß des Gesamtstaates beteiligt waren. In Teil 2 haben wir erfahren, daß sich die Verfassungs- und Föderalismusvorstellungen der KPD, die sich im „Entwurf einer Verfassung für die Deutsche Demokratische Republik" vom 14.11.1946 niedergeschlagen haben, im wesentlichen durch dreierlei ausgezeichnet haben. Erstens: Das politische System beruhte auf den Grundsätzen parlamentarisch verfaßter Volkssouveränität. Beim Zentralparlament sollten sich nahezu alle staatlichen Kompetenzen konzentrieren. Zweitens: Die horizontale Gewaltenteilung zwischen Legislative, Exekutive und Judikative war in diesem Entwurf wenig ausgeprägt, eine vertikale Gewaltenteilung zwischen Bund und Gliedstaaten nicht vorgesehen. Drittens: Der Verfassungsentwurf sah kein Organ vor, das die Repräsentation und Mitwirkung der Länder im Bundesstaat regelte. Die Länder waren demnach eher vollziehende staatliche Gliederungen mit einem Minimum an Eigenkompetenzen.

Verfassungs- und Föderalismusvorstellungen der KPD

Wenn wir die einschlägigen Bestimmungen der DDR-Verfassung 1949 in den Abschnitten „Vertretung der Länder" und „Republik und Länder" nachschlagen, müssen wir diese Einschätzung zunächst relativieren. So erfahren wir über die Länderkompetenzen in Art. 1 Abs. 2 und 3: „(2) Die Republik entscheidet alle Angelegenheiten, die für den Bestand und die Entwicklung des deutschen Volkes in seiner Gesamtheit wesentlich sind; alle übrigen Angelegenheiten werden von den Ländern selbständig entschieden. (3) Die Entscheidungen der Republik werden grundsätzlich von den Ländern ausgeführt". In Art. 111 Abs. 2 heißt es: „Soweit die Republik von ihrem Recht zur Gesetzgebung keinen Gebrauch macht, haben die Länder das Recht der Gesetzgebung". Und Art. 115 S. 1 bestimmt: „Die Gesetze der Republik werden grundsätzlich durch die Organe der Länder ausgeführt, soweit nicht in dieser Verfassung oder in den Gesetzen etwas anderes bestimmt ist". In den Artikeln 71-80 der DDR-Verfassung 1949 entdecken wir die Bestimmungen zur Errichtung einer Länderkammer zur Vertretung der deutschen Länder. Analog zum (westdeutschen) Bundesrat wurde auch in der DDR-Verfassung 1949 mit dem Degressionsprinzip der Mittelweg zwischen dem Prinzip der Gleichberechtigung der Länder in der Länderkammer und der Geltendmachung der unterschiedlich hohen Einwohnerzahlen der fünf Länder gegangen. So heißt es in Art. 71 S. 2 und 3: „In der Länderkammer hat jedes Land für je 500 000 Einwohner einen Abgeordneten. Jedes Land hat mindestens einen Abgeordneten". Mit dem Gesetz über die Länderkammer vom 8. Dezember 1950 wurde die Zahl der Mitglieder auf 50 erhöht (Brandenburg 9, Mecklenburg 7, Sachsen 13, Sachsen-Anhalt 11, Thüringen 10. Berlin: 13 Abgeordnete mit beratender Stimme). In der Kontroverse Bundesrats- oder Senatslösung lehnt sich die DDR-Verfassung 1949 dem Senatsmodell an. Art. 72 legt fest: „Die Abgeordneten der Länderkammer werden von den Landtagen im Verhältnis der Stärke der Fraktionen auf die Dauer der Wahlperiode des Landtages gewählt. Die Abgeordneten der Länderkammer sollen in der Regel Mitglieder des Landtages sein".

Länderkompetenzen

Die Kompetenzen der Länderkammer sollten sich im wesentlichen auf zwei Bereiche erstrecken: Nach Art. 63 Abs. 1 sollte sie gemeinsam mit der Volks-

Kompetenzen der Länderkammer

kammer den Präsidenten der Republik wählen. Nach Art. 78 sollte sie das Recht haben, Gesetzesvorlagen bei der Volkskammer einzubringen, und nach Art. 84 Abs. 1 sollte ihr ein Einspruchsrecht gegen Gesetzesbeschlüsse der Volkskammer zustehen. Allerdings wurde der Einspruch hinfällig, wenn die Volkskammer ihren Beschluß nach erneuter Beratung aufrechterhielt (Art. 84 Abs.2).

Wir können festhalten, daß nach der DDR-Verfassung 1949 die DDR in Länder mit eigener Staatsqualität gegliedert war und daß bei der Wahrnehmung staatlicher Kompetenzen funktional zwischen Republik (hier vorwiegend Gesetzgebung) und Ländern (hier vorwiegend Administration) differenziert wurde. In zwei entscheidenden Punkten allerdings wich die Staatsverfassung der DDR vom Modell des intrastaatlichen Föderalismus der Bundesrepublik ab: die intrastaatliche Beteiligung der Länder an der gesamtstaatlichen Politik über die Länderkammer wie auch die interstaatliche Kooperation zwischen den Ländern wie zwischen Republik und Ländern waren schwach ausgeprägt.

Dezentralisierter
Einheitsstaat

ROGGEMANN (1989: 45) spricht deshalb von der DDR der Jahre 1949 bis 1952 als einem „dezentralisierten Einheitsstaat". Wir haben uns dafür entschieden, von „föderativen Elementen in Verfassung und Staatsaufbau der DDR bis 1952" zu sprechen. Die Einschränkung „bis 1952" erklärt auch, weshalb wir oben bei der Paraphrasierung der Verfassungsbestimmungen im Konjunktiv formuliert haben: Dem Prozeß der institutionellen Kooperation von Ländern und Zentralstaat war in der DDR nur eine kleine Frist beschieden.

1952: Beseitigung der
föderativen Elemente und
Gliederung in 15 Bezirke

Mit dem „Gesetz über die weitere Demokratisierung des Aufbaus und der Arbeitsweise der staatlichen Organe in den Ländern der DDR" vom 23. Juli 1952 wurde der Staatsaufbau der DDR nach dem Prinzip des demokratischen Zentralismus reorganisiert, die föderativen Elemente wurden beseitigt, Landesregierungen und Landtage aufgelöst, und die DDR wurde in einen zentralistischen Einheitsstaat verwandelt. Die zentralistischen bzw. die bürokratisch-zentralistischen Tendenzen, die bereits in der unmittelbaren Nachkriegszeit angelegt waren, haben sich gegenüber den föderalistischen Tendenzen als die stärkeren erwiesen.

Die DDR war von diesem Zeitpunkt an bis zum 3. Oktober 1990 in 15 Bezirke, 27 Stadt- und 191 Landkreise gegliedert. Da Landtage und Landesregierungen aufgelöst waren, haben die Bezirkstage ohne gesetzliche Grundlage bis 1958 die Abgeordneten der Länderkammer der DDR gewählt. Erst das Gesetz über die Auflösung der Länderkammer der DDR vom 8.12.1958 hat die Verfassungsbestimmungen über die Vertretung der Länder und deren Rechte aufgehoben und damit die Verfassung der politischen Wirklichkeit angeglichen.

Konsens der
Reformkräfte 1989/90:
Länderbildung

Seit der „Wende" im November 1989 hat unter den politischen Reformkräften der DDR Konsens über die staatliche Neugliederung bzw. „Rück"-Gliederung der DDR in Länder bestanden. So heißt es im „Verfassungsentwurf der Deutschen Demokratischen Republik", den die Arbeitsgruppe „Neue Verfassung der DDR „ des „Zentralen Runden Tisches" unter der MODROW-Regierung am 4. April 1990 vorgelegt hat, in Art. 41 Abs. 1: „Die Deutsche Demokratische Republik ist ein rechtsstaatlich verfaßter demokratischer und sozialer Bundesstaat und besteht aus den Ländern..." Die Art. 66 bis 68 im 5. Abschnitt des Verfassungsentwurfs waren der „Länderkammer" als Verfassungsorgan gewidmet. Am 22. Juli 1990 hat die DDR-Volkskammer mit Zwei-Drittel-Mehrheit das „Ländereinführungsgesetz" beschlossen. Danach wurden mit Wirkung vom 14.10.1990, also nach dem Beitritt der DDR zum Hoheitsbereich des Grundgesetzes, die fünf Länder Brandenburg, Sachsen-Anhalt, Sachsen, Thüringen und Mecklenburg-Vorpommern gebildet. Fast unnötig, darauf hinzuweisen, daß damit an die Tradition der Jahre 1945 bis 1952 angeknüpft worden ist.

Die Länderneubildung war der Startschuß für „die Konstituierung der Regionalparlamente als symbolischer Akt der Schöpfung neuer Staatlichkeit zwischen Oder und Elbe" (WERNICKE 1990: 11). Was den quasi „internen" Föderalisierungsprozeß in den fünf neuen Bundesländern betrifft, waren im wesentlichen folgende Aufgaben zu bewältigen:

- Formierung eines politischen Parteiensystems und die Wahl von Landtagen; Aufgaben der Reföderalisierung
- Bildung von Landesregierungen;
- Ausarbeitung und Verabschiedung von Landesverfassungen;
- Aufbau von Landesverwaltungen, z.T. in – für die bisherige DDR-Verwaltung – völlig neuen Politikbereichen, wie etwa die Arbeitsverwaltung u.a.;
- Aufbau einer neuen Ländergerichtsbarkeit;
- aktive Mitwirkung der Länderregierungen an der Verwaltung und Gesetzgebung des Bundes über den Bundesrat;
- aktive Mitwirkung in den anderen Institutionen der Länder- bzw. Bund-Länder-Koordination und damit Teilnahme an intra- und interstaatlichen Mechanismen, die sich in vierzig Jahren Bundesrepublik eingespielt und z.T. ritualisiert haben.

5.2 Verfassungsrechtliche Optionen der deutschen Einigung

Der Prozeß der Vereinigung der beiden deutschen Staaten hat sich über die Schaffung einer Währungs-, Wirtschafts- und Sozialunion zwischen der Bundesrepublik Deutschland und der Deutschen Demokratischen Republik am 1. Juli 1990, die Herstellung der staatlichen Einheit nach Art. 23 GG am 3. Oktober 1990 und die Entwicklung föderativer Strukturen in der DDR, die mit der Länderbildung am 14. Oktober 1990 institutionell begonnen hat und ihren Abschluß in Landtagswahlen sowie dem Erlaß von Landesverfassungen fand, in einem wahrlich atemberaubenden Tempo vollzogen (vgl. als Überblick HARTMANN 1994). GG-Optionen zur Wiedervereinigung

Dem Betrachter mag sich dabei der Eindruck aufdrängen, der gewählte Weg über Art. 23 GG a.F. sei der einzig gangbare „Königsweg" zur Wiederherstellung der deutschen Einheit gewesen (vgl. zu den Kontroversen GUGGENBERGER/STEIN 1991). Die Tatsache, daß es sich hierbei um den schnellsten und unkompliziertesten Weg handelte, sollte aber nicht den grundsätzlichen Unterschied zwischen Anschluß und Neukonstitution (GRIMM 1992) verwischen. Deshalb wollen wir uns zunächst mit den drei Optionen beschäftigen, die das Grundgesetz für den Fall der (Wieder-) Vereinigung prinzipiell bereitgehalten hat:

Die Bildung einer Konföderation, in der beide deutsche Staaten zunächst weiterbestehen, aber als Zwischenschritt zur Vereinigung eine gemeinsame Dachorganisation mit eigenen Hoheitsrechten und Institutionen bilden. Für die Bundesrepublik hätte dies bedeutet, bestimmte Hoheitsrechte nach dem uns bereits bekannten Art. 24 Abs. 1 GG auf zwischenstaatliche Einrichtungen zu übertragen. Bildung einer Konföderation zweier Staaten

Konstituierung eines
neuen Bundesstaates mit
neuer Verfassung

Beitritt zum
GG-Geltungsbereich

„Zehn-Punkte-Plan" vom
November 1989

Die Konstituierung eines neuen Bundesstaats, in dem beide deutsche Staaten aufgegangen wären, mit einer neuen Verfassung, die nach Art. 146 GG „von dem deutschen Volk in freier Entscheidung" hätte beschlossen werden müssen, womit das 1949 verabschiedete Grundgesetz seine Gültigkeit verloren hätte.

Der Beitritt der DDR zum Geltungsbereich des Grundgesetzes und damit zur Bundesrepublik Deutschland nach Art. 23 GG a.F.

Es war der amtierende Bundeskanzler selbst, der während der Etat-Debatte des Deutschen Bundestages am 28. November 1989 einen „Zehn-Punkte-Plan" zur schrittweisen Vereinigung der Bundesrepublik und der DDR vorgestellt hat und dabei erstmalig die Idee formuliert hat, über konföderative Strukturen zur Einheit zu kommen. In der deutschlandpolitischen Erklärung des Bundeskanzlers vom 28.11.1989 können wir unter Punkt 5 nachlesen:

„Wir sind aber auch bereit, noch einen entscheidenden Schritt weiterzugehen, nämlich konföderative Strukturen zwischen beiden Staaten in Deutschland zu entwickeln mit dem Ziel, danach eine Föderation, das heißt eine bundesstaatliche Ordnung in Deutschland zu schaffen. Das setzt zwingend eine demokratisch legitimierte Regierung in der DDR voraus. Dabei könnten wir uns bald nach freien Wahlen folgende Institutionen vorstellen:

– einen gemeinsamen Regierungsausschuß zur ständigen Konsultation und politischen Abstimmung,
– gemeinsame Fachausschüsse,
– ein gemeinsames parlamentarisches Gremium.

Die bisherige Politik gegenüber der DDR mußte sich im wesentlichen auf kleine Schritte beschränken, die die Folgen der Teilung für die Menschen mildern und das Bewußtsein für die Einheit der Nation wachhalten und schärfen sollten. Wenn uns künftig eine demokratisch legitimierte, das heißt frei gewählte Regierung als Partner gegenübersteht, dann eröffnen sich völlig neue Perspektiven.

Stufenweise können neue Formen institutioneller Zusammenarbeit entstehen und ausgeweitet werden. Ein solches Zusammenwachsen liegt in der Kontinuität der deutschen Geschichte. Staatliche Organisation in Deutschland hieß immer Konföderation und Föderation. Wir können uns auch jetzt wieder diese historischen Erfahrungen zunutze machen" .

Plädoyer für zweistufiges
Verfahren

Unter dem Titel „Nachdenken über Deutschland" haben die Staatsrechtsprofessoren BÖCKENFÖRDE und GRIMM, beide Mitglieder des Bundesverfassungsgerichts, im Magazin „DER SPIEGEL" am 5. März 1990 einen Artikel veröffentlicht, in dem sie – ähnlich wie der Bundeskanzler im November 1989 – für ein zweistufiges Verfahren der deutschen Einigung plädierten. Als Übergangsstadium schlugen sie die Bildung einer Föderation vor, „weil sie den ohnehin schwierigen und langwierigen Integrationsprozeß nicht mit zusätzlichen außenpolitischen Hypotheken und innenpolitischen Spannungen belastet" (so BÖCKENFÖRDE/ GRIMM 1990), die dann zur Neukonstituierung eines deutschen Bundesstaates mit einer neuen Verfassung führen müßte.

Als BÖCKENFÖRDE/GRIMM im März 1990 ihren Artikel publiziert haben, argumentierten sie vor dem Hintergrund der Tatsache, daß zum damaligen Zeitpunkt die beiden deutschen Staaten Mitglied zweier unterschiedlicher Militärbündnisse waren und daß mit ihnen zwei Staaten mit höchst unterschiedlichen Strukturen in allen Bereichen des gesellschaftlichen Lebens und mit erheblichem wirtschaftlichem Gefälle integriert werden mußten. Darüberhinaus stellten sie die Modalitäten der deutschen Einigung in den Zusammenhang der Bestrebungen, ein „Europäisches Haus" auf transnationaler Basis zu schaffen.

246

Angesichts dieser „externen und internen Schwierigkeiten einer deutschen Vereinigung" wurden in der Bildung einer Föderation zweier deutscher Staaten vor allem drei Vorteile gesehen:

- Die Militärpolitik würde eigene Angelegenheit der beiden deutschen Staaten bleiben. Solange die Militärbündnisse NATO und Warschauer Pakt in der bis dato noch gültigen Gestalt weiterbestünden, hätte keiner der beiden Staaten sein Bündnis verlassen müssen. Notwendig wäre allerdings eine Gewaltverzichtserklärung zwischen den beiden Staaten bzw. ein Nichtangriffspakt zwischen den Militärbündnissen gewesen.
- Eine Föderation zweier deutscher Staaten würde einer umfassenden europäischen Einigung mit unterschiedlichen Integrationsstufen und Assoziationsformen sowie grenzüberschreitender Zusammenarbeit benachbarter Regionen entgegenkommen. Sie hätte zudem der Angst benachbarter Staaten vor einem neuen deutschen Nationalismus entgegenwirken und die Brückenfunktion Deutschlands zwischen West- und Osteuropa begünstigen können.
- In einer Föderation hätte sich „die allmähliche Angleichung der Sozialstruktur und der Rechtsordnung und damit der Lebensverhältnisse (...) leichter bewerkstelligen (lassen) als in einem einheitlichen Staat" (BÖCKENFÖRDE/GRIMM 1990).

Es ist nur konsequent, wenn BÖCKENFÖRDE/GRIMM im März 1990 mit ihrem Plädoyer für ein zweistufiges Verfahren im Einigungsprozeß die Neukonstituierung eines deutschen Bundesstaats favorisierten:

„Für einen einheitlichen deutschen Staat erscheint nach 40 Jahren nicht allein getrennter, sondern größtenteils gegensätzlicher Entwicklung die Neukonstituierung angemessener als der Beitritt der DDR zur Bundesrepublik. Sie trüge auch dem in der friedlichen Revolution begründeten Selbstbewußtsein der DDR-Bevölkerung besser Rechnung und käme ihrem erkennbaren Bestreben entgegen, einzelne Errungenschaften der eigenen Entwicklung zu bewahren und einzelne Fehlentwicklungen der Bundesrepublik zu vermeiden".

Sie sahen in dieser Option zudem die Chance, das demokratische Defizit des Grundgesetzes zu beheben, da nach Art. 146 GG über eine gesamtdeutsche Verfassung eine Volksabstimmung hätte durchgeführt werden müssen.

Zur Option des Beitritts der DDR zur Bundesrepublik nach Art. 23 GG a.F. wußten die beiden Staatsrechtler

„am wenigsten zu sagen. Er bereitete keine konstruktiven Probleme (...). Es wäre freilich eine Illusion anzunehmen, daß sich die außen- und innenpolitischen Probleme, die mit der Vereinigung der deutschen Staaten verbunden sind, durch die Beschreitung des Wegs nach Art. 23 GG von selbst lösten oder auch nur verminderten" (BÖCKENFÖRDE/GRIMM 1990).

Die in der Abhandlung geäußerten Meinungen wurden im Frühjahr 1990 auch von anderen namhaften Staatsrechtlern geteilt. So hat etwa der an der Universität Bayreuth lehrende Peter HÄBERLE, Professor für öffentliches Recht, Rechtsphilosophie und Kirchenrecht, in einem Artikel in der FAZ vom 19.4. 1990 „im Sinne des einer offenen Gesellschaft entsprechenden Alternativdenkens" (so HÄBERLE selbst) für den „Versuch eines kombinierten Verfahrens" plädiert:

„Die DDR tritt dem Grundgesetz unter dem Vorbehalt bei, daß damit Artikel 146 nicht hinfällig werde, und sie verständigt sich mit der Bundesrepublik überdies auf die erwähnten Übergangsregelungen und etwaige Teilrevisionen des Grundgesetzes. Damit bringt die DDR sich paritätisch ein. Es bleibt Raum für Gestaltungsmöglichkeiten. Die Bundesrepublik Deutschland ihrerseits ist auf der Basis von Artikel 146 bereit und in der Lage, eine ‚neue' gesamt-deutsche Verfassung zusammen mit der Noch-DDR oder ihren Ländern auszuarbeiten" (HÄBERLE 1990a).

Argumente der Befürwor-ter der Vereinigung nach Art. 23 GG a.F.

Die Befürworter eines schnellen Beitritts der DDR bzw. der neuen Länder nach Art. 23 GG a.F. hielten dagegen die mit Art. 146 verknüpfte Revision einer „be-währten" Verfassung mit anschließender Bestätigung durch das Volk für ein un-attraktives Szenario. Die Befürchtung, mit dem Beitritt über Art. 23 werde den Bürgern der ehemaligen DDR ihre bisherige gesellschaftliche Identität genom-men und ein vollkommen anderes System quasi „übergestülpt", hielten sie für nicht stichhaltig – im Gegenteil. Forderungen nach einer Einheit über Art. 146 GG wurden in den Kontext einer „künstlich herbeigeredeten Verfassungsdebat-te" gestellt und als Sache einer avantgardistischen Minderheit abgetan (ISENSEE 1992: 11). Der Münchener Politikwissenschaftler SCHUSTER sprach gar von Art. 23 GG als der „Bresche, durch welche die Bürger der DDR nun überfallartig in das soziale System der Bundesrepublik einbrechen und ihre Teilhabe an unserem Wohlstand erzwingen könnten – ganz einfach auf dem durch und durch verfas-sungsmäßigen Weg des einseitig erklärten Beitritts nach Schaffung eines demo-kratisch legitimierten Parlaments und einer demokratisch legitimierten Regie-rung. Nichts und niemand könnte sie daran hindern" (SCHUSTER 1990). Aus ökonomischen Gründen heraus argumentierten auch andere Befürworter des Bei-tritts nach Art. 23 GG, da die neuen Länder dann einen Rechtsanspruch auf Fi-nanzausgleichszahlungen nach Art. 107 Abs.2 GG hätten und „insoweit also nicht auf das Wohlwollen der Länder der Bundesrepublik angewiesen" wären (so etwa RÖPER 1990: 561) – eine Einschätzung, die sich, wie noch zu zeigen sein wird, als falsch herausstellte. Nach Art. 7 Abs. 3 des Einigungsvertrages vom 6.9.1990 fand bis zum 31. Dezember 1994 „ein gesamtdeutscher Länderfi-nanzausgleich (Artikel 107 Abs. 2 GG) nicht statt" und man einigte sich statt dessen mit dem Fonds „Deutsche Einheit" auf eine Übergangsregelung (hierzu FIEDLER 1990), von der nicht zu erwarten war, daß sie zum Zeitpunkt ihres Aus-laufens durch eine – außerordentlich konsensbedürftige – Neuregelung abgelöst würde (MÄDING 1993).

Mit der Bildung der Währungs-, Wirtschafts- und Sozialunion zum 1.7.1990 und dem tatsächlich erfolgten Beitritt nach Art. 23 GG ist die Option gewählt worden, die zumindest verfassungsrechtlich „keine konstruktiven Probleme" be-reitete, die allerdings mit dem abrupten Übergang von der sozialistischen Plan-zur sozialen Marktwirtschaft in den neuen Bundesländern zunächst eine tiefe sozialökonomische Krise mit hoher Arbeitslosigkeit hervorgerufen hat.

Transfer westdeutscher Politikmuster

Was aber für die institutionelle Dynamik im deutschen Bundesstaat noch wichtiger ist: Die mit Art. 23 GG eingeschlagene Strategie setzte den bereits aus der alten Bundesrepublik bekannten Trend fort, föderative Probleme im Wege der Administration auf der Ebene der Verhandlung und Koordination von Bund-Länder-Exekutiven abzuarbeiten. Die erste Phase des Einigungsprozesses war zunächst stark zentralisiert und zeichnete sich durch eine „eigentümliche Kom-bination von Entscheidungszentralisierung und Problemvereinfachung" aus, während nach Währungsunion und politischer Einigung „die bestehenden Insti-tutionen und Routinen des traditionellen politischen Prozesses" wieder Platz griffen (SINGER 1992: 688). Der mit der Einheit erfolgte Transfer deutscher Po-litikmuster, inklusive der Institutionen und Politiker, in die neuen Bundesländer

248

hemmte von vornherein Initiativen zu einer tiefgreifenden institutionellen Reform. Angesichts der kaum übersehbaren und kalkulierbaren Komplexität des Vereinigungsprozesses war das dominante Interesse der politischen Akteure, nicht die Kontrolle über die Situation zu verlieren. Mit fundamentalen institutionellen Neuerungen war vorsichtig umzugehen, etablierte Beziehungen und Politikmuster galt es zu pflegen. Genau dies ist aber

„der Grund für die vorherrschende status-quo-Orientierung, und es erklärt zugleich, warum die Vereinigungspolitik angesichts immenser Umverteilungsströme erstaunlich konfliktfrei geblieben ist. Sie hat die in der Nachkriegszeit herausgebildeten bundesstaatlichen und korporatistischen Kompromißtechniken und Entscheidungsmuster nicht nur bestätigt, sondern angesichts einer völlig veränderten Situation neu begründet" (CZADA 1994: 265).

Damit aber wurden die Bahnen einer möglichen Föderalismus-Reform bereits frühzeitig präjudiziert.

5.3 Föderalismus-Reform im Zeichen der deutschen Einheit

Vergegenwärtigen wir uns, welche Anforderungen im Verlaufe des Einigungsprozesses an den deutschen Föderalismus gestellt wurden und werden: Von ihm wird erwartet, das geeignete Vehikel zu sein, „um die staatliche Symbiose der heterogen geprägten Teile Deutschlands zu fördern" (BADURA 1990: 321). Häufig wird daran die Forderung geknüpft, die nach der gesamtdeutschen Wahl als Wählerauftrag zu verstehende „Vereinheitlichung der Lebensverhältnisse" zu verwirklichen.

Der gewählte Weg der Vereinigung über den Art. 23 GG bot der Bundesexekutive die beste Möglichkeit, die Verhandlungen über die deutsche Einheit an sich zu ziehen. In der ersten, stark zentralistisch geprägten Phase (LEHMBRUCH 1991: 586/587) der Vereinigung wurden allerdings – trotz (oder wegen?) der Kompetenzausschöpfung auf der Ebene des Bundes – die politisch-institutionellen Bedingungen der Integration vernachlässigt. Insbesondere das administrative Vakuum in der ehemaligen DDR bzw. den neuen Bundesländern drohte zu einer Blockade des Angleichungsprozesses zu werden (vgl. SEIBEL/BENZ/MÄDING 1993). Die eher improvisierten Übergangslösungen erwiesen sich als unzureichend für die anstehende Problembewältigung – der Transfer des institutionellen Rahmens der „alten" Bundesrepublik, wie er in der Währungs-, Wirtschafts- und Sozialunion sowie nachfolgend im Einigungsvertrag festgelegt wurde, war gleichfalls mit Mängeln behaftet. Wie sahen nun die Reaktionen des deutschen föderativen Systems auf die in den Brennpunkten Kompetenzverteilung, Finanzverfassung und Homogenität bzw. Heterogenität focussierten Herausforderungen aus?

Durch den unmittelbaren Zusammenhang der Finanzaustattung mit der föderativen Kompetenzverteilung sowie dem Problem der Homogenität im Bundesstaat (Einheitlichkeit der Lebensverhältnisse) rückte die Frage der Finanzverfassungsreform, v.a. also die Einbeziehung der neuen Länder in den vertikalen und horizontalen Finanzausgleich, in den Mittelpunkt des Interesses. Es kam somit nicht von ungefähr, daß die Bundesländer bereits in ihren „Eckpunkten für die bundesstaatliche Ordnung im vereinten Deutschland" vom 5. Juli 1990 (abgedruckt in: ZParl 3/1990: 461ff.) der Finanzverfassung ein ganzes Kapitel gewid-

Finanzverfassung und
Fonds Deutsche Einheit

met haben und heftige Auseinandersetzungen zwischen Bund und Ländern über deren Neugestaltung nach der deutschen Einheit stattfanden. Von der These ausgehend, „daß Verfassung und Verfassungswirklichkeit durch zentralistische Entwicklung und zunehmende Aushöhlung der Kompetenz der Länder gekennzeichnet waren", schlugen die Länder Grundgesetzänderungen im Bereich der Finanzverfassung, der Gesetzgebungskompetenz und -verfahren sowie im Bereich der internationalen Beziehungen vor, „als erste Schritte zur Stärkung der bundesstaatlichen Ordnung". Analysiert man die Vorschläge unter dem Aspekt möglicher Auswirkungen für die politische Praxis, kommt man zu folgenden Einschätzungen:

Für den Bereich der Gesetzgebungskompetenz und -verfahren zielten die Ländervorstellungen in dreierlei Richtung: Stärkung der Gesetzgebungskompetenz der Länder, Erweiterung der Bandbreite der Zustimmungspflichtigkeit von Bundesgesetzen sowie die Schaffung der Möglichkeit zur Verlängerung von Fristen der Art. 76/77 GG im Gesetzgebungsprozeß, wenn der Bundesrat dies wünschte. In Teil 2 haben wir gesehen, daß die Länder über den Bundesrat ihre Mitwirkungsmöglichkeiten in der Bundespolitik extensiv nutzen, so daß dieses Forderungspaket im wesentlichen darauf zielt, die Verfassung der Verfassungswirklichkeit anzupassen. Ähnliches gilt für den Bereich der internationalen Beziehungen. Hier wollten die Länder generell das Kompetenzmonopol der Bundesregierung im Bereich der auswärtigen Politik brechen. Sie reklamierten für sich bzw. den Bundesrat Zustimmungs- und Mitwirkungsrechte bei der Übertragung von Hoheitsrechten auf zwischenstaatliche Einrichtungen und beim Abschluß von internationalen Verträgen. Insbesondere sahen sie Beratungsbedarf bei der Frage, „daß die Angelegenheiten der Europäischen Gemeinschaft inzwischen ein Gegenstand europäischer Innenpolitik und nicht mehr der Pflege der Beziehungen zu auswärtigen Staaten ist". Sie wiederholten ihre „alte" Forderung nach Novellierung des Art. 24 Abs. 1 GG. Wir haben allerdings bereits erfahren, daß die Länder der Bundesregierung mit der Verabschiedung der „Bund-Länder-Vereinbarung" vom 17.12.1987 und erst recht mit dem neuen Art. 23 GG im Bereich der Europapolitik enge „föderale Fesseln" angelegt haben.

Reformvorschläge für die Finanzverfassung

Strukturelle Veränderungen für das Bund-Länder-Verhältnis waren von den Vorschlägen für den Bereich der Finanzverfassung zu erwarten:

„Die Länder halten es für erforderlich, die Finanzbeziehungen zwischen Bund und Ländern im vereinten Deutschland einer grundlegenden Überprüfung zu unterziehen. Sie werden sofort nach der Bildung von Landesregierungen auf dem Gebiet der DDR die Vorstellungen der Länder konkretisieren. Sie erwarten, daß der Bund mit den Ländern umgehend Gespräche in institutionalisierter Form auf der Grundlage dieser Vorstellungen aufnimmt. Als Termin nehmen sie den Herbst 1991 in Aussicht. Die Länder halten fest, daß die für 1994/95 vorgesehene Neuordnung des Finanzausgleiches nur dann sinnvoll zu erreichen ist, wenn die jetzt bestehenden grundlegenden Disparitäten zwischen dem jetzigen Gebiet der Bundesrepublik Deutschland und der DDR wie auch innerhalb der Bundesrepublik überwunden sind. Sie gehen davon aus, daß bis 1994/95 eine Teilnahme der Länder auf dem Gebiet der DDR am bundesstaatlichen Finanzausgleich nicht in Betracht kommt.

Nach Auffassung der Länder wären unter anderem folgende Fragenkreise zu erörtern:

–   Leistungsstarke Länder als Träger eines lebensfähigen Föderalismus;
–   Beseitigung wirtschaftlicher und sozialer Disparitäten;
–   Ausgleich nach objektiven Kriterien zur Stärkung der allgemeinen Finanzkraft der Länder, Rolle von Bedarfsgesichtspunkten;

250

- Prüfung eigenständiger Finanzquellen der Länder durch eigene Gesetzgebungskompetenz über Steuern, deren Erträge den Ländern zufließen;
- Konkordanz zwischen Gesetzgebungszuständigkeit und finanzieller Lastentragung (Überprüfung Art. 104a Abs. 3 GG);
- Sachgerechte Veränderung des Institutes der Gemeinschaftsaufgaben sowie der Mischfinanzierung, klare Aufgabentrennung bei Stärkung der Finanzkraft der Länder;
- Überprüfung der Zerlegung der Steuern" (aus: Eckpunkte der Länder für die bundesstaatliche Ordnung im vereinten Deutschland, 1990).

Insbesondere die Realisierung des vorletzten Punktes hätte das bestehende System der Politikverflechtung tiefgreifend revidieren können. Auf die Problematik des Länderfinanzausgleichs bei ökonomisch höchst unterschiedlichen Gliedstaaten im Bundesstaat sind wir bereits eingegangen. Auch vor dem Beitritt der fünf ostdeutschen Bundesländer war dies ein permanenter „Zankapfel" zwischen den Ländern. Letztes Glied in dieser Kette von Länderstreitigkeiten war die zu Beginn des Jahres 1992 angekündigte Klage des Landes Baden-Württemberg vor dem Bundesverfassungsgericht. Neben Hessen war Baden-Württemberg das einzige Geberland unter den westdeutschen Ländern und hat 1991 fast 64% aller Leistungen im Länderfinanzausgleich getragen – mit der Folge, wie die Landesregierung behauptete, am Ende ärmer dagestanden zu haben als die Länder, an die es habe zahlen müssen.

Nach der deutschen Vereinigung bekam das prekäre Verhältnis zwischen Geber- und Nehmerländern neue Sprengkraft. Ab 1.1.1995 sollten die neuen Bundesländer – so sah es der Einigungsvertrag vor – voll in den Länderfinanzausgleich einbezogen werden. Angesichts der defizitären Finanzausstattung dieser Länder, die auch für diesen Zeitraum noch zu erwarten war, wären sogar die bisherigen, bereits jetzt hochverschuldeten Nehmerländer wie das Saarland oder die Stadtstaaten zu Geberländern geworden.

Es war deshalb nur folgerichtig, daß parallel zum Prozeß der deutschen Einigung immer wieder Überlegungen zur Länderneugliederung vorgetragen worden sind, um einigermaßen ausgeglichene und gleich „starke" Länder zu kreieren. De facto zeigte sich jedoch, daß die föderale Wiedervereinigung die Mängel der territorialen Gliederung mit einigen Änderungen in Ostdeutschland reproduzierte (VON BEYME 1993: 350). Der Vorschlag des ehemals amtierenden Bevollmächtigten der Freien und Hansestadt Hamburg beim Bund, Horst GOBRECHT, im Zuge der deutschen Einheit eine radikale „Flurbereinigung" vorzunehmen und die Zahl der 16 Bundesländer auf sieben zu reduzieren, stieß bei der Mehrzahl der Regierungen der potentiell betroffenen Länder auf Empörung. Nichtsdestotrotz schwelt dieser „Dauerbrenner" des deutschen Föderalismus weiter. Ein radikales „redrawing the map" (BENZ 1992) wird allerdings kaum zu erwarten sein; lediglich der Zusammenschluß von Berlin und Brandenburg scheint eine Ausnahme von der Regel zu sein, daß territoriale Besitzstände in der Bundesrepublik nicht zu verändern sind. Die im Gefolge der Arbeit der GVK in das Grundgesetz aufgenommene Änderung des Art. 29, nach der ein neuer Absatz 8 die Neugliederung im Wege eines Staatsvertrags zwischen den betreffenden Ländern sowie dessen Bestätigung durch Volksentscheid ermöglicht (vgl. BGBl. I/1994: 3146), eröffnet aber immerhin die Möglichkeit einer Neugliederung zu einem späteren Zeitpunkt.

Es ist somit plausibel, wenn SCHARPF/BENZ (1991: 151f.) in ihrem Gutachten „Zusammenarbeit zwischen den norddeutschen Ländern", das sie im Auftrag

Vorschläge zur
Länderneugliederung

der Senatskanzlei Hamburg und der Staatskanzlei Schleswig-Holstein erstellt haben, schreiben:

„18 Jahre nach der Vorlage des Berichts der Sachverständigenkommission für die Neugliederung des Bundesgebietes (‚ERNST-Kommission‘) hat sich an der Problematik der Ländergrenzen in Norddeutschland nichts geändert. Im Gegenteil, die schon damals erkannten Nachteile treten heute noch deutlicher in Erscheinung. (...) Die Vorschläge der ERNST-Kommission über eine Länderneugliederung in Norddeutschland sind deshalb nach wie vor aktuell. Insbesondere die Bildung eines Bundeslands ‚Nordost‘ aus den Ländern Hamburg und Schleswig-Holstein sowie den nördlichen Kreisen Niedersachsens erscheint vorteilhaft. (...) Obwohl also die Länderneugliederung für den norddeutschen Raum wesentliche Vorteile bringen würde, erscheint es faktisch ausgeschlossen, daß sie durch isoliertes Vorgehen der norddeutschen Länder, oder gar von Hamburg und Schleswig-Holstein allein verwirklicht werden könnte. Sie bleibt angewiesen auf eine vom Bund und allen Ländern getragene Initiative zur Neuordnung der bundesstaatlichen Verhältnisse, die freilich von den norddeutschen Ländern aus eigenem Interesse nachdrücklich unterstützt werden sollte.

Das Gutachten konzentriert sich deshalb auf (...) die auch zwischen selbständigen Ländern realisierbaren Verbesserungen in der Organisation und im Verfahren ihrer Zusammenarbeit".

Mit ihrem Vorschlag zur Gründung einer „Vertragsgemeinschaft Hamburg-Schleswig-Holstein" mit gemeinsamer Entscheidungsvorbereitung und Beratung auf Regierungs-, Verwaltungs- und Parlamentsebene weisen sie den Weg der kurzfristigen Reform der Länderbeziehungen im Wege einer horizontalen Politikverflechtung, um die Machtbalance zwischen Bund und Ländern „ins rechte Lot" zu bringen und in einem vereinten Europa stabile Wirtschaftsregionen zu schaffen (vgl. BENZ/SCHARPF/ZINTL 1992).

5.3.1 Finanzverfassung nach der deutschen Einheit

Wie präsentierte sich aber nun die Fähigkeit zur föderativen Problembewältigung im deutschen Bundesstaat auf dem vertrackten und konfliktschwangeren Gebiet der Finanzverfassung? Zunächst schien auch hier klar zu sein, daß der starke Handlungsdruck, die Komplexität und v.a. die Konsensbedürftigkeit der Materie umfassende Reformen nicht erlauben würden. Kühne Pläne, die von einer grundlegenden Reform der Finanzverfassung bei gleichzeitiger Neugliederung der Bundesländer handelten, hatten somit zwar durchaus eine große Plausibilität, einmal mehr schien aber die Kluft zwischen dem, was sinnvoll, und dem, was politisch machbar war, zu groß zu sein. Unter dieser Prämisse betrachtet, bietet allerdings die Anpassung der Finanzverfassung im Gefolge der deutschen Einheit ein Musterbeispiel für Problemabarbeitungsprozesse im deutschen Bundesstaat – bekannte Wege sind am sichersten, und erst wenn das Ziel hierüber nicht mehr erreichbar ist, werden vorsichtig neue Wege beschritten (RENZSCH 1994: 133).

Heterogenität: Land der zwei Geschwindigkeiten?

Die Ausgangslage für eine Reform der bundesdeutschen Finanzverfassung war negativ genug (vgl. PEFFEKOVEN 1990): Nach der Vereinigung Deutschlands waren zwei ganz unterschiedlich strukturierte und von ihrer Wirtschaftskraft her divergierende Gebiete zu einem Staat zusammengeschlossen, so daß der deutsche Föderalismus mit dem in dieser scharfen Ausprägung ungewohnten Problem *regionaler Disparität* konfrontiert wurde. Das Problem war nun, daß mit dem bislang praktizierten System des bundesstaatlichen Finanzausgleichs, insbesondere dem als Spitzenausgleich konzipierten horizontalen Finanzaus-

gleich zwischen den Bundesländern, ein Ausgleich zwischen den großen Finanz-
kraftunterschieden von neuen und alten Ländern nicht mehr möglich war
(RENZSCH 1994: 118), so daß sich die erweiterte Bundesrepublik zu einem
„Land der zwei Geschwindigkeiten" (SINGER 1992: 686) zu entwickeln drohte
und das bis dato weitgehend homogene bundesstaatliche System der Bundesrepublik sich mit dem Problem einer ausgeprägten Heterogenität konfrontiert sah.
Wie haben nun die im Zuge der deutschen Einheit umgesetzten Modifikationen
der Finanzverfassung ausgesehen und wie haben sie sich auf den deutschen Föderalismus ausgewirkt?

Nach Art. 3 Einigungsvertrag wurde das Grundgesetz fast ausnahmslos mit
dem Beitritt der ostdeutschen Bundesländer auf dem Gebiet der früheren DDR in
Kraft gesetzt. Art 7 Einigungsvertrag erstreckte auch die Geltung der Finanzverfassung auf das Beitrittsgebiet, soweit nichts anderes bestimmt war. Art. 7 Abs. 3
sah allerdings vor, daß ein gesamtdeutscher Finanzausgleich bis zum 31.12.1994
nicht stattfinden sollte. Der Finanzausgleich sollte stattdessen in den beiden
Gruppen der west- und ostdeutschen Bundesländer getrennt stattfinden. Für die
ausreichende Finanzausstattung der ostdeutschen Länder wurden bis zum 31.12.
1994 Übergangsregelungen vereinbart (vgl. GESKE 1991: 37ff.; FIEDLER 1990:
1263ff.), nachdem sich die Bundesregierung im März 1990 bei den für die Neuverteilung der Umsatzsteuer ohnehin anstehenden Verhandlungen nicht mit ihrer
Forderung durchsetzen konnte, den Anteil des Bundes an der Umsatzsteuer – ohne Einschluß der Finanzierungslasten für die DDR – von bislang 65% auf 71%
zu erhöhen, zusätzlich die alten Länder mit einem Drittel des Defizits des DDR-
Haushalts zu belasten und ihnen schließlich auch einen nicht näher bezifferten
Solidarbeitrag abzunehmen. Für die Länder waren die Forderungen des Bundes
v.a. deswegen unakzeptabel, weil sie aus ihrer Sicht nicht nur zu einem Haus-
haltskollaps der Länder führen würden, sondern weil die Bundesregierung – begünstigt durch den Weg über Art. 23 – die Vereinigungspolitik zu monopolisie-
ren, gleichzeitig aber von den Ländern mitfinanzieren zu lassen trachtete.

Bis zu der im Einigungsvertrag vorgeschriebenen Neuregelung des horizontalen Finanzausgleichs erfolgte die Finanzausstattung der ostdeutschen Länder
nunmehr v.a. aus Mitteln des „Fonds Deutsche Einheit" (ursprünglich mit einem
Gesamtvolumen von 115 Mrd. DM aufgelegt), auf den sich die Regierungschefs
von Bund und Ländern am 16. Mai 1990 einigten. Diese Einigung wurde Bestandteil des Vertrags über die Schaffung einer Währungs-, Wirtschafts- und Sozialunion (Art. 30). Bundesländer und Bundesregierung sahen dabei die Höhe
der Länderbeteiligung an den Kosten der Einheit als abschließend geregelt an
(vgl. GESKE 1991: 36). Für diesen Fonds brachten Bund und (westdeutsche)
Länder gemeinsam von 1990 bis 1994 161 Mrd. DM auf, wovon ca. 66 Mrd.
DM direkt aus dem Bonner Haushalt kamen und 95 Mrd. DM von Bund und
Ländern kreditfinanziert wurden. Die bis 1990 geltende und an sich neu zu ver-
handelnde Umsatzsteuerverteilung wurde zunächst bis Ende 1992 fortgeschrie-
ben, wobei die Regelung des Länderanteils an der Umsatzsteuer zu den am in-
tensivsten umstrittenen Finanzregelungen des Einigungsvertrags gehörte (vgl.
FIEDLER 1990: 1265ff.) und schließlich für die Jahre 1991 und 1992 im Verhältnis 65 (Bund) zu 35 (Länder) festgeschrieben wurde. Der Einigungsvertrag
verlängerte dieses Verteilungsverhältnis in seinem Art. 7 Abs. 2 bis einschließlich 1994 und beteiligte die neuen Länder nur teilweise an der einwohnerbezoge-

nen horizontalen Umsatzsteuerverteilung (1991: 55%; 1992: 60%; 1993: 65%; 1994: 70%). Neben dem Länderfinanzausgleich sollte auch der Umsatzsteuerausgleich in West und Ost getrennt durchgeführt werden, wobei eine Beteiligung der neuen Bundesländer an den Bundesergänzungszuweisungen nicht stattfinden sollte (zum Ganzen MÄDING 1993).

Die gewählten Modifikationen der Finanzverfassungen stützten sich im wesentlichen auf eine Erhöhung der Nettokreditaufnahme, ohne jedoch neue Wege zu eröffnen. Zudem waren sie offensichtlich auf die falsche Annahme eines raschen Wirtschaftsaufschwungs gestützt und erwiesen sich bald als unzureichend, weswegen im Frühjahr 1991 beschlossen wurde, den Einigungsvertrag so zu korrigieren, daß die neuen Länder rückwirkend ab 1. Januar 1991 an der Umsatzsteuerverteilung beteiligt würden, und zwar zu Lasten der alten Länder. Desweiteren verzichtete der Bund auf seinen 15-Prozent-Anteil am Fonds „Deutsche Einheit" zur Erfüllung zentraler öffentlicher Aufgaben auf dem Gebiet der früheren DDR, und die Bundesregierung beschloß am 8.3.1991 das Gemeinschaftswerk Aufschwung Ost mit einem zusätzlichen Finanzvolumen von jeweils 12 Mrd. DM für 1991 und 1992.

Spätestens hier wäre die Gelegenheit gewesen, die durch den Einigungsvertrag „programmierte Finanznot" (HICKEL 1991: 430) zum Anlaß zu nehmen, die bereits vor der deutschen Einheit ständig umstrittene und zuletzt noch durch ein Urteil des BVerfG angegriffene Finanzverfassung grundsätzlich zu reformieren. Bezeichnenderweise wurde allerdings die Reform der Finanzverfassung aus dem Pensum der Verfassungsreform-Kommission des Bundesrats ausgespart (AS-MUSSEN/EGGELING 1993: 230/231), genauso wie die Gemeinsame Verfassungskommission von Bundestag und Bundesrat dieses Thema in ihrem Abschlußbericht (BT-Drs. 12/6000) nicht behandelte. Stattdessen übernahm die Konferenz der Finanzminister diese Aufgabe und setzte am 12. September 1991 eine Arbeitsgruppe hierzu ein.

Bei den Verhandlungen um die einheitsbedingten Reformen der Finanzverfassung zeichneten sich zwei grundsätzlich verschiedene Modelle ab, die jeweils vom Bund und von den Ländern vertreten wurden. Der Bund verfolgte offensichtlich die altbewährte Taktik, einen Keil zwischen die Länder zu treiben und auf diese Weise eine Interessenkoalition von Bund, alten finanzstarken und neuen Ländern gegen die alten finanzschwachen Länder zu schmieden, wobei sich interessanterweise – mit Ausnahme Brandenburgs, das sich aber schon einmal als unsicherer Kantonist in der SPD-Phalanx erwiesen hatte – nur CDU-regierte Länder auf der Gewinner-Seite und die SPD-Länder auf der Verlierer-Seite gefunden hätten (RENZSCH 1994: 123). Die drei genannten Ländergruppen vertraten jeweils unterschiedliche Interessen in den Verhandlungen: Die finanzstarken alten Ländern erhofften sich unter der im Rahmen der Einheit immer wieder thematisierten Stärkung des Föderalismus auch eine Reform des Finanzausgleichs, gekoppelt mit einer größeren Eigenständigkeit. Die neuen Länder wollten eine umfassende Einbeziehung in das bestehende Finanzausgleichssystem, um einen Abbau der Ausgleichsintensität zu verhindern. Die finanzschwachen alten Länder schließlich hätten bei einer Umlenkung des Finanztransfers in die ausgleichsberechtigten Länder am schlechtesten ausgesehen; sie mußten deshalb Wege suchen, um ihre Lasten für den Fall einer Einbeziehung der neuen Länder in den Finanzausgleich zu begrenzen.

Ohne hier weiter ins Detail zu gehen (vgl. umfassend RENZSCH 1994: 123ff.;
ECKERTZ 1993; FÄRBER 1993), muß das Endergebnis der Verhandlungen und
die Art seines Zustandekommens angesichts der prima facie hoffnungslos ver-
fahrenen Situation erstaunen: Unter der Führung von Bayern und Nordrhein-
Westfalen sowie der Vermittlung von Brandenburg gelangten die Ministerpräsidenten auf ihrer Konferenz in Potsdam vom 26./27. Februar 1993 zu einem gemeinsamen Vorschlag, der vom Bundesfinanzminister zunächst umgehend zurückgewiesen wurde. Nichtsdestotrotz wurde auf der anschließenden Klausurta-
gung der Regierungschefs von Bund und Ländern vom 11.-13. März 1993 der
Solidarpakt geschnürt, in dem die Grundlagen für eine Neuregelung der Finanzbeziehungen ab 1995 gelegt wurden. Nach bislang vorliegenden Rechnungen
werden 1995 im horizontalen Finanzausgleich zwischen den Ländern 11,6 Mrd.
DM umverteilt. Waren vorher zeitweise nur Baden-Württemberg und Hessen die
„Zahlmeister", so erweitert sich mit der Neuregelung der Kreis der ausgleichs-
pflichtigen Länder nunmehr auf sechs: Hessen (3,5 Mrd.), Bayern (2,8 Mrd.),
Baden-Württemberg (2,6 Mrd.), Nordrhein-Westfalen (2,4 Mrd.), Schleswig-
Holstein (281 Mio.) und Hamburg (87 Mio.). Größter Empfänger wird Berlin
(3,5 Mrd.) vor Sachsen (2,2 Mrd.), Sachsen-Anhalt (1,3 Mrd.), Thüringen (1,2
Mrd.), Brandenburg (1,2 Mrd.), Mecklenburg-Vorpommern (1 Mrd.), Bremen
(430 Mio.), Niedersachsen (279 Mio.), Rheinland-Pfalz (252 Mio.) und Saarland
(213 Mio.). Desweiteren wird der Bund 21,7 Mrd. DM Ergänzungszuweisungen
zahlen, davon 18,6 Mrd. an die neuen Länder. Außerhalb des Finanzausgleichs
erhalten die neuen Länder für zehn Jahre pro Jahr 6,6 Mrd. DM an Finanzhilfen.
Kernpunkt der im Solidarpakt erzielten Einigung war die Neuverteilung der Umsatzsteuer, bei der der Bund überraschenderweise gegenüber seinen früheren
Forderungen zurücksteckte und nunmehr eine 7%ige Erhöhung des Länderanteils an der Umsatzsteuer akzeptierte, womit zukünftig der Länderanteil an der
Umsatzsteuer 44% beträgt und den ostdeutschen Bundesländern damit weitere
16,5 Mrd. DM zustehen.
   Auffallend ist, daß auch beim Zustandekommen dieses Kompromisses der
Parteienwettbewerb durch Konsensstrategien überlagert wurde, in denen es galt,
einen gemeinsamen Nenner zu finden. Maximalforderungen, wie sie etwa zunächst seitens des Bundes vorgebracht wurden, hatten von vornherein keine Re-
alisierungschancen.
   Handelte es sich bei der Diskussion um die Neuordnung der Bund-Länder-
Finanzen um ein sehr spezielles Thema, so sollte dies aber nicht den Blick dafür
verstellen, daß deutsche Einheit (und europäische Integration) in der Bundesrepublik auch einen breiter angelegten Verfassungsdiksurs auslösten, in dem Fö-
deralismus-Probleme eine wichtige Rolle spielten. Diese waren v.a. um den Ent-
wicklungs- und Problempunkt „Kompetenzverteilung zwischen Bund und Ländern" zentriert und nahmen eine herausragende Position in den Auseinandersetzungen der Gemeinsamen Verfassungskommission von Bund und Ländern sowie den anschließenden Verhandlungen zwischen Bund und Ländern über die
Umsetzung der Reformvorschläge ein.

5.3.2 Die Gemeinsame Verfassungskommission und das Problem der Reföderalisierung

Wir haben bereits erfahren, daß Wandlungen des deutschen Föderalismus (zunächst) außerhalb konstitutioneller Bahnen stattgefunden haben und das Verfassungsrecht oft erst nachholend der Verfassungswirklichkeit akkomodiert wurde. Ein flagrantes Beispiel hierfür waren die Gemeinschaftsaufgaben und Investitionshilfen, die die parakonstitutionelle Fondswirtschaft auf eine verfassungsrechtliche Grundlage stellten. Hinzu kommt, daß gerade aufgrund des etablierten Systems der Politikverflechtung dem Typus umfassender und tiefgreifender Reformen in der Bundesrepublik gar nicht so viel Bedeutung zukommt bzw. Verfassungsänderungen nur das „Sahnehäubchen" eines Meinungsbildungsprozesses bilden, der von den institutionellen Eigeninteressen der beteiligten Akteure geprägt ist und gerade hinsichtlich der bundesstaatlichen Normen des Grundgesetzes ein sehr bewußt betriebenes „constitional engineering" offenbart (LEHMBRUCH 1985).

Dieses bislang immer einheitsstaatlich motivierte Anpassen der Verfassung (ABROMEIT 1992: 79) an die konsensfähigen Bedürfnisse der politischen Akteure in Bund und Ländern wurde und wird ergänzt durch eine „prozessuale Anpassung", die sich weder auf reaktive Anpassung noch auf den Versuch, abstrakte Reformmodelle zu verwirklichen, beschränkt. Vielmehr zielt diese prozessuale Anpassung „auf eine pragmatische, die laufende Tätigkeit begleitende, flexible Gestaltung von Institutionen, die nicht nur auf kurzfristige Erfolge angelegt ist, sondern als ständige Aufgabe begriffen wird" (HESSE/BENZ 1990: 225). Gefragt ist hier ein „federal engineering", das ein reibungsloses und konfliktfreies Funktionieren des bundesstaatlichen Systems garantiert und aufgrund einer pragmatischen Grundorientierung an umfassenden und abstrakten Reformprojekten kein Interesse haben kann. Wir haben dies anhand der Mechanismen der Politikverflechtung hinreichend belegt und am Beispiel der Finanzverfassungsreform nach der deutschen Einheit illustriert.

Insoweit Verfassungsnormen und -institutionen mit der politisch-wirtschaftlichen Entwicklung nicht Schritt halten können und sich daraus Funktionsdefizite ergeben, kann Verfassungspolitik ohnehin immer nur ein nachholender Prozeß sein. Betrachtet man die Entwicklung seit 1949, so fällt sofort auf, daß gerade die Bundesrepublik sich dadurch auszeichnet, den föderativen Prozeß mittels immer neuer punktueller und additiver Verfassungsänderungen zu „rationalisieren" (LEHMBRUCH 1985: 34). Trotz der hohen Konsensbedürftigkeit von Verfassungsänderungen ermöglichte offensichtlich gerade das konsensualistisch funktionierende System der Politikverflechtung immer wieder eine solchermaßen nachholende Verfassungsanpassung im Bereich der bundesstaatlichen Normen.

Auffällig ist allerdings ein besonderer Umstand: Bundesstaatliche Reformen wurden in der Bundesrepublik Deutschland zwar oftmals von Sachverständigen-Kommissionen angeregt, von denen es eine ganze Reihe gegeben hat. Der hier betriebene Beratungsaufwand steht allerdings in merkwürdigem Gegensatz zur Umsetzung der erarbeiteten Problemanalysen und Reformvorschläge: Mit Ausnahme des Berichts der TROEGER-Kommission, landeten die Vorschläge anderer „Föderalismuskommissionen" in den Schubladen der Politiker und bereicherten bestenfalls die akademische Diskussion.

Unter diesen Voraussetzungen bedarf die in der Bundesrepublik betriebene Beratungspraxis in Sachen Bundesstaat einer Revision und Neubewertung: Schaut man sich die Summe der bislang erfolglos gebliebenen Reformvorschläge für das bundesstaatliche System der Bundesrepublik an, so fällt auf, daß diese durchgehend eine Reföderalisierung des deutschen Bundesstaats favorisieren – und zwar in Form einer Kompetenzverlagerung auf die Bundesländer. Darin könnte, so ist zu vermuten, eine der Hauptursachen für ihre Erfolglosigkeit liegen – weil sie möglicherweise zu radikal wären und die Besitzstandswahrung der in einer „Rationalitätsfalle" gefangenen politischen Akteure des deutschen Föderalismus durch zu weitgehende Umverteilungen (Finanzverfassung) gefährden könnten. Vielleicht sind die bislang vorhandenen Maßstäbe, wie sie beispielsweise der Arbeit von „Föderalismuskommissionen" zugrunde lagen und deshalb weitgehend zu Reföderalisierungsplädoyers führten, deshalb für eine realistische Reformpolitik weitgehend unbrauchbar, weil sie von falschen Voraussetzungen ausgehen und somit am tatsächlich vorhandenen Problemdruck, am Interesse der Politikberatungsadressaten – den Politikern in Bund und Ländern – und an der von Verfassung und Politikern geprägten Verfassungswirklichkeit des deutschen Föderalismus vorbeigehen. Der Grund hierfür könnte in der Existenz eines „föderalistischen Paradigmas" liegen, das zu Verzerrungen und Inkompatibilitäten der Reformdiskussion bzw. der daraus resultierenden Reformvorschläge mit der Verfassungswirklichkeit und den hier agierenden Adressaten (Politikern) der Vorschläge führt. Dieses Paradigma konstituiert sich aus einem „symbolischen Föderalismus" (LHOTTA 1993: 126ff.), der von der Annahme eines „dualen Föderalismus" und einem nicht hinterfragten „Tugendkatalog" des Föderalismus gespeist ist. Sofern dieses Paradigma aber Eingang in die Politikberatung findet, kann sich dies kontraproduktiv auswirken, denn: Beide Komponenten des föderalistischen Paradigmas – dualer Bundesstaat und föderalistische Tugenden – „spielen zwar eine große Rolle, wirken aber kaum auf die durch die Institutionen abgesicherte Praxis" (ELLWEIN/ HESSE 1987: 81). Sie sind bei der – für effektive Politikberatung in Sachen Föderalismus – eigentlich entscheidenden Frage nach „governability and workability within the context of federal arrangements" (BAKVIS/CHANDLER 1987: 81) schlicht nebensächlich. Politiker, die in der Regel die Auftraggeber oder zumindest die Adressaten der Politikberatung sind, singen zwar selber aus vollem Halse das „hohe Lied des Föderalismus" (Art. in: FR 10.11.1990), in dessen Refrain die Eigenständigkeit von Bund und Ländern und alle positiven Eigenschaften des Föderalismus (bürgernahe Politik, demokratischer Multiplikator, mehr Partizipation, problemnähere und deshalb sachgerechtere Politik, Minderheitenschutz, Berücksichtigung länderspezifischer Eigenarten, Pluralisierung der Regierungsverantwortung, Gewaltenteilung usw.) hervorgehoben werden. De facto geht es ihnen aber darum, wie man im institutionalisierten föderalen Arrangement des Grundgesetzes zum größten eigenen (parteipolitischen) Nutzen Politik machen kann. Wir haben dies am Beispiel der Finanzverfassung nachvollzogen.

Somit eröffnet sich eine Widersprüchlichkeit, mit der alle Reformvorschläge im deutschen Bundesstaat konfrontiert werden: Auf der einen Seite das von der Politikberatung und den Politikern beim öffentlichen „Schaulaufen" ventilierte föderalistische Paradigma, das hier als „symbolischer Föderalismus" bezeichnet wird, zum anderen das von den Politikern machtorientiert gehandhabte „federal

Widersprüchlichkeit der Reformvorschläge

257

engineering", das auf reibungslose, konfliktminimierende und konsensualistische „Problemabarbeitung" hinausläuft und vom institutionellen intrastaatlichen Design des Grundgesetzes abgesichert wird und seine deutlichste Ausprägung im etablierten System der Politikverflechtung gefunden hat. Möglicherweise wird demzufolge in Deutschland der Föderalismus seit Jahrzehnten als etwas gepriesen, was er (hier) nie gewesen ist und somit zur bloßen semantischen Fassade, hinter der sich eine Politik abspielt, die mit dem „Traumbild" nichts zu tun hat – weil sie vollkommen unitarisch und hochverflochten ist. Somit würde „an der föderativen Struktur festgehalten, obwohl ihr Inhalt schon längst nicht mehr auf die vorgegebene Funktion hin überprüft wird" (LAMBRECHT 1975: 143).

Reformüberlegungen, die von einer „Reföderalisierung" nach dem Muster des dualen Bundesstaates ausgehen, sind infolgedessen zum Scheitern verurteilt, weil sie die von Anfang an angelegte unitarisch-kooperative Ausrichtung des deutschen Föderalismus, die durch entsprechende politisch-gesellschaftliche Umstände noch begünstigt wurde, negieren. Sie haben einen „dualen" Konkurrenzföderalismus als Grundannahme, der dem von Beginn an als unitarischer „Verbund" konzipierten Bundesstaat der Bundesrepublik nicht zu imputieren ist (LHOTTA 1993).

Wie wir zeigen konnten, ist die Ausgestaltung des deutschen Föderalismus im Grundgesetz von 1949 schon damals eigentümlich ambivalent gewesen. Diese Ambivalenz und Unentschlossenheit – insbesondere im Bereich der Finanzverfassung – machte zum einen ein ständiges „Nachbessern" notwendig. Man muß aber auch berücksichtigen, daß es sich hier um eine „schwächere" Ausgestaltung föderativer Elemente gegenüber einer von Anfang an starken und immer stärker werdenden Ausgestaltung unitarischer Elemente handelt. Der deutsche Föderalismus ist vielmehr von Anfang an unitarisch ausgerichtet gewesen, weil der Bund ungeachtet der länderfreundlichen Grundsatzregelungen in Art. 30 und 70 GG bereits 1949 die wichtigsten Anordnungsbefugnisse erhielt (asymmetrischer Dualismus), und weil der deutsche Bundesstaat von Anfang als Verbundsystem, als kooperativer Bundesstaat und somit tendenziell auf eine vereinheitlichende Wirkung hin konzipiert gewesen ist.

Unitarische Zielvorgaben deutscher Bundes-staatlichkeit

Damit kommen wir zu den „Zielvorgaben" deutscher Bundesstaatlichkeit, die gerade jetzt von besonderer Bedeutung ist: Jeder Bundesstaat – und ganz besonders der deutsche – impliziert eine nicht zu vernachlässigende unitarische Zweckausrichtung. Er soll in wichtigen Bereichen eine substantielle Einheit – eine „more perfect union" gewährleisten. Somit haben Bundesverfassungen nicht nur die Aufgabe, die föderale Kompetenzverteilung zu normieren und den Gliedstaaten (unantastbare) Handlungsspielräume zu reservieren. Sie sind auch – im Gegensatz zu den Landesverfassungen – ein „Instrument der Einheitsstiftung im Staat" (GRAWERT 1987: 2338). Diese Einheitsstiftung oder Unitarisierung ist eine Leistung, die dem bundesstaatlichen System in bestimmten historischen Situationen abverlangt wird. Die Entscheidung für ein föderalistisches Gefüge der Bundesrepublik Deutschland ist 1949 „um der guten Ordnung des Gesamtverbandes, nicht um der Bewahrung der Unabhängigkeit und Unverletzbarkeit der Länder willen" (KISKER 1971: 104) getroffen worden. Wir haben gezeigt, wie sehr das institutionelle Arrangement des Grundgesetzes und die darin angelegten Unitarisierungsstrategien dem entsprochen haben. Ein hypostasierter Föderalismus, wie er dem Paradigma eines „dualen Föderalismus" zugrundeliegt, ist für die Bundesrepublik auf dem Weg zur Vereinheitlichung und Integration von sei-

258

ten der Politik nicht lange als Hindernis angesehen worden. Das Grundgesetz wurde unter den „Notwendigkeiten der Zeit" (HESSE 1962: 21) mitsamt seinem Vereinheitlichungspotential schnell als „Instrument der Einheitsstiftung" erkannt und genutzt – eine Entwicklung, die bis zur Gegenwart angehalten hat und ausgerechnet in einer Situation, in der der Unitarisierungsdruck durch die Aufgabe der Schaffung einheitlicher Lebensverhältnisse auch für die neuen Bundesländer noch potenziert wird, wohl kaum in ihr Gegenteil verkehrt werden kann. Trotzdem wurde aber – auch bis in die Gegenwart – mit viel verbalem Aufwand versucht, die föderalistische Fassade mit Hilfe des oben skizzierten Paradigmas aufrecht zu erhalten.

Somit wird auch in jüngster Zeit wieder einmal das „coming out" des Föderalismus geprobt. In der Wissenschaft (Theorie) werden unter dem Stichwort der „Modernisierung" und der „territorialen Reorganisation politischer Herrschaft" Ergebnisse aus der Steuerungsdebatte, insbesondere zum Staatsversagen, dazu benutzt, dem Nationalstaat als Problemlösungsinstanz den Abschied zu geben. Die „Entzauberung des Staates" und seine Umwandlung in ein „polyzentrisches Gebilde", seine Überlastung durch Aufgaben, die an ihn im Zuge der wohlfahrtsstaatlichen Entwicklung herangetragen werden, lenken den Blick fast automatisch wieder auf die „kleineren" (territorialen) Subeinheiten. Das so griffig von Daniel BELL formulierte Bonmot „The nation-state is becoming too small for the big problems of life and too big for the small problems of life" (BELL 1988: 2ff.) wird kombiniert mit Erkenntnissen aus der Regionalismus-Forschung, wonach die regional verortbaren Unterscheidungsmerkmale, landsmannschaftliche Besonderheiten und eine generell gewachsene Zentralismus-Feindschaft fast zwangsläufig zu einer Wiederaufwertung dezentraler Politik und damit zu einer neuen „föderalistischen Revolution" führen müssen. Die Politik (Praxis) greift diese Argumentationsangebote orientiert am „taktischen Gebrauchswert föderaler Gefühle" (LHOTTA 1991: 258) auf und garniert ihre weiterhin (durch das institutionelle Arrangement des Grundgesetzes geradezu gefordert) auf Beibehaltung der unitarisch wirkenden Politikmechanismen zielende Praxis mit Begriffen wie „Europa der Regionen", „Subsidiarität", „Reföderalisierung" u.ä. Zweifellos ist auch die gegenwärtige Reformdiskussion von diesen Begriffen geprägt. Wie abstrakt diese Begriffe eigentlich sind, zeigt sich aber regelmäßig, wenn es darum geht, sie über ihren symbolischen Gehalt hinaus mit Substanz zu füllen.

Solange zwei unterschiedlich Wahrnehmungsebenen von Föderalismus – die eine vom föderalistischen Paradigma, die andere von der politischen Praxis dominiert – unreflektiert und unvermittelt nebeneinander existieren, wird die bundesstaatliche Reformdiskussion regelmäßig von kognitiven Dissonanzen, Inkompatibilitäten und letztendlicher Erfolglosigkeit geprägt sein. Ein Maßstab für „tatsächliche Reformen" ist auf diese Weise nicht in Sicht. Dies ist bei der Wichtigkeit der zu leistenden Reformarbeit bedauerlich, zumal es doch gerade den modernen Verfassungsstaat auszeichnen soll, „daß er die angemessenen, ständig überprüfungsbedürftigen Verfahren entwickelt hat, in denen Probleme bzw. Inhalte erkannt und diskutiert, vorläufig beantwortet und weiter vermittelt werden" (HÄBERLE 1990c: 16).

Die Überprüfungsbedürftigkeit von (bundesstaatlichen) Reformverfahren zeigte sich jüngst auch bei der Gemeinsamen Verfassungskommission von Bun-

Taktischer Gebrauchswert föderaler Gefühle

Gemeinsame Verfassungskommission

destag und Bundesrat. In der Anfangsphase der Kommissionsarbeit konnte man in den Reden der beteiligten Politiker sehr viel „symbolischen Föderalismus" entdecken; als es jedoch daran ging, dies in konsensfähige Vorschläge für Verfassungsreformen umzugießen, bröckelte die föderative Fassade sehr schnell. Der im deutschen Bundesstaat beobachtbare Drang der Politiker, einen „rationalized federalism" (LEHMBRUCH 1985: 34) mit dem Instrument der Verfassungsreform zu kreieren bzw. nachträglich abzusichern, dabei aber die etablierten Bahnen der Politikverflechtung nicht zu verlassen, wurde in der Arbeit der Kommission erneut deutlich.

Die GVK konstituierte sich 16. Januar 1992. Sie bestand aus je 32 Mitgliedern des Bundestages und Bundesrats und repräsentierte damit sowohl die parteipolitischen als auch die föderativen Kräfteverhältnisse im deutschen Bundesstaat. Damit implizierte dieses institutionelle „Novum" (SCHOLZ 1993: 3) aber gleich ein substantielles Hindernis für grundlegende strukturelle Reformen, denn:

„Bereits bei der Ausarbeitung von Vorschlägen zu Verfassungsänderungen stand also die Durchsetzbarkeit in späteren parlamentarischen Verfahren und nicht die offene, kreative Verfassungsdiskussion im Vordergrund. Parteipolitische und institutionelle Interessen der Bundes- und der Länderregierungen prägen den Prozeß der Verfassungsänderung in jedem Verfahrensstadium." (BENZ 1993: 883)

Mit der Einrichtung der Gemeinsamen Verfassungskommission kamen die beiden Gesetzgebungsorgane der Empfehlung von Art. 5 des Einigungsvertrages nach,

„sich innerhalb von zwei Jahren mit den im Zusammenhang mit der deutschen Einigung aufgeworfenen Fragen zur Änderung oder Ergänzung des Grundgesetzes zu befassen, insbesondere

– in bezug auf das Verhältnis zwischen Bund und Ländern entsprechend dem Gemeinsamen Beschluß der Ministerpräsidenten vom 5. Juli 1990,
– in bezug auf die Möglichkeit einer Neugliederung für den Raum Berlin/Brandenburg abweichend von den Vorschriften des Artikels 29 des Grundgesetzes durch Vereinbarung der beteiligten Länder,
– mit den Überlegungen zur Aufnahme von Staatszielbestimmungen in das Grundgesetz sowie
– mit der Frage der Anwendung des Artikels 146 des Grundgesetzes und in deren Rahmen einer Volksabstimmung".

Streit über Reformbedarf des Grundgesetzes

Der Einigungsvertrag ist am 31. August 1990 unterzeichnet worden. Es hat also immerhin 16½ Monate bis zur Konstituierung der Gemeinsamen Kommission gedauert, ein Umstand, der darauf schließen läßt, daß Dringlichkeit und Umfang einer Verfassungsreform „in Bonn" umstritten waren. Während die politischen Kontrahenten darüber haderten, ob soziale Grundrechte wie das „Recht auf Arbeit" oder das „Recht auf Wohnung" in den Grundrechtskatalog der Verfassung aufgenommen werden sollten, ob die neue Verfassung mehr plebiszitäre Elemente enthalten, ob am Ende des Prozesses eine Volksabstimmung stehen sollte, wie in Art. 146 GG vorgesehen, bestand zunächst Konsens über die Notwendigkeit, die Verfassung in bezug auf das Bund-Länder-Verhältnis zu reformieren. Hans-Jochen VOGEL (SPD), Obmann der Opposition in der Verfassungskommission, hat in einem SZ-Gespräch am 16.1.1992 auf die Frage nach dem verfassungspolitischen Handlungsbedarf an erster Stelle genannt: „Revitalisierung des

260

föderalen Prinzips durch Stärkung der Gestaltungs- und Einflußmöglichkeiten der Länder. Hier haben sich die Gewichte zu sehr in Richtung des Zentralstaats verschoben". Und der Verfassungsrechtler Rupert SCHOLZ (CDU), einer der beiden Kommissionsvorsitzenden, der seine Neigung für eher vorsichtige Verfassungsanpassungen nie verhehlt hat, antwortete auf die Frage nach den fünf wichtigsten Punkten einer Ergänzung oder Änderung des Grundgesetzes:

„Die für mich wichtigsten Themen sind die Stärkung des Föderalismus und die verfassungsrechtlichen Voraussetzungen der europäischen Einigung. Im Bereich des Föderalismus geht es nicht nur um die Stärkung der Zuständigkeiten der Länder im Verhältnis zum Bund, sondern auch um eine Neuordnung der Finanzverfassung."

Die vorherrschende Meinung schien also zu sein, daß der damals gegebene „nachhaltige Problemdruck Motor tatsächlicher Reformen" (THAYSEN 1990: 461) sein könnte und sein müsse. Was „tatsächliche Reformen" allerdings sind, darüber bestand wohl weitgehend Unklarheit, denn es fehlte ein Maßstab, an dem die Funktionsfähigkeit des Verfassungsganzen im allgemeinen und des bundesstaatlichen Systems im besonderen gemessen werden konnte. Unzweifelhaft schien jedoch zu sein, daß Reformen u.a. in Richtung einer nachhaltigen Reföderalisierung weisen sollten – wie diese auch im einzelnen ausgestaltet sein mochte.

Sehr schnell zeigte sich jedoch, daß die in die GVK delegierten Abgeordneten des Deutschen Bundestages in ihre Fraktionen eingebunden blieben, und sich desweiteren ein institutioneller Konflikt zwischen Bundestag und Bundesrat, eine institutionell versinnbildlichte „Polarität von Zentralität und Föderalität" (VOSCHERAU 1993: 6) etablierte. Die dadurch zementierten politischen Fronten ließen sich kaum aufbrechen, weswegen auch in der GVK Problemlösungs- und Verhandlungsmuster wirkten, wie sie z.T. aus dem System der Politikverflechtung bekannt sind: Das Abarbeiten und v.a. Nivellieren von Problemen, das Schnüren von Paketlösungen und der Tauschhandel (dazu BENZ 1993: 885ff.). Damit waren grundlegende Strukturreformen zwar unmöglich; zugleich aber bot die Zusammensetzung der Kommission als Spiegelbild der „höheren Mathematik des deutschen Föderalismus" (HÄBERLE 1992: 238) gegenüber allen früheren „Föderalismus-Kommissionen" einen unbestreitbaren Vorteil: Die in die Kommission projizierten Standpunkte und Interessen der politischen Akteure in Bund und Ländern boten die Gewähr, daß auch hier die Politikverflechtung funktionierte, d.h. die Verhandlungen waren im föderativen Bereich auf Konsensfähigkeit und damit auf den kleinsten gemeinsamen Nenner ausgerichtet. Die in der GVK geführten Verhandlungen über eine Neugestaltung des Bund-Länder-Verhältnisses und die zunächst im Bericht der Kommission (vgl. hierzu KLOTZ 1993) und dann in der – nach langer Kontroverse zwischen Bundestag und Bundesrat – 42. Grundgesetzänderung kondensierten Bundesstaatsreformen vermögen dies gut zu belegen.

Maximalforderungen in Richtung einer Reföderalisierung und Umverteilung der Kompetenzen seitens der Länder erfuhren eine Abarbeitung, bis den Ländern etwas zugestanden werden konnte, ohne daß der Bund dabei Statusverluste erlitt. Nicht umsonst allerdings goutierten die Länder diesen Konsens teilweise etwas säuerlich, so etwa wenn die hessische Minsterin HOHMANN-DENNHARDT darauf verwies, „daß angesichts unserer einleitenden Stellungnahmen in der Generaldebatte der Gemeinsamen Verfassungskommission zum Föderalismus das uns jetzt zur Abstimmung vorliegende Ergebnis nicht unbedingt eine Sternstunde des Föderalismus darstellt" (GVK, Sten. Ber. 11. Sitzung vom 15. Oktober 1992, 17).

„Kleinarbeiten" der Reföderalisierung in der GVK

Die Initiative zur Stärkung der Gesetzgebungsbefugnisse der Länder und zu Änderungen im Gesetzgebungsverfahren, ging vom Bundesrat und seiner Verfassungsreform-Kommission aus, die der GVK mit ihrem Bericht zahlreiche Vorschläge unterbreitet hatte, wobei die Grundpositionen bereits in den bekannten „Eckpunkten" vom 5. Juli 1990 festgezurrt worden waren.

Während das Land Bayern in seinem Bericht für die GVK im wesentlichen die Vorschläge des Arbeitsausschusses 1 der Kommission Verfassungsreform des BR übernahm, unternahm das Land Hessen in der GVK-Sitzung vom 2. April 1992 eine interessante „Radikalisierung" des Versuchs, den Ländern im Bereich der Gesetzgebungskompetenzen Terrain zurückzuerobern bzw. neu zu erschließen. Hier wurde, teils unter Rückgriff und Verschärfung älterer Reformmodelle, versucht, ganz neue Wege zu gehen, die aber offensichtlich den Mitgliedern der GVK und auch dem BR partiell zu radikal waren und insbesondere bei der Bundesregierung auf Widerstand stießen. Auf das Schönste wurde hier deutlich, wie sich institutionelle Konflikte zwischen Bundestag und Bundesrat mit parteipolitischen Konflikten überlagerten:

„Bei den Beratungen der GVK zeigte sich von Anfang an, daß es hier nicht die üblichen Parteiengegensätze gab, sondern daß die Länder parteiübergreifend gemeinsam agierten, während andererseits alle Bundestagsabgeordneten im wesentlichen gleiche Interessen vertraten" (KLOTZ 1993: 40).

Wie nicht anders zu erwarten, wurde der sog. Bedürfnisklausel aus Art. 72 eine ganz besondere Bedeutung beigemessen und der Vorschlag, die Kompetenzausübung des Bundes an die Zustimmung des Bundesrates zu binden stieß auf heftige Gegenwehr sowohl der Bundesregierung als auch der Vertreter des Bundestages. Mindestens ebenso viel, wenn nicht noch mehr Zündstoff, barg der Vorschlag des Landes Hessen, in Art. 72 Abs. 3 und 4 GG eine Rückholbefugnis bzw. eine Durchbrechungsbefugnis für die Länder einzubauen, die wesentlich radikaler im Sinne der Länder formuliert war, als die Position des BR, der hier Konflikte befürchtete und eine Einbindung des Bundestages anregte. Nach dem hessischen Modell sollte die sog. „Rückholbefugnis" mit einem neu zu schaffenden Art. 72 Abs. 3 GG mit dem folgenden Wortlaut institutionalisiert werden:

„(3) Eine bundesgesetzliche Regelung, die den Anforderungen des Abs. 2 nicht mehr entspricht, können die Länder durch Landesgesetz ergänzen oder ersetzen."

Motivation für diesen Vorschlag war die Erkenntnis, daß ein bloßes Verhindern von weiteren Kompetenzabflüssen an den Bund nicht ausreichend sein könne, weswegen es zusätzlicher Rückübertragungen von Kompetenzen an die Länder bedürfe. Diese Rückübertragung müsse die Länderbefugnis einschließen, „vorhandene Bundesgesetze, mit denen der Bund von seiner konkurrierenden Gesetzgebungsbefugnis auf der Grundlage der bisherigen Bedürfnisklausel Gebrauch gemacht hat, zu ersetzen oder zu ergänzen, wenn die Anforderungen der (neuen) Bedürfnisklausel nicht mehr vorliegen".

Die Rahmengesetzgebung des Bundes nach Art. 75 GG sollte nach den Vorstellungen von Hessen an die gleichen Konditionen wie die konkurrierende Gesetzgebung gebunden werden. Von besonderer Bedeutung war dabei die explizite Ausrichtung der Rahmengesetzgebung auf die Gesetzgebung der Länder als

Adressaten, wobei eine gewisse Anlehnung an die EG-Richtlinienkompetenz durchaus beabsichtigt war und die aus der Rahmengesetzgebung sattsam bekannte und vom BVerfG goutierte Tendenz zur Vollregelung konterkariert werden sollte.

Die GVK kam naturgemäß in ihrem Abschlußbericht zu einer Empfehlung, die den extremen Vorstellungen Hessens so gut wie gar nicht und den moderateren Empfehlungen des BR nur partiell entgegenkam. Für den neuen Art. 72 Abs. 1 GG empfahl sie die folgende Formulierung:

„Im Bereich der konkurrierenden Gesetzgebung haben die Länder die Befugnis zur Gesetzgebung, solange und soweit der Bund von seiner Gesetzgebungszuständigkeit nicht durch Gesetz Gebrauch gemacht hat."

Die hier zugrundliegende doppelte Problematik konnte nur in einem Fall einvernehmlich geregelt werden. Die Frage, wie das „Gebrauchmachen" und somit das Einsetzen der Sperrwirkung zu interpretieren seien, konnte relativ schnell dahingehend beigelegt werden, daß dies erst nach dem Abschluß der Bundesgesetzgebung der Fall sei, also dann, wenn der Bund „Gebrauch gemacht hat". Wesentlich stärker umstritten war jedoch die Frage nach der inhaltlichen Sperrwirkung von Abs. 1. Bislang wurden die Länder durch eine bundesgesetzliche (Teil-) Regelung einer Materie von der Gesetzgebung in diesem Bereich ausgeschlossen, weil davon ausgegangen wurde, daß die Regelung in jedem Fall erschöpfend sei. Die vom Bundesrat vorgeschlagene relativierende Formulierung, nach der eine Landesgesetzgebung „solange und soweit eine Regelung des Bundes nicht entgegensteht" nicht ausgeschlossen sei, wurde mit dem Einwand abgelehnt, dies könnte zu einem unerwünschten absatzweisen Ausloten von Regelungsspielräumen für die Länder führen (vgl. BT-Drs. 12/6000, S. 33). Nach der von der GVK schließlich akzeptierten Kompromißformel wird der Regelungsumfang vom Inhalt des Gesetzes bestimmt, d.h.: Der Bundesgesetzgeber hat erst dann von seiner Kompetenz erschöpfend oder abschließend Gebrauch gemacht, wenn es dafür entsprechende Anhaltspunkte in der bundesgesetzlichen Regelung gibt.

Der umstrittenen Bedürfnisklausel wurde in der Fassung der GVK ebenfalls die länderseitig eingebaute Spitze abgebrochen. Die nunmehr vorgeschlagene Formulierung lautete:

„Der Bund hat in diesem Bereich das Gesetzgebungsrecht, wenn und soweit die Herstellung gleichwertiger Lebensverhältnisse im Bundesgebiet oder die Wahrung der Rechtseinheit im gesamtstaatlichen Interesse eine bundesgesetzliche Regelung erforderlich machen."

Die Anlehnung an den seinerzeitigen Vorschlag der Enquete-Kommission Verfassungsreform ist deutlich. Es ist aber aufschlußreich, daß bei der Abstimmung über diese Formulierung in der GVK die Länderphalanx aufsplitterte, weil insbesondere seitens der ostdeutschen Bundesländer befürchtet wurde, der Begriff der Gleichwertigkeit könnte dem Bundesgesetzgeber Spielraum für eine größere Differenzierung zwischen den Bundesländern geben. Auf diese Weise kam der argumentative Spagat zustande, daß man zwar gegen eine Unitarisierung sei, auf die Einheitlichkeit der Lebensverhältnisse jedoch nicht verzichten wolle. Paradigmatisch etwa die Ausführungen des sächsischen Justizministers HEITMANN:

„Sachsen ist mit den Vorschlägen der Berichterstatter zu diesem Komplex weitgehend einverstanden. An einem Punkt aber sieht es sich zur Zeit nicht in der Lage, dem Vorschlag der Berichterstatter zu folgen, nämlich der Bedürfnisklausel in Art. 72 Abs. 2. Wir sind der Auffassung, daß es vor einer befriedigenden Lösung bei den Beratungen um die Neuregelung des Finanzausgleichs verfrüht wäre, auf die Zielvorgabe der Einheitlichkeit der Lebensverhältnisse zu verzichten.

Das Ziel der Neufassung der Bedürfnisklausel ist es, die Länder zu stärken. Die Möglichkeiten des Bundes zur Inanspruchnahme seiner ausgeuferten Gesetzgebungskompetenz sollen eingeschränkt werden, und dadurch soll der zunehmenden und allseits beklagten Unitarisierung des Bundesstaates entgegengewirkt werden. Dieses Ziel wird von Sachsen unterstützt.

Die angestrebte Vielfalt setzt aber eine ausreichende wirtschaftliche Leistungsfähigkeit der Länder voraus, die sie überhaupt erst in die Lage versetzt, von ihren politischen Gestaltungsspielräumen Gebrauch zu machen.

In den Beratungen um die Neuregelung des Finanzausgleichs wird es daher im wesentlichen um die Frage gehen, was das Grundgesetz meint, wenn es in Art. 107 Abs. 2 von einem angemessenen Ausgleich der Finanzkraft der Länder spricht. Dieser Begriff räumt dem Bundesgesetzgeber einen Beurteilungsspielraum ein, bei dessen Auslegung er berücksichtigen muß, welche Vorgaben ihm das Grundgesetz an anderer Stelle macht.

Für die Verteilung des Aufkommens an Umsatzsteuer z.B. bestimmt das Grundgesetz in Art. 106 Abs. 3 Ziffer 2 ausrücklich, daß die Einheitlichkeit der Lebensverhältnisse gewahrt werden muß. Auf diese Vorgabe sollte daher nach unserer Überzeugung auch in Art. 72 Abs. 2 zumindest so lange nicht verzichtet werden, bis es auch den ostdeutschen Bundesländern auf der Basis einer ausreichenden finanziellen Ausstattung möglich ist, ihre Eigenstaatlichkeit zu entfalten.

Aus diesem Grunde werden wir zur Zeit gegen die für Art. 72 Abs. vorgeschlagene Formulierung stimmen" (GVK, Sten. Ber. 11. Sitzung vom 15. Oktober 1992, 16).

Mit ähnlichem Tenor äußerte sich in der GVK das Land Brandenburg durch Ministerin Marianne BIRTHLER:

„Auch das Land Brandenburg stimmt im Grundsatz der vorgeschlagenen Neufassung des Art. 72 zu. Wir sehen es aber als sehr problematisch an, daß der in Abs. 2 Ziffer 3 verwendete Begriff der Einheitlichkeit der Lebensverhältnisse durch den der Gleichwertigkeit der Lebensverhältnisse ersetzt werden soll. Der Begriff der Gleichwertigkeit scheint uns zu ungeklärt. Er könnte so verstanden werden, daß er dem Gesetzgeber eine größere Differenzierung im Hinblick auf die Lebensverhältnisse in den einzelnen Bundesländern erlaubt. Das wiederum könnte zu einer Verfestigung des Ungleichgewichts zwischen neuen und alten Bundesländern führen" (GVK, Sten. Ber. 11. Sitzung vom 15. Oktober 1992, 17).

Diese Position ist bemerkenswert, weil sie – implizit gestützt auf das Prinzip des bundesfreundlichen Verhaltens – den Bund in die Pflicht nimmt und damit Art. 72 den Rang eines mittelbaren Verfassungsauftrags verleiht.

Die von den Ländern gewünschte „politische" Regelung der Bedürfnisfrage qua Zustimmung des Bundesrates konnte nicht die erforderliche Mehrheit finden. Dabei war diesem Vorschlag zumindest nicht eine gewisse, dem deutschen bundesstaatlichen System angepaßte Konsequenz abzusprechen. Wenn nämlich behauptet werden kann, daß der deutsche Bundesstaat ein unitarischer Bundesstaat ist, weil er v.a. auf Kooperation der bundesstaatlichen Ebenen beruht und somit auf einer möglichst weitgehenden Entscheidungsbeteiligung aller mit dem Ziel der Konsensfindung fußt, dann muß in der Tat der Bundesrat in seiner Funktion als Bundesorgan das Instrument der Länder sein, mit dem sie das bündische Element transportieren – indem sie an Entscheidungen partizipieren, die das Gesamtinteresse betreffen, werden sie Teil des Bundes und konstituieren ihn mit. Es ist aus der Sicht der Länder nur konsequent, wenn sie in einem seit 1949 so weit fortgeschrittenen System der Politikverflechtung und des Beteiligungsföderalismus die Neusortierung von Gesetzgebungskompetenzen und ggf. die Rückübertragung von einigen Kompetenzen als eher uninteressant ablehnen und

264

stattdessen auf die „totale Beteiligung" zielen. Besonders bezeichnend ist hier die Argumentation des nordrhein-westfälischen Innneministers Herbert SCHNOOR im Zusammenhang mit der qua Bundesrat zu institutionalisierenden Beteiligung der Länder bei Kompetenzübertragungen nach Art. 24 GG:

„Das föderative Prinzip – das werden wir auch bei der weiteren Diskussion feststellen – kann man nicht wahren, indem man sagt: Jetzt müssen die Länder mehr Gesetzgebungskompetenzen bekommen. Wenn wir das im einzelnen sachgerecht abklopfen, wird es sehr schwer sein, hier Kompetenzen zu finden, die wirklich echte Substanz haben. So etwas kann man in den Fragen des Art. 72, im Verfahren, regeln. Das hat Substanz. Aber da sind wir genau bei dem Punkt des Art. 24. Das hängt nämlich damit zusammen. (...) Worum es geht, ist, daß die Kompetenz des Bundesrates, über den überhaupt nur noch im wesentlichen das föderative Prinzip und die Eigenstaatlichkeit der Länder gewahrt werden kann, eine stärkere Beachtung bekommt" (Min. Dr. Herbert Schnoor (Nordrhein-Westfalen), GVK, Sten. Ber. 3. Sitzung vom 12. März 1992, 14).

Die von der GVK schließlich verabschiedete Formulierung einer neuen Bedürfnisklausel in Art. 72 Abs. 2 verzichtet demgegenüber auf eine Beteiligung des Bundesrates bei der Feststellung eines Bedürfnisses für eine bundesgesetzliche Regelung. Die Bewehrung der Bedürfnisklausel erfolgt über den Abs. 2 des vorgeschlagenen neuen Art. 93 und sucht die Justitiabilität durch verfassungsrechtliche Verankerung einer neuen Verfahrensart vor dem BVerfG zu sichern; das spezifische Neue an diesem Verfahren ist der Umstand, daß neben Bundesrat und Länderregierungen nunmehr auch die Länderparlamente das Recht erhalten sollen, bei der Inanspruchnahme der konkurrierenden Gesetzgebung durch den Bund deren Bedürfnis durch das BVerfG nachprüfen zu lassen – auch wenn dies vom Bundestag partiell als „systemfremd" angesehen wurde (GVK, Sten. Ber. 11. Sitzung vom 15. Oktober 1992, 11). Die Voraussetzungen für die Inanspruchnahme der konkurrierenden Gesetzgebung wurden schließlich auf zwei Alternativen reduziert, die Anlaß und Umfang der Regelung begrenzen, nämlich „wenn und soweit die Herstellung gleichwertiger Lebensverhältnisse im Bundesgebiet oder die Wahrung der Rechtseinheit im gesamtstaatlichen Interesse eine bundesgesetzliche Regelung erforderlich macht".

Die von den Ländern verlangte „Rückholbefugnis" für Materien, die der Bund bereits einer bundesgesetzlichen Regelung unterworfen hat, konnte ebenfalls nicht in der von ihnen anvisierten Form durchgesetzt werden. Insbesondere die „eigenmächtige" Rückholung solcher Materien stieß auf Widerstand seitens des Bundes, dem diese Regelung zu weitgehend erschien. Die GVK gab einem von der Bundesregierung eingebrachten Vorschlag für die Rückholklausel den Vorzug, in dem allerdings, wenn man so will, der Bock zum Gärtner gemacht wird, weil nämlich dem Bund überlassen wird, zu bestimmen, daß eine bundesgesetzliche Regelung durch Landesrecht ersetzt werden kann, wenn ein Bedürfnis im Sinne von Art. 72 Abs. (neu) nicht mehr besteht. Auch das zunächst vorgesehene Antragsrecht eines Landtages, mit dem eine solche bundesgesetzliche Feststellung hätte erzwungen werden können, hatte letztendlich keinen Bestand, weil Gründe der Rechtssicherheit als auch der Konfliktvermeidung v.a. von seiten des Bundes den Ausschlag gaben (vgl. BT-Drs. 12/6000, S. 34).

Interessanterweise geriet aber das mit dem Bericht der GVK zur Verabschiedung vorgelegte Reformpaket noch einmal ins Wanken und mußte in den Vermittlungsausschuß, nachdem die von der GVK empfohlenen moderaten Stärkungen der Gesetzgebungskompetenzen der Länder im Bundestag auf den Widerstand von CDU und F.D.P. stießen und die Ministerpräsidenten der Länder daraufhin ankündigten, das gesamte Reformpaket im Bundesrat scheitern zu lassen (vgl. Das Parlament 29/30 vom 22./29.7.1994). Nach heftigen Auseinandersetzungen im Vermittlungsausschuß kam es aber letztendlich doch noch zu einem Durchbruch, so daß die 42. Grundgesetzänderung am 15. November 1994 schließlich in Kraft treten konnte (BGBl. I, 3146ff.).

Bundesstaatlich relevante Änderungen sind zunächst die Erleichterung der Länderneugliederung durch Staatsverträge unter Zustimmung der betroffenen Bevölkerung (Art. 29, Abs. 8 n.F. GG). Für Berlin und Brandenburg ist in dieser Hinsicht noch ein spezieller Art. 118a eingefügt worden.

Die künstliche Befruchtung beim Menschen, Gentechnik, Regelungen zur Transplantation von Organen und Geweben sowie die Staatshaftung wurden in die konkurrierende Gesetzgebung übernommen und stehen de facto damit der bundesgesetzlichen Regelung offen. Das Recht der Erschließungsbeiträge, die Landesstaatsangehörigkeit sowie die allgemeinen Rechtsverhältnisse des Films fallen dagegen künftig in die gesetzgeberische Zuständigkeit der Länder. Der Schutz deutschen Kulturgutes gegen Abwanderung in das Ausland unterliegt in der Zukunft anstatt einer konkurrierenden nur noch einer Rahmengesetzgebung des Bundes (vgl. im Einzelnen die Änderungen in Art. 74 und 75, BGBl. I/1994).

Die generellen „Einsatzregeln" bei konkurrierender und Rahmengesetzgebung sind gleichfalls geändert worden (Art. 72 n.F. GG): Der Bund kann das Recht der Länder zur Gesetzgebung im konkurrierenden Bereich künftig nur noch dadurch „sperren", indem er von seiner Gesetzgebungsmöglichkeit wirklich Gebrauch macht und ein Gesetz erläßt. Die Neufassung der Bedürfnisklausel gewährt dem Bund ein Gesetzgebungsrecht, „wenn und soweit die Herstellung gleichwertiger Lebensverhältnisse im Bundesgebiet oder die Wahrung der Rechts- oder Wirtschaftseinheit im gesamtstaatlichen Interesse eine bundesgesetzliche Regelung erforderlich macht". Inwieweit dies allerdings eine Präzisierung und Verschärfung gegenüber der alten Fassung bedeutet, mag dahingestellt sein. Auch die Tatsache, daß künftig neben dem Bundesrat oder einer Landesregierung die Volksvertretung eines Landes vor dem BVerfG klagen kann, um die Inanspruchnahme der konkurrierenden Gesetzgebung durch den Bund an der neuen Bedürfnisklausel messen zu lassen, sollte nicht zu hoch eingeschätzt werden, da kaum zu erwarten steht, daß das Bundesverfassungsgericht sich künftig in die politischen Strudel einer Entscheidung über ein bestehendes Bedürfnis hineinziehen läßt.

Die Rahmengesetzgebung des Bundes wurde nunmehr so eingehegt, daß Rahmenvorschriften künftig nur noch in Einzelfällen detaillierte oder unmittelbar geltende Regelungen beinhalten dürfen. Andererseits wurden für die Länder Rahmenvorschriften des Bundes als maßgeblich für ihre eigene Gesetzgebung normiert. Die Länder sind verpflichtet, Rahmengesetze des Bundes innerhalb einer angemessenen Frist umzusetzen (Art. 75 Abs. 1, 2 und 3 n.F. GG). Zuguterletzt wird dem Bundesrat eine neue Befugnis eingeräumt, bei Materien, die seiner Zustimmung bedürfen, künftig eigene Initiativen für den Erlaß von Rechtsverordnungen zu ergreifen (Art. 80 Abs. 3 und 4 n.F. GG).

Alles in allem wird man in diesen moderaten Änderungen im Bund-Länder-Verhältnis wohl kaum einen entscheidenden Schritt in Richtung „Re-Föderalisierung" sehen können. Einen entscheidenden Machtzuwachs haben die Länder vielmehr durch den neuen Art. 23 GG erzielt, der aber wiederum nur zustandekam, weil die Länder angesichts der anstehenden Ratifizierung des Maastrichter Vertragswerks gegenüber dem Bund in einer starken Position waren. Eine solche starke Position hatten sie bei der Verhandlung über das Reformpaket für die 42. GG-Änderung nicht; zwar drohten sie, das gesamte Paket im Bundesrat scheitern zu lassen, falls der Bundestag sich gegen einen Kompetenzzuwachs bei der Gesetzgebung für die Länder sperren würde, aber so, wie bereits in der GVK die Kleinarbeitungsmechanismen des hochverflochtenen politischen Systems der Bundesrepublik für eine starke Nivellierung großer Reformambitionen sorgten, wurden die dort schließlich erreichten Kompromisse durch ihre Verlagerung in den Prozeß einer (erneut) zwischen Bundestag und Bundesrat abzustimmenden Verfassungsänderung nochmals nivelliert, so daß das abschließend zustandegekommene Paket eigentlich diejenigen Kritiker zu bestätigen scheint, daß das politische System der Bundesrepublik zu tiefgreifenden Strukturreformen nicht in der Lage ist. Andererseits hat aber unser Streifzug durch die Entwicklung des deutschen Bundesstaates seit 1949 gezeigt, daß ein beachtliches – allerdings unitarisch konditioniertes – Anpassungspotential vorhanden ist und der deutsche Bundesstaat nicht vollkommen unflexibel ist.

Schlußbetrachtung und Ausblick

Um noch einmal zu rekapitulieren: Wir haben drei große Stationen zurückgelegt. In Teil 1 haben wir uns mit grundlegenden Begriffen aus der Föderalismus-Diskussion, mit Bedeutungsvarianten, Bestimmungsmerkmalen, mit der Herkunft und Geschichte des Begriffs „Föderalismus" sowie mit immer wieder auftauchenden Problemen föderalistischer Systeme beschäftigt. In Teil 2 haben wir uns mit der Genese, den verfassungsrechtlichen Strukturen und institutionellen Funktionsweisen des Föderalismus der Bundesrepublik Deutschland auseinandergesetzt. In Teil 3 haben wir zum einen zu zeigen versucht, wie wichtig das im Grundgesetz normierte institutionelle Arrangement des deutschen Bundesstaats für dessen Entwicklung gewesen ist und wie sich zum anderen weitere strukturelle Determinanten auf diese Entwicklung ausgewirkt haben. Wir haben uns mit der These auseinandergesetzt, das Grundgesetz habe die Bundesrepublik Deutschland als dualen Bundesstaat konzipiert. Wir haben herausgearbeitet, daß bereits im Grundgesetz mit der Institution des Bundesrats und der „Verpflichtung" zur Schaffung einheitlicher Lebensverhältnisse starke Unitarisierungspotentiale angelegt waren. Wir haben es deshalb für zutreffender gehalten, von einem asymmetrischen Dualismus im deutschen Bundesstaat zu sprechen, der in den Jahren nach 1949 das Schwergewicht zunehmend auf den Bund verlagert und zu einer sukzessiven Intensivierung der Politikverflechtung geführt hat, die von Anfang an im institutionellen Arrangement des Grundgesetzes angelegt gewesen war. Am Beispiel der Gesetzgebung und Verwaltung im deutschen Bundesstaat haben wir gesehen, daß das Unitarisierungspotential des Grundgesetzes sowohl im Wege der Ausschöpfung der konkurrierenden bzw. Rahmengesetzgebung des Bundes (Art. 72 Abs. 2 GG) als auch über die Errichtung von Bundes-oberbehörden, die Bundesauftragsverwaltung und den Erlaß von Rechtsvor-schriften sowie allgemeinen Verwaltungsvorschriften systematisch genutzt wur-de – trotz einer prima facie länderfreundlichen Regelung in Art. 30 GG.

Dieser Entwicklungsprozeß ist aber nicht zuletzt von den Ländern selbst for-ciert worden, die für das „Linsengericht der Mitbestimmung" schon früh „die heilige Kuh" der deutschen Bundesstaatslehre – die Eigenständigkeit der Bun-desländer – eingetauscht haben. Der Bundesrat sowie überhaupt die Mechanis-men des kooperativen Föderalismus haben im unitarischen Bundesstaat eine enorme Aufwertung erfahren. Es gehört zum politischen Alltag, daß die Landes-regierungen mit dem Instrument Bundesrat den Inhalt von Bundesgesetzen und Rechtsverordnungen nach den administrativen und fiskalischen Interessen der Länder mitgestalten.

Vor allen Dingen haben wir auch erfahren, daß das für den deutschen Bun-desstaat spezifische System der Politikverflechtung eine Art von Politik favori-siert, die die institutionelle Anpassungsfähigkeit des föderalistischen Systems zu-meist auf eher prozessualen Wegen zu erreichen sucht. Der im „Beteiligungsfö-deralismus" involvierte Konsensbedarf macht eine Politik der kleinen Schritte und der Minimalkompromisse nötig. Diese Politik hat bislang umfassende insti-tutionelle Reformen verhindert, was insbesondere an den Anpassungsversuchen im Gefolge der deutschen Einheit demonstriert werden konnte. Wir haben am Beispiel der Finanzverfassung gesehen, daß ein solcher Politikstil langfristig zur Blockade und Ineffizienz führen kann; andererseits hat aber die Neuregelung zur Einbeziehung der Länder in den Finanzausgleich ab 1.1.1995 gezeigt, daß auch immer wieder überraschende Koalitionen gebildet werden, die mit den Mitteln einer inkrementalen Anpassung auf bestehende „challenges" reagieren. Man wird dem deutschen Föderalismus also sicher nicht eine „institutionelle Sklero-se" vorwerfen können – dagegen sprechen allein Umfang und Frequenz der auf dem Bereich der Bundesstaatlichkeit umgesetzten Verfassungsänderungen als auch die unterhalb von Verfassungsänderungen stattfindenden Wandlungspro-zesse. Wohl aber sind „große" Reformen, die nachhaltige Änderungen des eta-blierten und offensichtlich wegen seiner Konfliktabsorptionsfähigkeit auch ge-schätzten strukturell-institutionellen Geflechts zwischen Bund und Ländern nach sich ziehen würden, nur sehr schwer durchzusetzen, da sie im Beteiligungsföde-ralismus ggf. die Aufgabe etablierter Positionen und Ansprüche nach sich ziehen könnten. Gerade die Arbeit der GVK hat gezeigt, wie die Mechanismen der par-teipolitisch überlagerten Politikverflechtung auch hier ihre Wirkung entfalteten, mit dem Ergebnis, daß die hochfliegenden „Reföderalisierungspläne" sehr bald kleingearbeitet und durch kompromißfähigere, d.h. aber auch: moderatere Refor-men ersetzt wurden.

Die Frage, ob der deutsche Föderalismus mit seiner durch die Politikver-flechtung erzwungenen Strategie der prozessualen Anpassung nicht die Kluft „zwischen dem, was im Prinzip machbar, sinnvoll und notwendig wäre (...) und dem, was sich unter gegebenen institutionellen Bedingungen umsetzen läßt" (SCHMID 1987: 446f.), zu groß werden läßt, bleibt somit in dieser Hinsicht wei-ter offen. Der deutsche Föderalismus ist nicht immobil – wir haben gesehen, wie der Unitarisierungsdruck im Bundesstaat mit verschiedenen Strategien umgesetzt wurde, aber es stellt sich die Frage, ob er angesichts der fundamentalen Herausforderungen aus deutscher Einheit und europäischer Integration mit den etablierten und adaptierten Strategien auch schnell genug und adäquat reagiert. So wurde das kardinale Problem einer umfassenden Reform der Finanzverfassung nur aufgeschoben, und die so gerne im Gefolge der deutschen Einheit beschworene Bewährungsprobe des deutschen Föderalismus scheint noch lange nicht abgeschlossen bzw. wird sich vor dem Hintergrund der durch die GVK initiierten Verfassungsänderungen noch erweisen müssen. Hinzu kommt noch folgendes: Die Entwicklung des deutschen Föderalismus hat mit Blick auf den Prozeß der europäischen Integration einen qualitativen Sprung gemacht, der durch den bloßen (und ungefügen) Wortlaut des neuen Art. 23 GG nur unzulänglich reflektiert wird. Zum einen wurden den Ländern bzw. dem Bundesrat hier so weitreichende Mitsprachemöglichkeiten eingeräumt, daß es hier wirklich zu einer qualitativen Veränderung und d.h.: einer entscheidenden Stärkung der Länder kommen kann. Zum anderen aber ist die Kompetenzabschichtung zwischen EU, Bund und Ländern möglicherweise mit den hergebrachten Begrifflichkeiten insbesondere bundesstaatlicher Dogmatik nicht mehr zu erfassen, da diese von der komplexen Verfassungswirklichkeit „transzendiert" werden. Nicht umsonst hat das Bundesverfassungsgericht in seinem Maastricht-Urteil eine Gratwanderung unternommen und die EU gewissermaßen zwischen die klassischen Kategorien Bundesstaat und Staatenbund gestellt und sie als „Staatenverbund" klassifiziert. Möglicherweise wird die bundesstaatliche Entwicklung der nächsten Jahre nicht nur eine Neureflektion der zur Verfügung stehenden Begriffe und Analyseinstrumente nach sich ziehen, sondern sogar – viel grundsätzlicher – die schon seit längerem geforderte „Neubestimmung des Staates" (Grimm), denn sowohl die „externe Auflösung der Staatsmacht" durch die Einbindung in supranationale Organisationen als auch deren Abbau durch die Mechanismen einer auf Multiplizierung der Entscheidungsbeteiligten zielenden Politikverflechtung nach innen werden nicht nur die Bundesstaatlichkeit der Bundesrepublik sondern auch deren Staatlichkeit schlechthin qualitativ verändern. Die seit dem 19. Jahrhundert eher eigenbrötlerisch nebeneinander existierenden Disziplinen wie Politikwissenschaft, Staatsrecht, Wirtschaftswissenschaften und Soziologie hätten hier, ausgehend vom Problem der Bundesstaatlichkeit, die Chance und Aufgabe, angesichts der qualitativen Veränderungen eines ihrer zentralen Erkenntnisobjekte – dem Staat – eine interdisziplinär verankerte „wirklichkeitsnahe Lehre vom Staat" zu begründen.

Literaturverzeichnis

ABROMEIT, Heidrun, 1989: Mehrheitsdemokratische und konkordanzdemokratische Elemente im politischen System der Bundesrepublik Deutschland, in: Österreichische Zeitschrift für Politikwissenschaft 18, S. 165-180

ABROMEIT, Heidrun, 1992: Der verkappte Einheitsstaat, Opladen

ABROMEIT, Heidrun, 1993: Föderalismus: Modelle für Europa, in: ÖZP 22, S. 207-220

ADAMS, Angela und Willi Paul ADAMS (Hrsg.), 1994: Alexander HAMILTON/James MADISON/John JAY: Die Federalist Artikel. Politische Theorie und Verfassungskommentar der amerikanischen Gründerväter, Paderborn u.a.

ALEMANN, Ulrich von (Hg.), 1981: Neokorporatismus. Frankfurt u.a.

ALEMANN, Ulrich von/Rolf G. HEINZE/Bodo HOMBACH (Hg.), 1990: Die Kraft der Region: Nordrhein-Westfalen in Europa. Bonn

ALMOND, Gabriel A./G. Bingham POWELL, 1966: Comparative Politics: A Developmental Approach, Boston

ANSCHÜTZ, Gerhard, 1924: Der deutsche Föderalismus in Vergangenheit, Gegenwart und Zukunft, in: VVDStRL, Heft 1, S. 11ff.

ANTONI, Michael, 1989: Zustimmungsvorbehalte des Bundesrates zu Rechtsetzungsakten des Bundes, in: AöR 114, S. 220-251

ASMUSSEN, Claus/Ulrich EGGELING, 1993: Empfehlungen des Bundesrates zur Stärkung des Föderalismus in Deutschland und Europa, in: VerwArch 84, S. 230-259

AUBERT, J.F., 1963: Essai sur le fédéralisme, in: Revue de Droit Public et de la Science Politique en France et à l'Etranger, Heft 3, S. 404ff.

BADURA, Peter, 1990: Deutschlands aktuelle Verfassungslage. Bericht über die Sondertagung der Vereinigung der deutschen Staatsrechtslehrer in Berlin am 27. April 1990, in: AöR, Jg. 115, S. 314-328

BAKVIS, Herman/William M. CHANDLER, 1987: Federalism and Comparative Analysis, in: dies. (eds.): Federalism and the Role of the State, Toronto u.a., S. 3-11

BANTING, Keith G./Richard SIMEON (edr.): Redesigning the State. The Politics of Constitutional Change, Toronto u. Buffalo 1985

BAUER, Joachim, 1991: Europa der Regionen. Aktuelle Dokumente zur Rolle und Zukunft der deutschen Länder im europäischen Integrationsprozeß, Berlin

BAYER, Hermann-Wilfried, 1961: Die Bundestreue, Tübingen

BECKER, Josef/Theo STAMMEN/Peter WALDMANN, 1987: Vorgeschichte der Bundesrepublik Deutschland, München, 2. überarb. Aufl.

BELL, Daniel, 1988: The World in 2013, in: Dialogue, Heft 3, S. 2-9

BENZ, Arthur, 1985: Föderalismus als dynamisches System, Opladen

BENZ, Arthur, 1989: Regierbarkeit im kooperativen Bundesstaat. Eine Bilanz der Föderalismusforschung, in: Stephan von BANDEMER/Göttrik WEWER (Hrsg.): Regierungssystem und Regierungslehre. Fragestellungen, Analysekonzepte und Forschungsstand eines Kernbereichs der Politikwissenschaft, Opladen, S. 181-192

BENZ, Arthur, 1991: Perspektiven des Föderalismus in Deutschland, in: DÖV, S. 586-598

BENZ, Arthur, 1992: Redrawing the Map? The Question of Territorial Reform in the Federal Republic, in: German Politics 1, S. 38-57

BENZ, Arthur, 1993: Verfassungsreform als politischer Prozeß, in: DÖV, S. 881-889

BENZ, Arthur, 1993a: Reformbedarf und Reformchancen des kooperativen Föderalismus nach der Vereinigug Deutschlands, in: Wolfgang SEIBEL/Arthur BENZ/Heinrich MÄDING (Hrsg.): Verwaltungsreform und Verwaltungspolitik im Prozeß der deutschen Einigung, Baden-Baden, S. 454-473

BENZ, Arthur, 1993b: Neue Formen der Zusammenarbeit zwischen den Ländern, in: DÖV, S. 85-95

BENZ, Arthur, 1994: Einflußmöglichkeiten der Regionen auf die Politik der europäischen Union, in: Bundesländer in der europäischen Integration. NIW-Workshop 1993, hrsg. v. Niedersächsischen Institut für Wirtschaftsforschung e.V., Hannover, S. 19-36

BENZ, Arthur/Fritz W. SCHARPF/Reinhard ZINTL, 1992: Horizontale Politikverflechtung. Zur Theorie von Verhandlungssystemen, Frankfurt/M. u. New York

BENZ, Wolfgang, 1972: Föderalistische Politik in der CDU/CSU. Die Verfassungsdiskussion im „Ellwanger Kreis" 1947/48, in: Vierteljahreshefte für Zeitgeschichte 25, S. 776-820

BETHGE, Herbert, 1985: Die Grundrechtssicherung im föderativen Bereich, in: AöR 110, S. 169-218

BEYME, Klaus von, 1968: Artikel „Föderalismus", in: Sowjetsystem und demokratische Gesellschaft, Bd. 2, Freiburg u.a., S. 552-575

BEYME, Klaus von, 1974: Die Funktionen des Bundesrates. Ein Vergleich mit Zweikammersystemen im Ausland, in: BUNDESRAT (Hrsg.): Der Bundesrat als Verfassungsorgan und politische Kraft, Bad Honnef, S. 367-393

BEYME, Klaus von, 1993: Das politische System der Bundesrepublik Deutschland nach der Vereinigung. Eine Einführung. 7. überarb. und erw. Aufl., München

BIEDENKOPF, Kurt, 1991: „Der Westen muß abwickeln", Spiegel-Interview mit dem sächsischen Ministerpräsidenten Kurt BIEDENKOPF, in: Der Spiegel, Nr. 33, S. 84

BLACK, E. R., 1985: Divided Loyalties: Canadian Concepts of Federalism, Toronto

BLANKE, Bernhard (Hrsg.), 1991: Stadt und Staat. Systematische Vergleiche und problemorientierte Analysen „dezentraler" Politik, PVS-Sonderheft 22, Opladen

BLAUSTEIN, Albert P./Gisbert H. FLANZ (eds.), 1971ff.: Constitutions of the Countries of the World. A Series of updated Texts, constitutional Chronologies and annotated Bibliographies, Dobbs Ferry, N.Y.

BLECKMANN, Albert, 1986: Zur Bindung der Länder an die Ziele der Bundespolitik, in: DÖV, S. 125-132

BLECKMANN, Albert, 1990: Zu den ungeschriebenen Bundeskompetenzen aus der Natur der Sache, in: NW VBl, Heft, S. 109-116

BLÜMEL, Willi, 1990: Verwaltungszuständigkeit, in: Handbuch des Staatsrechts der Bundesrepublik Deutschland, Bd. IV, hrsg. von Josef Isensee u. Paul Kirchhof, Heidelberg, S. 857-963

BÖCKENFÖRDE, Ernst-Wolfgang, 1980: Sozialer Bundesstaat und parlamentarische Demokratie. Zum Verhältnis von Parlamentarismus und Föderalismus unter den Bedingungen des Sozialstaats, in: Politik als gelebte Verfassung. Festschrift für Friedrich Schäfer, hrsg. von J. JEKEWITZ u.a., Opladen, S. 182ff.

BÖCKENFÖRDE, Ernst-Wolfgang/Dieter GRIMM, 1990: Nachdenken über Deutschland, in: Der Spiegel, Nr. 10, S. 72ff.

BOHLEY, Peter, 1993: Europäische Einheit, föderatives Prinzip und Währungsunion: Wurde in Maastricht der richtige Weg beschritten?, in: Aus Politik und Zeitgeschichte, B1/93, S. 34-45

BÖHRET, Carl/Werner JANN/Eva KRONENWETT, 1988: Innenpolitik und politische Theorie. Ein Studienbuch, 3., neubearb. und erw. Aufl., Opladen

BOLDT, Hans, 1984a: Einführung in die Verfassungsgeschichte, Düsseldorf

BOLDT, Hans, 1984b: Deutsche Verfassungsgeschichte, Bd.1, München

BOLDT, Hans, 1987: Die Weimarer Reichsverfassung, in: Karl Dietrich BRACHER/Manfred FUNKE/Hans-Adolf JACOBSEN (Hrsg.): Die Weimarer Republik 1918-1933. Politik – Wirtschaft – Gesellschaft, Düsseldorf, S. 44-62

BOLDT, Hans, 1989: Rahmenbedingungen nordrhein-westfälischer Politik II: Finanzverteilung und Finanzausgleich in der Bundesrepublik, in: ders. (Hrsg.): Nordrhein-Westfalen und der Bund, Köln u.a., S. 78-99

BOLDT, Hans, 1990a: Deutsche Verfassungsgeschichte, Bd. 2: Von 1806 bis zur Gegenwart, München

BOLDT, Hans, 1990b: Landesverfassung im Bundesstaat, in: Kontinuität und Wandel. 40 Jahre Landesverfassung Nordrhein-Westfalen (Schriften des Landtags Nordrhein-Westfalen, Bd. 3), Düsseldorf, S. 63-87

Boldt, Hans, 1991a: Der Föderalismus in den Reichsverfassungen von 1849 und 1871, in: WELLENREUTHER, Hermann/Claudia SCHNURMANN (Hrsg.): Die Amerikanische Verfassung und Deutsch-Amerikanisches Verfassungsdenken. Ein Rückblick über 200 Jahre, New York u. Oxford, S. 297-333

BOLDT, Hans, 1991b: Die Europäische Gemeinschaft – Ein „Über-Bundesstaat"?, in: Europa – Begriff und Idee. Historische Streiflichter, hrsg. im Auftrage des Historischen Seminars der Heinrich Heine-Universität Düsseldorf von Hans HECKER, Bonn, S.139-150

BOLDT, Hans, 1995: Die Europäische Union. Geschichte – Struktur – Politik, Mannheim u.a.

BOTHE, Michael, 1977: Die Kompetenzstruktur des modernen Bundesstaates in rechtsvergleichender Sicht, Berlin u.a.

BOTHE, Michael, 1988: Zusammenarbeit der Gliedstaaten im Bundesstaat. Rechtsvergleichender Generalbericht, in: Christian STARCK (Hrsg.): Zusammenarbeit der Gliedstaaten im Bundesstaate, Baden-Baden, S. 175-224

BRAAS, Gerhard, 1987: Die Entstehung der Länderverfassungen in der Sowjetischen Besatzungszone Deutschlands 1946/47, Köln

BRIE, Siegfried, 1874: Der Bundesstaat. Eine historisch-dogmatische Untersuchung: Erste Abteilung. Geschichte der Lehre vom Bundesstaate. Leipzig.

BRÜNNECK, Alexander von, 1992: Verfassungsgerichtsbarkeit in den westlichen Demokratien, Ein systematischer Verfassungsvergleich, Baden-Baden

BULLINGER, Martin, 1958: Der Anwendungsbereich der Bundesaufsicht. Zum Konkordatsurteil des Bundesverfassungsgerichts, in: AöR 83, S. 279-308

BULLINGER, Martin, 1970: Die Zuständigkeit der Länder zur Gesetzgebung I/II, in: DÖV, S. 761-777 sowie S. 797-801

BULLINGER, Martin, 1971: Ungeschriebene Kompetenzen im Bundesstaat, in: AöR 96, S. 237-285

BUNDESRAT (Hrsg.), 1974: Der Bundesrat als Verfassungsorgan und politische Kraft. Beiträge zum fünfundzwanzigjährigen Bestehen des Bundesrates der Bundesrepublik Deutschland, Bad Honnef/Darmstadt

BUNDESRAT (Hrsg.), 1989: Vierzig Jahre Bundesrat. Tagungsband zum wissenschaftlichen Symposion in der Evanglischen Akademie Tutzing vom 11. bis 14. April 1989, Baden-Baden

BUNDESRAT (Hrsg.), 1991: Handbuch des Bundesrates für das Geschäftsjahr 1990/91, München

BUNDESRAT (Hrsg.), 1994: Handbuch des Bundesrates für das Geschäftsjahr 1994/95, München

BUNDESRAT und Europäische Gemeinschaften, 1988, Dokumente hrsg. vom Sekretariat des Bundesrates, Bonn

CLEMENT, Wolfgang, 1993: Der Regionalausschuß – Mehr als ein Alibi, in: Staatswissenschaften und Staatspraxis 4, S. 159ff.

CZADA, Roland, 1994: Schleichweg in die „Dritte Republik". Politik der Vereinigung und politischer Wandel in Deutschland, in: PVS 35. Jg., S. 245-270

CZYBULKA, Detlef, 1990: Zur Frage der Wiedererrichtung von Ländern in der DDR. Zugleich ein Beitrag über die Legitimationsdimension des Föderalismusgedankens in Deutschland und Europa, in: Recht und Politik 26, Nr.1, S. 22-29

DAGTOGLOU, Prodromos, 1971: Streitigkeiten zwischen Bund und Ländern im Bereich der Gesetzgebung, in: DÖV, S. 35-42

DATENHANDBUCH zur Geschichte des Deutschen Bundestages 1980 bis 1987: eine Veröffentlichung der Wissenschaftlichen Dienste des Deutschen Bundestages, hrsg. von Peter Schindler, Baden-Baden 1988

DAVIS, S. Rufus, 1978: The Federal Principle. A Journey through Time in Quest of a Meaning, Berkeley u.a.

DER PARLAMENTARISCHE RAT 1948-1949. Akten und Protokolle. Hrsg. für den Deutschen Bundestag von Kurt Georg WERNICKE und für das Bundesarchiv von Hans BOOMS unter Mitwirkung von Walter VOGEL. Band 1, 1975: Vorgeschichte. Bearbeitet von Johannes V. WAGNER, Boppard am Rhein; Band 2, 1981: Der Verfassungskonvent auf Herrenchiemsee. Bearbeitet von Peter BUCHER, Boppard am Rhein; Band 3, 1986: Ausschuß für Zuständigkeitsabgrenzung. Bearbeitet von Wolfram WERNER, Boppard am Rhein; Band 4, 1989: Ausschuß für das Besatzungsstatut. Bearbeitet von Wolfram WERNER, Boppard am Rhein

DEUERLEIN, Ernst, 1972: Föderalismus. Die historischen und philosophischen Grundlagen des föderativen Prinzips, Bonn

DEUTSCH, Karl W. et al., 1957: Political Community in the North Atlantic Area, Princeton N.J.

Die Verfassungen der EG-Mitgliedstaaten, 1990, Textausgabe mit einer Einführung und einem Sachverzeichnis von Adolf KIMMEL, München, 2. Aufl.

DITTMANN, Armin, 1983: Die Bundesverwaltung; verfassungsgeschichtliche Grundlage, grundgesetzliche Vorgaben und Staatspraxis ihrer Organisation, Tübingen

DOEHRING, Karl, 1991: Allgemeine Staatslehre. Eine systematische Darstellung, Heidelberg

DOKUMENTATION des „Maastricht-Urteils", in: NJW 1993, H.37, S. 3047ff.

DONNER, Hartwig/Uwe BERLIT, 1992: Verfassungsrechtliche und verfassungspolitische Konsequenzen der Wiedervereinigung für die Bundesstaatlichkeit Deutschlands, in: ZParl 23, S. 316-338

DREYER, Michael, 1987: Föderalismus als ordnungspolitisches und normatives Prinzip. Das föderative Denken der Deutschen im 19. Jahrhundert, Frankfurt/M.

DUCHACEK, Ivo D., 1970: Comparative Federalism. The Territorial Dimension of Politics, New York

EBKE, Klaus, 1965: Bundesstaat und Gewaltenteilung, Diss. jur. Göttingen

ECKERTZ, Rainer, 1993: Die Aufhebung der Teilung im gesamtdeutschen Finanzausgleich, in: ZRP (H. 8), S. 297-301

EHRINGHAUS, Henner, 1971: Der kooperative Föderalismus in den Vereinigten Staaten von Amerika, Frankfurt/M

EICHER, Hermann, 1988: Der Machtverlust der Landesparlamente. Historischer Rückblick, Bestandsaufnahme, Reformansätze, Berlin

ELAZAR, Daniel J. (ed.), 1979: Federalism and Political Integration, Ramat Gan

ELAZAR, Daniel J., 1968: Artikel „Federalism", in: D.L. SILLS (ed.): International Encyclopedia of the Social Sciences, Vol. 5/6, New York (Repr. Ed. 1972), S. 353-367

ELAZAR, Daniel J., 1987: Exploring Federalism, Tuscaloosa

ELLWEIN, Thomas, 1950: Der Einfluß des nordamerikanischen Bundesverfassungsrechts auf die Verhandlungen der Frankfurter Nationalversammlung im Jahre 1848/49, Diss. jur. Erlangen, Ms.

ELLWEIN, Thomas/Joachim Jens HESSE, 1987: Das Regierungssystem der Bundesrepublik Deutschland, 6., neubearb. u. erw. Aufl., Opladen

ELLWEIN, Thomas/Joachim Jens HESSE/Renate MAYNTZ/Fritz W. SCHARPF (Hrsg.), 1987: Jahrbuch zur Staats- und Verwaltungswissenschaft Bd. 1, Baden-Baden

ENGHOLM, Björn, 1989: Die Identität der Bundesländer in einem geeinten Europa I, 1989: Rückblick des scheidenden Bundesratspräsidenten Engholm, in: Bulletin des Presse- und Informationsamtes der Bundesregierung Nr. 126 v.14.11.1989, S. 1969f.

ENTSCHLIESSUNG der Martin-Kommission, 1985: „Sicherung der Ländereigenstaatlichkeit und Stärkung der Landesparlamente", abgedr. in: ZParl, 16. Jg., S. 179-187

ESCHE, Falk/Jürgen HARTMANN (Hrsg.), 1990: Handbuch der deutschen Bundesländer, Frankfurt/New York

ESCHENBURG, Theodor, 1950: Das Problem der Neugliederung der Deutschen Bundesrepublik dargestellt am Beispiel des Südweststaates, Frankfurt/M

ESTERBAUER, Fried/Guy HÉRAUD/Peter PERNTHALER (Hrsg.), 1977: Föderalismus als Mittel permanenter Konfliktregelung, Wien

EUROPÄISCHE Gemeinschaft – Europäische Union. Die Vertragstexte von Maastricht, bearb. und eingeleitet von Thomas LÄUFER, Bonn 1992

FÄRBER, Gisela, 1993: Reform des Länderfinanzausgleichs, in: Wirtschaftsdienst, 73. Jg., S. 305-313

FEUCHTE, Paul, 1973: Die bundesstaatliche Zusammenarbeit in der Verfassungswirklichkeit der Bundesrepublik Deutschland, in: AöR 98, S. 473-528

FEUCHTE, Paul, 1987: Die rechtliche Ordnung der Verwaltung im Bundesstaat und ihre Entwicklung, in: Deutsche Verwaltungsgeschichte V: Die Bundesrepublik Deutschland, hrsg. von Kurt G. A. JESERICH, Stuttgart, S. 123-153

FIEDLER, Jürgen, 1990: Die Regelung der bundesstaatlichen Finanzbeziehungen im Eingungsvertrag, in: DVBl., 105. Jg., S. 1263-1270

FIJALKOWSKI, Jürgen, 1989: Bemerkungen zur Eigenkompetenz der Politologie angesichts einer immer unerläßlicher werdenden weiteren sozialwissenschaftlichen Kooperation sowie zum derzeit etwas defizitär gewordenen Zustand der Disziplin in diesem Bereich, in: Hans-Hermann HARTWICH (Hrsg.): Macht und Ohnmacht politischer Institutionen, Opladen, S. 159-163

FISCHER, Wolfgang, 1993: Die Europäische Union im Grundgesetz: Der neue Artikel 23, in: ZParl 24. Jg., S. 32-49

FLECHTHEIM, Ossip K. (Hrsg.), 1959: Bund und Länder, Berlin

FOELZ-SCHRÖTER, Marie E., 1974: Föderalistische Politik und nationale Repräsentation 1945-1957. Westdeutsche Länderregierungen, zonale Bürokratie und politische Parteien in Westdeutschland, Stuttgart

FÖRST, Walter, 1990: Wieder Länder in der DDR?, in: Geschichte im Westen 5, S. 103-108

FRANSSEN, Everhardt, 1981: Der Vermittlungsausschuß – politischer Schlichter zwischen Bundestag und Bundesrat? Bemerkungen zur Stellung des Vermittlungsausschusses im Gesetzgebungsverfahren, in: Die Freiheit des Anderen. Festschrift für Martin HIRSCH, Baden-Baden, S. 273ff.

FRANZ, Eckhart G., 1958: Das Amerikabild der deutschen Revolution 1848/49, Heidelberg

FRENKEL, Max, 1984/1986: Föderalismus und Bundesstaat 2 Bde.: Bd.1: Föderalismus. System, Recht und Probleme des Bundesstaats im Spannungsfeld von Demokratie und Föderalismus, Bern 1984; Bd. 2: Bundesstaat. System, Recht und Probleme des Bundesstaats im Spannungsfeld von Demokratie und Föderalismus, Bern 1986

FRIEDRICH, Carl Joachim, 1974: Limited Government, Englewood Cliffs

FRIEDRICHS, Jürgen/Hartmut HÄUSSERMANN/Walter SIEBEL (Hrsg.), 1986: Süd-Nord-Gefälle in der Bundesrepublik? Sozialwissenschaftliche Analysen, Opladen

FRÖCHLING, Helmut, 1972: Der Bundesrat in der Koordinierungspraxis von Bund und Ländern. Zur Rolle des Bundesrats im kooperativen Föderalismus, Freiburg/Br.

FROMME, Friedrich Karl, 1970: „Totalrevision" des Grundgesetzes, in: ZfP 17, S. 87-117

FROWEIN, Jochen Abromeit, 1961: Die selbständige Bundesaufsicht nach dem Grundgesetz, Bonn

FROWEIN, Jochen Abromeit, 1989: Bundesrat, Länder und europäische Einigung, in: Bundesrat (Hrsg.): Vierzig Jahre Bundesrat, Baden-Baden, S. 285-302

FROWEIN, Jochen Abromeit/Ingo von MÜNCH, 1972: Gemeinschaftsaufgaben im Bundesstaat, in: VVDStRL 31, S. 13-87

FÜRST, Dietrich, 1987: Die Neubelebung der Staatsdiskussion: Veränderte Anforderungen an Regierung und Verwaltung in westlichen Industriegesellschaften, in: ELLWEIN, Thomas/ Joachim Jens HESSE/Renate MAYNTZ/Fritz W. SCHARPF (Hrsg.), Jahrbuch zur Staats- und Verwaltungswissenschaft Bd. 1, Baden-Baden, S. 261-284

GABRIEL, Oscar W., 1991: Föderalismus und Parteiendemokratie in der Bundesrepublik Deutschland, in: Arthur G. GUNLICKS/Rüdiger VOIGT (Hrsg.): Föderalismus in der Bewährungsprobe, Bochum 1991

GEIGER, Rudolf, 1993: EG-Vertrag. Kommentar zu dem Vertrag zur Gründung der Europäischen Gemeinschaft, München

GEIGER, Willi, 1961: Die wechselseitige Treuepflicht von Bund und Ländern, in: Adolf SÜSTERHENN (Hrsg.): Föderalistische Ordnung, Koblenz, S. 113-128

GEIGER, Willi, 1964: Bedeutung und Funktion des Föderalismus in der Bundesrepublik Deutschland, in: BayVerwBl, S. 65-69 sowie S. 108-113

GESKE, Otto-Erich, 1991: Die Finanzierung der ostdeutschen Länder nach dem Einigungsvertrag, in: Wirtschaftsdienst, 71. Jg., S. 33-39

GOBRECHT, Horst, 1990: „Gnade der Stunde Null". Eröffnet die Neugründung der Länder in der DDR Chancen für eine Gebietsreform in der Bundesrepublik?, in: Der Spiegel Nr. 16 vom 16.4.1990, S. 34f.

GOETZ, Klaus H., 1992: Federalising Europe? The Costs, Benefits and Preconditions of Federal Political Systems, in: Staatswissenschaften und Staatspraxis 3, S. 149-167

GRAWERT, Rolf, 1967: Verwaltungsabkommen zwischen Bund und Ländern in der Bundesrepublik Deutschland. Eine kritische Untersuchung der gegenwärtigen Staatspraxis mit einer Zusammenstellung der zwischen Bund und Ländern abgeschlossenen Abkommen, Berlin

GRAWERT, Rolf, 1968: Finanzreform und Bundesstaatsreform, in: Der Staat 7, S. 63-83

GRAWERT, Rolf, 1975: Zusammenarbeit und Steuerung im Bundesstaat, in: Der Staat 14, S. 229-252

GRAWERT, Rolf, 1979: Zur Verfassungsreform, in: Der Staat 18 (1979), S. 229-258

GRAWERT, Rolf, 1987: Die Bedeutung gliedstaatlichen Verfassungsrechts in der Gegenwart, in: NJW, S. 2329-2338

GREBING, Helga/P. POZARSKI/R. SCHULZE, 1980: Die Nachkriegsentwicklung in Westdeutschland 1945-1949, Stuttgart

GRESS, Franz, 1990: Spielt Föderalismus eine Rolle? Fragen politischer Legitimation, in: Landesparlamente und Föderalismus. Hat das parlamentarische System in den Bundesländern eine Zukunft?, hrsg. von Franz GRESS im Auftrage des hessischen Landtags, Wiesbaden, S. 165-193

GREWE, Wilhelm, 1948: Antinomien des Föderalismus, Schloß Bleckede a.d.Elbe

GRIMM, Dieter, 1977: Die Revision des deutschen Grundgesetzes, in: ÖZfP 6 (1977), S. 397-418

GRIMM, Dieter, 1978: Gegenwartsprobleme der Verfassungspolitik und der Beitrag der Politikwissenschaft, in: Udo BERMBACH (Hrsg.): Politische Wissenschaft und politische Praxis, Opladen, S. 272-295

GRIMM, Dieter, 1987: Der Staat in der kontinentaleuropäischen Tradition, in: ders.: Recht und Staat der bürgerlichen Gesellschaft, Frankfurt/M., S. 53-83

GRIMM, Dieter, 1988: Deutsche Verfassungsgeschichte 1776-1866, Frankfurt/M.

GRIMM, Dieter, 1989: Das Grundgesetz nach vierzig Jahren, in: NJW, S. 1305-1312

GRIMM, Dieter, 1991: Verfassungsfunktion und Grundgesetzreform, in: ders. , Die Zukunft der Verfassung, Frankfurt, S. 313-335

GRODZINS, Morton, 1966: Centralization and Decentralization in the American Federal System, in: Robert A. GOLDWIN (ed.): A Nation of States, Chicago, S. 1-23

GRONAU, H.-A. von, 1949: Der deutsche Föderalismus und der Verfassungskonvent auf Herrenchiemsee, Diss. München

GUGGENBERGER, Bernd/Andreas MEIER (Hrsg.), 1994: Der Souverän auf der Nebenbühne. Essays und Zwischenrufe zur deutschen Verfassungsdiskussion, Opladen

GUGGENBERGER, Bernd/Tine STEIN (Hrsg.), 1991: Die Verfassungsdiskussion im Jahr der deutschen Einheit. Analysen – Hintergründe – Materialien, München

GUNLICKS, Arthur G./Rüdiger VOIGT (Hrsg.), 1991: Föderalismus in der Bewährungsprobe, Bochum

HÄBERLE, Peter, 1990a: Die beiden Wege zur Einheit in einem. Ausdruck des Respekts vor der Mündigkeit der Deutschen in der DDR, in: FAZ vom 19.4.1990

HÄBERLE, Peter, 1990b: Diskussionsbeitrag, in: Jochen FROWEIN/Josef ISENSEE/Christian TOMUSCHAT/Albrecht RANDELZHOFER: Deutschlands aktuelle Verfassungslage. Berichte und Diskussionen auf der Sondertagung der Vereinigung der Deutschen Staatsrechtslehrer in Berlin am 27. April 1990, Berlin/New York, S. 154ff.

HÄBERLE, Peter, 1990c: Das Grundgesetz und die Herausforderungen der Zukunft. Wer gestaltet unsere Verfassungsordnung?, in: Das akzeptierte Grundgesetz, München, S. 3-31

HÄBERLE, Peter, 1992: Die Kontroverse um die Reform des deutschen Grundgesetzes (1991/92), in: Zeitschrift für Politik 39, S. 233-263

276

HÄBERLE, Peter, 1993: Die Entwicklung des Föderalismus in Deutschland – insbesondere in der Phase der Vereinigung, in: Jutta KRAMER (Hrsg.): Föderalismus zwischen Integration und Sezession, Baden-Baden 1993, S. 201-243

HÄBERLE, Peter, 1994: Das Prinzip der Subsidiarität aus der Sicht der vergleichenden Verfassungslehre, in: AöR 119, S. 169-206

HAHN, Ottokar, 1986: EG-Engagement der Länder: Lobbyismus oder Nebenaußenpolitik?, in: Rudolf HRBEK/Uwe THAYSEN (Hrsg.): Die Deutschen Länder und die Europäischen Gemeinschaften, Baden-Baden, S. 105-110

HAHN, Roland, 1987: Macht und Ohnmacht des Landtags von Baden-Württemberg, Kehl u.a.

HAMILTON, Alexander/James MADISON/John JAY, 1958: Der Föderalist, herausgegeben und mit einer Einführung versehen von Felix ERMACORA, Wien

HANSMEYER, Karl-Heinrich/Manfred KOPS, 1990: Die Gliederung der Länder in einem vereinten Deutschland, in: Wirtschaftsdienst 70, S. 234-239

HARMS, Katharina, 1994: Kompetenzen des Bundes aus der „Natur der Sache"?, in: Der Staat, 33. Jg., S. 409-428

HARTKOPF, Günter, 1979: Zur Lage der Bundesverwaltung nach 30 Jahren Grundgesetz, in: DÖV, S. 349-354

HARTMANN, Jürgen (Hrsg.), 1994: Handbuch der deutschen Bundesländer, 2., rev. u. aktualisierte Aufl., Frankfurt/M. u. New York

HARTWICH, Hans-Hermann, 1987: Die Suche nach einer wirklichkeitsnahen Lehre vom Staat, in: APuZ B-46/47, S. 3-20

HAUN, Dieter, 1972: Die Bundesaufsicht in Bundesauftragsangelegenheitne, Frankfurt/M.

HEGEL, Georg Friedrich Wilhelm, 1924: Die Verfassung Deutschlands, in: ders., Der Staat, hrsg. von Paul Alfred MERBACH, Leipzig

HEIDEKING, Jürgen, 1988: Die Verfassung vor dem Richterstuhl. Vorgeschichte und Ratifizierung der amerikanischen Verfassung 1787-1791, Berlin u. New York

HEIDENHEIMER, Arnold J., 1958: Federalism and the Party System: The Case of West Germany, in: APSR 52, S. 809-828

HEINSEN, Ernst, 1989: Der Kampf um die große Finanzreform 1969, in: Rudolf HRBEK (Hrsg.): Miterlebt – Mitgestaltet. Der Bundesrat im Rückblick, Stuttgart, S. 187- 223

HELD, Kurt, 1955/56: Der autonome Verwaltungsstil der Länder und das Bundesratsveto nach Art. 84 Abs. 1 des Grundgesetzes, in: AöR 80, S. 50-90

HENDLER, Reinhard, 1987: Unitarisierungstendenzen im Bereich der Gesetzgebung, in: ZfG, S. 210-227

HENSELER, Paul, 1982: Möglichkeiten und Grenzen des Vermittlungsausschusses. Eine Untersuchung am Beispiel des 2. Haushaltsstrukturgesetzes, in: NJW, S. 849ff.

HERLES, Helmut, 1981: Typisch deutsch: der Bundesrat, Bonn

HERLES, Helmut (Hrsg.), 1989: Das Parlament der Regierungen. 40 Jahre Bundesrat – Eine Chronik seiner Präsidenten, Stuttgart

HERZOG, Roman, 1962: Bundes- und Landesstaatsgewalt im demokratischen Bundesstaat, in: DÖV, S. 81-87

HERZOG, Roman, 1963: Subsidiaritätsprinzip und Staatsverfassung, in: Der Staat 2, S. 399-423

HERZOG, Roman, 1967: Zwischenbilanz im Streit um die bundesstaatliche Ordnung, in: JuS 7, S. 193-200

HESSE, Joachim Jens, 1993: Das föderative System der Bundesrepublik vor den Herausforderungen der deutschen Einigung, in: Wolfgang SEIBEL/Arthur BENZ/Heinrich MÄDING (Hrsg.): Verwaltungsreform und Verwaltungspolitik im Prozeß der deutschen Einigung, Baden-Baden, S. 431-447

HESSE, Joachim Jens/Arthur BENZ, 1988: Staatliche Institutionenpolitik im internationalen Vergleich, in: Thomas ELLWEIN/Joachim Jens HESSE/Renate MAYNTZ/Fritz W. SCHARPF (Hrsg.): Jahrbuch zur Staats- und Verwaltungswissenschaft, Bd. 2, Baden-Baden 1988, S. 69-111

HESSE, Joachim Jens/Arthur BENZ, 1990: Die Modernisierung der Staatsorganisation. Institutionenpolitik im internationalen Vergleich: USA, Großbritannien, Frankreich, Bundesrepublik Deutschland, Baden-Baden

HESSE, Joachim Jens/Wolfgang RENZSCH, 1990: Zehn Thesen zur Entwicklung des deutschen Föderalismus, in: Staatswissenschaften und Staatspraxis, Heft 4, S. 562-578

HESSE, Konrad, 1962: Der unitarische Bundesstaat, Karlsruhe

HESSE, Konrad, 1970: Aspekte des kooperativen Föderalismus in der Bundesrepublik, in: Festschrift für Gebhard MÜLLER zum 70. Geburtstag, hrsg. von Theodor RITTERSPACH/ Willi GEIGER, Tübingen, S. 141-160

HESSE, Konrad, 1982: Grundzüge des Verfassungsrechts der Bundesrepublik Deutschland, 13. erg. Aufl., Heidelberg

HESSE, Konrad, 1987: Artikel „Bundesstaat", in: Evangelisches Staatslexikon, hrsg. von Roman HERZOG u.a., Bd. 1, 3., neu bearb. Aufl., Stuttgart, S. 317-328

HESSE, Konrad, 1989: Wandlungen der Bedeutung der Verfassungsgerichtsbarkeit für die bundesstaatliche Ordnung, in: FS für D. Schindler zum 65. Geburtstag, Basel u. Frankfurt/M., S. 723-731

HICKEL, Rudolf, 1991: Föderalismus zum Nulltarif? Die öffentliche Armut in den neuen Bundesländern als Entwicklungsbremse, in: Blätter für deutsche und internationale Politik, 36. Jg., S. 425-438

HIRSCHER, Gerhard (Hrsg.), 1991: Die Zukunft des kooperativen Föderalismus in Deutschland (Berichte und Studien der Hanns-Seidel-Stiftung e.V., Band 63 – Reihe Grundsatzfragen)

HOFMANN, Gunter, 1992: In der Einbahnstraße des alten Denkens. Auch der Westen der Republik trauert seinen verlorenen Gewißheiten nach, in: Die Zeit vom 3.1.1992, S. 4

HOHMANN, Harald, 1991: Der Verfassungsgrundsatz der Herstellung einheitlicher Lebensverhältnisse im Bundesgebiet – Erläutert anhand der fünf neuen Bundesländer, in: DÖV, S. 191-198

HOKE, Rudolf, 1983: Verfassungsgerichtsbarkeit in den deutschen Ländern in der Tradition der deutschen Staatsgerichtsbarkeit, in: C. STARCK/K. KERN (Hrsg.): Landesverfassungsgerichtsbarkeit I, Baden-Baden, S. 25-102

HRBEK, Rudolf, 1986: Doppelte Politikverflechtung: Deutscher Föderalismus und Europäische Integration. Die deutschen Länder im EG-Entscheidungsprozeß, in: Rudolf HRBEK/ Uwe THAYSEN (Hrsg.): Die Deutschen Länder und die Europäischen Gemeinschaften, Baden-Baden, S. 17ff.

HUGO, Ludolf, 1984: De statu regionum Germaniae, Gießen 1689, zit. nach Otto KIMMINICH, Der Bundesstaat, S. 1130

HUHN, Johen/Peter-Christian WITT (Hrsg.), 1992: Föderalismus in Deutschland. Traditionen und gegenwärtige Probleme, Baden-Baden

HUNTINGTON, Samuel P., 1971: Political Order in Changing Societies, 5. Aufl., New Haven

HUSTER, Ernst-Ulrich et al., 1977: Determinanten der westdeutschen Restauration 1945-1949, 5. Aufl., Frankfurt a. M.

ISENSEE, Josef, 1990a: Idee und Gestalt des Föderalismus im Grundgesetz, in: Handbuch des Staatsrechts der Bundesrepublik Deutschland, Bd. IV, hrsg. von Josef ISENSEE und Paul KIRCHHOF, Heidelberg, S. 517-691

ISENSEE, Josef, 1990b: Der Föderalismus und der Verfassungsstaat der Gegenwart, in: AöR, Jg. 115, S. 248-279

JÄNICKE, Martin, 1987: Staatsversagen. Die Ohnmacht der Politik in der Industriegesellschaft, 2. Aufl., München

JARASS, Hans D./Bodo PIEROTH, 1992: Grundgesetz für die Bundesrepublik Deutschland. Kommentar, 2. Aufl., München

JASPERT, Günter, 1988: Die Beteiligung des Bundesrates an der europäischen Integration, in: Siegfried MAGIERA/Detlef MERTEN (Hrsg.): Bundesländer und Europäische Gemeinschaft, Berlin, S. 87ff.

JELLINEK, Georg, 1960: Allgemeine Staatslehre, 3. Aufl., 7. Neudr., Bad Homburg

KAISER, Gerhard, 1961: Zur Ableitung des Verfassungsprinzips des „bundesfreundlichen Verhaltens" aus dem Begriff des Bundesstaates, in: DÖV, S. 653-658

KALBFLEISCH-KOTTSIEPER, Ulla, 1994: Der Ausschuß der Regionen – ein neuer Akteur auf der Europäischen Bühne. Institutionalisierung und Arbeitsperspektiven, in: BULLMANN,

Udo (Hrsg.): Die Politik der dritten Ebene. Regionen im Europa der Union, Baden-Baden, S. 134-143

KATZENSTEIN, Dietrich, 1958: Rechtliche Erscheinungsformen der Machtverschiebung zwischen Bund und Ländern seit 1949, in: DÖV, S. 593-604

KIELMANSEGG, Peter Graf, 1989: Vom Bundestag zum Bundesrat. Die Länderkammer in der jüngsten deutschen Verfassungsgeschichte, in: BUNDESRAT (Hrsg.): Vierzig Jahre Bundesrat, Baden-Baden, S. 43ff.

KIMMINICH, Otto, 1985: Historische Grundlagen und Entwicklung des Föderalismus in Deutschland, in: Probleme des Föderalismus. Deutsch-Jugoslawisches Symposium Belgrad vom 19.-21. März 1984, Tübingen, S. 1-15

KIMMINICH, Otto, 1987: Der Bundesstaat, in: Josef ISENSEE/Paul KIRCHHOFF (Hrsg.): Handbuch des Staatsrechts der Bundesrepublik Deutschland, Bd.1, Heidelberg, S. 1113-1150

KING, Preston, 1982: Federalism and Federation, London und Canberra

KIRCHHEIMER, Otto, 1950/51: The Decline of Intra-State Federalism in Western Europe, in: WP 36, S. 281-298

KIRSCH, Guy, 1977: Einleitung, in: Ders. (Hrsg.): Föderalismus, Stuttgart u. New York, S. 1-14

KISKER, Gunter, 1971: Kooperation im Bundesstaat. Eine Untersuchung zum kooperativen Föderalismus in der Bundesrepublik Deutschland, Tübingen

KISKER, Gunter, 1977: Kooperation zwischen Bund und Ländern in der Bundesrepublik Deutschland, in: DÖV, S. 689-696

KISKER, Gunter, 1984: Grundrechtsschutz gegen bundesstaatliche Vielfalt?, in: Festschrift für Otto BACHOF zum 70. Geburtstag, hrsg. von Günter PÜTTNER, München, S. 47ff.

KISKER, Gunter, 1985: Ideologische und theoretische Grundlagen der bundesstaatlichen Ordnung in der Bundesrepublik Deutschland – Zur Rechtfertigung des Föderalismus, in: Probleme des Föderalismus. Deutsch-jugoslawisches Symposium vom 19.-21. März 1984 in Belgrad, Tübingen, S. 23-37

KLATT, Hartmut, 1982: Parlamentarisches System und bundesstaatliche Ordnung. Konkurrenzföderalismus als Alternative zum kooperativen Bundesstaat, in: APuZ, B-31, S. 3-24

KLATT, Hartmut, 1986: Reform und Perspektiven des Föderalismus in der Bundesrepublik Deutschland, in: APuZ 28/1986, S. 3-21

KLATT, Hartmut, 1990: Beziehungen zwischen Bundestag und Landesparlamenten – (Selbst-) Entmachtung der Landesparlamente? Möglichkeiten und Gegenstrategien, in: Landesparlamente und Föderalismus. Hat das parlamentarische System in den Bundesländern eine Zukunft?, hrsg. von Franz GRESS i.A. des hessischen Landtags, Wiesbaden, S. 63-98

KLATT, Hartmut, 1991: Deutsche Einheit und bundesstaatliche Ordnung, in: VerwArch 82, S. 430-458

KLATT, Hartmut, 1994: Ein außerordentlich beachtliches Paket der Reformen, in: Das Parlament vom 25.11.1994

KLEIN, Franz, 1984: Bund und Länder nach der Finanzverfassung des Grundgesetzes, in: Handbuch des Verfassungsrechts (Studienausgabe), hrsg. von Ernst BENDA/Werner MAIHOFER/Hans-Jochen VOGEL, Berlin/New York, S. 863-897

KLEIN, Friedrich, 1961: Verfassungsrechtliche Grenzen der Gemeinschaftsaufgaben, in: Gemeinschaftsaufgaben zwischen Bund, Ländern und Gemeinden. Vorträge und Diskussionsbeiträge des 29. Staatswissenschaftlichen Fortbildungskurses der Hochschule für Verwaltungswissenschaften Speyer 1961, S. 125-174

KLEIN, Hans H., 1989: Die Legitimation des Bundesrates und sein Verhältnis zu Landesparlamenten und Landesregierungen, in: BUNDESRAT (Hrsg.):Vierzig Jahre Bundesrat, Baden-Baden, S. 95-111

KLOTZ, Hans-Werner, 1993: Die Gesetzgebung im Bundesstaat, in: APuZ 52-53, S. 39-44

KOELLREUTTER, Otto, 1962: Für und Wider den Föderalismus, in: ZfP 9, S. 77-83

KÖLBLE, Josef, 1967: Finanzreform und Bundesstaatsprinzip. Zu den Vorschlägen der Sachverständigenkommission für die Finanzreform betr. die Institutionalisierung von Gemeinschaftsaufgaben im Grundgesetz (Art. 85a), in: DÖV, S. 1-9

KOMMENTAR zum Grundgesetz für die Bundesrepublik Deutschland in zwei Bänden (Reihe Alternativkommentare), 1984, hrsg. von Rudolf Wassermann, Neuwied und Darmstadt

KONOW, Gerhard, 1966: Kooperativer Föderalismus und Gemeinschaftsaufgaben. Bemerkungen zum Gutachten über die Finanzreform in der Bundesrepublik Deutschland, in: DÖV, S. 368-375

KOSELLECK, Reinhart, 1972: Artikel „Bund (Bündnis, Föderalismus, Bundesstaat)", in: Geschichtliche Grundbegriffe, Bd. 1, hrsg. von Otto BRUNNER, Werner CONZE, Reinhart KOSELLECK, Stuttgart, S. 582-671

KÖTTGEN, Arnold, 1954: Der Einfluß des Bundes auf die deutsche Verwaltung und die Organisation der bundeseigenen Verwaltung, in: JöR NF 3, S. 65-147

KÖTTGEN, Arnold, 1955: Der Einwand der Mischverwaltung und das Grundgesetz, in: DÖV, S. 485-492

KÖTTGEN, Arnold, 1962: Der Einfluß des Bundes auf die deutsche Verwaltung und die Organisation der bundeseigenen Verwaltung, in: JöR NF 11, S. 173-311

KRAMER, Jutta (Hrsg.), 1993: Föderalismus zwischen Integration und Sezession. Chancen und Risiken bundesstaatlicher Ordnung, Baden-Baden

KRATZER, Jakob, 1951/52: Zustimmungsgesetz, in: AöR 77, S. 266-283

KREUTZER, Helmut, 1959: Bund und Länder in der Bundesrepublik Deutschland, in: Ossip K. FLECHTHEIM (Hrsg.): Bund und Länder, Berlin, S. 1-21

KROSIGK, Friedrich von, 1980: Zwischen Folklore und Revolution: Regionalismus in Westeuropa, in: Dirk GERDES (Hrsg.): Aufstand der Provinz: Regionalismus in Westeuropa, Frankfurt/M. und New York, S. 25-48

KRÜGER, Herbert, 1973: Die Verfassung als Programm der nationalen Integration, in: FS für F. Berber zum 75. Geb., hrsg. von D. Blumenwitz/A. Randelzhofer, München, S. 247-272

KUNZE, Renate, 1968: Kooperativer Föderalismus in der Bundesrepublik. Zur Staatspraxis der Koordinierung von Bund und Ländern, Stuttgart

LABAND, Paul, 1911-1914 (ND Aalen 1964): Das Staatsrecht des Deutschen Reiches, 4 Bde., Tübingen, 5. Auflage

LAFORET, Wilhelm, 1949: Verwaltung und Ausführung der Gesetze nach dem Bonner Grundgesetz, in: DÖV, S. 221-226

LAMBRECHT, Christa-Maria, 1975: Die Funktion des Föderalismus im Verfassungs- und Regierungssystem der Bundesrepublik Deutschland. Die Entwicklung vom Parlamentarischen Rat bis zum kooperativen Föderalismus in der Diskussion von Politik und Wissenschaft, phil. Diss., Berlin

LANGE, Erhard H.M., 1974: Bestimmungsfaktoren der Föderalismusdiskussion vor Gründung der Bundesrepublik, in: APuZ 2-3, S. 9-29

LASKI, Harold, 1939: The Obsolence of Federalism, in: New Republic, 98, S. 367ff.

LASSAR, Gerhard, 1926: Reichseigene Verwaltung unter der Weimarer Verfassung, in: JöR 14, S. 1-231

LASSAR, Gerhard, 1930: Gegenwärtiger Stand der Aufgabenverteilung zwischen Reich und Ländern, in: Handbuch des deutschen Staatsrechts, Bd. I, hrsg. von Gerhard ANSCHÜTZ u. Richard THOMA, Tübingen, S. 312-321

LAUFER, Heinz, 1986: Artikel „Föderalismus", in: Wolfgang W. MICKEL (Hrsg.): Handlexikon zur Politikwissenschaft (Schriftenreihe der Bundeszentrale für politische Bildung, Band 237), Bonn, S. 145-150

LAUFER, Heinz, 1991: Das föderative System der Bundesrepublik Deutschland, 6. neubearb. Aufl., München

LEHMBRUCH, Gerhard, 1976: Parteienwettbewerb im Bundesstaat, Stuttgart

LEHMBRUCH, Gerhard, 1985: Constitution-Making in Young and Aging Federal Systems, in: Keith G. BANTING/Richard SIMEON (Hrsg.): Redesigning the State. The Politics of Constitutional Change, Toronto u. Buffalo, S. 30-41

LEHMBRUCH, Gerhard, 1991: Die deutsche Vereinigung: Strukturen und Strategien, in: PVS, Heft 4, S. 585-604

LEHNER, Franz, 1979: Grenzen des Regieren. Eine Studie zur Regierungsproblematik hochindustrialisierter Demokratien, Königstein/Ts.

LEISNER, Walter, 1968: Schwächung der Landesparlamente durch grundgesetzlichen Föderalismus. Vertikale gegen horizontale Gewaltenteilung, in: DÖV, S. 389-396

LENK, Kurt, 1980: Staatsgewalt und Gesellschaftstheorie, München

LENZ, Helmut, 1977: Die Landtage als staatsnotarielle Ratifikationsämter? Eine Bestandsaufnahme föderalistischer Praxis am Maßstab der Hessischen Verfassung, in: DÖV 1077,
S. 157-164

LEONARDY, U., 1992: Federation and Länder in German Foreign Relations: Power-Sharing in
Treaty-Making and European Affairs, in: German Politics, S.119ff.

LEONHARDT, Rudolf Walter, 1990: Eine Lanze für die Länder. Von Georgien bis Ulster: Nur
Regionen können Heimat sein, in: DIE ZEIT vom 12.10.1990, S. 98

LERCHE, Peter, 1964: Föderalismus als nationales Ordnungsprinzip, in: VVDStRL 21, S. 66-104

LHOTTA, Roland, 1989: Stadtentwicklungspolitik, in: Hans BOLDT (Hrsg.): Nordrhein-Westfalen und der Bund, Köln u.a., S. 175-188

LHOTTA, Roland, 1991: Verfassung, Bundesstaatsreform und Stärkung der Landesparlamente
im Zeichen der deutschen Einheit und der europäischen Integration: Zur Arbeit einer
Sachverständigenkommission des Landtags Nordrhein-Westfalen, in: ZParl, Jg. 22, S.
253-288

LHOTTA, Roland, 1993: Der „verkorkste Bundesstaat" – Anmerkungen zur bundesstaatlichen
Reformdiskussion", in: ZParl Jg. 24, S. 117-132

LHOTTA, Roland, 1995: Imperiale Verfassungsgerichtsbarkeit und Föderalismus. Das Judicial
Committee of the Privy Council und der BNA Act, Baden-Baden

LICHTENSTERN, Elisabeth, 1979: Die Gesetzgebung im Spannungsverhältnis zwischen Bund
und Ländern, Frankfurt/M.

LIESEGANG, Helmuth C. F./Rainer PLÖGER, 1971: Schwächung der Parlamente durch den kooperativen Föderalismus?, in: DÖV, 228-236

LIJPHART, Arend, 1977: Democracy in Plural Societies, New Haven

LIVINGSTON, William S., 1967: A Note on the Nature of Federalism, in: Aaron WILDAVSKY
(ed.): American Federalism in Perspective, Boston, S. 33-47

LOEWENSTEIN, Karl, 1956: Gedanken über den Wert von Verfassungen in unserem revolutio-
nären Zeitalter, in: Arnold J. ZURCHER (Hrsg.): Verfassungen nach dem Zweiten Weltkrieg, Meisenheim/Glan, S. 210-246

LÖWENSTEIN, Karl, 1959: Verfassungslehre, Tübingen

LT-KOMMISSION NRW I, 1990: Bericht Teil Eins der Kommission „Erhaltung und Fortentwicklung der bundesstaatlichen Ordnung innerhalb der Bundesrepublik Deutschland –
auch in einem Vereinten Europa", Düsseldorf

LT-Kommission-NRW II 1990: Bericht Teil Zwei der Kommission „Erhaltung und Fortentwicklung der bundesstaatlichen Ordnung innerhalb der Bundesrepublik Deutschland –
auch in einem vereinten Europa", Düsseldorf

MÄDING, Heinrich, 1993: Die föderativen Finanzbeziehungen im Prozeß der deutschen Eini-
gung – Erfahrungen und Perspektiven, in: Wolfgang SEIBEL/Arthur BENZ/Heinrich
MÄDING (Hrsg.): Verwaltungsreform und Verwaltungspolitik im Prozeß der deutschen
Einigung, Baden-Baden, S. 309-341

MAIER, Hans, 1990: Der Föderalismus – Ursprünge und Wandlungen, in: AöR, Jg. 115, S.
213-231

MAJER, Diemut, 1980: Ist die verfassungsgerichtliche Prüfung der Voraussetzungen der konkurrierenden Gesetzgebung des Bundes sinnvoll und möglich?, in: EuGRZ, S. 98-107

MARNITZ, Siegfried, 1974: Die Gemeinschaftsaufgaben des Art. 91a GG als Versuch einer
verfassungsrechtlichen Institutionalisierung der bundesstaatlichen Kooperation. Eine
verfassungsrechtliche und verfassungspolitische Untersuchung, Berlin

MAUNZ, Theodor/Reinhold ZIPPELIUS, 1991: Deutsches Staatsrecht, 28., neubearbeitete Aufl.,
München

MAYNTZ, Renate, 1989: Föderalismus und die Gesellschaft der Gegenwart, Max-Planck-Insti-
tut für Gesellschaftsforschung, Discussion Paper 89/3, Köln

MAYNTZ, Renate, 1990: Föderalismus und die Gesellschaft der Gegenwart, in: AöR, Jg. 115,
S. 232-247

MEDICUS, Franz-Albrecht, 1932: Reichsverwaltung, in: JöR 20, S. 1-115

MENGER, Christian-Friedrich, 1990: Deutsche Verfassungsgeschichte der Neuzeit. Eine Einführung in die Grundlagen, 7., überarbeitete Auflage, Heidelberg

MERKL, Peter H., 1959: Executive-Legislative Federalism in West Germany, in: APSR 53, S. 732-741

MERKL, Peter H., 1965: Die Entstehung der Bundesrepublik Deutschland, Stuttgart

MEYER, Hans, 1990: Was sollen und was können die Landesparlamente leisten?, in: Landesparlamente und Föderalismus. Hat das parlamentarische System in den Bundesländern eine Zukunft?, hrsg. von Franz GRESS i.A. des hessischen Landtags, Wiesbaden, S. 35-62

MEYERS, Franz, 1963: Klare Aufgabenteilung zwischen Bund und Ländern. Eingriffe des Bundes in die Länderzuständigkeiten durch Finanzierung von Länderaufgaben, Düsseldorf

MIGDAL, John, S., 1983: Studying the Politics of Development and Change: The State of the Art, in: FINIFTER, Ada W. (ed.): Political Science: The State of the Discipline, Washington D.C., S. 303ff.

MILBRADT, Georg, 1993: Die Finanzausstaatung der neuen Bundesländer, in: Wolfgang SEIBEL/Arthur BENZ/Heinrich MÄDING (Hrsg.): Verwaltungsreform und Verwaltungspolitik im Prozeß der deutschen Einigung, S. 271-287

MOMPER, Walter, 1986: Die Identität der Bundesländer in einem geeinten Europa. Antrittsrede von Bundesratspräsident Momper, in: Bulletin des Presse- und Informationsamtes der Bundesregierung Nr. 126 v. 14.11.1986, S. 1070-1072

MONTESQUIEU, Charles de Secondat, 1989: Vom Geist der Gesetze (1748), eingeleitet, ausgewählt und übersetzt von Kurt WEIGAND, Stuttgart

MORSEY, Robert, 1974: Die Entstehung des Bundesrates im Parlamentarischen Rat, in: BUNDESRAT (Hrsg.): Der Bundesrat als Verfassungsorgan und politische Kraft, Bad Honnef/Darmstadt

MORSEY, Rudolf, 1971: Zur Geschichte der obersten Reichsverwaltung im Wilhelminischen Deutschland, in: DVBl., 86. Jg., S. 8-16

MÜLLER-BRANDECK-BOCQUET, Gisela, 1991: Ein föderalistisches Europa? Zur Debatte über die Föderalisierung und Regionalisierung der zukünftigen Europäischen Politischen Union, in: APuZ 45/1991, S. 13-25

MÜLLER-BRANDECK-BOCQUET, Gisela, 1992: Europäische Integration und deutscher Föderalismus, in: KREILE, Michael (Hrsg.): Die Integration Europas, PVS-Sonderheft 23/1992, S. 160-182

MUßGNUG, Reinhard, 1984: Die Ausführung der Reichsgesetze durch die Länder und die Reichsaufsicht, in: Deutsche Verwaltungsgeschichte, Bd. 3, hrsg. von Kurt G. A. JESERICH: Das Deutsche Reich bis zum Ende der Monarchie, Stuttgart, S.186-206

MUßGNUG, Reinhard, 1985: Die Ausführung der Reichsgesetze durch die Länder und die Reichsaufsicht, in: Deutsche Verwaltungsgeschichte, Bd. 4, hrsg. von Kurt G. A. JESERICH: Das Reich als Republik und in der Zeit des Nationalsozialismus, Stuttgart, S. 330-348

MUßGNUG, Reinhard, 1987: Zustandekommen des Grundgesetzes und Entstehen der Bundesrepublik Deutschland, in: Handbuch des Staatsrechts der Bundesrepublik Deutschland, Bd.1, hrsg. von Josef ISENSEE und Paul KIRCHHOF, Heidelberg, S. 219-258

MUSZYNSKI, Bernhard, 1994: Die ostdeutschen Bundesländer und die kritische Masse für eine Reform des deutschen Föderalismus, in: Jürgen HARTMANN (Hrsg.): Handbuch der deutschen Bundesländer, erw. u. aktual. Neuaufl., Frankfurt/M u. New York, S. 49-64

NEUHAUS, Helmut, 1991: Das föderalistische Prinzip und das Heilige Römische Reich Deutscher Nation, in: WELLENREUTHER, Hermann/Claudia SCHNURMANN (Hrsg.): Die Amerikanische Verfassung und Deutsch-Amerikanisches Verfassungsdenken. Ein Rückblick über 200 Jahre, New York u. Oxford, S. 31-53

NEUNREITHER, Karlheinz, 1959: Der Bundesrat zwischen Politik und Verwaltung, Heidelberg

NICLAUSS, Karlheinz, 1974 a: Die Entstehung der Bundesrepublik als Demokratiegründung, in: VfZ Heft 1, S. 46-75

NICLAUSS, Karlheinz, 1974 b: Demokratiegründung in Westdeutschland. Die Entstehung der Bundesrepublik von 1945-1949, München

NIPPERDEY, Thomas, 1986: Der Föderalismus in der deutschen Geschichte, in: ders.: Nachdenken über die deutsche Geschichte: Essays, München, S. 60-109

NYMAN, Olle, 1960: Der westdeutsche Föderalismus, Stockholm

OBERREUTER, Heinrich, 1986: Artikel „Föderalismus", in: Staatslexikon, hrsg. von der Görres-Gesellschaft, 7., völlig neu bearb. Aufl., Bd. 2, Freiburg u.a., S. 632-638

282

OBERREUTER, Heinrich, 1990: Beispielhafte Positions- und Funktionsbestimmung zur Verfassungs- und Parlamentsreform in den Bundesländern, in: ZParl 21/1990, S. 524-528

OSSENBÜHL, Fritz (Hrsg.), 1989a: Föderalismus und Regionalismus in Europa, Baden-Baden

OSSENBÜHL, Fritz, 1989b: Föderalismus nach 40 Jahren Grundgesetz, in: DVBl., Jg. 104, S. 1230-1237

OTTO, Volker, 1971: Das Staatsverständnis des Parlamentarischen Rates. Ein Beitrag zur Entstehungsgeschichte des Grundgesetzes für die Bundesrepublik Deutschland, Bonn

PARLAMENTARISCHER RAT, 1948/49. Stenographische Berichte über die Plenarsitzungen, Bonn. Reproduktion nach der Originalausgabe von 1949, Bonn 1969

PATZIG, Werner, 1966: Der kooperative Föderalismus. Bemerkungen zum Sachverständigengutachten über die Finanzreform, in: DVBl. 81, S. 389-396

PATZIG, Werner, 1981: Die Gemeinschaftsfinanzierungen von Bund und Ländern. Notwendigkeit und Grenzen des kooperativen Föderalismus, Bonn

PATZIG, Werner, 1991: Zwischen Solidität und Solidarität. Die bundesstaatliche Finanzverfassung in der „Übergangszeit", in: DÖV, S. 578-586

PEFFEKOVEN, Rolf, 1990: Deutsche Einheit und Finanzausgleich, in: Staatswissenschaften und Staatspraxis, S. 485-511

PEFFEKOVEN, Rolf, 1990a: Finanzausgleich im vereinten Deutschland, in: Wirtschaftsdienst, 70. Jg., S. 346-352

PESTALOZZA, Christian, 1972: Thesen zur kompetenzrechtlichen Qualifikation von Gesetzen im Bundesstaat, in: DÖV, S. 181-191

PFEIFFER, Anton, 1949: Der Bund und die Länder, in: DÖV, S. 263-265

PFETSCH, Frank R., 1985: Verfassungspolitik der Nachkriegszeit. Theorie und Praxis des bundesdeutschen Konstitutionalismus, Darmstadt

PFETSCH, Frank R., 1990: Ursprünge der Zweiten Republik. Prozesse der Verfassungsgebung in den Westzonen und in der Bundesrepublik, Opladen

PIETZCKER, Jost, 1988: Zusammenarbeit der Gliedstaaten im Bundesstaat. Landesbericht Bundesrepublik Deutschland, in: Christian STARCK (Hrsg.): Zusammenarbeit der Gliedstaaten im Bundesstaat, Baden-Baden, S. 17-76

PIETZCKER, Jost, 1990: Zuständigkeitsordnung und Kollisionsrecht im Bundesstaat, in: Handbuch des Staatsrechts der Bundesrepublik Deutschland, hrsg. von Josef ISENSEE u. Paul KIRCHHOF, Bd. IV, Heidelberg, S. 693-721

POLLMANN, Hans, 1969: Repräsentation und Organschaft. Eine Untersuchung zur verfassungsrechtlichen Stellung des Bundesrates der Bundesrepublik Deutschland, Berlin

POSSER, Diether, 1989: Der Vermittlungsausschuß, in: BUNDESRAT (Hrsg.): Vierzig Jahre Bundesrat, Baden-Baden, S. 203-211

PRANTL, Heribert, 1991: Deutschland – neu gliedern, in: SZ v. 18.10.1991, S. 4

PÜTTNER, Günter, 1990: Vierzig Jahre Grundgesetz – vierzig Jahre Föderalismus, in: Regionen und Regionalismus in Westeuropa, 1987, hrsg. von der Landeszentrale für politische Bildung Baden-Württemberg, Stuttgart u.a.

REH, Werner, 1988: Politikverflechtung im Fernstraßenbau der Bundesrepublik Deutschland und im Nationalstraßenbau der Schweiz, Frankfurt/M. u.a.

REH, Werner, 1989: Rahmenbedingungen nordrhein-westfälischer Politik I: Die Bundesländer im föderativen System der Bundesrepublik und der Europäischen Gemeinschaft, in: Hans BOLDT (Hrsg.): Nordrhein-Westfalen und der Bund, Köln u.a., S. 60-77

REICHARDT, Wolfgang, 1994: Die Karriere des Subsidiaritätsprinzips in der Europäischen Gemeinschaft, in: Österreichische Zeitschrift für Politikwissenschaft 1/1994, S. 53-66

REINERT, Harri, 1966: Vermittlungsausschuß und Conference Committees, Heidelberg

REISSERT, Bernd, 1985: Artikel „Föderalismus", in: Pipers Wörterbuch zur Politik 1: Politikwissenschaft. Theorien – Methoden – Begriffe, hrsg. von Dieter NOHLEN und Rainer-Olaf SCHULTZE (1. Halbband), München, S. 238-244

RENGELING, Hans-Werner, 1990: Gesetzgebungszuständigkeit, in: Handbuch des Staatsrechts der Bundesrepublik Deutschland, Bd. IV, hrsg. von Josef ISENSEE u. Paul KIRCHHOF, Heidelberg 1990, S. 723-856

RENZSCH, Wolfgang, 1989: Die deutschen Länder und Europa: Landesregierungen zwischen Integrationsfurcht und -Hoffnung, in: ZParl., Heft 4, S. 581ff.

RENZSCH, Wolfgang, 1990: Deutsche Länder und europäische Integration. Kompetenzverluste und neue Handlungschancen in einem „Europa der Regionen", in: Aus Politik und Zeitgeschichte B28, S. 28-39

RENZSCH, Wolfgang, 1991: Finanzverfassung und Finanzausgleich. Die Auseinandersetzungen um ihre politische Gestaltung in der Bundesrepublik Deutschland zwischen Währungsreform und deutscher Vereinigung (1948 bis 1990), Bonn

RENZSCH, Wolfgang, 1993: Die Subsidiaritätsklausel des Maastrichter Vertrages: Keine Grundlage für die Kompetenzabgrenzung in einer Europäischen Politischen Union, in: ZParl Jg. 24 (1993), S. 104-116

RENZSCH, Wolfgang, 1994: Föderative Problembewältigung: Zur Einbeziehung der neuen Länder in einen gesamtdeutschen Finanzausgleich ab 1995, in: ZParl, 25. Jg., S. 116-138

REUTER, Konrad, 1983: Föderalismus. Grundlagen und Wirkungen in der Bundesrepublik Deutschland, Heidelberg

REUTER, Konrad, 1989: Der Bundesrat als Parlament der Länderregierungen, in: Hans-Peter SCHNEIDER/Wolfgang ZEH, (Hrsg.): Parlamentsrecht und Parlamentspraxis in der BRD, Berlin/New York, S. 1523ff.

REUTER, Konrad, 1991: Föderalismus: Grundlagen und Wirkungen in der Bundesrepublik Deutschland, Heidelberg (Neuauflage)

RIDDER, Helmut, 1962: Von Ursachen und Folgen föderalistischer Mißverständnisse, in: Blätter für deutsche und internationale Politik 7, S. 515-522

RIKER, William H., 1964: Federalism. Origin – Operation – Significance, Boston u. Toronto

RINCK, Hans-Justus, 1970: Zur Abgrenzung und Auslegung der Gesetzgebungskompetenzen von Bund und Ländern, in: FS für Gebhard Müller, hrsg. von Theo RITTERSPACH u. Willi GEIGER, Tübingen, S. 289-300

ROGGEMANN, Herwig, 1989: Die DDR-Verfassungen. Einführung in das Verfassungsrecht der DDR. Grundlagen und neuere Entwicklung, 4., neubearb. und erw. Aufl., Berlin

RONELLENFITSCH, Michael, 1975: Die Mischverwaltung im Bundesstaat I: Der Einwand der Mischverwaltung. Studien über die Verwaltungsformen in der Verfassungsentwicklung 1866-1975, Berlin

RÖPER, Erich, 1990: Beitritt nach Artikel 23 GG sichert finanzielle Handlungsfähigkeit der DDR-Länder, in: Deutschland-Archiv 23, Nr.4, S. 559-562

RUDOLF, Walter, 1976: Die Bundesstaatlichkeit in der Rechtsprechung des Bundesverfassungsgerichts, in: Bundesverfassungsgericht und Grundgesetz. FS aus Anlaß des 25jährigen Bestehens des BVerfG, hrsg. von Christian STARCK, Bd. 2, Tübingen, S. 233-251

RUDOLPH, Hermann, 1990: Die Länder beerben die DDR, in: SZ v. 27.6.1990, S. 4

RUDZIO, Wolfgang, 1991: Das politische System der Bundesrepublik Deutschland. Eine Einführung, 3., völlig überarbeitete Aufl., Opladen

RUHL, Hans-Jörg (Hrsg.), 1982: Neubeginn und Restauration. Dokumente zur Vorgeschichte der Bundesrepublik Deutschland 1945-1949, München

RUMPLER, Helmut, 1977: Föderalismus als Problem der deutschen Verfassungsgeschichte des 19. Jahrhunderts (1815-1871), in: Der Staat 16, S. 215-228

RYDON, Joan/H. A. WOLFSOHN, 1980: Federalism in West Germany. The Functions and Relations of the different Levels of Government, Canberra, S. 1485ff.

SCHÄFER, Friedrich, 1975: Bundesstaatliche Ordnung als politisches Prinzip, in: APuZ, S. 3-20

SCHÄFER, Friedrich, 1978: Bundesstaat oder Staatenbund? Zur Eigenstaatlichkeit der deutschen Bundesländer, in: Die neue Gesellschaft 25, S. 172-177

SCHÄFER, Hans, 1952: Bundesaufsicht und Bundeszwang, in: AöR 78, S. 1-49

SCHÄFER, Hans, 1955: Der Bundesrat, Köln

SCHÄFER, Hans, 1958: Die bundeseigene Verwaltung, in: DÖV, S. 241-248

SCHÄFER, Hans, 1960: Die Bundesauftragsverwaltung, in: DÖV, S. 641-649

SCHÄFER, Hans, 1974: Der Vermittlungsausschuß, in: BUNDESRAT (Hrsg.): Der Bundesrat als Verfassungsorgan und politische Kraft, Bad Honnef/Darmstadt, S. 277-297

SCHARPF, Fritz W., 1985: Plädoyer für einen aufgeklärten Institutionalismus, in: Hans-Hermann HARTWICH (Hrsg.): Policy-Forschung in der Bundesrepublik Deutschland, Opladen, S. 164-170

284

SCHARPF, Fritz W., 1988: Verhandlungssysteme, Verteilungskonflikte und Pathologien der politischen Steuerung, in: Manfred G. SCHMIDT (Hrsg.): Staatstätigkeit, Opladen, S. 61-87

SCHARPF, Fritz W., 1989: Der Bundesrat und die Kooperation auf der „dritten Ebene", MPIFG Discussion Paper 89/4 (abgedruckt in: Bundesrat (Hrsg.): Vierzig Jahre Bundesrat. Baden-Baden 1989, S. 121-162)

SCHARPF, Fritz W., 1990: Zwischen Baum und Borke. Deutsche Einheit und europäische Einigung bedrohen den Föderalismus, in: DIE ZEIT v. 14.9.1990, S. 14

SCHARPF, Fritz W., 1991: Entwicklungslinien des bundesdeutschen Föderalismus, in: Bernhard BLANKE/Hellmut WOLLMANN (Hrsg.): Die alte Bundesrepublik: Kontinuität und Wandel. Leviathan, Sonderheft 12, S. 146-159

SCHARPF, Fritz W., 1992: Europäisches Demokratiedefizit und deutscher Föderalismus, in: Staatswissenschaften und Staatspraxis, S. 293ff.

SCHARPF, Fritz W., 1994: Optionen des Föderalismus in Deutschland und Europa, Frankfurt/M. u. New York

SCHARPF, Fritz W./Arthur BENZ, 1991: Kooperation als Alternative zur Neugliederung? Zusammenarbeit zwischen den norddeutschen Bundesländern, Baden-Baden

SCHARPF, Fritz W./Bernd REISSERT/Fritz SCHNABEL, 1976: Politikverflechtung: Theorie und Empirie des kooperativen Föderalismus in der Bundesrepublik, Kronberg/Ts.

SCHENKE, Wolf-Rüdiger, 1984: Die verfassungsrechtlichen Grenzen der Tätigkeit des Vermittlungsausschusses. Dargestellt am Beispiel des 2. Haushaltsstrukturgesetzes, Berlin

SCHENKE, Wolf-Rüdiger, 1989: Gesetzgebung zwischen Parlamentarismus und Föderalismus, in: Hans-Peter SCHNEIDER/Wolfgang ZEH (Hrsg.): Parlamentsrecht und Parlamentspraxis in der BRD, Berlin/New York,

SCHEUNER, Ulrich, 1956: Hat der Föderalismus versagt? Wandlungen im deutschen Verfassungsleben, in: Die politische Meinung 1, S. 31-38

SCHEUNER, Ulrich, 1962: Struktur und Aufgabe des Bundesstaates in der Gegenwart. Zur Lehre vom Bundesstaat, in: DÖV, S. 611ff.

SCHEUNER, Ulrich, 1966: Wandlungen im Föderalismus der Bundesrepublik, in: DÖV, S. 513-520

SCHEUNER, Ulrich, 1972: Kooperation und Konflikt. Das Verhältnis von Bund und Ländern im Wandel, in: DÖV, S. 585-591

SCHEUNER, Ulrich, 1976: Die Überlieferung der deutschen Staatsgerichtsbarkeit im 19. und 20. Jahrhundert, in: C. STARCK (Hrsg.): Bundesverfassungsgericht und Grundgesetz I, Baden-Baden, S. 1-75

SCHLÖTZER-SCOTLAND, Christiane, 1992: Viel reisen durch Europa, wenig entscheiden in Europa, in: Süddeutsche Zeitung Nr.155 v. 8.7.1992, S.10

SCHMID, Josef, 1987: Wo schnappt die Politikverflechtungsfalle eigentlich zu? Kritische Anmerkungen zu einer These von F. W. SCHARPF, in: PVS, Jg. 28, S. 446-452

SCHMIDT, Manfred G. (Hrsg.), 1988: Staatstätigkeit. International und historisch vergleichende Analysen (PVS-Sonderheft 19), Opladen

SCHMIDT, Manfred G., 1991: Politik-Verflechtung. Studienbrief der Fernuniversität-Gesamthochschule Hagen

SCHMIDT, Manfred G., 1993: Die politische Verarbeitung der deutschen Vereinigung im Bund-Länder-Verhältnis, in: Wolfgang SEIBEL/Arthur BENZ/Heinrich MÄDING (Hrsg.): Verwaltungsreform und Verwaltungspolitik im Prozeß der deutschen Einigung, Baden-Baden, S. 448-453

SCHMIDT, Walter, 1961: Der bundesstaatliche Aufbau der Bundesrepublik Deutschland, Diss. jur., Frankfurt/M.

SCHMIDT, Walter, 1962: Bund und Länder im demokratischen Bundesstaat, in: AöR 87, S. 253-296

SCHMITT, Carl, 1993: Verfassungslehre, 8. Aufl., Berlin

SCHNEIDER, Hans, 1957: Staatsverträge und Verwaltungsabkommen zwischen deutschen Bundesländern, in: DÖV, S. 644ff.

SCHNEIDER, Hans, 1961: Verträge zwischen Gliedstaaten im Bundesstaat, in: VVDStRL 19, S. 1ff.

SCHNOOR, Herbert, 1979: Zur Lage der Länderverwaltung nach 30 Jahren Grundgesetz, in: DÖV 1979, S. 355-362

SCHODDER, Thomas, 1989: Föderative Gewaltenteilung in der Bundersrepublik Deutschland. Eine Untersuchung ihrer gegenwärtigen Wirkungen und Probleme, Frankfurt/M. u.a.

SCHOLZ, Rupert, 1976: Ausschließliche und konkurrierende Gesetzgebungskompetenz von Bund und Ländern in der Rechtsprechung des Bundesverfassungsgerichts, in: Bundesverfassungsgericht und Grundgesetz. FS aus Anlaß des 25jährigen Bestehens des BVerfG, hrsg. von Christian STARCK, Bd. 2, Tübingen, S. 252-276

SCHOLZ, Rupert, 1992: Grundgesetz und Europäische Einigung, in: NJW, 45, S. 2593ff.

SCHOLZ, Rupert, 1993: Die Gemeinsame Verfassungskommission. Auftrag, Verfahren und Ergebnisse, in: APuZ 52-53, S.3-5

SCHRECKENBERGER, Waldemar, 1978: Föderalismus als politischer Handlungsstil, in: VerwArch 69, S. 341-360

SCHULTZE, Rainer-Olaf, 1983: Artikel „Föderalismus", in: Pipers Wörterbuch zur Politik 2: Westliche Industriegesellschaften. Wirtschaft – Gesellschaft – Politik, hrsg. von Manfred G. SCHMIDT, München, S. 93-106

SCHULTZE, Rainer-Olaf, 1985: Entwicklungen des Föderalismus in Deutschland, Kanada und Australien: Wider den Fatalismus unbefragter Unitarisierungsannahmen, in: ders.: Das politische System Kanadas im Strukturvergleich. Studien zu politischer Repräsentation, Föderalismus und Gewerkschaftsbewegung, Bochum, S. 89-102

SCHULTZE, Rainer-Olaf, 1990: Föderalismus als Alternative? Überlegungen zur territorialen Reorganisation politischer Herrschaft, in: ZParl Jg. 21, S. 475-490

SCHULTZE, Rainer-Olaf, 1993: Statt Subsidiarität und Entscheidungsautonomie – Politikverflechtung und kein Ende: Der deutsche Föderalismus nach der Vereinigung, in: Staatswissenschaften und Staatspraxis, 4. Jg., S. 225-255

SCHUSTER, Rudolf, 1990: Zusammenschluß, Anschluß oder Kurzschluß. Wege zur Wiedervereinigung Deutschlands, in: FAZ v. 9.3.1990

SCHÜTTEMAYER, Suzanne S., 1989: Regierungssystem(e) und Vergleichende Politikwissenschaft, in: Hans-Hermann HARTWICH (Hrsg.): Macht und Ohnmacht politischer Institutionen, Opladen, S. 387-393

SCHÜTTEMEYER, Suzanne S./STURM, Roland, 1992: Wozu Zweite Kammern? Zur Repräsentation und Funktionalität Zweiter Kammern in westlichen Demokratien, in: ZParl, Heft 3, S. 517-536

SEIBEL, Wolfgang/Arthur BENZ/Heinrich MÄDING (Hrsg.): Verwaltungsreform und Verwaltungspolitik im Prozeß der deutschen Einigung, Baden-Baden 1993

SEIFERT, Karl-Heinz/Dieter HÖMIG (Hrsg.), 1985: Grundgesetz für die Bundesrepublik Deutschland, Taschenkommentar, 2. Aufl., Baden-Baden

SINGER, Otto, 1992: Die neuen Verteilungskonflikte. Eine Herausforderung des Föderalismus, in: Blätter für deutsche und internationale Politik 37, S. 686-698

SMEND, Rudolf, 1968: Verfassung und Verfassungsrecht, in: ders.: Staatsrechtliche Abhandlungen, 2., erw. Aufl., Berlin, S. 119-276

SMEND, Rudolf, 1994: Staatsrechtliche Abhandlungen, 3., wiederum erweiterte Aufl., Berlin

SÖRGEL, Werner, 1985: Konsensus und Interessen. Eine Studie zur Entstehung des Grundgesetzes für die Bundesrepublik Deutschland, Opladen, Neuaufl.

Standortbestimmung und Perspektiven der Landesparlamente – Entschließung der Konferenz der Präsidenten der deutschen Landesparlamente vom 14. Januar 1983, abgdr. in: ZParl 14 (1983), S. 357-361

STEFFANI, Winfried, 1985: Der parlamentarische Bundesstaat in Deutschland heute, in: ZParl Jg. 16, S. 219ff.

STEFFANI, Winfried, 1990: Bund und Länder in der Bundesrepublik Deutschland, in: Falk ESCHE/Jürgen HARTMANN (Hrsg.): Handbuch der deutschen Bundesländer, Frankfurt/M. und New York, S. 37-51

STEINBERG, Rudolf, 1985: Handlungs- und Entscheidungsspielräume des Landes bei der Bundesauftragsverwaltung unter besonderer Berücksichtigung der Ausführung des Atomgesetzes, in: AöR 110, S. 419-446

Stellungnahme der Präsidenten der deutschen Länderparlamente zu dem Schlußbericht der Enquête-Kommission Verfassungsreform vom 20. April 1978, Landtag Rheinland-Pfalz, Vorl. 8/516

STERN, Klaus, 1975: Die föderative Ordnung im Spannungsfeld der Gegenwart. Politische Gestaltung im Miteinander, Nebeneinander und Gegeneinander von Bund und Ländern, in: Politikverflechtung zwischen Bund, Ländern und Gemeinden (Bd. 55 der Schriftenreihe der Hochschule Speyer), Berlin, S. 15-40

STERN, Klaus, 1981: Föderative Besinnungen, in: Recht als Prozeß und Gefüge. FS für Hans Huber, Bern, S. 319-331

STERN, Klaus, 1984: Das Staatsrecht der Bundesrepublik Deutschland, Band 1, 2., völlig neu bearb. Aufl., München (hier besonders: Kapitel 15: Die supranationale Option des Grundgesetzes, S. 512-548 und Kapitel 19: Das bundesstaatliche Prinzip, S. 635-759)

STEWART, William H., 1984: Concepts of Federalism, Lanham

STRAUSS, Walter, 1955: Zu den Problemen des deutschen Föderalismus, in: Gedächtnisschrift für Walter JELLINEK, hrsg. von O. BACHOF/M. DRATH/O. GÖNNENWEIN/E. WALZ, München, S. 113-118

STROHMEIER, Rudolf W., 1982: Der Vermittlungsausschuß als Überausschuß? Anmerkungen zur Kompetenz des Vermittlungsausschusses anläßlich seiner Beschlußempfehlung zu Art. 26 a 2. Haushaltsstrukturgesetz, in: ZParl, S. 473ff.

STURM, Roland, 1991: Die Zukunft des deutschen Föderalismus, in: Ulrike LIEBERT/Wolfgang MERKEL (Hrsg.): Die Politik zur deutschen Einheit. Probleme – Strategien – Kontroversen, Opladen, S. 161-182

SÜSTERHENN, Adolf (Hrsg.), 1961: Föderalistische Ordnung. Ansprachen und Referate der vom Bund Deutscher Föderalisten und vom Institut für Staatslehre und Politik e.V. am 9. und 10. März 1961 in Mainz veranstalteten staatswissenschaftlichen Arbeitstagung, Mainz

THAYSEN, Uwe, 1985: Mehrheitsfindung im Föderalismus. Thesen zum Konsensualismus der westdeutschen Politik, in: APuZ Nr. 35, S. 3-17

THAYSEN, Uwe, 1990: Die „Eckpunkte" der Bundesländer für den Föderalismus im vereinten Deutschland. Beschluß vom 5. Juli 1990, in: ZParl 21 (1990), S. 461

THIEME, Werner, 1970: Föderalismus im Wandel, Köln u.a.

THIEME, Werner, 1989: Vierzig Jahre Bundesstaat – Rückblick, Entwicklung und Ausblick, in: DÖV Jg. 42, S. 499ff.

THUNERT, Martin, 1990: Eine Institution wird erwachsen: Zum Funktionswandel der Verfassungsgerichtsbarkeit in Kanada, in: ZParl 21. Jg., S. 241-256

TIEMANN, Burkhard, 1974: Die Grundsatzgesetzgebung im System der verfassungsrechtlichen Gesetzgebungskompetenzen, in: DÖV, S. 229-237

TOCQUEVILLE, Alexis de, 1985: Über die Demokratie in Amerika (1835), ausgewählt und herausgegeben von J. P. Mayer, Stuttgart

TOMUSCHAT, Christian, 1988: Bundesstaats- und Integrationsprinzip in der Verfassungsordnung des Grundgesetzes, in: Siegfried MAGIERA/Detlef MERTENS (Hrsg.): Bundesländer und Europäische Gemeinschaft, Berlin, S. 21-43

TRIEPEL, Heinrich, 1907: Unitarismus und Föderalismus im Deutschen Reiche, Tübingen

TRIEPEL, Heinrich, 1908: Die Kompetenzen des Bundesstaats und die geschriebene Verfassung, in: Staatsrechtliche Abhandlungen, Festgabe für Paul Laband zum 50. Jahrestage der Doktor-Promotion, Bd. 2, Tübingen, S. 247-335

TRIEPEL, Heinrich, 1917: Die Reichsaufsicht, Berlin

TROEGER-GUTACHTEN, 1966: Gutachten über die Finanzreform in der Bundesrepublik Deutschland, Stuttgart

TSCHENTSCHER, Thomas, 1988: Inhalt und Schranken der Weisungskompetenz des Bundes aus Art. 85 III GG, Diss. jur., Bonn

TULLOCK, Gordon, 1977: Föderalismus: Zum Problem der optimalen Kollektivgröße, in: Föderalismus, zusammengestellt und herausgegeben von Guy KIRSCH, Stuttgart u. New York, S. 27-35

VITZTHUM, Wolfgang Graf, 1988: Die Bedeutung gliedstaatlichen Verfassungsrechts in der Gegenwart, in: VVDStRL 46, S. 7-56

VOGEL, Friedrich, 1989: Der Vermittlungsausschuß, in: BUNDESRAT (Hrsg.): Vierzig Jahre Bundesrat, Baden-Baden, S. 213-225

VOGEL, Hans-Jochen, 1984: Die bundesstaatliche Ordnung des Grundgesetzes, in: Handbuch des Verfassungsrechts, hrsg. von Ernst BENDA/Werner MAIHOFER/Hans-Jochen VOGEL, Berlin u. New York, S. 809-862

VOSCHERAU, Henning, 1993: Verfassungsreform und Verfassungsdiskurs, in: APuZ 53, S. 5-7

WAGENER, Frido, 1977: Gemeinsame Rahmenplanung und Investitionsfinanzierung. Zum Schlußbericht der Enquete-Kommission Verfassungsreform, in: DÖV, S. 587ff.

WASCHKUHN, Arno, 1987: Allgemeine Institutionentheorie als Rahmen für die Theorie politischer Institutionen, in: Gerhard GÖHLER (Hrsg.): Grundfragen der Theorie politischer Institutionen: Forschungsstand – Probleme – Perspektiven, Opladen, S. 71-97

WASSER, Hartmut, 1984: Die Vereinigten Staaten von Amerika. Portrait einer Weltmacht, Frankfurt/M. u.a.

WEBER, Werner, 1966: Die Gegenwartslage des deutschen Föderalismus, Göttingen

WELLENREUTHER, Hermann/Claudia SCHNURMANN (Hrsg.), 1991: Die Amerikanische Verfassung und Deutsch-Amerikanisches Verfassungsdenken. Ein Rückblick über 200 Jahre, New York u. Oxford

WERNER, Peter, 1967: Wesensmerkmale des Homogenitätsprinzips und ihre Ausgestaltung im Bonner Grundgesetz, Berlin u. Frankfurt/M.

WERNICKE, Christian, 1990: Und nun der Alltag. Ein verlorener Staat auf dem mühsamen Weg in den Föderalismus, in: DIE ZEIT v. 26.10.1990, S. 11

WESSELS, Wolfgang, 1986: Es geht um die Europafähigkeit, in: Europäische Zeitung Nr. 6, S. 1

WHEARE, K. C., 1963: Federal Government, 4th. ed., London u.a.

WILLKE, Helmut, 1983: Entzauberung des Staates. Grundlinien einer systemtheoretischen Argumentation, in: Jahrbuch zur Staats- und Verwaltungswissenschaft I/1987, S. 285-308

WYDUCKEL, Dieter, 1989: Der Bundesrat als Zweite Kammer. Zur verfassungsrechtlichen Stellung des Bundesrates im Gesetzgebungsverfahren in: DÖV, S. 181-192

ZEH, Wolfgang, 1977: Spätföderalismus: Vereinigungs- oder Differenzierungsföderalismus? Zur Arbeit der Enquete-Kommission an ihrem schwierigsten Objekt, in: ZParl, 8. Jg., S. 475-490

ZEH, Wolfgang, 1984: Wille und Wirkung der Gesetze: Verwaltungswissenschaftliche Untersuchung am Beispiel des Städtebauförderungsgesetzes, Bundesimmissionsschutzgesetzes, Fluglärmgesetzes und Bundesausbildungsförderungsgesetzes, Heidelberg

ZEH, Wolfgang, 1987: Bundesstaatliches System und Parlamentsreform – Entwicklungen und Korrekturen, in: Rudolf TITZCK (Hrsg.): Landtage in Schleswig-Holstein. Gestern – heute – morgen, Husum, S. 314-333

ZELLER, Manfred, 1994: Föderalismus ohne Föderalisten, in: Bernd GUGGENBERGER/Andreas MEIER (Hrsg.): Der Souverän auf der Nebenbühne. Essays und Zwischenrufe zur deutschen Verfassungsdiskussion, Opladen, S. 147-154

ZILLER, Gebhard, 1984: Das Spannungsverhältnis zwischen Bundestag und Bundesrat im Gesetzgebungsverfahren, in: Parlamentarische Demokratie. Bewährung und Verteidigung, Festschrift für Horst SCHELLKNECHT, Heidelberg, S. 135ff.

ZINN, Georg-August, 1949: Der Bund und die Länder, in: AöR 75, S. 291-306

ZINN, Georg-August, 1950: Die Bundesaufsicht nach dem Grundgesetz, in: DÖV, S. 522-524

288